魅惑する帝国

政治の美学化とナチズム

Daisuke Tano
田野大輔 著

名古屋大学出版会

魅惑する帝国

目　次

序　章　芸術作品としての国家

彼らは運命のように、理由もなく、条理も斟酌も口実もなしにやってくる……。彼らがなすところは、本能的に形式を創造すること、形式を刻みつけることである。彼らは、存在するかぎりでの最も天衣無縫な、無自覚な芸術家である。――要するに、彼らが姿をあらわすところ、そこにはある新しいものが、一個の生きた支配構造が成り立つ……。彼らのうちには、あのおそるべき芸術家エゴイズムが支配していて、これが青銅のごとき輝きを放ち、あたかも母がその子のうちで正当化されるごとくに、みずからがその「作品」のうちですでに永遠に正当化されているのを知っているのだ。(1)

フリードリヒ・ニーチェがこう予言したのは一九世紀末のことである。その約半世紀後、一人の「芸術家」がドイツを支配することになった。アドルフ・ヒトラーなるこの「芸術家」によって生みだされた第三帝国という「芸術作品」、それが本書の対象である。

ヒトラーを芸術家と呼ぶことには、違和感を覚える向きもあろう。よく知られているように、彼は青年時代にウィーンの美術学校の入試に失敗し、芸術家になり損ねた人物だったからである。(2)だが夢に破れたとはいえ、ヒトラ

図序-1　「帝国の建築家」。ハンス・リスカのイラスト

ーは生涯を通じて芸術への関心を失うことはなかった。晩年に彼が側近に語ったところによれば、もし第一次大戦が起こらなければ、「私はきっと建築家になっていたにちがいない。たぶん――いやおそらく――ドイツ一の建築家とはいわないまでも、一流の建築家の一人にはなっていただろう(3)」というのだった。それどころか、彼にとっては政治よりも芸術が重要だった。

私は自分の意に反して政治家になってしまったのだ。私にとって政治は目的に達するための手段にすぎない。……戦争は来て去っていく。残るものといえば文化の価値しかない。私が芸術を愛しているのもそのためなのだ(4)。

ヒトラーが政治家になったのは、ある意味ではみずからの芸術観を実現するためだったといっても、過言ではないだろう。権力を掌握してからも、彼は自分を芸術家と見なし、芸術の問題に直接介入した。戦争末期、自殺する一ヶ月前になってもなお、とうに実現の見こみのなくなったリンツの都市計画に没頭していたのである。

ヒトラーと芸術の関係については、これまでも多くの研究者が論じており、誇大妄想的な建築欲、近代絵画への敵意など、ヒトラーの芸術観や美意識ばかりでなく、文化・芸術政策における彼の中心的役割も解明されている。さらに、建築、彫刻、絵画などといった個々の分野に関しても、すでに膨大な数のモノグラフが存在し、そのために現在ではかえって、文化・芸術政策の全体像が不明瞭になってきているほどである。一九六〇年代以降に本格化した実証研究は、ナチ党による文化統制が必ずしも全面的なものではなく、党指導部内の路線対立や各文化領域の状況によって、かなり錯綜した様相を呈していたことを明らかにしている。(5) 第三帝国期の文化を包括的に扱った研究もいくつか存在するが、個々の領域の複雑な実態を明らかにしているとはいえ、全体的な構造を把握するにはいたっていない。

図序-2　リンツの模型に見入るヒトラー。1945年

これにたいして、ナチズムの本質を美的次元にもとめ、全体的な構造に迫ろうとする一連の研究も存在する。その嚆矢といえるのが、ヴァルター・ベンヤミンの「政治の美学化」に関する論考である。(6) この同時代的考察は、ナチズムの政治が美的支配をめざすものであることを看破した点で先駆的な意義をもっており、とくに党大会の大衆演出にたいする説明として、その後もくり返し引用されてきた。本書もまた彼の洞察に多くを負っているが、歴史的分析の枠組みとしては、そこに大きな難点があることも認めざるをえない。それは何よりも、ベンヤミンが「政治の美学化」をプロパガンダの問題に還元し、大衆に虚偽意識を植えつけるデマゴギーの手段と見なしていたことである。そこでは、「美的なもの」の現実性が軽視され、支配のための「美しい仮象」にすぎないとされている。

ベンヤミンにかぎらず、その後の考察においても、ナチズムの

図序-3　ヒトラーがスケッチしたベルリンの凱旋門。1925年頃のもの

芸術は挫折した芸術家の妄想によるもの、せいぜい俗悪なキッチュとして片づけられ、まともに議論されることが少なかったように思われる。ヒトラーの芸術などといえば、これを低級なものと見なすのが当然とされてきた。だがここで留意しておかねばならないのは、建築や絵画を愛した芸術家としてのヒトラーは、第三帝国を建設した政治家としての彼と別人物ではないということである。ヒトラーはそうした二重の意味において「第三帝国の建築家」だったのであり、彼がめざしたのは政治と芸術の一体化としての「国家芸術 Staatskunst」にほかならなかった。

本書は、このような視点からナチズムにおける「政治の美学化」の問題を考察しようとするものであって、さしあたりヒトラーのなかに芸術家＝政治家を見いだし、ナチズムの政治を芸術として理解することから出発したいと思う。やや結論を先取りしていえば、ナチズムは政治を美学化したばかりでなく、国家そのものを芸術作品にしようとしていたのである。

帝国国民啓蒙・宣伝大臣ヨーゼフ・ゲッベルスは、ナチズムが芸術と政治の関係を革命的に変化させたとして、次のように主張している。

個人とその神格化にかわって、いまや民族とその神格化が登場する。物事の中心にあるのは、民族である。……政治が議会主義諸政党の間で行われる騒がしい跡目争いにすぎない時代であれば、芸術家が自分を非政治的と称する権利はある。だが政治が民族のドラマを書いているとき、一つの世界が崩壊し、古い価値が衰退して別の価値が勃興してくるとき、そういうときには芸術家は、そんなことは自分には関係ないなどということはできない。大いに関係あるのだ。(7)

リベラルな個人主義が粉砕されたいま、芸術はもはや政治から独立した領域ではなく、民族に奉仕するものでなければならないというのである。だが見逃してならないのは、芸術の政治化をもとめるこの発言が、同時に政治の芸術化をも宣言していることである。政治は「民族のドラマ」を書くべきであり、その意味で「国家芸術」でなければならないとゲッベルスは主張する。

図 序-4　壮麗な政治劇。1934 年のメーデーの式典

政治もまた芸術であり、おそらく存在する最も高次の、最も大規模な芸術である。現代ドイツの政治を形成しているわれわれは、大衆という素材から民族の堅固で明確な形態をつくりあげるという責任ある課題を委ねられた芸術的人間であると自覚している。(8)

ゲッベルスによれば、ヒトラーの功績は何よりも第三帝国という芸術作品を創造したことにあった。彼は権力掌握後の四年間をふり返って次のように述べている。「この四年の間に偉大な芸術作品が出現した。だが最も偉大なものは総統自身が創造した。彼は大衆という素材から民族を、自由な国民を形成したのだ」[9]。

こうした「国家芸術」の理念に決定的な意味を見いだし、斬新なナチズム論を展開しているのは、ハンス・ユルゲン・ジーバーベルクである[10]。彼の論考はかなり直観的で、歴史的な考察としては不十分だが、その主張はフィリップ・ラクー＝ラバルトをはじめとするポストモダニズムの論客からも注目を浴びている[11]。ジーバーベルクはベンヤミンの洞察を受け継ぎながら、その表題をもじって、ヒトラーの「国家芸術」を「技術的大衆時代の全体的芸術作品」[12]と呼んでいる。彼によれば、第三帝国の芸術は文学、彫刻、絵画、建築などといった個々の分野にもとめることはできない。それはむしろ、国家そのものを「総合芸術作品 Gesamtkunstwerk」として構想するものであり、そこでは狭義の芸術ばかりでなく、宣伝や戦争を含めたあらゆるものが「ずっと大きな全体性」[13]を形成した。この「二〇世紀のメフィスト的アヴァンギャルド」においては、「芸術意志は国家利害と権力意志およびその表象と同一だった」[14]のである。ゲッベルスのいう「民族のドラマ」は、このような意味における芸術と政治の一体化を通じて実現されるべきものだったが、ジーバーベルクはさらに、この「国家芸術」がリヒャルト・ヴァーグナーの楽劇をモデルとしていた点に注目している[15]。「リヒャルト・ヴァーグナーがいなければ、おそらくヒトラーはいなかっただろう」[16]。熱烈なヴァーグナー信者だったヒトラーは、この点について次のように語っている。「リヒャルト・ヴァーグナーが未来の芸術のためにドイツ民族に与えたものを、われわれは力の帝国と未来の権力として与える」[17]。

事実、毎年ニュルンベルクで開催された党大会では、ヴァーグナーの序曲が演奏されただけでなく、この作曲家が構想していたとおり、音楽から建築、詩、舞踏、照明にいたるあらゆる芸術表現が一体となった「総合芸術作品」が上演された。しかもそこでは、ヴァーグナーがバイロイトの祝祭劇について夢見たこと、すなわち民族が自己を認識するための祭典という構想が実現していた[18]。ニュルンベルクに集まった数十万の人々は、壮麗な「祝祭劇」のなかで共同体に変貌したが、そこで表現された高次の現実は、舞台の上にとどまらず、民族全体に影響を及ぼした。いいかえれば、第三帝国という芸術作品は、党大会の模範に準拠するかたちで成立したのだった。一九三五年の党大会でヒトラーが語っているように、芸術の使命とは「民族の最も内的な、それゆえ永遠に健康な本質に、外的ないきいきとした視覚的表現を与えること」[19]であり、そうした模範によって存在を啓示し、民族を再生に向かわせることだった。彼は「芸術から新しい高揚への、新しい帝国への、そしてまた新しい生への憧憬が」[20]育つと考えていたのである。

こうした「国家芸術」の理念そのものは、何もヒトラーの専売特許というわけではない。それはクリフォード・ギアツが一九世紀のバリ島に見いだした「劇場国家」や、ヤーコプ・ブルクハルトがルネサンス期のイタリアに見いだした「芸術作品としての国家」を彷彿とさせるし[21]、西洋政治思想史をひもといても、プラトンにまでさかのぼる連綿とした伝統を見いだすことができよう。だがとくにドイツにおいては、フリードリヒ・シラーが「美的国家」を構想して以来、一九世紀のロマン主義の興隆とともに、「芸術による救済」という思想が大きな影響を及ぼすにいたった。ニーチェによれば、芸術こそ「人間の真に形而上学的な活動」であって、「世界の存在は美的な現象としてのみ是認される」[22]というのだった。啓蒙的理性の支配に反抗し、芸術による生の救済をもとめたロマン主義は、政治的な次元においては、利益団体の間のやりとりにすぎない空疎な政治にかえて、芸術を通じた民族の再生と共同体の回復をめざした。芸術に政治を止揚する役割を見いだすこの思想は、ヴァーグナーにおいて最も極端なかたちをとり、トーマス・マンによれば、彼の楽劇は「『政治の終焉』と人間性のはじまりという文化夢想」[23]を表現するものにほかならなかった。政治は演劇となり、国家は芸術作品となり、政治家は芸術家とならなければならないとヴァーグナーは主張した。ヒトラーがみずからを芸術家と見なし、その帝国を芸術作品と見なしたのも、こうした思想があったからである。ナチズムは議会政治を激しく攻撃し、大衆集会や隊列行進をもって政治を席巻したが、そうした「新しい政治様式」[24]はナチズムの新機軸というべきもので、それは何よりも政治を「民族のドラマ」にかえることを意味していた。いまや政治は「議会主義諸政党の間で行われる騒がしい跡目争い」であることをやめて、「民族共同体」の祭典、つまり民族の一体性を美的に表現する「総合芸術作品」とならなければならなかった。利害調整・意思形成といった政治本来の役割を否定し、美の理想に政治的現実を従属させようとしたという意味では、ナチズムはまさに「非政治的政治」[25]をめざす運動だったといえよう。

ピーター・ヴィーレックはこうした政治のありかたを「超政治 Metapolitik」[26]と呼び、通常の意味での政治から区別しているが、ナチズムにも単なる政治を超えた、民族の存在にかかわるような次元が含まれていたことはたしかである。それは少なくとも一面では、「芸術による救済」というロマン主義的な理念にもとづいて、「芸術作品」のなかで民族に存在を回復させようとするものであり、マルティン・ハイデガーのような思想家が期待を寄せたのも、ナチズムのそうした側面にほかならなかった。だがナチズムが政治一般の止揚、ましてや理性への全面的反抗を企てていたと考えるならば、本質を見誤ることになろう。ヒトラーを幾多の民族主義者たちから区別していたのは、何よりもその政治的行動力と現実主義であって、彼は本質的に夢見るロマン主義者ではなく、狡猾な現実政治家であった。さらにまた、第三帝国においても政治闘争はなくならなかったどころか、ヴァイマル共和国におけるよりも激しさを増し、「機構的アナーキー」[27]というべき著しい混乱をもたらした。ナチズムの独自性はむしろ、そうした権力政治の現実を芸術の体現する美的模範と関係づけること、つまり政治を超政治と結びつけることによって、混沌たる現実に一定の意味と方向を与えた点にあったと考えられる。そこでは摩擦と軋轢に彩られた現実の政治過程が、にもかかわらず一貫した政治秩序のイメージを体現していたのであり、そうした両者の矛盾に満ちた関係のなかに、政治と芸術の一体化としての「国家芸術」のメカニズムを探るべきだろう[28]。

もっともこのことは、美の理想そのものを変化させずにはおかなかった。ナチズムの美学に少なからぬ影響を与えたロマン主義は、魂の高揚や無限への憧憬といった無軌道で浮動的な性格を抑制されるとともに、ギリシアの模範を志向しつつ、簡素で厳格な形式を重視する古典主義に従属するにいたったのである。[29] それは感情過多な唯美主義とも、無味乾燥な形式主義とも一線を画す「新しい美学」を形成するものと考えられた。

新しい美学は、美的なものをもっぱら既存の形式法則にしたがって評価し、たえず血の通わない技巧をもたらす形式主義からも、形式を軽視する意味ありげな感情・内容美学からも距離を置くものとなろう。[30]

こうした変化の背景については、本論で詳細に検討することになるが、重要なのは、これによって美的なものが統合・秩序要因に還元され、古典的な美の理想に向けて様々な政策手段が動員されるようになったことである。そしておそらくこの点にこそ、ナチズムが合理的・科学的な技術手段をみずからの芸術意志＝権力意志に従属させ、輝かしい技術的成果のなかにあらたな美の表現を見いだすようになった理由があると思われる。[31] ゲッベルスによれば、「ナチズムは、現代の人間を完全に自己の支配下に置こうとしていた今世紀の技術にあらたに魂を吹きこみ、合目的性だけでなく美学的な美の精神によってそれを満たすという奇跡をなしとげたのである」。[32] 二〇世紀の大衆社会状況、とりわけ第一次大戦の総動員の体験に対応して、ヴァーグナーのもとめた「総合芸術作品」はあらたな形態をとらざるをえなかったのであり、ジーバーベルクが述べるように、それは宣伝や戦争のためのあらゆる技術手段を駆使した「メフィスト的アヴァンギャルド」として、大規模な大衆動員を通じた「全体的芸術作品」を志向するものとなったのだった。

ナチズムの国家芸術が近代技術を活用して、トータルな芸術作品を創造しようとしていたことは、何よりもドイツ全土を覆うアウトバーンの建設に示されている。宣伝省の報道官ヴィルフリート・バーデは、この新しい道路の芸術的意義を次のように説明している。

図序-5　アウトバーンの開通式。1935 年

それ〔帝国アウトバーン〕はナチ革命そのものと同様に、完全かつ強力に国土をつらぬく。だがそれは地上で最も大規模で最もすばらしく、最も安全で最も速い、最も現代的な交通路以上のものでなければならない。それはまた世界で最も美しい道路、高貴なドイツの景観を飾る最も高貴な装飾品でなければならない。この景観を背景にして、それは見事に仕上げられた指輪を飾る宝石のように輝くのだ。……したがって、道路ではなく芸術作品が生まれなくてはならない。……総統はそのようにお望みである。人類の歴史上はじめて総統は、道路を自然の小道や人工の交通路の領域から、より高貴な芸術の領域へと高めるのだ。(33)

重要だったのは、美しい道路がドイツの景観の美を高め、帝国全体を芸術作品とすることだった。アウトバーンは第三帝国の栄光を後世に伝え、ドイツに永遠の名声をもたらす記念碑たるべきものとされたのである。もちろん、そこにヒトラーの造形意志＝権力意志が決定的な刻印を与えていたことは疑いない。だがその一方で、この芸術作品が彼のみの手によって生みだされたものでないことも強調しておかなければならない。ドイツ道路局総監フリッツ・トットは、アウトバーンの政治的意義を次のように説明している。

アドルフ・ヒトラーの道は政治的統一の表現である。たしかにこの道路は技術の成果ではあるが、そればかりでなく民族の理念の物質的・政治的表現でもある。すなわち、一つの民族・一つの帝国・一人の総統という理念である。(34)

ドイツを芸術作品へと変貌させるべく建設されたアウトバーンは、国民統合の象徴だったのである。いいかえれば、この芸術作品を形成し、そこにみずからの姿を見いだすのは、ドイツ民族である。

第三帝国は総統が国民とともに築き上げた芸術作品だったのであり、それは「民族のドラマ」、つまり大衆の参与するドラマとして構想されていた。ナチズムが宣伝や暴力によって国民を支配したという見方は、部分的にしか支持できない。ナチズムは人々の欲望を抑圧したのではなく、むしろそれを動員することによって、ある一定のレベルで国民統合を達成したのだった。したがって、第三帝国という芸術作品を考察するにあたっては、こうした動員のメカニズムの解明に主要な課題を見いださなければならない。その点では、従来の研究の多くはヒトラーの芸術観や美意識に関心を集中させ、個々の文化・芸術領域の実態の解明に重きを置いてきたため、国民がこれにどうかかわったのかについての検討が不十分であったと思われる。党大会を扱った研究にしても、その統合効果の大きさを自明視したものがほとんどで、それがいかにして大衆を動員したのかという問題を正面から論じたものは少ない。(35) 第三帝国という芸術作品は魔術や操作によって生みだされたものではないのであり、国民すべてがこれにわれを忘れたかのように考えてはならない。一九八〇年代以降の実証研究で利用されるようになった亡命社会民主党の『ドイツ通信』や親衛隊保安部の『帝国からの報告』といった史料は、当時の国民がナチズムに熱狂していたわけではなく、むしろ一般に冷めた反応を示しており、しばしば批判や不満を表明していたことを明らかにしている。(36)このことは、国民の多くがナチ体制の動員力にたいして一定の免疫をもち、主体的な判断力を保持したことを示し

図序-6　1934年のメーデー。お祭り気分の見物客

ている。ナチズムがどの程度まで国民統合を達成したのかという問題は、国民世論の動向を検討し、それがどこで体制の狙いに合致したのかを探るなかで、慎重に解明していくべきだろう。党大会の舞台で上演された芸術作品は、国民がこれをどう受けとめたかを含めて、舞台の外の政治的・社会的現実と関連づけながら考察する必要がある。

国家の政策と国民の動向が交錯する場として重視したいのは、とりわけ余暇や消費の領域である。本論で詳述するように、ヒトラーは超人的指導者として演壇に立ち、広場を埋めつくす群衆とともに厳粛な祝祭劇を演じたが、群衆のほうはむしろ総統の笑顔をもとめ、お祭り気分でこの祭典に参加していた。数千年の未来にまで存続する崇高な芸術作品のかわりに、豚脂製の総統像のような低俗な商品が氾濫し、人畜無害な見せ物や大衆娯楽が花開いた。このような事態は、ナチズムの文化政策が民衆文化を駆逐することができず、逆にこれに取りこまれてしまったことを意味しているように思われる。その点について一九八〇年代以降の実証研究は、第三帝国においても民衆生活が基本的に連続性を保っていたことを明らかにしている[37]。大衆社会化が進み、伝統的習俗がすたれつつあったとはいえ、ヒトラーの権力掌握とともにあらゆる文化が徹底的に解体され、全体主義論のいうような「操作される大衆」が生みだされたわけではなかった。とくに労働者の居住地区やカトリックの農村では、政治組織が破壊された後も、多彩な祝祭や行事、娯楽やスポーツなどが織りなす文化のネットワークが維持されていた。それどころか、ナチ党の干渉によってかえって民衆文化の重要性が増し、その祝祭性が公的な場にたちあらわれてくることもあった。国民の全面的な動員をめざしていたナチズムは、民心に深くくいこむために、文化の諸伝統にも配慮せざるをえなかったのである。党の通信は、この点を次のように説明している。

ナチ党員が社交生活を考慮に値しないものと見なすとすれば、それもまったくナンセンスである。制服と私服のナチズムが存在するのではなく、公私を含めた全生活を共同体に順応させ、世界観の法則にしたがわせるナチズムだけが存在するのである。(38)

図序-7　歓喜力行団の山車。1934年のメーデー

こうした文化統制の実践においてとくに重要な役割をはたしたのが、「歓喜力行団（喜びを通じての力）Kraft durch Freude（略称ＫｄＦ）」の組織した多岐にわたる文化活動である。『ドイツ通信』の報告は、同団体の催し物を評して、「ナチはとくに、古い民衆の祝祭を復興しようと試みている。今日のドイツでは、娯楽もまた組織されなければならないのである(39)」と指摘している。歓喜力行団の催し物は、参加者の欲求に配慮して、民衆娯楽の様々な要素を取り入れていた。鳴り物入りで行われた各種の催しは、政治と無関係に見えたために評判が良かったが、それだけにいっ

そう、多くの人々を体制に統合する役割をはたしたことも忘れてはならない。

もっとも長期的に見れば、ドイツの文化構造そのものが変容しつつあったこともたしかである。世紀転換期以降、大衆消費市場の出現、マスメディアの発展、労働と余暇の分離などによって、政治活動から協同組合や文化サークルまでを包含する伝統的な民衆文化が徐々にほり崩され、若い世代を中心に、マスメディアが提供する産業化された娯楽を享受する傾向が強まっていた。ナチ党がうちだした文化統制の方針も、そうした傾向に対応したものだった。ただしそのことは、低俗な「娯楽興行」をそのまま受け入れることを意味しなかった。党の見解によれば、「キャバレーや寄席のみならず、しばしばラジオでものさばろうとしている破壊的なジョークや、いかがわしい楽しさにたいする闘争」を通じて、「ユダヤ的要素の混入した娯楽興行のかわりに、種に固有のドイツ的陽気さと娯楽を確立すること」が目標とされた。「娯楽における清潔さ、しかも健康で自然でポジティブなものの肯定！　それこそ、ナチズムがドイツ民族の社交と陽気さのために実現を期待する娯楽の原則である」[40]。

大衆消費社会が姿をあらわすなかで、ドイツにおいても現代的な消費・余暇文化が普及しつつあったが、ナチズムはその基調をなす通俗的な文化様式を「キッチュ Kitsch」と呼んで、執拗に攻撃した。だが「退廃芸術」のような明白なケースをのぞいて、徹底した措置は講じられなかった。そもそも何をもって「キッチュ」とするかが曖昧で、攻撃対象が定まらなかったからである。ナチ時代の『マイヤー百科事典』は、この概念を次のように説明している。

キッチュは、大量生産によって真の民族芸術を粗悪なものにしたり、芸術一般の根本価値をたいてい悪趣味に、曖昧な感覚で利用したりすることから生じる。キッチュの例としては、多くのぼやけた娯楽小説、甘ったるい音楽、メルヘンチックな幸福に満ちた紋切り型の映画、低俗なカラー印刷や写真、装飾過剰で実用的でない家具、「置物」や「土産物」のようなひどい調度品が挙げられる[41]。

一般にまがいもの、悪趣味な物品を意味するキッチュは、小市民的な通俗性を基調とする陳腐で親密な文化様式である。それはロマン主義の感傷的な美意識を受け継ぎつつ、大量生産・大量消費される商品として市場に供給されるもので、現代においては狭義の芸術を超えて、文化全般に無視できない影響を与えている[42]。第三帝国の公認文化もまたキッチュの広範な影響をまぬがれることはできず、ナチ当局は対応に苦慮せざるをえなかった。

キッチュはまったく相対的で可変的な規模と外観をもつため、その撲滅はけっして図式的に外部から組織することはできない。そもそもキッチュを完全に根絶できるのか、さらには根絶すべきなのかどうかも、きわめて疑わしい。どんな人も何らかの点で「キッチュ的」である[43]。

図序-8　心温まるキッチュ。冬期救済事業団の広告

それどころか、ナチ党の宣伝指導部には、民心に訴えるプロパガンダを組織する上で、キッチュの「表面性、甘美性、安易な効果」を一部活用する必要があるという認識さえ存在した。ゲッベルスによれば、「キッチュという名で呼ばれるものの一部は、わが民族の精神的栄養として欠くことのできないもの[44]」であった。本論で詳述するが、ヒトラー政権成立後に氾濫したナチ関連グッズ、いわゆる「国民的キッチュ」をめぐる問題は、キッチュの曖昧な魅力がナチズムの大衆的浸

透に少なからず寄与したことを示している。

第三帝国の公認文化との関連で、キッチュの問題をはじめて議論の俎上にのせたのは、サユル・フリードレンダーである。[45] 彼の論考によって、ナチズムにとって非難の対象にほかならなかったキッチュが、ナチズムの美学そのものの本質的な特徴と考えられるようになったが、彼自身は歴史的な考察を行わないまま、キッチュの「魅惑力」を幻想に属するものとしている。「キッチュの調和」は、「死や破壊というテーマのたえざる喚起」との対立においてしか意味をもたず、その抑圧ないしは「悪魔祓い」をめざすものでしかないというのである。[46] キッチュがナチズムの美学を構成したとする指摘は重要であるが、これを単なる大衆欺瞞であるとか、イデオロギー操作にすぎないと見なすとすれば、その影響力を過小評価することになろう。テオドーア・W・アドルノが主張するように、キッチュは「カタルシスをパロディ化する」[47] ものであって、それが生みだす美的仮象は、たとえパロディにすぎないにせよ、現実を超越する芸術の本質をあらわしている。ここにキッチュとロマン主義に共通する美的特性があり、それがナチズムの独特の魅力に寄与することになったのだが、注意しておかねばならないのは、キッチュがナチズムの美学と微妙な緊張関係に立っていたことである。ゲッベルスは、キッチュと呼ぶにふさわしい通俗的な娯楽映画を重視し、その大衆的浸透を促進しつつも、「俗物的で、いかなる新しい形式も敵視するビーダーマイヤー的な国民的キッチュ」[48] が、国家芸術の権威を汚すことを危惧していた。親衛隊保安部の報告もまた、キッチュによる文化伝達の意義を評価する一方で、「こうした価値の低い商品の氾濫によって、とくに広範な国民層の肯定的な芸術教育をめざすあらゆる努力もまた、たびたび疑わしいものとなっている」[49] と警告を発していた。芸術を大衆化するキッチュの美的効果は両義的で、国家芸術をささえると同時に、これに揺さぶりもかけるのである。ナチ当局がキッチュの問題に頭を痛めていたことは、「ナチズムと近代」をめぐる議論でもほとんど注目されていない。[50] キッチュの氾濫は、ナチズムの心ならずもの権力の限界を示すものであり、場合によってはその威信を傷つける可能性をもっていた。ヒトラーは民衆の欲望を動員して強大な権力を手にしたが、いったん動員された欲望はしばしば統制をはずれ、まったく望ましくない影響を及ぼしえたのだった。

キッチュの問題に目を向けることによって、ナチズムの国家芸術が大衆に及ぼした影響についても、これを消費文化や大衆娯楽と結びつけて、総合的に考察することが可能となろう。党大会に見られるような大規模な集会や行進は、ウーファ映画をはじめとする非政治的な娯楽と著しい対照をなすもののように見えるかもしれない。だが技術史的な観点からいっても、ラジオ、映画、自動車といったあらたなコミュニケーション手段の発展がナチズムの大衆運動を権力へと導くとともに、現代的な消費・余暇文化の普及を促したわけであるから、大衆動員と大衆消費は同一の社会文化的な発展傾向に根ざすものだった。しかもゲッベルスの考えによれば、宣伝は娯楽を通じて巧妙に大衆心理に働きかけるべきものであり、その点では娯楽映画こそ、最も重要な「国民教育手段」ないしは「モラル装置」(51)にほかならなかった。ファンタジーに満ちた娯楽映画は、平穏無事な正常性を象徴するとともに、夢の世界への逃避を促すことで、現実の重荷から目をそらす効果をもっており、第三帝国期に制作された劇場映画の大多数を占めたのも、政治色の薄い娯楽映画だった。ハンス・ディーター・シェーファーが指摘するように、ナチズムは「政治から自由な領域を許容すること」(52)によって権力を保持したのであり、とくに大衆消費の領域においては、市場経済にそくした柔軟な統制を行った。さらにまた、非政治的な娯楽の需要にこたえたという点では、ナチズムの大衆運動も同様であった。というのも、党の集会やパレードのなかで美的に表現された「民族共同体」は、多くの人々に通常の政治を超えた崇高な意義を体験させ、卑俗な現実を忘れさせるスペクタクルとして消費されたからである。ナチズムは映画が満たすべき欲求を相手に支持を拡大したのであって、大衆動員と大衆消費がある種の競合関係にあったことは、宣伝大臣も認めるところだった。

芸術がますます国民から離れていったのにたいし、われわれの遂行するドイツ政治はますます国民のなかへ入りこんでいった。そして劇場が閑散とすればするほど、集会場はますます一杯になったが、それはわれわれが巧妙な感化方法をもちいたからではなく、国民を感動させるもの、国民の不安、苦悩、窮状がもはや劇場では提示されず、集会場において提示されたからである。[53]

権力へとのぼりつめる過程では、ナチズムは派手な大衆集会や示威行動で人々を惹きつけ、支持を拡大していったが、[54]権力を掌握して数年もすると、そうした「新しい政治」の魅力は徐々に薄れ、大衆運動の役割は限定的なものとなった。こうした状況に対応して、ナチズムによる「政治の美学化」は、その主要な対象を大衆運動から文化・社会政策の領域に移し、「民族共同体」を美的かつ合理的に形成することに重点を置くようになった。「労働の美」局の活動などを通じて、党大会のような国民投票的な刺激がなくても、無条件に服従して高い生産性を上げる労働者の育成がはかられることになったが、国家の側が国民の同意に依存しなくなり、自己を絶対化するようになるにつれて、国民の側もまた、ますます私生活に逃避する傾向を強めていった。ゲッベルス率いる宣伝省の内部でも、民心を維持するためには大規模な式典を挙行するだけでは不十分で、非政治的な娯楽を通じたソフトな動員が必要であるという認識が一般的になっていた。そしてまさにここにおいて、国家芸術と大衆娯楽は手をたずさえ、キッチュの圏域で同一の現実を形成したのだった。その意味では、ナチズムによる大衆動員は、大衆消費社会へ向かう公共性の変質過程における一つの移行段階と見ることができよう。行進する隊列のなかで開始した大衆の脱政治化は、大々的に提供される消費・娯楽文化によって完成したのである。こうした政治的公共性のありかたは、アパシーが蔓延し、政治離れが進む今日の社会においても、基本的にかわっていない。「政治の美学化」は、けっしてわれわれとは無縁のものではないのである。

本書は、以上のような観点から第三帝国という芸術作品を考察することによって、狭義の文化・芸術領域ばかりでなく、政治・社会領域も含めた国家全体にわたる構造連関のなかに、美的なものがどう組みこまれていたかを解明しようとするものである。考察に際しては、さしあたって国内政治に対象を限定することになるが、考察の方法としてはとくに、いくつかの主要な美的表象に焦点をあて、それらと文化・社会政策を関連づけることで、第三帝国というこの作品の構造、作品を作品たらしめている骨組みに迫っていきたいと思う。ただしそこでは、特定の領域に属する個別的な問題を検証することよりも、個々の領域を超えた総体的な構造を把握することに主眼があり、考察対象がおのずと広範囲に及ぶこともあって、系統的な史料調査は断念せざるをえなかった。本書は、史実の解明を目的とする一般的な意味での歴史研究ではなく、むしろ構造把握と解釈提示に重点を置く歴史社会学的な手法をもちいて、あるかぎられた視野から第三帝国の全体像を浮かび上がらせる試みである。

第三帝国という芸術作品には、次の三つのライトモチーフを認めることができる。すなわち、「総統」として君臨したヒトラー、「労働者」として彼にしたがった大衆、そして両者によって形成された「民族共同体」である。この三つのモチーフに、古典主義とモダニズム、キッチュと即物性の美学が交差する。以下の考察は、こうした見取り図のもとに構成されている。各章のテーマを要約すれば次のとおりである。

第1章では、ヴァルター・ベンヤミンの「政治の美学化」概念の批判的検討を通じて、第三帝国を「芸術作品」ととらえる基本的視角を提示する。そして、この芸術作品の核心をなす「大衆のモニュメント」と呼ぶべき機構について、同時代の他の思想家の議論も参照しながら、その輪郭を提示する。それはまた、本書全体への方法論的序説の役割をはたすことになる。

第三帝国＝芸術作品の三つのモチーフのうち、まず取り上げるのは、党大会において現前化した「民族共同体」である。第2章では、ナチ・イデオロギーの中心概念をなす「民族共同体」の問題を取り上げ、そのイメージと現実の関係を考察する。第三帝国期の国内政治の基本構造を素描した上で、ナチ党内の権力闘争と関連づけながら、党大会における大衆演出を分析し、「民族共同体」がどう表象されたのかを考察するとともに、これにたいする国民の反応を検討し、必ずしも人気のなかった党大会が楽しいお祭りとして受容されることで、「民族共同体」がリアリティを獲得したことを明らかにする。

これにひきつづき、第三帝国＝芸術作品の具体的分析を進めるための準備作業として、ナチズムの美学の本質規定にかかわる古典主義とモダニズム、キッチュと即物性の美学についての概観的な考察を行う。第3章では、ナチズムの文化政策を包括的に検討し、それが「近代の古典美」というべきものを志向していたことを明らかにする。第三帝国期の国内政治を詳細にあとづけ、文化政策をめぐるナチ党内の路線対立のなかから、美的次元における近代超克の試みとして、古典的な美の理想にもとづいた近代性のイメージが台頭したこと、しかもそれが消費・余暇文化のなかでキッチュ化されると同時に、即物性と同一視されることで大衆に浸透したことを示す。

ここまでの考察をふまえて、次に第三帝国＝芸術作品の二つのモチーフ、「労働者」と「総統」のイメージを取り上げ、この作品を具体的に分析していく。第4章では、「民族共同体」の担い手とされた「労働者」の問題を考察し、その社会的な意味あいを解明する。古典美を体現する男性の彫像によって表象され、「新しい人間」として賛美された「労働者」のイメージを、ドイツ労働戦線の文化・社会政策と関連づけながら分析し、それが大衆消費社会・業績主義社会の幕開けを告げるものだったことを明らかにする。

第5章では、ナチズムの支配をささえた「総統」のイメージを取り上げ、ヒトラーのカリスマ性と支配の関係について考察する。各メディアに表現されたヒトラー像を分析し、彼が英雄的指導者というよりはむしろ、素朴で親しみやすい人間と思われていたために人気があったことを明らかにするとともに、そうしたイメージがキッチュと結びつくことで統合力を発揮したことを示し、彼の支配を「親密さの専制」として把握する。

以上の考察で、第三帝国＝芸術作品の構造がおおむね解明されることになるはずだが、最後にもう一度「政治の美学化」の問題を問いなおし、本書の意義と展望を示すため、美と政治の関係をめぐる左右両翼の思想家の議論を検討する。終章では、ナチズムとロマン主義の両義的な関係に焦点をあて、ロマン主義的な美意識がはらむ批判的な契機を析出するとともに、そうした契機の一つとして、キッチュの実践を通じた「美的抵抗」の意義を考察し、ナチズムの支配にさらされた国民のある種の言動が、第三帝国＝芸術作品を動揺させていたことを明らかにする。

第1章　大衆のモニュメント

1　はじめに

ヴァルター・ベンヤミンは、その記念碑的な論文「複製技術の時代における芸術作品」のエピローグにおいて、ファシズムを「政治の美学化 Ästhetisierung der Politik」と規定している。

所有関係を変革する権利のある大衆にたいして、ファシズムはそれを温存させたまま、彼らに表現の機会を与えようとする。したがって、ファシズムは政治生活の美学化に行きつく。大衆を征服して、彼らを指導者崇拝のなかでふみにじることと、機構を征服して、礼拝的価値をつくりだすためにそれを利用することは、表裏一体をなしている。(1)

ファシズムにおける美と政治の結びつきを看破したこの先駆的な洞察は、ナチズムの美的支配にたいする説明として、これまでも多くの研究者によってもちいられてきた。「政治の美学化」がナチズムの本質的特徴をなしていたことは、レニ・リーフェンシュタール監督の党大会映画『意志の勝利』などによって、すでに一般的なイメージとして定着している。だがそれにもかかわらず、ナチズムによる「政治の美学化」がなぜ広範な大衆を動員しえたのかという問題にたいしては、依然として十分な回答が与えられていないように思われる。というのも、フランクフルト学派による古典的研究はもとより、戦後全体主義論の枠組みのなかで展開されたナチズム研究の多くは、「政治の美学化」をプロパガンダという言葉によって一面的に理解し、大衆操作やイデオロギー統制の問題に還元してきたからである。そこではナチ党の宣伝の絶大な威力が自明視され、「政治の美学化」は「魔術と操作」(2)にもとづく悪辣なデマゴギーとして説明された。第三帝国の「美しい仮象」を多面的に論じたペーター・ライヒェルの研究もまた、この言葉を大衆を欺く幻想という意味でもちいているかぎり、なおもそうしたプロパガンダ論の枠内にとどまっている。(3)これにたいして民衆のナチズム体験に焦点をあてた近年の研究は、ナチ党の宣伝の効果に限界があったことを明らかにしており、大衆操作という観点のみからこれを説明することには疑問が呈されている。「政治の美学化」を通じた大衆動員のメカニズムを解明するためには、こうした「絶対の宣伝」の神話をのり超え、ナチズムの大衆運動的な側面にまでふみこんで考察を行う必要があろう。

ところでベンヤミン自身の議論もまた、このようなプロパガンダ論の限界をまぬがれてはいない。ファシズムを資本家の代理人と見ていた彼にとって、「政治の美学化」とは所有関係の温存を目的とするプロパガンダでしかなかった。(4)それゆえ彼は、ファシズムの美的次元を大衆操作のための「美しい仮象」と見なし、その欺瞞的な魅惑力を「政治＝美学」という位相で把握したのであった。だがここでわれわれは、「政治の美学化」への対抗策として、ベンヤミンが共産主義による「芸術の政治化 Politisierung der Kunst」(5)を提言したことを想起したい。この対抗策の意義については、終章であらためて検討するが、さしあたって注目されるのは、「美学」ではなく「芸術」の政治化をもとめたその主張のなかに、「政治＝芸術」というもう一つの位相が措定されていることである。感性の領域に属する「美学」にたいして、ある種の実質をともなう「芸術」という言葉をもちいることによって、ベンヤミンは「美的なもの」の現実的基盤とその社会的構成を問題にし、そこに「革命」の可能性を賭けたのであった。そもそも彼の複製芸術論の眼目は、メディアに媒介された社会性の次元から美の問題をとらえなおした点にあり、「政治の美学化」概念もこれと無縁ではない。ここには「政治＝美学」の位相におけるプロパガンダ論の限界を突破する可能性が開かれている。「政治の美学化」を社会的現実の地平に開き、そのリアリティ構築的なメカニズムに分析のメスを入れることがもとめられよう。現実と切り結ぶ「政治＝芸術」の位相でナチズムを把握することによって、総統と大衆がともに築き上げた第三帝国という「芸術作品」の形態を明らかにすること、これを重点的な目標としなければならない(6)。

こうした観点から本章では、ベンヤミンの提起した「政治の美学化」概念を再定式化し、そこに措定された「政治＝美学」と「政治＝芸術」という二つの位相を析出するとともに、とくに「政治＝芸術」の位相から第三帝国を「芸術作品」ととらえなおすことによって、その核心をなす「大衆のモニュメント」というべき機構の輪郭を提示したいと思う。これを通じて、ナチズムによる大衆動員と国民統合のメカニズムがある程度まで明らかになるであろう。本章では詳細な歴史的実証を行う余裕はないが、「政治の美学化」を「政治＝芸術」の位相で把握しようという理論的試みは、従来の研究が「政治＝美学」の位相に関心を集中させてきただけに、それなりの意義をもつはずである。しかもその手がかりは、ベンヤミンの考察をはじめとして、ジークフリート・クラカウアーやフランクフルト学派の思想家の議論のなかに十分にそろっているのである。もちろん、ファシズムの本質をプロパガンダと規定したベンヤミンやクラカウアーの主張をそのまま受け入れるわけにはいかない。だが彼らの議論にはそうした一面的な理解には還元できない可能性が含まれており、それは「芸術作品」としての第三帝国への理論的接近に寄与しうるものである。この可能性を開拓していく上で、保守革命派の泰斗エルンスト・ユンガーの著作は重要な意義をもつ。彼の議論を考察の対象に加えることによって、左翼の思想家にぬけ落ちていた貴重な視点が得られよう。

ベンヤミンの政治的敵対者であったという理由で、ユンガーに安易に「ファシスト」のレッテルを貼ることは不適切である。むしろ彼はベンヤミンとの精神的な類縁性さえ感じさせる冷徹さをもって、いわばファシズムの内側から「政治の美学化」を語る精確な証人なのである。(7) 彼の主張に耳を傾けることによって、第三帝国という「芸術作品」の形態を具体的に把握することが可能となろう。当面はこれだけのことをいっておいて、さっそく本論に入ることにしたい。

2　美学としての政治

「ドイツ・ファシズムの理論」のなかで、ベンヤミンはユンガーの戦争賛美が「芸術のための芸術のテーゼを思いきり戦争へ転移したものにほかならない(8)」と述べて、ファシズム美学を批判している。この主張は後の「複製技術」論文にもひき継がれ、ファシズムによる「政治の美学化」は「芸術のための芸術の完成」――「芸術は行われよ、たとえ世界は滅びようとも(9)」――を意味するものとして説明されることになった。つまり彼のいう「政治の美学化」とは、まずもって美を絶対化するロマン主義的な芸術観を現実の戦争や政治へと適用することにほかならない。ベンヤミンはそうした美学の最も純粋な表現として、現代の物量戦を美化する未来派詩人マリネッティの宣言文を引用している。

戦争は美しい。なぜなら、ガスマスクや威嚇用拡声器や火炎放射器や小型戦車のおかげで、人間が機械を力ずくで支配していることを証明するからだ。戦争は美しい。なぜなら、人間の肉体を鋼鉄化するという夢をはじめて実現するからだ。戦争は美しい。なぜなら、花の咲き乱れる野原を機関砲の焔の蘭で彩るからだ。戦争は美しい。なぜなら、銃火と砲声、静寂、芳香、腐臭を一つのシンフォニーに統一するからだ。戦争は美しい。なぜなら、大型戦車や幾何学的な飛行機の編隊、炎上する村々から立ちのぼる煙の渦など、新しい建築を創造するからだ。[10]

ベンヤミンはこの宣言文を「明快」と評価し、「その問題提起は弁証法的な思想家が受けて立つに値する」[11]と述べている。だがこれにたいする彼の回答は、こうした戦争賛美を虚偽意識と見るものでしかなかった。

政治の美学化をめざすあらゆる努力は、一点において頂点に達する。この一点が戦争である。戦争、そして戦争だけが、在来の所有関係を温存しつつ、最大規模の大衆運動に目標を与えることができる。政治の観点からは、事態はこのように定式化される。技術の観点からは、事態は次のように定式化される。すなわち、戦争だけが所有関係を温存しつつ、現在の技術手段の総体を動員することができる。[12]

戦争賛美をもっぱら「所有関係の温存」という言葉によって説明するこうしたベンヤミンの主張には、ファシズムを資本主義支配の問題に還元したコミンテルンのテーゼが見え隠れしている。

だがティモシー・W・メイスンの「政治の優位」論[13]をもちだすまでもなく、ファシズムを資本家の操り人形と見なすような解釈は、現在ではすでにマルクス主義歴史家からも否定されており、その戦争賛美をプロパガンダ論の枠組みをもって説明しても無意味である。ファシズムの政治家にとって、戦争は「所有関係の温存」といった外在的な目的に奉仕するものではなく、それじたいを目的とする美的対象であった。ベンヤミンがファシズム美学に与えた「芸術のための芸術の完成」という規定も、そうした自己目的性を示すものとして理解する必要があるだろう。

彼が引用しているユンガーの言葉――「いかなる世紀に、いかなる理念のために、またいかなる武器で戦うかということは、副次的な役割しか演じない」[14]――は、この保守革命家が戦争そのものに深遠な意味を見いだしていたことを示している。同じような戦争美学がナチズムの指導者をもつき動かしていたことは、とくに帝国国民啓蒙・宣伝大臣ヨーゼフ・ゲッベルスの戦時中の発言が如実に物語っている。

諸君、百年後には、われわれが体験したおそろしい日々を記録した美しいカラー映画が上映されることになるだろう。諸君はこの映画のなかで役を演じたいとは思わないか？　諸君がスクリーンに登場したときに観客がわめいたり口笛を吹いたりしないように、いまは頑張りたまえ。[15]

ゲッベルスにとって、第二次大戦は「生存圏」の獲得といった戦略目標を超える美的価値を有していたのであり、「美しいカラー映画」として第三帝国の栄光を後世に伝えるべきものだった。そして、戦略目標の実現の見こみがなくなればなくなるほど、ますます彼は戦争の美的価値を絶対化せざるをえなかったのである。[16]われわれが問題にしなければならないのは、こうした美的対象としての戦争がもつ意味である。

ファシズムの戦争美学が第一次大戦の戦場体験に原点をもっていたことは、これまでもしばしば指摘されたところである。ヒトラーを含む「前線世代」の自己同一化の対象は塹壕の共同体であり、この世代の雄弁な代表者たるユンガーによれば、「戦争はわれわれの父であり、塹壕の灼熱の胎のなかで、われわれを新しい種族として生みだしたのだった」[17]。彼にとって、第一次大戦は「鋼鉄の嵐」[18]であり、その壮烈な光景は美学的考察の対象とされるべきものだった。ベンヤミンはこの美学のなかに「芸術のための芸術のテーゼ」を見いだし、それを「所有関係の温存」をはかるものと見なしたわけであるが、それだけではユンガーの主張の核心に達してはいない。彼が無類の冷徹さをもって論じたのは「内的体験としての戦闘」[19]であり、それは戦争の自己目的性のなかに祭儀的性質を見いだし、戦場の地獄絵を一種の黙示録へと転換することを意味していた。つまり、彼にとって戦争は救済の体験である。そうした体験へ積極的に没入し、大いなる全体と同一化すること、それが彼の下した決断だったのである。ユンガーの議論をこうした宗教的次元までほり下げ、前線兵士の内面世界にまでふみこんでその体験の意味を究明しないかぎり、ベンヤミンの次のような叙述は単なる文明的退行の描写にしかならないであろう。

かつてホメロスにおいてオリンポスの神々の見せ物であった人類は、いまや自分自身のための見せ物となった。人類の自己疎外は、自分自身の絶滅を第一級の美的享楽として体験できるほどにまでなった。ファシズムの推進する政治の美学化は、そういうところにまで来ているのだ。[20]

ベンヤミンのこうした展望は、「複製技術」論文におけるメディア論的考察のなかから導きだされたものである。「政治の美学化」概念の位置づけを見定めるためにも、ここでその基本的論点を確認しておく必要があろう。よく知られているように、彼が明らかにしたのは石版から写真をへて映画にいたる複製技術の発展が、それまで芸術作品がおびていた「いま」「ここに」しかないという一回性、すなわちアウラを崩壊させていく歴史的過程であった。そして芸術がその基盤を礼拝的価値から展示的価値へと移すこと、つまり「儀式を根拠とするかわりに別の実践、すなわち政治を根拠とするようになる[21]」ことに、ベンヤミンは現代の文化変容の核心を見いだしたのだった。しかも彼の説明によれば、こうした変容は社会の大衆化にもとづいている。

芸術作品にたいする従来のあらゆる態度が現在あらたに生まれかわる母胎は、大衆である。量が質に転化したのだ。きわめて膨大になった大衆の参加は、参加のありかたそのものをかえてしまった。[22]

ベンヤミンが問題としたのは、メディアを通じた芸術の大衆的受容が芸術と政治を結びつけたことであり、彼はこの結びつきのなかに新時代の芸術の可能性を探るとともに、そこに「政治の美学化」に陥る危険性を見いだしたのであった。(23)

こうした論点を念頭に入れてあらためて検討してみると、ベンヤミンがファシズムを「政治の美学化」と規定したことの意味がはっきりとしてくる。複製技術の発展は本来アウラを追放して芸術を政治化し、芸術の批判的ポテンシャルを解き放つはずであるにもかかわらず、ファシズムはむしろ複製技術を駆使してアウラを生産し、これを政治目的に利用することで、「政治＝芸術」の可能性を「政治＝美学」の方向へ歪曲しているというのである。つまりベンヤミンにとってファシズムとは、大衆に虚偽意識を植えつける反動的なデマゴギーにほかならない。

所有関係を変革する権利のある大衆にたいして、ファシズムはそれを温存させたまま、彼らに表現の機会を与えようとする。したがって、ファシズムは政治生活の美学化に行きつく。(24)

ベンヤミンによれば、ファシズムは大衆に自己表現の機会を与えるが、その表現は彼らの権利を拡大するものではなく、あくまで彼らの目を欺く「美しい仮象」、つまりプロパガンダにすぎない。したがって「政治の美学化」は、魅惑的な政治劇の演出という意味で、「政治のスペクタクル化」というべき事態に行きつく。実際、ナチズムは大がかりな大衆演出によって多くの人々を惹きつけたのであり、ニュルンベルク党大会は壮大な規模で上演されたスペクタクル、メディアを総動員したアウラの祭典であった。そこでは整然と行進する隊列、大量のハーケンクロイツの旗、サーチライトの照明効果など、視覚に訴える象徴的・祭儀的演出が利用されただけでなく、ファンファーレや「ハイル」の斉唱、ドラムの連打などといった聴覚的な演出手法もふんだんに投入されて、ナチズムの提唱する「民族共同体」がオーディオ＝ヴィジュアルに表現された。さらにこの共同体体験は新聞やラジオ、映画などのマスメディアを通じて、国民的規模で伝達されていったのであった。それればかりか、「政治のスペクタクル化」

は政治家の役割をも大きく変化させずにはおかない。ベンヤミンが鋭く看破していたように、メディアによる展示は政治家を俳優に転化させ、「勝者としてのスターや独裁者を登場させる」[25]。たしかにヒトラーもまた「総統」という自己の役割を意識的に演じており、その点では観衆の前で演技する俳優と同じであった。しかもマスメディアを通じた大規模な「総統崇拝」の展開は、ヒトラーへのアウラ的一体化を促進し、そのなかで彼の人格はカリスマ性をおびたのだった。ベンヤミンが批判したのは、こうした美的な虚偽意識としてのアウラ体験が政治そのものにとってかわり、それによって支配の現実が不問のままに残されることだった。冒頭に引用した文章のなかで彼が述べているように、「大衆を征服して、彼らを指導者崇拝のなかでふみにじることと、機構を征服して、礼拝的価値をつくりだすためにそれを利用することは、表裏一体をなしている」[26]。

図 1-1　政治のスペクタクル化。1934 年の党大会。戦没者の顕彰

もちろんわれわれは、こうしたベンヤミンの主張に満足するわけにはいかない。ファシズムによるアウラの演出をメディアを通じた文化生産の本質から逸脱したものと見なしていたがゆえに、ベンヤミンは「政治の美学化」をプロパガンダと規定したのであった。だが彼自身も映画産業による「スター崇拝」[27]の推進を指摘しているように、現代の文化産業がアウラの大量生産に重点を置いていることは明らかであり、メディアとアウラは必ずしも相容れないものではない。むしろわれわれは、ラジオや映画といった

図 1-2　演説するヒトラー。中継用のマイクがならんでいる

マスメディアの登場によってはじめて、「政治のスペクタクル化」が可能となったことに注目する必要がある。「護民官ヒトラー」が「最高に暗示的な性格のもち主[28]」であったとしても、彼のカリスマ性がメディアの演出にもとづくものだったことを見逃してはならないだろう。党大会についても同じことがいえる。このスペクタクルはラジオを通じて全国に中継され、映画を通じて全国で鑑賞されたばかりでなく、視覚的効果を狙ったその演出は、映画から多くのインスピレーションを得ていた[29]。ナチズムの美学の代表傑作とされるリーフェンシュタールの『意志の勝利』は、いうまでもなく党大会の記録映画であるが、現実の党大会もまた、本質的な部分で映画を模倣していたのだった。しかもこの映画では、斬新な技術を駆使した映像が大衆の規律と運動をありありと表現しており、美的効果はリーフェンシュタールのカメラによって生みだされている。この点について、ベンヤミンは次のような示唆に富む指摘を行っている。「一般的にいって、大衆運動は目で見るよりも装置で見るほうが、はっきりつかめる。数十万の軍勢をとらえるには、鳥瞰的パースペクティブが最もいい[31]」。

党大会の会場を埋めつくす大群衆は、カメラを通してはじめて美的なものとなる。より正確にいうなら、これを美的なものとして受容するのは、メディアが生みだした新しい感性である。その点で最も大きな役割をはたしたのは、何といっても映画であろう。ディーター・バルテツコが指摘しているように、ヴァイマル期のスペクタクル映画が一種の視覚訓練となって、ナチ美学を受容する感性が培われた。

映画建築のイメージや意味が、現実の建築とその鑑賞者の間に入りこみ、いわばフィルターの働きをした。映画を通じた大衆的浸透によって、ムード建築が誰にでもわかりやすいものとなり、第三帝国の建築芸術の基礎が生みだされたのだった。(32)

ベンヤミン自身、映画による「知覚の深刻な変化(33)」に革命的な意義を見いだしており、「複製技術」論文の眼目の一つも、そうした美的感性の変容にあった。これをメディアに媒介された社会性の次元からとらえなおした点において、彼の議論は単なるプロパガンダ論を超えているのである。そしてクラカウアーの考察もまた、まさにこの点をめぐって展開されている。ヴァイマル期からナチズム期にかけての映画に反映された「集合的メンタリティの深層(34)」を分析した彼は、次のように結論づけている。

スクリーン上から学びとられた数多くのモチーフが現実の事件となった。ニュルンベルクではニーベルンゲンの大衆装飾が巨大なスケールで登場した。すなわち旗と人間の海であり、それが芸術的に配列されていた。……すべては映画と同様であった。(35)

クラカウアーが述べるように、「スクリーン上から学びとられた数多くのモチーフ」が党大会において実現されたとすれば、彼が「集合的メンタリティ」と呼んだ社会的な知覚様式、映画によって培われた美的感性のなかに、ナチズムの演出を受容する現実的基盤が存在したことになる。(36)しかもベンヤミンによれば、映画とは大衆的受容を特徴とする政治的メディアである。したがって、党大会の大衆演出をもたらした「集合的メンタリティ」の担い手は、ある種の政治的主体としての大衆にほかならず、そのことはさらに、公共性のありかたそのものの根本的な変化を意味している。党大会における「政治の美学化」は、マスメディアが生みだした大衆的な公共性を前提としていたのであり、それを前提としてのみ効果を上げることができたのだった。こうした大衆を担い手とする政治的公共性のありかたを、プロパガンダや大衆操作という言葉のみによって説明することには無理があろう。あるいはベルトルト・ブレヒトのように、この政治空間のなかにある種の演劇性を見いだすにしても、それを道化芝居であるとか支配の装飾にすぎないと説明することは、本質を見誤っているばかりか、ファシズムの過小評価につながるという意味では危険でもある。「演劇」という語はその根源的な意味において理解される必要があり、その場合の演劇とは、現実を象徴的に表現する模範の提示、そしてそれを通じた現実の社会的構成を意味するものでなければならない。(37) つまりニュルンベルク党大会とは、「民族共同体」を現前化させるドラマにほかならない。それゆえ、この点に関するクラカウアーの次のような説明は不十分なものといえよう。

『意志の勝利』では、熱狂した大衆やはためくハーケンクロイツの旗といった華麗な装飾は、ナチの支配者がつくりだし、ドイツという名前のもとに飾り立てた集合体の仮象を実体化するのに役立っている。(38)

党大会のスペクタクルは、ナチ指導者のみがつくりだし、飾り立てた「仮象」ではなかった。好むと好まざるとにかかわらず、毎年数十万もの人々がこの政治劇を演じ、国民的規模の観客がそれを体験したのである。宣伝大臣ゲッベルスは、これを「創造的芸術」と呼んでいる。

われわれの熱狂の燃える炎は、けっして消滅しないでもらいたい。この炎だけが、現代の政治的プロパガンダの創造的芸術にも、光明と熱情を与えるのである。その根源は、民族そのものにある。……民族の深奥から生じたこの芸術は、たえず民族の深奥へもどり、そこに根源をもとめ、活力を見いださねばならない。武器にもとづく権力もいいかもしれないが、民族の心をつかみ、維持するほうがもっといいし、長もちするのである。(39)ゲッベルスの大言壮語は聞き流すに如くはないが、少なくともこの「創造的芸術」が大衆を担い手とするものだったことは認めざるをえないだろう。(40)しかもここで「芸術」とはある種の造形を意味しており、これによって形態を獲得するのは大衆である。つまりゲッベルスのいう「創造的芸術」とは、数十万の大衆が党大会に集結し、みずから一個の「芸術作品」と化すことにほかならない。ここに出現する大衆の形態が、「民族共同体」を体現することになるだろう。この点を確認したわれわれは、すでに「政治＝芸術」の位相に足をふみ入れていることになる。

3　芸術としての政治

自伝的小説『ミヒャエル』のなかで、ゲッベルスは政治を「国家の造形芸術」と定義している。

政治家は芸術家でもある。彼にとっての民族とは、彫刻家にとっての石にほかならない。指導者と大衆、それはたとえば画家と色彩の関係と同様の問題である。絵が色彩の造形芸術であるように、政治は国家の造形芸術である。それゆえ、民族ぬきの政治、ましてや民族に敵対する政治は、それじたいナンセンスである。大衆から民族を、そして民族から国家を形成すること、それがつねに政治の最も深い意味である。(41)

石を打つ彫刻家と同様に、政治家とは大衆に形態を与える芸術家にほかならないというのである。ゲッベルスが別の機会に述べているところによれば、政治とは「最も高次の、最も大規模な芸術」であり、その課題は「大衆と

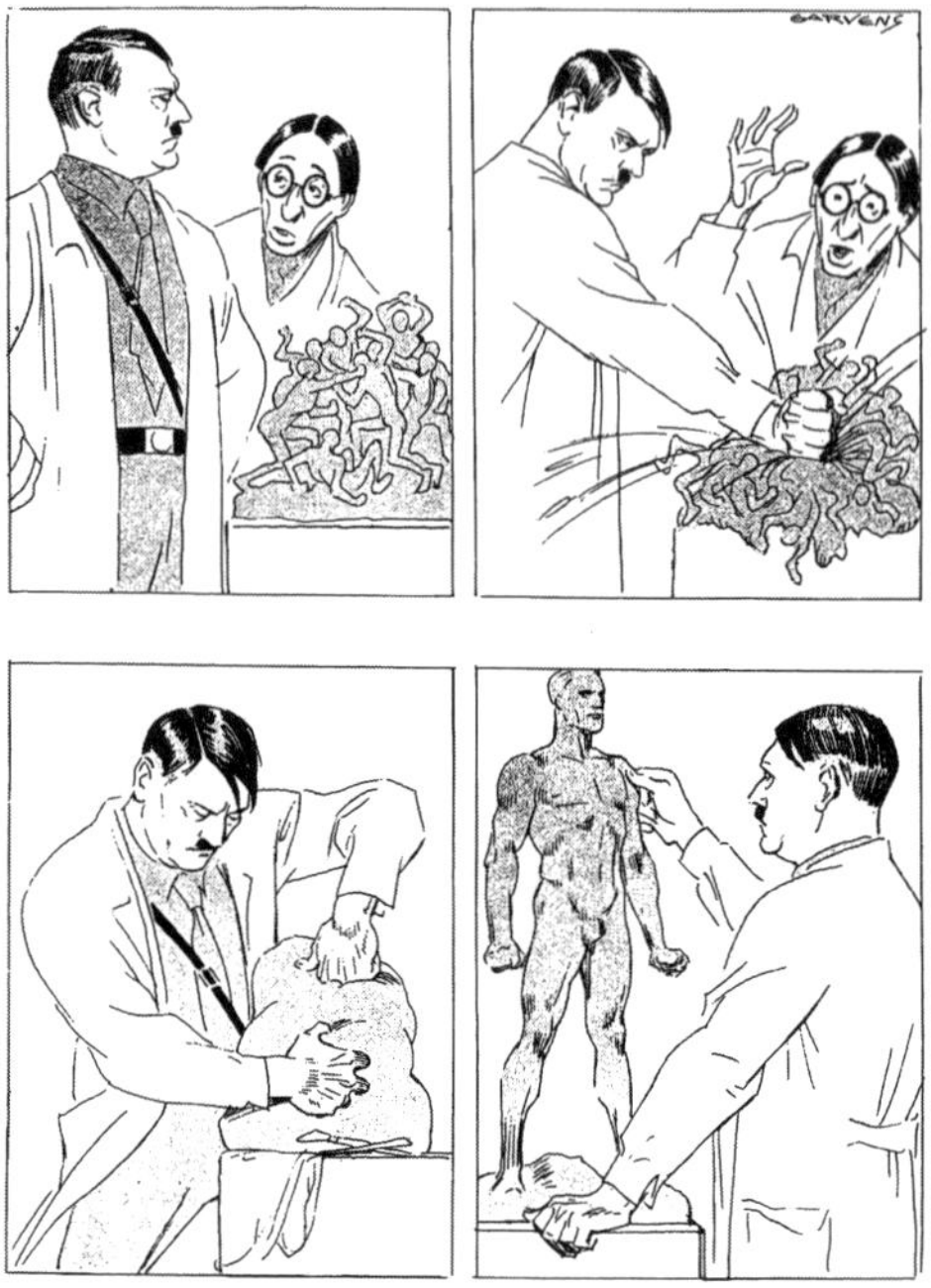

図 1-3　「ドイツの彫刻家」。オスカー・ガーヴェンスのカリカチュア

いう素材から民族の堅固で明確な形態をつくりあげる」[42]ことにあった。大衆を石材と同一視する宣伝大臣の発言において注目されるのは、彼が「政治＝芸術」の本質を「素材」に「形態」を与える営みに見いだしていることである。まさにこの「造形」という点にこそ、無定形で感性的にとらえられる「美学」にたいして、ある実質と形態をともなった作品を創造する「芸術」の独自の意義がある。こうした「国家の造形芸術」の理念は、ポール・ド・マンによれば、フリードリヒ・シラーの説く「美的国家」の誤読であったが[43]、古くはプラトンにまでさかのぼる西洋政治思想の伝統的カテゴリーの一つであり、そこでは政治が「国政術 Staatskunst」として、そのかぎりでの「芸術 Kunst」として理解されていたのだった。このプラトン的な政治理念について、カール・ポパーは次のように説明している。

　プラトンにとって、政治は王者の芸術である。それは人心収攬術とか、人間操縦術などという場合のような比喩的な意味での芸術ではなく、もっと文字どおりの意味での芸術である。それは音楽、絵画もしくは建築と同じように、作品の芸術である。プラトン的な政治家は、美のために都市国家を制作する。[44]

第三帝国もまた、こうした意味における「芸術作品」と見なすことができる。ここに政治は存在との関係を見いだすことになる。マルティン・ハイデガーによれば、芸術作品の本質は存在の真理の「作品化 Ins-Werk-Setzen」、つまり存在を存在物のなかで開示して成就することにあり、その意味では国家もまた作品の一つ、それも他のあらゆる作品を基礎づける「総合芸術作品 Gesamtkunstwerk」として、民族の歴史的命運を規定するという政治的な機能を有している(45)。この点について、ハイデガーは次のように主張している。

芸術の歴史的位置に鑑みれば、「総合芸術作品」をめざす努力は本質的なものでありつづけている。この名称がすでに特徴をあらわしている。それが意味するのは第一に、諸芸術はもはや別々に実現されるのではなく、一つの作品のなかに結集されなければならないということである。しかし、こうしたどちらかといえば数量的な統合を超えて、芸術作品は民族共同体の祝祭、すなわち宗教そのものでなければならない(46)。

芸術作品は、民族を有機的な共同体へと統合する媒体、民族の存在を開示する祭壇でなければならないというのである。ハイデガーの念頭にあったのは古代ギリシアのポリスであり、これを取りもどすことがドイツ民族の命運であるとされたが、そうした存在の回復をめざす運動として彼が期待したものこそ、ナチズムにほかならない。もちろん、現実のナチズムは「この運動の内的真理と偉大さ(47)」のカリカチュアにとどまり、ハイデガー自身もやがてこれと対峙するようになるのだが、芸術作品を通じてドイツ民族に存在を取りもどさせようという彼の構想が、ナチズムによる「国家の造形芸術」と重なりあう面を含んでいたことは否定できない。さらにまた、ハイデガーは多くの点でリヒャルト・ヴァーグナーに不信の念を抱いていたにもかかわらず、「総合芸術作品」をめざすこの音楽家の努力に一定の理解を示していた。ヴァーグナーがバイロイトの祝祭劇について夢見ていたように、ポリスを模範とするハイデガーの芸術作品もまた、民族を国家的聖域に集め、彼らに自己を認識させるための政治的な祭典でなくてはならなかったのである。[48] そうした「総合芸術作品」の構想は、ヒトラーによってニュルンベルクで実現した。毎年九月に開催された党大会では、全国から集まった膨大な数の大衆が隊列を組み、一糸乱れぬ行進をくりひろげるなど、壮大な規模で「民族共同体」が上演された。そこに出現した大衆の形態について、ベンヤミンは「パリ書簡」のなかで次のように述べている。

ファシズムが強固と見なすモニュメントを築くための素材は、何よりもいわゆる人的資源である。エリートは、これらのモニュメントのなかに自己の支配を永遠化する。そしてこれらのモニュメントは、人的資源がその造形を見いだす唯一の手段だ。すでに見たように、数千年以上もさまよっているファシズムの支配者たちのまなざしの前では、石塊からピラミッドを築いた奴隷たちと、広場や訓練場で総統を前にしてみずから石塊を形成するプロレタリア大衆との区別は消滅しつつある。[49]

同じような観点から、クラカウアーはこうした大衆の編成を「大衆の装飾 Ornament der Masse」[50] と呼ぶ。彼によれば、ナチ党大会は「公式につくりだされた大衆装飾」[51] であり、「大衆を道具的な大きな統一体として象徴的に表現」[52] したものだった。クラカウアーは、それが大衆を素材とした支配の装飾にほかならないことを強調する。

こうして、装飾的なものが人間的なものにたいして完全な勝利をおさめる。絶対的権威は、その支配下にある人間を気に入ったデザインにしたがって配列することで、自己を主張する。……ヒトラーは民衆に向かうときはいつも、彼らを数十万の聴衆というよりはむしろ、数十万の部分からなる巨大な装飾として見わたしていた。[53]

このようにベンヤミンとクラカウアーはいずれも、ナチズムの大衆造形を支配の表現と見ているのだが、それがナチ指導者のみの手によるものでないことは、先に確認したとおりである。大衆はものいわぬ素材としてではなく、ある種の主体性をもってこの造形に参画し、みずからモニュメントと化したのだった。ベンヤミンも認めているように、ナチズムはこの造形の枠内で大衆に表現の機会を与えたのであり、それはたしかに階級的・経済的利益の表現ではなかったが、少なくとも抑圧された衝動の表現、社会的束縛にせきとめられた「生への願望」の表現であった。[54]

ベンヤミンとクラカウアーの議論がもつ意義はむしろ、ナチズムの「政治＝芸術」のなかに大衆の統合形態を見いだし、その隷属性に注目した限定的な意味においてではあれ、「芸術作品」としての第三帝国という視点を準備した点にあるといえるだろう。そのような観点からわれわれは、「大衆の装飾」という誤解をまねきやすい表現にかえて、これを「大衆のモニュメント Monument der Masse」と呼ぶことにしたい。その場合、「モニュメント」とはベンヤミンがいうような支配の永遠化ではなく、大衆の作品化を意味する。

このモニュメントがヒトラー一人の創作ではなく、社会的現実のなかに基盤をもつものだったことは、実はクラカウアー自身も認めるところである。というのも、彼は「大衆の装飾」を「支配的な経済システムによってもとめられている合理性の美的反映」[55]と定義しているからである。そうした意味からすれば、ナチズムの「大衆のモニュメント」は資本主義的生産過程がもとめる合理性、すなわち

図 1-4　大衆のモニュメント。1936年の党大会

規格化の美学的反映と見なすことができる。デートレフ・ポイカートが指摘するように、党大会における大衆編成の原理が「個々の要素の標準化、参加者の画一化、あるいは基本的な建築体をできるかぎり純粋な形態、しばしば立方体に還元すること」[56]にあったとすれば、それはバウハウスの提唱した近代性の理念、すなわち純粋な機能的形態のなかに美を追求する「即物性 Sachlichkeit」の美学にも通ずるものであった。「大衆のモニュメント」もまた時代精神と無縁ではなく、本質的に大量生産時代に対応した美的システムにほかならない。クラカウアーによれば、「大衆の装飾」は大衆社会を象徴しており、「美的領域外のリアリティ」をそなえているという意味で、美的表現としてリアルである[57]。そして、このリアリティのなかに新時代の相貌を見いだし、「英雄的リアリズム」の立場から「大衆のモニュメント」の形態を彫琢したのが、保守革命の思想家エルンスト・ユンガーであった。

ユンガーはベンヤミンやクラカウアーとは対照的に、ファシズムの感性を共有する「前線世代」の生き証人として、こうした大衆の形態を考察する。第一次大戦の戦場をくぐりぬけたこの前線兵士は、「鋼鉄の嵐」というべき総力戦の苛酷な現実、すなわち技術の圧倒的な破壊力を積極的に受け入れ、そこに二〇世紀を支配する「新しい人間」の誕生を見いだす。

　これまでの他のいかなる戦闘よりも仮借なく、残忍で、野蛮に戦われたこの物量戦、塹壕戦の精神は、かつて世界が見たことのない男たちを生みだした。それはまったく新しい種族であり、この上ない力に満ちてエネルギーを体現する存在、……おぞましいかぎりの闘いにひるむことのない克服者、鋼鉄の天性をそなえる者だった[58]。

戦争の地獄絵が生みだした英雄的な前線兵士を、ユンガーは「新しい人間」として熱烈に称揚する。クラウス・テーヴェライトの的確な表現を借りれば、それは「鋼鉄の形態」、すなわち「完全に機械化された肉体という保守的ユートピア[59]」を体現するものであった。重要なことは、ユンガーがこれを個々の人間としてではなく、むしろ「類型 Typus」ないし「形態 Gestalt」として把握している点である。つまり、この「新しい人間」は超歴史的な存在であり、根源的な力との関係をもつ神話的な集合的主体である。しかも「形態への意志[60]」という表現が示すように、それはみずから形態化をもとめるものでもある。「新しい鋼鉄の人間類型が現在のまっただなかに出現する[61]」というのだった。こうした表現のなかに物象化の契機を見いだすことは容易であるが、ユンガーがその彼方に新時代の神話的なイメージを描きだしていることは注目されてよいだろう。

ユンガーによれば、現代の総力戦においては前線と銃後の区別はなくなる。兵士は「死の日雇い労働者」として巨大な機構のなかの労働者となる一方、労働者もその生産力が軍事的な意味をもつがゆえに兵士となる。こうした兵士と労働者の一体化こそ、ユンガーが「総動員」という言葉でいいあらわそうとした意味にほかならない。総動員からは何一つ脱落してはならず、いっさいがエネルギーのなかに解消されねばならない。「経済や技術、交通では車輪の振動というかたちであらわれ、戦場では火焔や運動というかたちであらわれるエネルギー。総動員の課題は、生をこのエネルギーに変換することである[62]」。ユンガーがさし示すのは、単一の過程がすべてを覆う、一つの巨大な工場と化した国家である。そこには階級も身分もなく、あらゆるものが「労働」としてあらわれ、あらゆる人間が「労働者」となる。

大著『労働者』のなかで、ユンガーはこの人間像を「労働者 Arbeiter」として彫琢している。彼によれば、この「労働者」もまた「形態」である。つまりそれは「人格や個人ではなく、類型としての個々の人間が表現する……種族の顔[63]」をもった神話的な存在である。この「労働者」のなかに、ユンガーは来るべき時代の相貌を決定する大きな役割を見いだす。「われわれの信念は、労働者の興隆がドイツのあらたな興隆と同義であるということである[64]」。前線兵士の理想を吹きこまれたこの人間類型は、規律と服従になじんだ新時代の前衛部隊であり、その攻撃の対象はほかならぬ市民社会であった。形態を欠いた自由主義的市民社会にかわって、労働者の担う全体主義的国家が出現しなければならないというのである。あらゆる人間を労働者として動員するこの国家は、戦争をも巨大な労働過程として遂行することになるだろう。すべてを巻きこんで展開する戦争＝労働の自己目的性は、スポーツのそれに比肩しうる。ベンヤミンの言葉を借りれば、いまや戦争は「兵士のカテゴリーに最終的に別れを告げ、スポーツのカテゴリーをとるようになる」(65)のである。このようにユンガーは、戦争と労働の同一化――「軍事戦線と労働戦線の一致」(66)――を通じて、鋼鉄のような「新しい人間」が錬成されてくると考えていた。彼はこれを「労働者」と呼び、あらゆる人間がこの単一の「形態」を刻印されることによって、来るべき時代の相貌が決定されるとしたのだった。

いうまでもなく、ユンガーはこの「労働者」の概念を非マルクス主義的な意味でもちいていたが、そのラディカルな反市民性ゆえに、彼の描きだすイメージは「社会主義的」な特徴をおびることになった。ナチズムにもそうした特徴が見られることは、つとにエルンスト・ブロッホが指摘していた点である。彼によれば、ナチズムとは「褐色の窃盗」であり、赤旗や労働歌、街頭行進、メーデーなどといった「コミューンからの万引品」(67)で偽装した労働者運動の剽窃者にほかならない。もっともこうした特徴は、ブロッホがいう意味での「革命的仮象」にとどまるものではない。むしろナチズムの社会主義的特徴が大衆のなかに共鳴を見いだした事実こそ、検討の対象とされなければならないだろう。「労働者党」を名のり、あらゆる労働者の「労働戦線」や階級のない「民族共同体」をアピールすることによって、ナチズムは彼らなりに労働者の代弁者としてふるまおうとしたのだった。ゲッベルスがナチ運動を「下からの革命」(68)と呼んだのも、単なる戯言として片づけるわけにはいかないのである。

ユンガー自身はナチズムに与することはなかったが、「労働者」の形態を新秩序の中心に据えた彼のヴィジョンは第三帝国のもとで実現することになった。ドイツ労働戦線の指導者ローベルト・ライが労働者を「労働の兵士」

と呼び称えたばかりでなく、ユンガーが賛美した「鋼鉄の形態」は造形芸術の中心的テーマとなり、とくにヨーゼフ・トーラクやアルノ・ブレカーによるモニュメンタルな古典主義的彫像に表現を見いだした。英雄的な戦士のたくましい肉体をモチーフとし、様式化された明確な輪郭によって硬質かつ抽象的に表現されたこれらの彫像が象徴していたのは、個人にたいする「形態」の絶対的な優位である。そして、この「形態」はギリシア的な美の理念と結びつき、ユンガー的な意味での神話的存在と化すことになった。理想とされたのは古代ギリシア人の鍛え上げられた身体であったが、それがドイツ国民の「理想型」を表現するものと考えられた。このことを例証するのが、リーフェンシュタールの監督によるベルリン・オリンピックの記録映画『民族の祭典』である。この映画の冒頭に登場するギリシア人の肉体は、現代のスポーツ選手の肉体と文字どおりオーバーラップすることで、まさに「現在のまっただなかに出現する」のである。これによって神話と現実、古代と近代、あるいはブロッホのいう「非同時代性と同時代性」[69]が総合され、ギリシアの模範にしたがう美しい肉体性が現代ドイツの「総合芸術作品」を形成することになった。[70]党大会の政治劇を担ったのはまさにそうした美的形態であり、そこでは整然と行進する隊列の陣形が「民族共同体」のなかに出現するはずの美しい新秩序を体現したのだった。

もちろん、党大会の会場を行進したのは突撃隊や労働奉仕団のような準軍事的組織がほとん

図1-5　シャベルを担いで行進する労働奉仕団。1938年の党大会

どであり、そこには大衆に規律と服従を要求するナチズムの権威主義的な性格が示されている。同じことはユンガーの描きだした「労働者」の形態についてもいえる。彼の目からしても、重要なのは大衆の獲得ではなく、訓練と選抜であった。だが注目すべきことは、それがある種の主体性にささえられていた点である。ユンガーによれば、「労働者」にとっては「支配と奉仕は同義」である。「この類型は独裁を知らない。なぜなら、彼にとっては自由と服従は同一だからである」(71)。こうした主張には、自由なる献身というプロイセン的な美徳、いわゆる「ドイツ的自由」の概念の影響がうかがえるが、この没我性を通じた主体性というロジックは、ナチズムにもあてはまるだろう。彼らにとっても、自由と服従は同義だった。

したがって、ナチ党員の新しい自由の概念は、人間の存在と本質が創造の不可侵かつ永遠の法則に拘束されている事実を承認することに前提を見いだす。……それとともに、ドイツ人は神聖な秩序の拘束に進んで服従するときにはじめて、最高に自由となる。……だが男性にとって最高の自由の概念は、国民の永遠性のために進んで死を選ぶ覚悟があることに存する。(72)

こうした主張に「自由からの逃走」(73)をもとめる倒錯した心理を見いだすにしても、それだけではこの「新しい自由の概念」に多くの人々が共鳴した理由を理解することはできない。「彼らは自由だと思っていた」(74)のだとすれば、なぜ自由だと思えたのかを彼らの主観にそくして明らかにする必要があろう。テーヴェライトはその理由として、ナチズムが大衆集会において参加者の欲望にはけ口を与えた点を重視している。

だからこそファシズムの祝祭は途方もない魅力を発揮し、参加者に圧倒的な印象を与えたのだ。……こうして欲望の象徴的な解放と、そこで演出された衝動の肯定（モニュメンタルな装飾の形態のなかで、衝動の抑圧のモデルにしたがって行われた）というかたちで、ファシズムによって自由の黎明が演出されたが、その自由においては、ファシストは解放されなかった(75)。

集会の参加者たちは、強いられた陣形の枠内においてではあれ、みずから欲望の流れと化し、統率された巨大な波の一部となることを許されたのであり、真の意味で解放されることはなかったものの、少なくとも主観的には自由の黎明を体験することができたのだった。「大衆のモニュメント」に隷属性を見いだしたベンヤミンもまた、同じような欲望の働きを示唆している。「大きな祝祭行進や巨大集会やスポーツ大会、そして戦争、これらは現在すべて撮影装置に受けとめられるものであるが、ここで大衆は自分自身と対面するのである(76)」。

大衆を見わたす「支配者たちのまなざし」は、こうして大衆自身のものとなる。彼らはそこで鏡に映すようにみずからの姿を認識し、自己同一性を獲得することになるだろう。リーフェンシュタールの『民族の祭典』は、まさにそのメカニズムを映像化したものといえる。この映画を見る大衆は、そこにみずからの理想化された肉体を見いだし、これを美的な享楽として体験するのである。こうして「かつてホメロスにおいてオリンポスの神々の見せ物であった人類は、いまや自分自身のための見せ物となった(77)」。このナルシスティックな陶酔のなかで、大衆はそれ自身が崇拝の対象となる。クラカウアーもまた、このことを明確に認識していた。彼によれば、「大衆の装飾」とは「神のない神話的礼拝」、すなわち「明確な意味をいっさい欠いた、礼拝の合理的空洞形式(78)」である。それは自己以外の何ものも意味してはおらず、それじたいが目的である。「究極にあるのは装飾である。実質的構造は空になり、装飾だけになる(79)」。「大衆のモニュメント」のこうした祭儀的性質のなかにこそ、自由と服従を同一視させる契機が潜んでいると考えなければならない。

第三帝国を無国家「ビヒモス」と特徴づけたフランツ・ノイマンは、同時代にすでに「ナチズムはヴァイマル共和国の制度的民主主義を儀式と祭礼のデモクラシーにかえた[80]」と述べていた。この指摘は、ナチズムを政治宗教と見なすクラウス・フォンドゥングらの議論に受け継がれ、さらにジョージ・L・モッセによって、ナチズムは「新しい政治」、すなわち大衆の自己崇拝を視覚化する世俗宗教と規定されることになった[81]。こうした政治宗教としてのナチズムが、「魔術と操作」によって人心を惑わしたかのように考えてはならない。ベンヤミンが見ぬいていたように、ナチズムは祭儀のなかで大衆に自己同一性の表象を与えることによって、彼らの主体的な参加を動機づけたのである。しかもそこに成立した大衆の自己崇拝は、ヒトラーの支配とも矛盾するものではなかった。少なくとも国民の意識の上では、彼は独裁者として超然と立っていたわけではないからである。ある公法学者は「総統権力」を定義して次のように述べている。

総統は民族のために、民族にかわって発言し、行動するのみでなく、まさに民族として発言し、行動する。総統のうちに、ドイツ民族自身が自己の運命を形成するのである[82]。

こうした総統と民族の一体性が、ヒトラーの支配の正当性を成り立たせていたのだった。ナチ体制下で「総統崇拝」が大々的に展開されたことは事実であるが、ヒトラー自身の考えでは、指導者と大衆の対面はけっして個人崇拝に堕してはならないものであり、むしろ祭儀が自律性をもつべきであった[83]。いいかえれば、総統はこの政治宗教の祭司であっても、神ではなかった。祭壇に立つ彼を前にして、大衆はむしろ自分自身を祝福していたのである。もちろん、ヒトラーが絶大な人気を獲得した背景には、敗戦の衝撃やヴェルサイユの屈辱、経済恐慌の混乱のなかで、英雄的指導者に国民的威信の回復を期待する広範な大衆の感情があった。そうしたナショナリズムの問題をぬきに、「総統崇拝」のダイナミズムを十分に説明することはできないだろう。だがその一方で、ヒトラーの人気がすぐれて現代的な、メディア時代の政治のありかたを示していたことも忘れてはならない。ペーター・スローターダイクも指摘するように、「ヒトラー狂はその本質からいえば、公共的なカルトメディアとしての総統の姿を通して欲望を駆り立てられた凡人たちの自己崇拝以外の何ものでもない」のであって、それは「卓越した他者を通じた主体化」[84]というべき原理にもとづくものだった。こうして、「大衆のモニュメント」の「神のない神話的礼拝」たる所以が明らかとなろう。それは大衆が自己を崇拝し、主体化する場であり、大衆がみずからの同一性を獲得することによって、「民族共同体」を現前化させる機構なのだった。「大衆のモニュメント」とは「同一性をもとめる大衆の感情の作品化」[85]であり、その意味で一個の「芸術作品」だったのである。

4　おわりに

このように第三帝国を「芸術作品」として理解すれば、「政治の美学化」を大衆操作の問題に還元するプロパガンダ論の問題性がここであらためて問いなおされる。これまで論じてきたように、ナチズムにとって「美的なもの」は政治の手段にとどまらず、それじたいが目的であり、これを「作品化」するためにこそ政治があった。ニュルンベルク党大会では、大衆の造形を通じて「民族共同体」が現前化したが、それは支配者が大衆に押しつけたものというよりはむしろ、大衆自身が——たとえ動員されてではあれ——主体的に演じたドラマであり、しかもそのリアリティは大衆の自己同一化の機構にささえられていたのだった。ゲッベルスが明言しているように、ここに政治は「民族のドラマ」[86]となったのである。ファシズムにたいするベンヤミンの警告は、皮肉なかたちで現実のものになったといえよう。彼が要求した「芸術の政治化」をやや強引に、いくぶん恣意的に解釈するならば、それはほかならぬナチズムの「国家芸術」において、「政治の芸術化」というかたちで実現されたといえるからである。

もっとも、それがどの程度まで実現されたかについては、慎重な評価が必要だろう。ハイデガーがナチズムに期待し、幻滅した理由もこの点にかかわるが、これについては「政治の美学化」概念の意義も含めて、終章であらためて検討することにしたい。

さらにまた、以上の議論には一定の留保が必要である。本章では党大会をはじめとする大規模な式典を中心に考察を進めてきたが、「政治の美学化」の射程はこれにとどまるものではないし、そうした式典が参加者や支持者を一時的に熱狂させても、広範な国民に永続的な忠誠を誓わせるには不十分なことも明らかである。この点に関して近年のナチズム研究は、マスメディアが提供する大衆娯楽や、国民受信機・国民車に代表される消費財、歓喜力行団による休暇旅行など、消費・余暇文化を通じたソフトな動員のほうが、民心を掌握する上で効果が大きかったことを明らかにしている。だがそうした個々の文化的施策に一貫した意味を与えるためにも、それらが準拠する模範が必要であり、この模範を提示したものこそ党大会だったということができるだろう。次章で明らかにされることをやや先取りしていえば、党大会で上演された「民族共同体」は、社会全体を統合する高次の秩序を提示すると同時に、日常レベルの多様な文化的実践を通じて具体的な意味を獲得した。こうして「民族共同体」は、多様に表象されつつもゆるやかに統一されたイメージとして、国民の意識のなかである種のリアリティをおびるにいたったのであり、ナチズムが広範な国民を動員することに成功した理由も、このあたりにあったと推察される。いずれにせよ、このことは党大会の演出を具体的に分析し、それをナチ体制下の現実と関係づけることによってはじめて明らかになるだろう。

本章を締めくくるにあたって、最後に「政治の美学化」概念のもつ意義を確認しておきたい。これまでの議論が明らかにしているように、ベンヤミンにとって「美的なもの」はその政治的機能においてアンビヴァレントな存在であった。それは「政治＝美学」と「政治＝芸術」の間を架橋する槓杆であり、一方では大衆操作の手段として、人々の目を支配の現実からそらせる「美しい仮象」に転化しうると同時に、他方では大衆の自己認識・自己形成の手段として、人間性の解放に向けた唯一の突破口となりうるものでもあった。「大衆の装飾」が支配の装飾と化すことを危惧していたクラカウアーは、それでもなお、これによって達成された合理性とリアリティの段階を放棄するのではなく、そのなかにこそ解放の可能性を探らねばならないと主張する。「過程は大衆装飾のまっただなかをつきぬけていくのであって、そこから後退するのではない」[87]。ベンヤミンもまた、ファシズムのつくりだすモニュメントが大衆を隷属化させる一方で、それが彼らに自己表現の機会を与え、大衆運動の形成を可能にすることを重視していた。「自分自身を再現したいという今日の人間の正当な要求」[88]を、ファシズムはこのモニュメントのなかに封じこめているというのだ。彼がもとめたのは、この歪められた自己表現を解放し、真の自己認識、すなわち階級的認識に転化させることだった。つまりベンヤミンの提起した「芸術の政治化」とは、「芸術作品」としての「大衆のモニュメント」のなかに批判的ポテンシャルを見いだし、それを「革命」という政治的行動に転化させることだったといえよう。もちろん、彼のいう「革命」が現実にはファシズムを打倒しえなかった以上、「芸術の政治化」の可能性をマルクス主義的な未来のなかに探っても意味はない。大衆はファシズムに虚偽意識を植えつけられているだけで、その呪縛から解放されさえすれば真の自己認識にいたるはずだという素朴な合理主義信仰こそ、左翼を敗北に追いやった最大の原因である。だが敵を克服するためにはまず敵を知ることが必要であるとすれば、「政治の美学化」についてのベンヤミンの洞察をナチズムの認識に役立てることがもとめられよう。「政治の美学化」と対決するための方策は、こうした意味における「芸術の政治化」をおいてほかにないのであり、その戦線は何よりも「大衆のモニュメント」のなかに見いだされなければならないのである。

第2章　民族共同体の祭典

1　はじめに

ヒトラーの権力掌握から戦争突入までの間、毎年九月前半にほぼ一週間にわたってニュルンベルクで開催された「ナチ党帝国党大会 Die Reichsparteitage der NSDAP」は、第三帝国期の最も重要な公的行事であり、ナチズムにたいする一般的なイメージの形成に決定的な役割をはたしてきた。そこでくりひろげられた壮大な規模の大衆集会や隊列行進は、とりわけレニ・リーフェンシュタール監督の映画『意志の勝利』を通じて、独裁者に歓呼の声を上げる群衆という周知のイメージに様式化され、ナチズムの圧倒的な大衆動員力を確証するものと理解されてきたのである。だがその強烈な印象ゆえに、党大会の実像がつかみにくくなっていることも否定できない。党大会の式典がナチズムの自己理解において中心的な役割を担ったことはたしかであるが、その影響力を自明視することは、ナチ・プロパガンダを鵜呑みにすることに等しい。

研究史をふり返ってみても、党大会を全体的または部分的に扱った研究は無数に存在するが、その多くはこうした一面的なイメージにとらわれすぎているように思われる。たとえば、党大会をはじめて包括的に論じたハミルトン・T・バーデンは、おおむね新聞記事のみに依拠して大会の経過を再構成しているため、公的な宣伝を無批判に踏襲する結果に終わっているし、クラウス・フォンドゥングやジョージ・L・モッセなど、ナチズムを政治宗教ととらえる一連の研究者も、祭儀の効果についてはほとんど疑問を呈しておらず、その絶大な威力を暗黙のうちに認めてしまっている。(1) これにたいして、党大会を多角的に考察したジークフリート・ツェルンヘファーの近年の研究は、この「宣伝の祭典」のやや異なる実像を明らかにしており、壮大な催しが必ずしも国民に熱狂をもって迎えられたわけではない点に目を向けている。(2)

党大会の大衆効果を限定的なものと見る視点は、基本的に一九八〇年代以降の日常史研究の延長線上にあるといってよい。その代表者の一人であるデートレフ・ポイカートによれば、党大会のような「露骨に政治的な目的の催し」は、「直接に政治的な理由で批判された形式をのぞいて、ほぼありとあらゆる既存の様式や技術を寄せ集め、独創性のないごった煮にしたもの」(3)であり、あまり魅力的ではなかったため、一九三五年頃から後退していったという。こうした評価があることを考えれば、党大会の影響力を自明視することはできないだろう。とはいえ、参加者だけで毎年五〇万人近くに達し、ラジオや映画を通じて国民的規模で体験された点からしても、これをまったく効果のないものと片づけるわけにもいかない。問われるべきは、党大会の舞台と舞台裏の関係であり、そこで提示された理想と現実の関係である。熱狂をもって迎えられなかったにせよ、党大会は国民に何らかの統合力を及ぼさなかったのか。もし及ぼしたとするならば、その力はどのように作用したのか。

こうした観点から、本章では党大会の演出をナチ体制下の現実と関連づけることによって、ナチズムの大衆動員のメカニズムを解明することにしたい。考察の焦点は、ナチ・イデオロギーの中核をなす「民族共同体」の理念が党大会でどのように提示されたのか、そしてそれがナチ体制下の政治的・社会的現実とどんな関係にあったのかという点に置かれる。というのも、党大会の演出を細部にわたって検討したところで、これを「民族共同体」の理念と現実から切り離して論じるかぎり、ほとんど意味がないと思われるからである。もちろん、以下の考察もこれまでのナチズム研究の蓄積、とくにツェルンヘファーの研究に多くを負っているが、演出と現実の関係に注目して分析を行うことで、党大会についてもあらたな知見が得られるだろう。少なくともそれは、ナチズムの大衆動員力を「魔術と操作(4)」に還元するような視点を克服するための一助となるはずである。

2　民族共同体の理念と現実

一九三三年の党大会で、ヒトラーは突撃隊と親衛隊の軍勢に向かって次のように演説している。

われわれの運動の党大会はつねに男たちの、民族共同体の規律を単に理論的に代表するだけでなく、実際にも実現することを決意した男たちの、偉大な観閲式だった。それは生まれも、身分も、職業も、財産も、教養も考慮しない共同体だった(5)。

党大会の会場で一糸乱れぬパフォーマンスをくりひろげる男たちは、ナチズムが追いもとめた「民族共同体」の一体性を具現していた。この「ナチ党とナチ国家の大規模なショー(6)」は、「民族共同体」を上演するための舞台にほかならなかったのである。党大会の分析に入る前に、まずこの「民族共同体」の理念と現実の関係について、既存研究を整理しながら大まかな見取り図を描いておきたい。

「民族共同体 Volksgemeinschaft」とは、ごく簡単にいえば、階級対立のない結束した社会を意味する理念である。「民族共同体」は、「民族それじたいに関係する問題のすべてにわたって民族を統一するところに成立する(7)」と、ヒ

図 2-1　1934 年の党大会。隊旗の聖別

トラーはすでに『わが闘争』のなかで述べている。曖昧な定義であるが、ともかくそれは国民全体を包括する統一的な社会をめざすものだったといえるだろう。一九三三年一月のナチ政権成立直後、ヒトラーは国民に向けた最初のラジオ演説で、「わが政府は階級や身分を克服し、わが国民をしてみずからの民族的・政治的統一性とそこから生ずる義務とを意識させるであろう(8)」と語っている。ヴァイマル共和国においては諸勢力が対立していたのにたいし、ナチズムはあらゆる階級対立の解消と国民的連帯の創出を約束して登場した。ナチ党機関紙『フェルキッシャー・ベオバハター』が書いているように、「新しい民族共同体の建設(9)」こそ、ナチズムの政治目標だったのである。そしてこの「民族共同体」を実現するための施策が、いわゆる「強制的同質化 Gleichschaltung」であった。国家・社会のトータルな画一化をめざして実行された「強制的同質化」の過程は、州や地方自治体の解体にはじまり、非ナチ政党の解散や自律的な政治・経済組織および労働組合の破壊・再編成をへて、わずか一〇ヵ月あまりで完了する。かくしてヒトラーは翌年九月の党大会で、ナチ革命の終了と第三帝国の千年支配を宣言することになる。「今後千年にわたり、ドイツには二度と新しい革命は起こらないであろう(10)」。

だがこうした声明にもかかわらず、真の統一は実現しなかった。そのかわりに出現したのは、「民族共同体」の表看板とは裏腹の、諸勢力が衝突しあう無秩序な社会だった。近年のナチズム研究がほぼ一致して認めるところによれば、第三帝国はけっして一枚岩だったわけではなく、むしろ激しい権力闘争にひき裂かれた「機構的アナーキー」というべきものだった。[11]ペーター・ヒュッテンベルガーによれば、「強制的同質化」もまた不徹底に終わった。[12]たしかに左翼政党や労働組合は破壊されたが、それ以外の大部分の既成集団、とくに官僚機構・軍部・企業などは、ナチ党の侵入にほとんど見舞われることなく、自由裁量を維持した。これらの組織・集団は、名目上は「強制的同質化」されたものの、多くの場合はナチ党員による指導的地位のひき継ぎが行われたにすぎず、その後も党指導部や政府各部局にたいしてロビー活動を行うなど、圧力団体として機能しつづけた。「民族共同体」というファサードの背後では、ヴァイマル期以来の社会的対立がくすぶりつづけ、まさに「多頭制」的な権力構造が現出したのだった。そのためナチ政権成立後しばらくすると、「民族共同体」の到来という約束がはたされなかったことが誰の目にも明らかとなった。亡命社会民主党の『ドイツ通信』は、当時の国民がたえずナチ政権への不満や批判を口にしていた事実を明らかにしている。[13]

もっとも、第三帝国がアナーキーな権力構造の上に成り立っていたという認識じたいは現在ではほとんど常識化しているから、われわれの課題は、そうした無秩序な現実と「民族共同体」の理念との関係を明らかにすることだろう。両者の乖離を指摘するにとどまるとすれば、「民族共同体」の理念は単なる欺瞞ないしはまやかしにすぎないということになり、考察に値するものではなくなってしまう。ナチズムが「民族共同体」の実現に精力を注いだことは疑いなく、そうであるからには、この理念そのものにみずからの実現を阻むメカニズムが組みこまれていたと考える必要があると思われる。

まず指摘できるのは、「民族共同体」の理念の曖昧さである。それは何らかの統一的な社会をめざしていたが、一貫した政策やプログラムに発展することはなく、漠然としたユートピア的な目標にとどまった。そこには明らかに、ヒトラーの戦術的考慮が働いていた。目標を明確にしてしまうと、潜在的な支持者が失われるだけでなく、異議を唱える者がでてくる可能性もあったのである。そのためナチ世界観指導者アルフレート・ローゼンベルクの公式のコメンタールにもかかわらず、教義の確立は妨げられた。ヨーゼフ・ゲッベルスは後年、このことを臆面もなく認めている。

ナチズムは個別の事柄や問題を検討してきたのであって、その意味で一度も教義をもったことはない。ナチズムは権力の座につくことを望んだ。……われわれにはすでに計画があったが、それを世間の批判にさらすことはしなかった。今日誰かが、新しいヨーロッパをどう考えるかとたずねるなら、そんなことはわからないとこたえなければならない。たしかにわれわれには考えがあるが、それを言葉にすればたちまち敵ができ、抵抗が増える。……今日われわれは「生存圏」について語っている。誰もが好きなように考えればよい。われわれが何を望んでいるかは、適当な時期が来ればわかるだろう(14)。

「民族共同体」の理念もまた、個々人の社会的動機に応じて多様に表象することが可能な一種の行動指針にすぎなかった。それゆえ、これをどう表象すべきかをめぐって党内で激しい対立が生じることになった。党の指導者たちはそれぞれ「民族共同体」を表象したが、それらの表象はたがいに矛盾していた(15)。こうした矛盾によって「民族共同体」の理念が有名無実化してしまうことを避けるには、反ユダヤ主義、反マルクス主義といったかたちで、たえず外部の敵を示し、「民族共同体」の範囲を否定的に設定しなければならなかった。かくして「闘争」が至上命令となった。『わが闘争』の著者が述べるように、「民族共同体」の建設は「自分の目標にたいして積極的な闘争を指導してゆくこととならんで、この目標の敵対者を絶滅させる場合にのみ成功できる」のであり、そのためには「いったん追求しようと思った目標に向かって容赦のない態度、熱狂的に一方的な態度をとること(16)」が必要だった。というのも、「運動の強さ、したがってまたその存続資格は、総じて運動が闘争の原則をみずからの発達の前提として承認するかぎりにおいてのみ、増大をつづけるものと考えられる[17]」からである。敵にたいする容赦のない攻撃のなかではじめて、「民族共同体」は輪郭をあらわしたのだった。

だがここで注意しておく必要があるのは、この闘争が外部にたいしてだけでなく、内部においても展開されたことである。「労働の闘い」、「生産の闘い」など、様々なキャンペーンが闘争をスローガンに掲げただけでなく、突撃隊員は「政治的兵士」、労働者は「労働の兵士」とされ、「ドイツ労働戦線」、「ドイツ文化闘争同盟」といった攻撃的な名称の組織も数多く設立された。こうしたことはたしかに軍事的動員の強化を示すものだったが、「闘争」にはさらに別の社会的意味もあった。ヒトラーによれば、ナチズムは「貴族主義的原理にしたがって、最良の人物にその民族の指導と最高の影響力を保証」しようとするものであって、その「選抜」は「何よりも苛酷な生存闘争そのもの[18]」が行うとされた。つまり「闘争」は、すぐれた指導者を選抜するためのふるいでもあった。ティモシー・W・メイスンが指摘するように、ナチ的な意味での「闘争」は、世界観上の敵との殲滅戦争としてだけでなく、昇進と利益をめざす個々人の生存競争、すなわち社会的モビリティというかたちでもあらわれたのである[19]。

ナチ党の政治的リーダーシップを特徴づけた「指導者原理 Führerprinzip」は、こうした社会ダーウィン主義的な「闘争」の理念に根ざすものであり、それは「人生の苛酷な現実がたえず行う永続的な選抜によって、長年の間にこの原理の遂行に必要な指導者の人材を獲得したときにのみ、いきいきとしたものになる[20]」と考えられた。もちろん、「全指導者の権威は下へ、責任は上へ[21]」という言葉に示されるとおり、いったん選抜された指導者は権威主義的に統治を行うとされた。「民族共同体」の理念にもそうした志向が存在したことは、次のヒトラーの発言からも明らかである。

民族共同体の組織……はそれじたい、そういう人物を大衆の上に置き、したがって大衆をそういう人物の下に従属させようとする努力の具現化したものでなければならない(22)。

だが「民族共同体」の理念にこうした垂直的志向があったとすれば、それはこの理念の本質をなす水平的志向と矛盾した。前者が「民族共同体」の成員に優劣を見いだすのにたいし、後者はその同質性を要求するものだからである。このディレンマは、『わが闘争』におけるヒトラーの次のような主張にも反映している。

一般に、民族をその人種的所属にもとづいて様々に評価しなければならないのと同様に、民族共同体の内部においても、個々の人間を様々に評価しなければならない。ある民族が他の民族と同一ではないという主張は、ある人物が他の人物と同一ではありえないというような意味で、さらに民族共同体の内部の個々の人間にもあてはまるのである(23)。

第三帝国下の公法学者たちも、このディレンマの解決に頭を痛めていた。たとえばカール・シュミットは、民族の同質性と指導者原理を結びつけることで、その解決を試みている。

総統と従者の永続的で確実な接触と相互の信頼は、両者の同質性にもとづいている。その同質性だけが、総統の権力が専制や専横に陥るのを妨げることができるのである。……したがって、統一的なドイツ民族の同質性が、ドイツ民族の政治的指導の概念にとって、絶対的な前提と基礎である(24)。

だがこれも根本的な解決ではなく、曖昧な言葉で問題をぼかしただけだった。そもそも「指導者原理」じたいが、「民族共同体」の実現を阻害する要因となっていた。この原理は、ヒトラーを頂点とする一元的な権力機構の確立をめざすものであるかに見えて、実際には指導者間の対立を助長し、権力機構を解体する方向に作用したからである。「指導者はつねに上から任命され、同時に無制限の全権と権威を与えられる」[25]とヒトラーが述べているように、それは総統への絶対的服従を要求しつつも、彼の権威に抵触しないかぎりで、各レベルの指導者に無制限の自由裁量を与えるものだった。各指導者の権限範囲はしばしば重複していたため、対立は熾烈をきわめた。ラインハルト・ボルムスがいうように、この権力ゲームをつらぬいていた原理は「征服者の権利」、「簒奪者の権利」であり、そこでは「官職のダーウィニズム」と呼ぶべき生存競争と自然淘汰が実践原則となり、勝利をおさめた人物がそのことによってすぐれた指導者たることを証明したのである。[26]

しかもまた、「指導者原理」が多数決原理を否定し、内部対立を調停する制度を事実上廃棄したことが、混乱に拍車をかけた。そもそも「民族共同体」の理念があらゆる対立の存在を否定し、原理的に利害の多様性を認めていなかったため、公的な協議機関を通じて利害を調整することはできず、たえず表面下で衝突がくり返される結果とならざるをえなかった。それに加えて、「闘争」の理念が「容赦のない態度」を要求したことで、妥協の可能性そのものが閉ざされていた。運動の強さは「支持者がその運動を唯一正しいものであると主張し、他の同じような組織にたいして主張をつらぬきとおす際の熱狂、いや偏狭さによってきまる」[27]とされた以上、妥協とは弱さを示すものにほかならなかったからである。

こうした激しい対立を調停しえたのはヒトラーだけであり、そのことが最高審判者としての彼の権威を高めることになった。ヒュッテンベルガーの表現を借りれば、たがいに競いあう指導者たちは「ヒトラーを象徴的な人物に仕立て上げなければならなかった」[28]のであり、彼らの熾烈なライバル争いが結果的に「総統の意志」を絶対的な規範へと押し上げたのである。[29]とはいえ、ヒトラーによる調停も一時的な休戦協定にすぎないことが多く、対立が根本的に解消されることはなかった。それどころか、総統の権威が絶対化されたために、彼の支持をめぐる争いはさらに激しさを増すことになった。その意味では、「総統の意志」なるものも、実際には根深い権力闘争の隠れ蓑にほかならなかったといえよう。ここにはある種の循環が成立していたのであり、抗争が激化すればするほど、これを調停しうるヒトラーの権威が高まる一方、逆にそのことがますます抗争を激化させたのだった。

この抗争で勝利をおさめるために、個々の指導者は各領域で「総統の意志」を楯にして権力を行使し、「民族共同体」の理念を具体化していった。親衛隊指導者ハインリヒ・ヒムラーが「東方大帝国」という人種主義的ユートピアを夢想し、農業大臣リヒャルト・ヴァルター・ダレーが「血と土の新しい貴族」の出現を期待した一方で、内務大臣ヴィルヘルム・フリックは権威主義的な「官僚国家」の構築につとめ、ローベルト・ライのドイツ労働戦線は「労働の貴族」の「業績共同体」というヴィジョンを練り上げていた。これらの忠臣たちにとっては、ヒトラーの正規の命令は不要だった。彼らは漠然とした言葉で述べられた「総統の意志」から命令をひきだし、それぞれのイニシアティブでこれを実践に移していったからである。(30) 目標は漠然としていたが、それを「闘争」が埋めあわせた。内外の敵への攻撃で体験される高揚感が、「民族共同体」の理念をいきいきとした意味で満たしてくれたのである。この高揚感を維持するためには、たえず政治的な目標設定を過激な方向へエスカレートさせ、運動の行動主義的エネルギーを活性化しつづけなければならなかった。かくして熾烈な闘争が恒久化し、その攻撃性は急進化の度あいを強めながら、社会全体を解体してゆくことになった。

とはいえ、個々の指導者が真剣に「民族共同体」の実現をめざしていたことに疑問の余地はない。むしろ彼らの構想は、それに内在する矛盾によって挫折したというべきだろう。その矛盾とは、結束した共同体を実現するために、この共同体のなかで闘争がくりひろげられたことである。実際問題として、たがいの結束をめざしてたがいに争うなどということは、円を四角にしようとするに等しかった。そこでは「民族共同体」を実現しようとすればするほど、そのための闘争はいっそう熾烈なものとなり、「民族共同体」の実現はますます阻害されることになった。ナチズムの政治的レトリックは、たえずそれ自身の足下をほり崩していたのである。

しかしながら、「民族共同体」の到来という約束がはたされなかったとはいえ、そのイメージが社会意識の上である種のリアリティを獲得した可能性は十分に考えられる。各種の党組織が数百万の人々を吸収し、彼らに地位と職務を与えたことだけでも、「民族共同体」への期待をつなぎとめたはずだし、これらの組織が一部の人々に社会的上昇の可能性を提供したことは、「民族共同体」を実感させる象徴的な効果を及ぼしたにちがいない。能力のある者に出世の道を開くというナチズムの政策は、とくに新中間層の上昇志向に適合しており、労働者のなかにもこれに応じた者がかなりいた。事実、第三帝国の最初の六年間における社会的上昇のモビリティは、ヴァイマル共和国の最後の六年間にくらべて倍増しており、党組織や行政機関には一〇〇万人以上の労働者が吸収されていた[31]。ヒトラーは一九三七年に次のように豪語している。

われわれの最大の誇りは、この国においてわれわれがすべての有能な個人――その生まれのいかんを問わず――にたいして、有能で、ダイナミックで、勤勉で、果断でさえあれば、最高の地位にまでのぼれる道を開いたことである[32]。

ナチズムは古い社会秩序を全面的に覆すことはなかったものの、少なくともそこに風穴を開けることには成功した。体制内の激しい抗争も、個々人にとっては漁夫の利を得て栄達をはかるチャンスになった。そもそもヒトラー自身が徒手空拳から身を起こした指導者であり、たえずくり返された集会やパレードも、社会的上昇の期待を盛り上げる役割をはたした。ポイカートがいうように、「ナチ大衆集会の式典や演出、とくに『総統』の登場のときに、支持者たちは彼らが意義と称するものをたしかめることができた。このメカニズムのなかに、ナチ・プロパガンダの効果――またその限界――があった。それは安心感、意味の充実、上昇の期待にたいする日常的な欲求をひきあいにだした[33]」。したがって「民族共同体」の構想が挫折したにもかかわらず、結果として社会的モビリティが増大し、第三帝国下の社会は以前よりも解放感に満ちた、ダイナミックな社会として人々の目に映ずるようになったのではないかと推察される。

もっともこの点については、「民族共同体」がナチズムによってどう演出され、人々がこれにどう反応したのかを、さらにほり下げて考察する必要があろう。ナチ党による「公共生活の演出」[34]は、大規模な式典において「民族共同体」の理想を一時的にではあれ目に見えるかたちで実現し、参加者の一体感と高揚感を醸成することを狙ったものだったが、それがどの程度の効果を上げたかについては、慎重な評価がなされなければならない。こうした観点から、次に第三帝国期の最大の公的行事である党大会を考察の対象として、そこで演出された「民族共同体」が政治的・社会的現実といかなる関係にあったのかについて、具体的に検討を進めることにしたい。

3 運動の祭典

一九三三年の党大会の開会演説で、ヒトラーは大会の意義を次のように説明している。

ナチ党大会の意義とは、一、運動の指導者に党指導部全体と再び個人的な関係を築く機会を与え、二、党同志をあらためてその指導部と結びつけ、三、みなともに勝利の確信を強め、四、闘争の続行のために大きな精神的・心理的刺激を与えることであった。[35]

この説明から、党大会の目的がとりわけ次の点にあったことが確認できるだろう。すなわち、党員に「勝利の確信」を植えつけ、彼らを再び「運動の指導者」と結びつけることである。同じ演説でヒトラーが述べているように、

「この教化において心理的に最も効果的な手段は……偉大で強力な運動への参加を目に見えるように実演すること」であり、「したがって、われわれの大集会はあらたな支持者の獲得だけでなく、とりわけすでに獲得された人々の固定化と道徳的強化に役立ったのである(36)」。

党大会が何よりも党組織の問題だったことは、大会の運営を党の帝国組織指導部が担ったことに示されている。この部局は帝国組織指導者でドイツ労働戦線指導者のローベルト・ライのもと、「帝国党大会の組織的な準備と開催(37)」に独占的な権限をもち、ライの代理で帝国総監のルドルフ・シュメーアが組織本部で実務を取り仕切った。もっとも党最大の行事なので、重要な決定はヒトラー自身が下したし、運営にあたっては党のトップで総統代理のルドルフ・ヘスや、ニュルンベルク市当局の協力も必要だった。会場の設営に関してはアルベルト・シュペーアが責任者となり、ニュルンベルク党大会目的連合が施設の計画と建設を担った。さらに帝国国民啓蒙・宣伝大臣で帝国宣伝指導者のヨーゼフ・ゲッベルスや、フランケン大管区指導者のユリウス・シュトライヒャーといった党の領袖も、それぞれに関係する範囲で干渉したため、党大会の運営はきわめて錯綜した様相を呈することになった。

大会のプログラムも党組織の構造を反映したものとなっていた(38)。一日目をヒトラー到着の日、二日目を党会議の日とすれば、三日目は労働奉仕団に、四日目は党政治組織指導者に、五日目はヒトラー・ユーゲントに、六日目は突撃隊と親衛隊に、七日目は国防軍に、それぞれわりあてられた。一九三七年以降は四日目にマスゲームや競技を行う「共同体の日」が挿入され、大会期間も八日間に延長されたが、基本的なプログラムに変更はなかった。しかも各組織にはきまった集会場が指定され、ルイトポルト競技場は突撃隊と親衛隊に、ツェッペリン広場は党政治組織指導者と労働奉仕団に、スタジアムはヒトラー・ユーゲントに、それぞれわりあてられた。どの組織も別個に集会を行い、全体が一同に会することはなかったのであり、そこには「独立王国」の寄せ集めともいうべき党組織の性格が反映していたといえよう。これらを束ねる役割をはたしたのが、あらゆる大集会で演壇に立った「総統」で

図 2-2　党大会の主役。演壇に立つヒトラー

あり、彼に忠誠を誓うことではじめて、各組織は「民族共同体」の一翼を担うことができたのである。この関連で注目されるのは、党大会がしばしばヒトラーに党内対立を調停する機会を提供したことである。たとえば一九三四年の大会における彼の文化演説は、ゲッベルスとローゼンベルクの調停をはかるものだった。もっともこれによって両者の対立はさらに激化したから、カリスマと派閥主義が規定しあうという第三帝国の権力構造は、党大会にもあらわれていたということができる。

　党大会の主役はもちろん「総統」であり、大会がたえず彼を中心に展開したことはいうまでもない。リーフェンシュタールの『意志の勝利』にいたっては、ヒトラーの登場シーンが映画全体の約三分の一に達し、彼の演説は音声全体の五分の一、演説全体の三分の二以上を占めていた(39)。大集会はいつも総統の登場で最高潮に達したが、彼の声を聞き、彼の姿を見たという体験が、観衆に大きな感動をもたらした。一九三七年の大会でヒトラーの演説を聞いたある党員は、その感動をこう記している。

　ここ数年を通じて、私はこの声を耳にするたびに、いつも同じことを体験してきた。一九三三年以前の政治闘争においてであれ、ジーメンス工場での演説においてであれ、最初の冬期救済事業や、ザールの解放と復帰、そしていままた労働の帝国党大会に際してであれ。いつも私は、この声によって直接自分が呼びかけられていると感じた。無名の人間であり、六六〇〇万人のなかの一人にすぎない私に向かって、この声は、問われているのは私なのだ、私がかわること、私が清くなること、私がドイツ人になることが必要なのだと語りかけた。……私はこの声を耳にするたびに、それに向かってこういいたくなる。私はここにいます、私を取り上げてください、私の力、私の能力、私の意志、すべてをあなたの偉大な目的のために使ってくださいと。(40)

この手記には、「総統」が聴衆にとってどんな意味をもっていたのかが示されている。重要なのは、ここでは彼との出会いが個人的な体験として受けとめられていることである。ポイカートがいうように、「ほんの一瞬だけ、しかもたいていは遠くから見たにすぎなかったとしても、『総統』との出会いはつねに強烈で、まったく個人的な出来事として説明された」(41)。ヒトラーが聴衆のうちに解き放ったものは、ある種の性的な情動であって、彼と聴衆の間には、まぎれもなくエロティックな関係が成立していた。(42)総統への情熱に身を焦がす聴衆は、この体験によって運動の意義を、そして運動の一員としての自分自身の意義をたしかめたのである。それゆえ、数十万の群衆のなかに埋没していようとも、総統との一体感によって自分が中心にいると感じることができた。党大会の重要な意義の一つは、ヒトラーをじかに見る機会を提供することで、彼と参加者の間にこうした「個人的な関係」を築くことにあった。

会場の設営じたい、ヒトラーと大衆の関係を表現していた。ルイトポルト競技場であれ、ツェッペリン広場であれ、大衆集会が挙行される会場には必ず総統の立つ場所があり、正面スタンドの中央に一段高く設定された彼の演壇が会場全体の焦点をなしていた。ヒトラーはつねに壇上から群衆を見下ろしていたのであり、両者はたしかに垂直の関係にあった。党大会を論じた多くの研究者が述べるように、演壇の高さはヒトラーの権力を象徴しており、

図 2-3　群衆と向きあうアイドル。1936 年の党大会

「総統は命じ、われらはしたがう」という「指導者原理」の権威主義的秩序をあらわしていた。[43] だが会場の設営に垂直性のみを見いだすのは、一面的な見方というべきだろう。というのも、高さを強調するだけなら、宮殿のバルコニーのような隔絶された場所に立つほうが効果的だからである。ヒトラーはむしろ現代のロックスターと同様に、ステージの上で群衆とじかに向きあっていたのであり、ペーター・スローターダイクが指摘するように、彼はまさに「水平的理想化」[44] によってつくりだされた偶像だった。何十万もの人間を収容する広大な会場は全体としてフラットな印象を与え、四方を取り囲む石造のスタンドも基本的に水平性を強調していた。また正面スタンドには演壇よりも高い位置に貴賓席が設置されていたから、演壇の高さも絶対的なものとはいえなかった。[45] さらに『意志の勝利』の観客は、正面の巨大な党旗のポールを上下するカメラを通じて、ヒトラーよりもはるかに高い位置から会場を俯瞰することができた。その映像には、会場の構成原理がはっきりと示されている。ナチの評論家フーベルト・シュラーデの筆を借りて、それを再現してみよう。

ほとんど見わたせないほどの闘士の大群が、ルイトポルトハインを行進した。彼らは隙間がないくらいびっしりと、会場を埋めつくした。ただ中央にだけ、広い通路が開けられた。その通路は、三本の巨大な、すべてを照らしだすハーケンクロイツの旗がそびえ立つ演壇から、慰霊碑までのびていた。総統と隊長がこの広い通路をゆっくりと進んだ後、慰霊碑の前の巨大な花輪のところでもの思いにふけったとき、式典のクライマックスが到来した。彼らの思いは、誰もが聞きとることができた。楽団が『私には同志がいた』を演奏したのである。(46)

図2-4　『意志の勝利』の1コマ。「総統の通り」を歩くヒトラー，ヒムラー，ルッツェ

演壇と慰霊碑を結ぶ中央の通路の両側には、数十万人の突撃隊員と親衛隊員が整列し、「総統の通り」と呼ばれたこの通路を軸として、ほぼ正確なシンメトリーが成立していた。重要なのは、会場を埋めつくす群衆が「建築的」に構成され、総統もまたこの「建築」に組みこまれていたことである。

行進がつくりあげた「イメージ」は、われわれには人間の建築のように思われるのであり、総統と隊長がこの「建築」のただなかでもの思いにしずみつつ、戦没者を追悼したことは、この建築の内的な生と、それを規定した法則を表現するものにほかならなかった。(47)

総統はこの「建築」の重要な構成要素として、全体のなかに統合されていたのであり、一人超然と立っていたわけではなかった。一九三四年の党大会の閉会式で総統代理ヘスが述べた「党はヒトラーであり、ヒトラーはしかしドイツである。ドイツがヒトラーであるように！」[48]という有名な言葉も、こうした文脈で理解する必要があるだろう。会場を埋めつくす党員たちは、ヒトラーを核に結束することで、ドイツの一体性を具現したのだった。一九三六年の大会で、ヒトラーは自分と大衆の神秘的な一体化にまで言及している。「何百万人のなかから……諸君が私を見いだしたこと、これぞ現代の奇跡！　私が諸君を見いだしたこと、これぞドイツの幸福！」[49]。

スローターダイクがいうように、こうした総統と大衆の融合は、大衆が主体としての自己意識を獲得するための一段階と見ることができる。「こうした編成のなかで大衆は、自己の理想的な主体の焦点を自己自身の外部にもつことになった」[50]。そして、ヒトラーという「最良の自己」を通して美化された自分自身の姿こそ、「民族共同体」にほかならない。もちろん、このことは必ずしも大衆を熱狂に駆り立てるものではなかったが、少なくともそれが彼らに自己同一性の表象を与えたことには留意しておくべきだろう。『意志の勝利』の観客もまた、総統の視点から大衆を俯瞰する映像を通じて、みずからの一体性を認識したのである。

大衆の一体性は、彼らを取り囲む巨大な建造物によってさらに高められた。一九三七年の党大会で、ヒトラーはこの点を次のように説明している。

それ〔巨大な建造物〕はわが国民を政治的にこれまで以上に統一・強化するのに役立つし、社会的にもドイツ人にとって誇りある連帯感の要素となり、このわが共同体の強力かつ巨大な証人にくらべて、その他の世俗的な相違が取るに足らないものであることを社会的に証明するだろう[51]。

党大会の施設は、その圧倒的な大きさによって、これに向きあう人々の身分や階級のちがいを無意味にし、彼らを「民族共同体」に統合するのに役立つというのである。なかでもツェッペリン広場の正面スタンドは、長さが三九〇メートル、高さが二四メートルあり、広場じたいも幅が三一二メートル、奥行が二九〇メートルに達し、全体で約二四万人を収容することができた(52)。しかもこの広場は、四方を取り囲むスタンドや周囲に林立する党旗によって外部から閉めきられ、内部の一体性が高められていた。とくに夜間の集会では、周囲の一五〇基のサーチライトが上空を照らし、会場全体をつつみこむ「光のドーム」が出現した。ある新聞報道が伝えるように、「ここでは運動の祈禱時間が催され、光の海によって外の暗闇から守られている(53)」のだった。イギリス大使ネヴィル・ヘンダー

図2-5　ツェッペリン広場の正面スタンド。ペルガモン神殿を模範とする古典主義建築

図2-6　「光のドーム」。150基のサーチライトが上空を照らす。1937年の党大会

ソンによれば、それは「まるで氷の聖堂のなかにいるかのように荘厳かつ華麗だった[54]」。シュペーアはこれを「シュールレアリスム的非現実感」と呼び、「それは私の最も美しい空間創造であっただけでなく、それなりに時代を超えて生き残った唯一の空間創造でもあった[55]」と自画自賛している。ともあれ、こうした空間創造によって外部との間に境界が設定され、「民族共同体」の舞台が出現することになった。会場に集まった数十万の人々は、この壮大な舞台の観客であると同時に出演者でもあり、そうした二重性のもとで「民族共同体」が実演されることになる。

「民族共同体」は、何よりも整然とした直線的な空間構成によって表現された。ポイカートがいうように、その構成原理は「個々の要素の標準化、参加者の画一化、あるいは基本的な建築体をできるかぎり純粋な形態、しばしば立方体に還元すること[56]」にあった。とくにツェッペリン広場は、会場そのものが方形をなしていたばかりでなく、会場を取り囲む建造物も、立方体を単位として直線的に構成されていた。石造の正面スタンドは、演壇を中心に左右に連なる列柱と階段の水平性や、ブロックを積み上げたような簡素で堅固な量塊性などによって、古典主義的な様式のなかに力強さや重々しさを表現しており、設計者のシュペーアによれば、「これはいうまでもなくペルガモン神殿の影響を受けていた[57]」。さらに会場を埋めつくす群衆も、密集して強固なブロックを形成し、整然たる秩序のもとに配列されていた。新聞報道によれば、「正方形のツェッペリン広場は二〇本のまっすぐな柱によって分割され、これらの柱には一四万の政治指導者が一二列に整列していた[58]」。ここには人間を建築資材に見立てる視点、「人的資源」によって「民族共同体」を建設しようという意志があったといえるだろう。たとえば一九三四年の党大会で演壇に立ったヒトラーは、足下を指さしながら、「党はここのこのブロックと同様に確固としている！[59]」と断言しているし、一九三七年の突撃隊歌にも、総統によって彫琢される「素材」としての大衆というイメージが登場する。

民族になりつつあるわれらは、原石だ。われらの総統よ、石工になってください。創造的な力で、石を無形から救いだす石工に。どうぞ打ってください！　われらは耐えぬきます。容赦ないその手で、われらを彫琢してくださるなら。(60)

図 2-7　ブロックを形成する群衆。労働奉仕団の点呼。1936年の党大会

正確な方陣をなして整列する群衆は、彼らが向きあう石造建築とともに、花崗岩のごとき強固なモニュメントを形成し、「民族共同体」の団結を実演した。それがナチズムの自己表現として何を伝えようとしていたかについては、一九三三年の大会におけるヒトラーの次の発言がわかりやすいだろう。

この党にはかつてないほど強固な組織、決然たる意志、厳しい自己規律、無条件の規律、下への責任ある権威と上への権威ある責任の尊重がある。そうした精神からのみ、経済的その他の生活がもたらす想像上・現実上のあらゆる相違をも超えて、われわれの民族体を強化することができる。これによってのみ、市民や農民や労働者やその他すべての階級から、再び一つの民族を育成することができるのだ！(61)

もっとも、ヒトラーの眼前の群衆はただ単に堅固なブロックを形成しただけではなく、隊列行進や旗の波など、洪水のような流れも

図 2-8　「旗の入場」。流れこむ「柱」。1936 年の党大会

生みだした。一九三七年の大会における「旗の入場」について、新聞報道は次のように伝えている。

ライ博士が「旗の入場」を告げる。まだ何も見えない。だがその後、それはまっ暗な夜からあらわれる――南面の向こう側に。それは七本の柱となって、隊列の間の空間に流れこむ。人間も旗手も見えず、認められるのはただ波打つ赤い幅広い流れであり、その表面は金銀色にきらめき、灼熱の溶岩のごとく、ゆっくりと近づいてくる。人はこのゆっくりと近づいてくるものにダイナミズムを感じとり、この聖なるシンボルの意味についておぼろげな印象を受ける。それは二万五〇〇〇本の旗であり、これらの旗のもとに参集するのは、帝国全土の二万五〇〇〇の地方支部や地区や経営である。これらの何千もの旗手はいずれも、それぞれの旗の布を命がけで守る覚悟をしている。彼らのなかで、この旗を究極の命令かつ最高の義務と考えない者は誰もいない[62]。

ここでは「流れ」が「柱」へと姿をかえるのであり、クラウス・テーヴェライトによれば、「ファシズムはこのようにして、人間の内的状況を巨大な外的モニュメント、装飾へと変形させた。それは人間を大量に流れこませ、彼らの願望を少なくとも（モニュメンタルに巨大化された）既定の河床に流れることを許す、排水システムである[63]」。

大衆のエネルギーは動員されるが、それは彼らの陣形の枠内にかぎられる。「つまり、儀式においてファシストは、みずからの解き放たれた欲求を表現すると同時に、この欲求を抑圧する原理をも表現するのだ」(64)。数十万の人々が築き上げる強固なモニュメントは、彼らのエネルギーを権力の論理に従属させ、秩序の勝利を示そうとする試みをあらわしていた。こうした観点からすれば、党大会は運動のダイナミズムを制御することで、これを「民族共同体」の建設へと水路づける機構だったといえよう。

だが党大会が大きな興奮を呼び覚ましたとすれば、それは統制された隊列の枠内ではあれ、参加者の欲望を解放したことが大きかったと考えられる。とくに三〇年代半ば以降、党および突撃隊の政治的重要性が低下し、運動の革命的エネルギーがせきとめられたため、これにはけ口を与える必要性が高まっていた(65)。そうしたはけ口の一つが、ユダヤ人商店への狼藉などとならんで、党大会への参加であった。総統の観閲を受けるという栄誉に浴することで、党員や隊員たちは過去一年間の労苦にたいする報いと、今後一年間の闘争のための活力を得たのである。党大会は、彼らの重要性が示される場として、職務で満たされなかった願望を埋めあわせる機会を提供したのだった。もちろん、党大会の機能はこれにとどまるものではないし、すべての参加者が願望を満たされたわけでもないが、少なくとも「運動の祭典」としての党大会が、参加者に規律を押しつけるだけでなく、彼らのダイナミズムを解放する場でもあったことには注目しておいてよいだろう(66)。膨大な群衆の活性化したエネルギーは、広大な集会場をもってしても統制しきれなかった。「ツェッペリン広場はあまりにも小さいことがわかる。スタンドは、たえまなく押し寄せる人々の巨大な流れを収容しきれない(67)」。

一九三七年の大会から導入された「共同体の日」の目的も、主として参加者の欲求の発散にあったと見ることができる。そこでは集会や行進ではなく、若者たちのスポーツ競技や集団体操、少女たちのダンスが行われ、規律とともに「生の喜び」が表現された。大会の公式報告によれば、「この日は肉体的規律の賛歌であり、スポーツ能力

図 2-9　「共同体の日」。ダンスを踊る少女たち。1938 年の党大会

の賛歌であり、同志との共同体における生の喜びの賛歌でもあった[68]。なかでも「ナチ闘争競技」と呼ばれたスポーツ競技は、「新しい高貴なドイツ的人間の聖別と闘争の場」として、「エネルギーと規律の勝利[69]」を祝うものとされた。ヒトラーはおそらくベルリン・オリンピックの成功を意識して、一九三六年にこれを「近代的な形態と別の名前をもつ新しいオリンピア[70]」と呼んだが、その内容は準軍事的な訓練がほとんどだった。競技の焦点は、これを観戦する「総統」にあった。「この日に大きな意義を与えたもの、いやむしろその意味のすべては、総統が列席していたことだった[71]」。だがこの「ナチ闘争競技」が「共同体の日」に行われたことじたい、その目的を雄弁に物語っていた。つまりそれは、人々を「民族共同体」のための「闘争」に駆り立てようとするものだったのである。かくして「民族共同体」の建設は、スポーツ競技のような性格をおびることとなった。そこに象徴的に表現されているのは、たがいの結束をめざしてたがいに争うというナチズム特有のディレンマである。「共同体の日」に関する公式報告は、「民族共同体」の特徴を的確に要約している。

> 共同体は行進するだけでなく、いやむしろそれは今日、この祭典に枠組みを与えている石造の巨人と同様に、確固たる基盤の上に立っている。……隊列は組まれている。共同体は鋳造されたかのごとく一体である。……若さ、音楽、力、男らしい肉体美のシンフォニー。……共同体は壮麗で力強く、熱狂的である。それが姿をあ

らわすのは、総統が呼ぶときだ！(72)

「民族共同体」の上演は、党大会以外の舞台でもくり返された。「帝国党大会の追悼式は、今日帝国で行われている唯一の政治的・礼拝的式典ではない。いたるところで追悼式が、より小さい規模で、だが同じ意味と類似した形態で行われており、今後も毎年くり返されるだろう(73)」。実際にも、党大会の運営を担ったライ配下の帝国組織指導部は、党の大管区・管区の集会や催しも委託されており、組織面で広範な影響力を行使した。もっともナチ政権下の様々な祝祭や式典のうち、国家的な性格をもつものについては帝国宣伝省が、党に属するものについては帝国宣伝指導部が管轄し、いずれもゲッベルスの指導下にあった。したがって、党の催しに関してはライとゲッベルスの権限が一部重複し、さらに党の大管区指導者も干渉を拒む傾向が強かったため、運営はきわめて錯綜した様相を呈することになった。ゲッベルスが帝国宣伝指導部の積極的宣伝局を通じて「建築的造形を含む最大規模の大集会から、管区ないし支部の集会の実行までに付随する、あらゆる宣伝活動の組織的実行」を担い、文化局を通じて「闘争時代に生まれた形態の伝統を基盤とする、ナチ運動の祝祭とナチ集会の枠組み形成のための模範プログラムの作成(74)」を担う一方、ライも帝国組織指導部を通じて党大会をはじめとする党の催しを組織したほか、歓喜力行団を通じて「労働生活と最も密接な関係にある夕べの催しの形成(75)」を担うなど、多元的な指導が行われた。だがライの傘下にあった歓喜力行団の指導者に、ゲッベルスの部下ホルスト・ドレスラー＝アンドレスが就任したことをはじめ、両者の間に一定の協力関係が成立したため、集会の運営をめぐって深刻な対立が生じることはなかったようである。さらにまた、錯綜した権限体系にもかかわらず、集会のプログラムや行進の演出、参加者の配置、会場の設営などに関して一定の指針が作成され(76)、党大会から地域レベルの催しまで、似たような集会が各地でくり返されることとなった。この点について、党機関紙の論説は次のように説明している。

図 2-10　党大会会場の模型。大通りを軸にして奥にルイトポルト競技場と会議ホール，左手にスタジアム，右手にツェッペリン広場，手前に三月広場が設置されている

模範とされたのは運動の大祝典であり、それがひたむきな熱意をもってあらゆる村々に伝達された。ニュルンベルクの党会議が忘れがたい祝典となったのと同様、村々は支部集会を祝典の時間にしようとしたのだった。[77]

「最高の祝祭」としての党大会は、全国から参集した党員たちにとって、各々の任地で行う集会のための練習場というべき役割をはたし、これを模範とする無数の集会を生みだすことになったのである。

党大会の影響はさらに、公共建築や都市計画にも及んだ。会場の設営で頭角をあらわしたシュペーアが責任者となって、ニュルンベルクとベルリンで大規模な建設プロジェクトが進められたが、党大会会場全体の建設計画では会議ホールと三月広場を結ぶ大通りが、「帝国首都再編」計画では大集会ホールと凱旋門を両端にもつ大通りが軸となっており、いずれもルイトポルト競技場で行われた集会と基本的に同じ構造をあらわしていた。シュペーアによれば、「他の諸都市における数多くの構想は、ベルリンの計画に追随していた。……そしてこれらの計画のほとんどどれもが、私のベルリンの構想のように十字の軸をもち、方位さえも同一だった」[78]。ヨアヒム・ペッチュが指摘するように、「あらゆる再編計画の基本的モチーフは、中心的な十字の軸、大通りと、最も重要な国家ないし党の建物

（とくに民衆ホールと『大管区指導者』の官庁）がならぶ大広場だった」[79]。党大会で表現された空間構成は、ニュルンベルクの会場のみならず、第三帝国の公共生活全体を特徴づけることになったのである。

以上の分析を通じて、党大会で上演された「民族共同体」の基本的な構造が明らかになったと思われる。すなわち、それは膨大な数の人々を収容する広大な空間であり、総統を中心に大衆を水平に一体化し、厳格な規律によって彼らを直線的に配列するとともに、この陣形の枠内で大衆のエネルギーを解放するものだった。しかもその演出は、統一的でダイナミックな社会を表象していたという意味で、現実を象徴的に表現したもの、さらには現実が準拠すべき模範でもあった。だが忘れてならないのは、党大会があくまでも党の催しだったということである。ナチズムに心酔していた党員や隊員、熱狂的な支持者はともかく、それ以外の大部分の国民にたいしては、党大会は直接に統合力を発揮したわけではない。ゲッベルスの率いる宣伝省の内部でも、政治的な催しだけでは国民の忠誠心を維持できないという認識が一般的であった。事実、第三帝国下の世論動向に関する諸研究は、党による政治的な催しの効果に疑問を呈しており、党大会の演出が無条件に参加者を惹きつけたと考えることはできない[80]。そこで次に、人々がどう反応したかを中心に党大会の舞台裏を考察し、「民族共同体」の演出と現実の関係を明らかにしていくことにしたい。

図2-11　帝国首都再編計画の模型。南北軸の両端に巨大なドームと凱旋門が設置され，左右に諸官庁がならんでいる

4　民衆の祭典

党大会の期間中、ニュルンベルクの町は異様な興奮につつまれた。それは比較的冷静なはずの外国の観察者にも圧倒的な印象を与え、フランス大使アンドレ・フランソワ＝ポンセによれば、「この八日間、ニュルンベルクは歓喜だけが支配している町、魔法にかかった町、ほとんど有頂天になった町といえる」[81]ほどだったという。だが公的なプロパガンダが提示する一糸乱れぬ行進や熱狂する群衆というイメージは、多分に演出されたものであって、現実の一部しか反映していなかった。党大会の組織関係者の目からすると、大会の実態は満足のいくものではなかった。

政治指導者の松明行列は、とにかく悲惨だった。大部分の政治指導者は、総統の前を行進する際、まったくついてこなかった。毎年確認しなければならないこの行進は、すべてがめちゃくちゃである。比較的隊列が整っていたのは、ごく少数の大管区だけだった。間隔を開けずに大管区を行進させることは、とうてい不可能である。ドイツ的ないいかたをすれば、それは恥さらしだった。[82]

党大会の参加者も、必ずしも満足していたわけではなかった。

非常に名誉なことに、私はニュルンベルクの帝国党大会に参加することを許されました。一九三三年のことです。私は総統の前を行進しました。われわれはみな興奮の大海のなかを泳ぎました。しかし、ニュルンベルク行きはけっして快適ではありませんでした。車両は一杯だったし、テントで寝泊まりしたからです。[83]

興奮の渦に巻きこまれた参加者でさえ、長時間の汽車の旅や劣悪な宿泊施設、徒歩の行軍などで疲労困憊し、つらい経験をせざるをえなかったのである。[84] なかには大会そのものに失望した者もいた。一九三五年の大会にヒトラー・ユーゲントの一員として参加し、後に「白バラ」の抵抗グループに加わることになるハンス・ショルの体験について、姉のインゲは次のように記している。

図 **2-12**　お祭り気分に沸くニュルンベルク。蚤の市を訪れる人々。1938 年

図 **2-13**　劣悪な宿泊施設。藁の上で寝る党大会の参加者たち。1934 年

この頃、彼にまったく特別な任務が与えられた。ニュルンベルクの党大会に大隊旗を捧持して行くことになったのだ。彼の喜びは大きかった。しかし彼が帰ってきたとき、私たちは目を疑った。彼は疲れきった様子で、その顔には大きな失望が浮かんでいた。……そこでは訓練と画一化が個人生活のなかにまで入っていた。彼が望んでいたのは、若者たち一人一人が自分のなかに潜む特性を発揮することだった。各人それぞれが自分の想像力や着想や特質をもってグループに貢献すべきものと考えていた。だがそこ、ニュルンベルクでは、すべてが一定の型にはめこまれていた。昼も夜も忠誠を誓うばかりだった。しかしいったい、誰もが忠誠を誓う根拠は何か。自分自身への忠誠が第一ではないのか……何たることか！　ハンスの心は激しく動揺しはじめた。[85]

これはおそらく極端な例だと思われるが、党大会が熱狂をもって迎えられなかったことは、亡命社会民主党の『ドイツ通信』も指摘するところであった。一九三六年の報告は次のように記している。

ニュルンベルク党大会は今年、一般的な無関心に直面した。せいぜい費用をたずねる者がいる程度である。……党や他の支部のメンバーの間では、参加への熱狂はまったく見られず、その反対に、多くの者はあらゆる口実を使ってサボろうとした。[86]

一九三七年の報告はさらに詳しい。

今年も同じような無関心が支配していた。例外は参加者である。……最初の二、三年はナチは歓迎され、住民はまだ総統のメッセージに耳を傾けており、そのメッセージはたしかに驚きをもたらすのが通例だった。党支部のメンバーが駅まで行進すると、通りにはしばしば男女の集団、とりわけ若い人々が集まって、党の兵士に喝采を送ったものだった。こうしたことはすべて過去のものである。盛大な権力の展開も長くつづけば退屈になるし、月並みな演説はうんざりするほど既知の内容である。……ニュルンベルクにやってきたナチの部隊は黙ってやりすごされた。あちこちで頑迷な人のハイルの叫び声が上がったが、誰も同調しなかったため、おずおずと声が小さくなった。住民にとって、この宣伝騒ぎは他のすべてと同様に暴利をむさぼるものであり、その費用を負担しなければならないが、それ以上のものではない。いつも同じ光景。軍隊、行進する隊列、旗の集団。……参加者は熱狂とはほど遠い状態だった。多くの者は、ニュルンベルクでは一日中あちこち行進したり、整列したりしなければならないので、家にいたかったと説明した。彼らにとって、参加はつらい訓練の命令であり、できれば放棄したいものだった(87)。

党員も一般大衆も、党大会への関心はそれほど高くなかった。大会参加者の数は一九三三年の三五万人から一九三八年の四五万人の間で比較的安定しており、ニュルンベルク市の収容力が限界に達していたことを考慮しても、のび悩みの徴候を示していたといえる(88)。大会の模様はメディアを通じてドイツ全土に報道されたが、これもあまり反響を呼ばなかったようである。『ドイツ通信』によれば、「ラジオと新聞による詳細な報道も、党大会の期間中ですら、真に大衆をつかむことはまったくなかった(89)」。こうしたことは、しばしば熱心な支持者を失望させた。「注目されるのは、……党会議での演説……がラジオ放送で中継されているにもかかわらず、どこでもチャンネルがあわされていないことである。総統の閉会演説も同様であった。中継を流す少数の酒場にはみなが緊張して集まっていたが、他のあらゆる酒場や食堂などから聞こえてきたのは、ダンス音楽や流行歌などなどであった(90)」。『意志の勝利』にしても、その記録的な観客動員数は宣伝キャンペーンや入館料の割引、党組織や学校ごとの集団鑑賞など、様々な動員の圧力がかけられたことによるもので、民衆の関心を反映してはいなかった(91)。『ドイツ通信』は次のように報告している。

党大会映画『意志の勝利』は非常に魅力に乏しかった。突撃隊員と親衛隊員は五〇%の割引が与えられたにもかかわらず、彼らのうちほとんど誰も映画を鑑賞しなかった。政治組織のメンバーも少数しかいなかった。……映画はそもそもたった三日間上映されただけだった。(92)

人々は概して党大会に無関心であり、多くは義務だからかかわったというのが実情だったようである。こうした状況のもとで一定の参加者を確保するため、大会組織関係者は様々な便宜をはかることになった。『ドイツ通信』は一九三五年に次のように指摘している。

ニュルンベルクのナチ党大会は今回、組織的に非常にうまくいった。参加者は非常に良い食事を与えられた。前年の行進の多くは行われなかった。参加者は毎日長い行列を組まなくてよかった。個々の団体が別々の日に活動したからである。これによって町や周辺を見物したり、行進を観察したりするのに十分な時間ができた。……ニュルンベルク行きを望んだ者は、ともかく存分に楽しもうとしていたが、それは汽車賃も食事も無料で、小遣いまで与えられたからである。経営や鉱山から選ばれたニュルンベルク旅行者は、非常に満足して帰ってきた。経営者は五日分多く賃金を支払わねばならず、そのために汽車賃と食事つき宿泊費が無料になった。それに加えて、経営の代表はほぼ例外なく一五マルクの小遣いを与えられた。(93)

参加者からすれば、これはニュルンベルク観光を援助してくれるという美味しい話だった。「多くの者はまた、できるだけ騒ぎから遠ざかっていればすむことだと考えて、一度安い料金でニュルンベルクへ行くため、運賃割引などといった様々な特典を利用しつくした」(94)。こうした実態はやがて当局の知るところとなり、「党の金で旅行をして、党大会を笑いものにする」(95)ようなことをやめさせるため、参加者への援助はうちきられ、古参党員のみが派遣されるようになった。一九三七年には経済組織の指令によって、「個々の経営が参加者の賃金の損失を全額ないし一部補塡するかどうかについては、経営の自由に任される」[96]ことになった。だがこのことが多くの人々から参加の意欲を奪った。「多くの突撃隊員は、参加にともなう特別支出を負担する余裕がもはやないという理由で、参加を断った」[97]。

図2-14　民衆の祭典でダンスを踊る参加者たち

党大会の魅力が薄れるなかで、客寄せのために重視されるようになったのは、娯楽や気晴らしを提供する各種の催し物だった[98]。「民衆の祭典 Volksfest」と銘打って、毎年大会期間中の土曜日に会場周辺で様々なアトラクションが提供されたが、そのなかにはスポーツの試合から大道芸、演劇、ダンス、映画上映、ビアガーデン、打ち上げ花火まで、ありとあらゆる催し物が含まれていた[99]。一九三八年の報告は、この祭典の模様を次のように叙述している。

一九三四年九月の「意志の勝利」の党大会において、ナチ共同体「歓喜力行団」はあらゆる大管区から参集した党の代表の前にお目見えした。……週の最終日には、ツェッペリン広場とその周辺で、数十万人が参加する民衆の祭典が開催され、ダンスグループ、射撃場、乗馬、ボクシング、スポーツ活動が多彩な真の生の喜びを提供した。多くの歓喜に満ちた観衆が、屋外の巨大なスクリーンを使った映画上映や、劇団の野外公演、大道芸団をはじめて目にした。伝統的な花火がこの民衆の祭典の最後を飾ったが、それは多くの組織関係者や政治指導者にも大きな興奮を呼び起こした。ここに祭典の主要目的があり、党同志シュメーアのスタッフが大きな困難にもかかわらずあえて民衆の祭典をプログラムに組みこんだのも、こうした理由からであった(100)。

行進や演説といった公式行事よりも、種々の娯楽が人々を惹きつけたことは、会場を訪れたある少年の作文にも示されている。

九月一四日土曜日、僕は数人の同級生と一緒に自由の帝国党大会へ行きました。……さらに僕の注意をひいたのはサッカー選手でした。ドイツ・チャンピオンのシャルケ04とニュルンベルク＝フュルトの選手が広場に走って入ってきました。前半は無得点でした。……後半は残念なことに一対〇でシャルケの勝利となりました。晩八時に大花火がはじまりました。大花火は美しい終幕でした。一九三五年九月一四日(101)。

ツェルンヘファーの研究が明らかにしているように、党大会が年を追うごとに形式化し、退屈なものになるにつれて、大会組織関係者は娯楽の要素を強化するようになった。それを示すのが、一九三七年に導入された「共同体の日」であり、そこでは主にスポーツや体操、ダンスが披露されたのだった。また打ち上げ花火や松明行列、シュペーアの「光のドーム」といった演出も、党大会が「ショー」の性格を強めるようになったことを示している。この関連では、『意志の勝利』のなかで花火見物に興じる突撃隊員や、宿営地で楽しい一時をすごす若者の姿が紹介されていることも見逃せない。さらに「民衆の祭典」のプログラムも、一九三四年から余暇組織の歓喜力行団に委任され、一九三七年にはそれまでの一日かぎりの祭典が拡大されて、毎夕四時から会場近くの「歓喜力行団市KdF-Stadt」で常設の祭典が開催されるようになった(102)。「歓喜力行団市」にはいくつもの大ホールが設置され、ドイツ各地の名称がつけられたこれらのホールでは、「生を喜ぼう」というスローガンのもと、ビールとともに音楽やダンス、演劇、大道芸などが提供された[103]。無料で参加できるこの楽しいお祭りこそ、「帝国党大会の参加者全員の目的[104]」であり、何十万もの人々に「生の喜び」をもたらしたのだった。娯楽の拡充とともに、党大会の観客は一九三三年の一二万人から一九三八年の八二万人へと増加し、党と距離を置く人々も会場を訪れるようになった[105]。

図 2-15　歓喜力行団市。1937 年

図 2-16　フォークダンスを楽しむ若者たち。1938 年

図 2-17　歓喜力行団市のホール。ビールとともに様々な出し物が提供された

図 2-18　ビールに酔いしれる党大会の参加者たち。1934 年

とはいえ、「民衆の祭典」は単なるお祭りではありえず、政治的な目的のために催されたこともたしかである。歓喜力行団が作成したパンフレットの序文は、「民衆の祭典」の目的を次のように説明している。

われわれはより高貴な存在がつくりだした生を肯定する。そしてこうした精神のみがわれわれの共同体の祭典を規定すべきであり、その内容は安酒場のようなものでもお祭り騒ぎでもありえない。厳しい競技や軽快なゲームに参加している溌剌としたスポーツ選手や体操選手、音楽や歌や優美なダンスでわれわれの民族性をいきいきとしたものに保つ笑顔の若者たち……はむしろ、力、美、生の肯定、喜びといったわれわれの概念に対応している。われわれはこのように一九三六年帝国党大会の「歓喜力行団」民衆祭典を共同体験したい(106)。

現地で販売された新聞の号外によれば、この祭典は「生の喜びの告白」であり、「労働と喜び」の一致を通じて階級対立のない新しい社会秩序を建設しようとする意志の表現であって、「この新しい生の様式が喜びの市、われわれの歓喜力行団市を完全に支配していた(107)」という。地元新聞も報道するように、この「五〇万人の民衆の祭典」は「真のドイツ的な民衆の祭典」として、「ドイツ民族共同体の忘れがたい体験(108)」となるべきものだった。

だが実際には、「生の肯定」や「生の喜び」はしばしば純然たる乱痴気を意味し、「民衆の祭典」はまさに当局が否定した「安酒場」や「お祭り騒ぎ」のごとき様相を呈して、党大会の本来の目的に抵触することになった。ツェルンヘファーが明らかにしているように、泥酔した党員や隊員が乱闘騒ぎを起こしたり、会場のあちこちで立ち小便をしたり、制服姿のまま売春宿に殺到したりするような事態は、大会組織者にとって悩みの種でありつづけた(109)。お祭り騒ぎに浮かれた参加者が、厳粛な式典を台無しにしてしまうことも多かった(110)。参加者の多くが「生の喜び」に興じたことは、彼らに要求された規律と矛盾することになったのである。ここには、権力の誇示をはかるナチ党側と、放縦な享楽をもとめる参加者側の意識のずれがはっきりとあらわれている(111)。街路には土産物や軽食を売る露店があふれ、年の市のような様相を呈したが、これも党大会の品位を汚すものとして、取り締まりの対象となった(112)。

ジョージ・L・モッセは、党大会のような式典では「見せ物や軽薄な娯楽」といった「心地良さ Gemütlichkeit(113)」の要素が排除されていたと述べているが、大会の実情を考慮に入れれば、これは党の意向だけを反映した不正確な

図 2-19　土産物の露天商。1933 年

指摘といわざるをえない。たしかに公的行事では厳格な規律が要求されたものの、人々をこれに動員する上で決定的な役割をはたしたのはむしろ「心地良さ」だったからである。ナチ党にとって党大会は「運動の祭典」でなければならなかったが、多くの人々はむしろこれを「民衆の祭典」と受けとめていたのだった。

この祭典の主催者である歓喜力行団は、ドイツ労働戦線の余暇組織として、娯楽の「喜び」を通じて労働者の「力」を回復させることを課題としていた。それは国民の忠誠心を維持するために娯楽を重視した宣伝省の方針とも一致するものであり、いわば楽しませながらナチ化するという目的を志向していた。(114) 党の規程によれば、歓喜力行団の課題は次のようなものだった。

> ナチ的世界観が要求する共同体生活の喚起と強化のため、ナチ共同体「歓喜力行団」はつねに新しい方法とつねに新しい手段をもって、ドイツの労働者を理想の崇高な世界へひき入れ、彼らが共同でつくりだす生の意味と偉大さを全力で信仰することができるようにしなければならない。したがって、ナチ共同体「歓喜力行団」は単なる余暇や夕べの催しの組織ではなく、生についての新しい見解をもたらそうとするものである。それは生を肯定するナチ的観念の最強の表現である。(115)

多岐にわたる余暇の領域をカバーした歓喜力行団のアトラクションは、まさに大衆的な人気を博した[116]。とくに「夕べの催し」局は、一九三八年だけで一四万回以上の催しを行い、五四〇〇万人以上の参加者を得た[117]。そのプログラムには、「民衆放送活動、公開歌唱、歌唱・音楽共同体、素人劇・舞踊・大道芸集団、帝国アウトバーンや公共建築の宿営地の祭典、五月祭や夏至のような民衆祭典、党大会の民衆祭典、種々の催しの夕べ、経営共同体の夕べ、村落共同体の夕べ、演劇、コンサート、展覧会、移動劇団など[118]」があった。歓喜力行団の見解によれば、これらの催しは低俗な娯楽や気晴らしではなく、伝統的なドイツの習俗に根ざし、健全な生の喜びをもたらすべきものだった。ある論説は、この点を次のように説明している。

図 2-20　歓喜力行団の祭典。五月柱のもとでのダンス。「生を喜ぼう！」という標語が見える。1938 年

重要なのは、祝祭と祭典の形成において、共同体全体が協力することである。いかなる民衆の祭典も、民族共同体のなかから、民族共同体とともに成長し、あらゆる階層に担われるものでなければならない。そのことはまた、参加者の数だけが問題とされるような純然たる「娯楽興行」を排し、参加者自身がともに形成する共同体の祭典をめざすことを意味する。だからといって、こうした共同体の祭典はいわゆる娯楽興行の民衆祭典よりも退屈で、楽しくないとい

うわけではけっしてなく、まったく反対に、共同体の祭典における喜びはより大きく、本当のものでなければならない。この方向で開始された試みはすでに上々のすべりだしを見せており、さらなる拡大だけが必要とされているが、それをエネルギッシュに遂行しているのがナチ共同体・歓喜力行団である。(119)

もっとも、歓喜力行団が催した「民衆の祭典」は、実際には純然たる「娯楽興行」とほとんどかわらない内容のものとならざるをえなかった。というのも、多くの参加者を獲得するためには、政治色を極力抑えて、お祭り気分を盛り立てる必要があったからである。(120) 参加者の側も、そうした演出を歓迎する傾向が強かったようである。『ドイツ通信』の評価は一様ではないが、一九三五年の報告は「夕べの催し」の反響について次のように述べている。

「歓喜力行団」の夕べの催しの入りは、たいてい非常に良かった。それは軽い娯楽を提供したが、参加者はたえずナチの戯言を我慢しなければならなかった。だがそれは簡単な息ぬきを見つけるには安上がりな機会であった。そこではまた古き良き友人がとても気楽に出会い、ビールを飲みながら主催者が意図しているのとは正反対のことを話しあうことができた。(121)

催しの政治的目的とは関係なく、参加者のほうではこれを楽しいお祭りと受けとめ、気軽に参加する雰囲気があった。そこにはナチ党が国民を民族共同体に動員しようとする一方で、国民はむしろ娯楽や気晴らしをもとめていたという両義的な関係が示されている。真剣さと心地良さは対立関係にあったが、両者は実際には同一の現実を形成していたのだった。こうした状況のもとで、最初は催しに反感をもっていた人々が、しだいに進んで参加していく傾向も見られるようになった。『ドイツ通信』の報告が認めているように、「歓喜力行団の催しにたいするわれわれの同志の態度は大きく変化した。最初は拒否していたのが、いまや熱心に参加するようになった。だがそれは次のような考えから生じたにすぎない。すなわち、『われわれの金がすでにこのように使われているのだから、そこからでもできるだけ多くのものを得よう』という考えである[122]」。こうした傾向によって少なくとも消極的な合意が達成されたが、なかには催しを通じて「民族共同体」の理念を受け入れる者もあらわれるようになった。歓喜力行団が主催したマデイラ島への船旅に関する『ドイツ通信』の報告は、共同体精神に訴える催しに、労働者も心を動

図 2-21　「君もいまや旅行できる！」。歓喜力行団のポスター

図 2-22　歓喜力行団の船旅。甲板で踊る旅行者たち

かされずにはいられなかったことを明らかにしている。

注目に値するのは、この旅行が古い同志にさえ大きな印象を与えたことである。彼はたとえば次のように説明した。「認めなければならないのは、これまでわれわれの間には残念ながら存在しなかったような同志関係が、旅行の間ずっと支配していたことである。貧者がどこでも気後れを感じなくてすむように、富者は彼らに金を与えることまでして助けた。船上にはいかなる差別もなく、すべてが一つの心で一つの魂だった。われわれ社会主義者がつねに待望してきた何か平等なものが、そこには本当に存在していた、といわなければならない……」(123)。

参加者は必ずしもナチズムに共感していたわけではなかったが、こうした催しのなかで差別なく扱われ、たがいに親睦を深めて一体感を得ることで、「民族共同体」を実感することができた。ヴォルフハルト・ブッフホルツがいうように、歓喜力行団は「われわれ意識の『練習場』(124)」というべき役割をはたし、そこで培われた対面的な信頼関係が「民族共同体」の理念を具体的な意味で満たしたのである。その点では党大会も同じだった。種々の娯楽に釣られてではあれ、多くの人々がともかくも党大会に参加したことで、ナチズムの説く共同体精神が強化されることになった。一九三七年の『ドイツ通信』は、ニュルンベルクに派遣された炭鉱労働者について、次のように報告している。

彼らは眩惑されたかのようにニュルンベルクから帰ってきた。「われわれは依然としてナチスになるつもりはないが、あのような大衆行進や組織能力は催眠術のようだ」と彼らはわれわれに説明し、「この体制をまだ転覆することができるという信念をすべて失わせるほどのものだ」と述べた。これは最も本質的な印象だった。

辛労や他の多くの不愉快なことについてナチスがたがいに悪態を吐くのを彼らが途中で耳にしたとしても、それは二義的なものにとどまった。とくに富者と貧者、上司と従者の共同行進が印象的だった。この見せかけの同志関係は、「民族共同体」のすぐれた広告となっている。まぎれもない事実は、今年の党大会がまったく何も新しいものをもたらさなかったにもかかわらず、さしあたり当分の間は再び意図された効果を発揮するだろうということである。それも参加者だけでなく、あらゆる住民階層にたいしてである。[125]

経営の代表としてニュルンベルクに派遣された労働者は約六〇〇〇人にすぎなかったが、党の賓客として処遇され、多くの場合は金銭的な援助も受けていた。[126] 彼らは党大会で他の参加者と一緒に行進し、各種の催しで親睦を深めることで、「民族共同体」を実体験したのだった。一九三八年の党大会で、ライは次のように誇ってみせている。

ドイツの創造的働き手は今日、たゆまず働かなければならないが、われわれは彼らに、考えうるかぎりのすべてのものを提供する。演劇、音楽、映画、娯楽、スポーツ、旅行……。労働者と農民、突撃隊員と兵士がここで一緒に座っているように、歓喜力行団市ではどこでもそうした光景が見られるだろう。美と力が調和的に結びつきながら、創造的働き手に提示されるだろう。そこでのスローガンは、われわれはドイツの労働者に最良のものを提供したい、である。[127]

新聞報道によれば、ニュルンベルクの祭典を支配していたのは「ユーモア、陽気さ、ジョーク、あふれんばかりの生と喜び」であり、それが「訪問者たちを一つの大きな喜ばしい家族へと溶接し、日常の心配事を忘れさせてくれる」[128]というのだった。要するに、党大会も歓喜力行団の催しと同じく、「共同体体験の練習場」というべき役割をはたしたといえよう。党大会の公式行事はあまり関心を呼ばず、多くの人々は受動的に参加していたにすぎなかったが、党の政治的な要求と国民の非政治的な享楽欲とが交錯するなかで、いわば「『観念的』共同体イデオロギーの実利主義的解釈(129)」を通じて「運動の祭典」が「民衆の祭典」と読みかえられ、楽しい催しを通じて人々に「われわれ意識」がめばえたとき、党大会で上演された「民族共同体」はリアリティを獲得したのである。

5　おわりに

「民族共同体」の理念と現実の関係について、あるドイツ女子青年団のリーダーは次のように述べている。

私たちの宿舎共同体は、私が民族共同体についてイメージするもののミニチュア版でした。それはまったく見事なミニチュア版でした(130)。

ここでは眼前の「宿舎共同体」が「民族共同体」のイメージに則って認識されるとともに、このイメージが「宿舎共同体」という対応物によって具体的な意味を獲得している。つまり「民族共同体」じたいは目に見えない、ぼんやりとした理想にすぎないのだが、この理想が実在の「宿舎共同体」と関係づけられることで、ありありと思い描くことのできるものとなっているのである。党大会をめぐっても、同じような対応関係が成立していた。「運動の祭典」で上演された「民族共同体」は漠然としていて、一般大衆を熱狂に駆り立てるような力をもたなかったが、「民衆の祭典」での共同体体験と結びつけられることによって、多くの人々が実感をもって受けとめるものとなった。いいかえれば、集会や行進そのものに大きな魅力があったわけではなく、さしあたってそれは「民族共同体」の理想を表現する重要な公的行事であるにすぎなかった。むしろ多くの人々を惹きつけたのは、そうした行事に付随する様々な娯楽や催しであり、それが参加者に高揚感と一体感を与え、曖昧に表現された「民族共同体」をいきいきと実感させてくれたのである。こうして参加者に規律を要求する「運動の祭典」と、彼らの欲望を解放する「民衆の祭典」とが結びつき、ニュルンベルクの会場で「民族共同体」がリアリティを獲得することになった。全国から参集した人々は、大会終了後も各地で無数のミニチュアを生みだし、国中に共同体体験を普及させていったが、これによって「民族共同体」は現実が準拠する雛型として、社会全体に影響を及ぼすものとなった。それは一糸乱れぬ隊列としてだけでなく、楽しいお祭りとしてもイメージされたのである。

クリフォード・ギアツによれば、「政治的権威はそのなかでそれ自身を定義し、その主張を提示するための文化的枠組みをいまもなお必要としている」(131)。こうした「文化的枠組み」が上演される舞台を、ギアツは「中心」と呼んでいる。「それは社会のなかの一つあるいはいくつかの点であり、そこでは社会の支配的な思想と支配的な制度があいまって、そのメンバーの生活にきわめて重大な影響を与える出来事が生起する舞台をつくりだす。カリスマを生みだすのは、そのような舞台やそこで起こる重要な出来事への、たとえそれが対立的なものであろうと、関与である。それは大衆へのアピールや創造的熱狂の記号ではなく、物事の中心の近くにいるということの記号なのである」(132)。この指摘はナチ党の党大会にもあてはまるものといえよう。第三帝国の「文化的枠組み」が「民族共同体」だったとすれば、「中心」はニュルンベルクだった。しかもそれは熱狂や陶酔を呼び起こしたというよりはむしろ、そうした印象を与えるほど重要な出来事だったのである。党大会でヒトラーを目撃した人々の回想にも、そうした基調を見いだすことができる。

みんながニュルンベルクへやってきて、誰もが興奮していました。……私はそうですね、幅広い道のわきに腰かけていて、ヒトラーは私のすぐそばを通って行きましたよ(133)。

他の人々はみな興奮していたが、自分はそれを冷静に観察していたというわけである。だがどんなに冷めていたとしても、この人物も少なくともそれが重要な出来事であることを暗黙のうちに認めていた。「民族共同体」の理念はこうした無意識の次元で、いわば党大会という場の構造を通じて人々に受容されたといえよう。

もっとも、「民族共同体」の理念は曖昧なままであり、多様に表象することが可能だった。とくにナチ党の領袖たちはそれぞれの流儀で「民族共同体」を表象し、それらの表象がたがいに矛盾していたため、激しい対立が生じることになった。つまり「民族共同体」をめぐっては、統合と分散という相反する二つの力が働いていたのであり、それゆえ利害・動機の多様性から生ずる著しく競合的な政治が、「民族共同体」の一体性という語法のもとで行われることになった。だが見逃せないのは、「民族共同体」をどう表象すべきかをめぐっては党内でも対立があり、国民世論も分裂していたにもかかわらず、「民族共同体」の理念じたいは一種の符牒として人々に共有され、暗黙のうちに受け入れられていたことである。いいかえれば、「民族共同体」の表象をめぐる対立はこの曖昧な理念の上でたたかわされ、この理念そのものに対立することはなかったのであり、それどころか、たがいに対立するあらゆる表象がこの理念に根を下ろしていたのである。こうして「民族共同体」のイメージは自明なものとなり、曖昧さを保ちつつもリアルに現前化するにいたった。それはいっさいの批判を超越し、いっさいの思考を停止させる危険性をはらむものでもあった。多様に表象されながらも自明性をおびてたちあらわれた「民族共同体」は、共同体をもとめる集合的な想像力が生みだしたものであり、この「想像の共同体」が第三帝国という矛盾に満ちた体制をつなぎとめていたのである。

一九三九年九月に予定されていた「平和の党大会」は戦争の勃発によって中止され、第三帝国の崩壊までついに党大会が開催されることはなかった。だがすでに党大会の魅力は薄れ、つらく退屈な行事として知られるようになり、娯楽による客寄せも限界に達していた。そもそもナチ政権が安定期を迎えた三〇年代半ば以降、党大会におけるような大衆運動の政治的意義は低下し、内政問題よりも外交政策に没頭するようになったヒトラーは、しだいに国民の前から遠ざかるようになっていた。開戦以降、民心を維持するためにますます娯楽や気晴らしが重視されることになるが、もはや党大会のごとき行事のでる幕はなかった。戦争という現実はこれとは別の動員を要求したのである。

第3章　近代の古典美

1　はじめに

ヨーゼフ・ゲッベルスは、一九三四年六月の帝国文化院の会合で次のように演説している。

われわれナチ党員はけっして非近代的な人間ではない。われわれは政治的・社会的な領域においてばかりでなく、精神的・芸術的な領域においても、最も進んだ近代性の担い手であると自覚している。なぜなら、モダンであるということはまさに時流にのっていること、さらにはその先を進んでいるということを意味するからである。そして芸術にとっても、民族共同体という政治的概念にしたがって、芸術の側から民族との強くいきいきとした関係を再び見いだすことこそ、ありうべき近代性の形態にほかならない。(1)

宣伝大臣の自己理解によれば、ナチズムは「最も進んだ近代性の担い手」であり、民族を基盤としたあらたな芸術を志向するという意味において、モダニズムの前衛にほかならないというのである。一般に反近代の運動と見なされることの多いナチズムであるが、そこには民族主義に刻印されながらも、これを原動力とする近代化の推進と新秩序の形成をめざす「ナショナルな近代[2]」のヴィジョンが存在しており、このある種進歩的な精神をゲッベルスは「鋼鉄のロマン主義[3]」と呼んだのだった。こうした精神がナチズムの重要な特徴をなしていたことについては、すでに多くの指摘がある。たとえばトーマス・マンは、ナチズムの危険性が「たくましい時代即応性とすぐれた進歩性が過去の夢と混じりあっていること、すなわち高度に技術的なロマンティシズム」にあると述べているし、カール・ディートリヒ・ブラッハーもまた、ナチズムの本質を「反動的な政治的ロマン主義と現代の技術的進歩の賛美」の「二面性」に見いだしている[4]。ジェフリー・ハーフは、こうした技術崇拝と反動的ヴィジョンの結びつきに着目し、これを「反動的モダニズム」と呼んでいる[5]。これらの指摘はいずれも、近代にたいするナチズムの両義的な態度をいいあてているのだが、合理主義や自由主義を軸とする西欧型近代を価値規範としてドイツの後進性を断罪するというかたちをとっているため、ナチ的な「近代のプロジェクト」がもつ独自の意義、そこに含まれる一定の革新的な契機を説明するには不十分である。ゲッベルス自身も述べているように、ナチズムは「近代的・反動的という古臭い概念を超えたところに立っている[6]」のであり、こうした単純な二項対立ではその本質をとらえきれないと思われる。

ナチズムと近代のかかわりをめぐっては、これまでも多くの研究者が議論を行ってきた。ここでそれらを詳細に検討する余裕はないが、研究史を概観するならば、近年になって大きく論点が変化したことが注目される。すなわち、一九六〇年代にはじめて問題提起を行ったラルフ・ダーレンドルフとデイヴィッド・シェーンボウムが、ナチズムによる「意図せざる近代化」を唱えていたのにたいして[7]、八〇年代後半以降にあらわれたミヒャエル・プリンツやライナー・ツィテルマンらの研究は、「意図された近代化」というテーゼをうちだし、ナチズムの意図や目標そのものの近代性を主張するにいたったのである[8]。これにともなって近代や近代化の概念も変化し、工業化、都市化、世俗化、大衆化などといった社会変動をあらわす価値中立的な概念としてもちいられるようになった。もちろん、こうした動向にたいしては激しい批判が生じ、いくつかの論点が修正されることになったが、批判の多くはナチズムによる近代化の効果にかかわるものであって、近代化の意図や目標については十分な検討が行われていないように思われる。近年の研究においても、社会的・経済的な次元での近代化が焦点となっており、文化的・芸術的な目標設定の近代性を問う視点は希薄である。ナチズムにおける「政治の美学化」の問題を考察する本書の目的からすれば、何よりも美にかかわる政治、とくに文化・芸術政策における近代性の位置づけを確認しておく必要があろう。だが第三帝国期の文化・芸術を論じた従来の研究では、モダニズムの撲滅をはかった「退廃芸術展」に関心が集中するなど、依然としてナチズムを反近代感情の噴出と見なす視点が一般的である。文化・芸術の近代的要素に目が向けられることはあっても、たいていナチズムの隠蔽工作や虚偽性を示すものとして説明され、その意義が過小評価されてきた。こうした状況に鑑みれば、ナチズムと近代のかかわりについて、とくに文化政策の領域におけるその具体的な様態を検討する必要があると思われる。

この課題に取り組むにあたって有益な視点を提供してくれるのが、デートレフ・ポイカートの「古典的近代 Klassische Moderne」(9)という概念である。彼によれば、古典的近代とは世紀転換期から三〇年代にかけての時代をさすが、それは近代化が広範に貫徹する一方、その限界や矛盾が露呈し、危機が先鋭化して、最終的にナチズムによる解決へと向かった時代であった。そこには、近代をポジティブな面とネガティブな面が表裏一体をなすものととらえ、「近代化過程のもつヤヌスの顔」(10)を問題にしようとする姿勢がうかがえる。こうした立場から、ポイカートはナチズムを反近代感情の噴出と見るのも、逆に急進的な革命的近代化の担い手と見なすのも、どちらも近代のもつ両義的な性格への問題意識が欠落しているとしてしりぞけ、ナチズムを近代の危機への対応、近代化の路線修正の試みと規定するのである。本書もまた、基本的にそうした近代観を共有するものであるが、ナチズムと近代のかかわりについては、これを敷衍して次のような仮説を提示したいと思う。すなわち、「古典的近代」が多様な文化潮流の百花繚乱する激動の時代だったのにたいして、ナチズムはそうした混乱状況をリベラルな個人主義の弊害として非難し、これにかわる民族的・国民的な基盤に立った近代のヴィジョンを掲げたが、それは種々の退廃現象をもたらした近代化の歪みを超時代的な「古典美 Klassizität」に依拠して矯正し、秩序ある進歩というユートピア的な目標を志向するものだったのではないかということである。[11] ヒトラーが古典古代の芸術を絶賛していたことはよく知られているが、それは太古の時代への回帰というよりはむしろ、ギリシア彫刻に象徴される不朽かつ普遍の美への到達をめざしていたためであって、芸術に権力意志の表現をもとめた彼は、そこに時代を超えて存続する近代のイメージを投影していたのではないだろうか。本章の目的は、こうした「近代の古典美」というべき理想像を第三帝国期の文化・芸術の中核に位置づけ、その具体的な様態を解明することである。

もっとも、ナチズムの文化政策に関しては膨大な数の研究があり、それらを概観するだけでも多くの紙幅を割くことにならざるをえない。ここではさしあたり、既存の研究に依拠しながら、基本的な構造を把握することに課題を限定したい。以下ではまず、文化政策をめぐるナチ党内の権力闘争について、政権獲得から「大ドイツ芸術展」開催までの経緯を概観し、文化・芸術領域における近代と反近代の対立のなかから、ギリシアを模範とする古典主義が台頭するにいたったことを明らかにする。次に、古典古代をめぐる党内の論争を検討し、古典主義が公的様式として受容され、近代の理想像を表現するものと見なされるにいたった過程を考察する。さらに、こうした古典的なイメージを現代的な消費・余暇文化のなかに探り、この理想像がキッチュに浸食されると同時に、即物性の美学に包摂されることで大衆に浸透したことを示す。ナチズムを「近代の古典美」を志向する運動ととらえることは、その魅惑のメカニズムの解明にも寄与しうると思われる。

2　近代と反近代

一九三三年三月、全権委任法の趣旨説明を行った国会演説で、ヒトラーはあらたな芸術政策を告知している。

芸術はつねに一つの時代の憧憬と現実を表現し、反映するものだろう。世界市民的観想は急速に死滅しつつある。ヒロイズムが来るべき政治的運命の造形者・指導者として、情熱的に出現しているのだ。この決定的な時代精神を表現することこそ、芸術の使命である。血と人種が再び芸術家の直観の源泉となるだろう。政府の任務は、まさにこの制限された政治権力の時代にあって、国民の内的な生の価値と生の意志がいっそう強力な文化的表現を見いだせるよう配慮することである。(12)

権力を掌握したヒトラーは、文化・芸術の領域においても、全面的な浄化——「強制的同質化」——を遂行すると宣言したのだった。だがナチ党による文化統制の実態は、全体主義的統制というイメージとは裏腹に、かなり錯綜した様相を呈していた。(13) 党指導部内の路線対立のため、一貫した政策にもとづく文化統制は行われず、各文化領域ごとに状況も異なっていた。ナチズムがドイツの文化生活を隙間なく統制したとする今日なおも見られる誤解は、ゲッベルスが宣伝の効果をくり返し自賛したこととの影響というべきだろう。多くの研究によれば、一九三三年はけっして断絶を意味してはおらず、第三帝国においてもヴァイマル期以来の文化の発展傾向はほとんど継続されるか、さらにいっそう強化された。文化面でのナチズムの影響力は比較的かぎられたものだったが、そこにはゲッベルス流のプラグマティズム、すなわち国民の士気を保つには文化活動に一定の自由を保障する必要があるという認識だけでなく、画一化された宣伝機構の提供する公認文化が国民を満足させられなかったという事情も関係していた。いくぶん逆説的なことだが、ナチ党の文化統制が成果を上げたとすれば、それは全面的な統制を断念したからだったのである。(14)

文化政策をめぐっては、様々なイデオロギー的動機と権力政治的利害をもつ数多くの党指導者がこれに介入し、たがいに対立と協力をくり返しながら、複雑な権力ゲームを展開した。その重要な担い手としては、帝国宣伝大臣ヨーゼフ・ゲッベルス、ナチ世界観指導者アルフレート・ローゼンベルクをはじめ、ドイツ労働戦線指導者ローベルト・ライ、帝国首都建設総監アルベルト・シュペーア、ヒトラー・ユーゲント指導者バルドゥーア・フォン・シーラッハ、プロイセン首相兼内務大臣ヘルマン・ゲーリング、帝国文部大臣ベルンハルト・ルストなどが挙げられるが、さらには「生来の芸術家」をもって自認したヒトラーもこれに直接介入したため、文化政策は無秩序に等しい様相を呈することになった。だが全体的に見れば、こうした錯綜状況のなかにも基本的な対立軸を見いだすことができる。それはゲッベルスに代表される「ナショナルな近代」と、ローゼンベルクを中心とする「フェルキッシュな反近代」との対立である。(15)両陣営の対立を軸とし、他の指導者も巻きこんで展開された権力闘争の経緯を追うことによって、ナチズムの文化政策がいかなる方向に収斂していったのかを明らかにしたい。以下では、一九三三年のナチ政権成立から、文化政策が一定の方向性を見いだす一九三七年の「大ドイツ芸術展」開催まで、四年あまりの経緯を考察することになるが、この間の事情については、ラインハルト・ボルムスの研究がローゼンベルクの動向を中心にすぐれた叙述を行っており、文化政策を扱ったその後のいくつかの研究も基本的にこれを踏襲していることから、それらに依拠して論を進めていくことにする。(16)

政権獲得前のナチ党の文化政策に圧倒的な影響力を行使したのは、『二〇世紀の神話』の著者、党機関紙『フェルキッシャー・ベオバハター』の主筆にして、「党随一のイデオローグ」と呼ばれ、ドイツ文化闘争同盟の指導者もつとめたローゼンベルクだった。彼は偏狭な人種主義・反ユダヤ主義の立場から、「北方人種」を文化の創造者と見なす一方、ユダヤ人の影響による文化的退廃をあらわすものとして、現代のモダニズム文化を断罪した。こうした文化観は、一九世紀末以来の急進的な民族主義、いわゆる「フェルキッシュ völkisch」の思潮に根ざすもので[17]、「血と土」に究極の価値を見いだした点で、リヒャルト・ヴァルター・ダレーの農業ロマン主義や、ハインリヒ・ヒムラーの古代ゲルマン崇拝とも通底していた。ドイツ文化闘争同盟を拠点とするローゼンベルク周辺のグループは、ヴァイマル期からモダニズム芸術への攻撃を展開し、「芸術ボルシェヴィズム」の打倒を呼びかけており、とくに一九三〇年に州政権に参入したテューリンゲンでは、新建築の牙城であったバウハウスを閉鎖に追いこむなど、一定の成果をおさめていた。政権獲得後の「強制的同質化」の過程でも、闘争同盟は党支部と協力しながら前衛芸術家やその支持者を弾圧し、美術館や美術学校といった文化施設の粛清を進めた。またローゼンベルクのイデオロギーは党に公認され、一九三四年一月にはヒトラーによって「ナチ党精神・世界観の全学習・教育監察総統全権」に任命された。しかしながら、これをもって彼に文化統制の全権が与えられたわけではなく、むしろそれは一種の名誉称号であって、行政上の実質的な権限が与えられなかったことの補償にすぎなかった。文化領域における「古参闘士」だった彼には、帝国文部大臣のポストも帝国文化院総裁のポストも与えられなかったが、それはヒトラーがこの頑迷なイデオローグの手腕を疑問視していたからである。政治感覚を欠き、教条主義に終始したローゼンベルクは党指導部内で冷笑されており、ゲッベルスが彼を「頑迷で強情な教条主義者[18]」と呼んだばかりでなく、ヒトラーも『二〇世紀の神話』をまったく評価していなかった[19]。ローゼンベルクの権限は、結局のところナチ党および付属団体の世界観教育に限定されたのである。

これにたいして、新設の帝国国民啓蒙・宣伝省の大臣に任命され、文化領域における広範な権限を握るとともに、帝国文化院の総裁として、あらゆる「文化創造者」を監督する地位にあったのが、ゲッベルスである[20]。ローゼンベルクとは対照的に、ゲッベルスは表現主義などの現代芸術にも一定の理解を示し[21]、革命的な政治は革命的な芸術を要求するとして、モダニズム擁護の立場から「新しいドイツ芸術」をもとめた。ライバルであるローゼンベルクの反動的な姿勢を暗に批判しつつ、彼は帝国文化院の課題を次のように説明している。

新設の帝国文化院は、近代的・反動的という古臭い概念を超えたところに立っている。その課題は、芸術的不能と表裏一体をなすモダンを気取った大口とはかかわりをもたないし、青年とその健全な力に道を閉ざす反動的な退歩ともかかわりをもたない。ドイツ芸術は新鮮な血を必要としている。われわれは若さにあふれた時代に生きているのであり、その担い手は若く、彼らを満たす観念も若く、われわれの背後にある過去とはもはや無関係である。この時代に表現を与えんとする芸術家もまた、若い感覚をもち、あらたな造形を行わねばならない。(22)

宣伝大臣としてのゲッベルスは、国民の「精神的動員」をはかるため、ラジオや映画といった新しいメディアを重視した。しかもその際、教条的な宣伝や政治的な教化ではなく、息ぬきと娯楽を通じて大衆心理に巧妙に働きかけるべきだというプラグマティックな見解を示していた。ゲッベルスが文化統制に関して寛容な姿勢をとったのは、文化活動に一定の自由を認め、その生産力を有効に活用することが、民心の維持に必要不可欠だと考えていたからである。一九三六年の放送展の開会演説で、彼は次のように述べている。

教導と刺激、息ぬきと娯楽を慎重かつ心理学的に巧妙に混ぜあわせて提供すべきである。その際、ラジオ聴取者の圧倒的多数がたいてい生活のなかで非常に厳しく耐えがたい思いをしている以上、息ぬきと娯楽をとくに重視する必要がある。(23)

宣伝における近代技術の活用と大衆心理的な効果を強調した彼は、まさに現代マスメディアの名手、「総統」と

「民族共同体」の広告に手腕を発揮した「商標の技術者」[24]であったといえよう。

ナチ政権成立後、ローゼンベルクとゲッベルスの文化政策上の路線対立はただちに顕在化した。宣伝大臣がメディアの組織的な再編成を進める一方、闘争同盟も独自に粛清を遂行したため、様々な領域で摩擦と軋轢が生じた。両者がとくに激しく対立したのは、モダニズム芸術の扱いをめぐってである。ゲッベルスがノルデやバルラッハといった前衛芸術家を擁護し、彼らを「北方の表現主義者」としてナチ芸術の中心に据えようとしたのにたいし、ローゼンベルクはこうした動きを党の路線からの逸脱として非難し、この「オットー・シュトラッサー運動」への徹底的な反対を表明した[25]。それは単なるライバル争いを超えたイデオロギー闘争の様相をおび、組織政治的な動機も加わって深刻な亀裂をもたらしたため、総統がみずから仲裁にのりだすまでになった。一九三四年九月の党大会での演説で、ヒトラーは「キュービスト、未来派、ダダイストなどのあらゆる芸術・文化の戯言」を非難し、前衛芸術を擁護するゲッベルスの動きに歯止めをかける一方、「わけのわからぬ独自のロマン主義的な表象世界からつくりあげた『ゲルマン芸術』なるものを、未来にとって指針となるべき遺産としてナチ革命に授与することができると考えている反動主義者」[26]を批判し、暗にローゼンベルクの教条的な姿勢に苦言を呈した。結果的には喧嘩両成敗のかたちをとったが、これによって明確な指針が提示されたわけではなく、権力闘争も終わらなかった。

一九三三年一一月にドイツ労働戦線内に余暇組織の歓喜力行団が設立され、文化政策のあらたな活動領域が生まれると、ゲッベルスとローゼンベルクの対立はさらに激しさを増す[27]。労働戦線の指導者ライは、ドイツ国民のイデオロギー的教育と社会国家的管理をめざす一方、党の組織指導者として、幹部教育に必要な指針をもとめていた。そこで彼はさしあたってローゼンベルクと協力し、世界観教育の任務をこれに委ねるようヒトラーに進言する。その結果、ローゼンベルクは前述のように世界観教育の責任者に任命され、一九三四年六月には労働戦線の資金援助で党内にローゼンベルク局なる世界観監督機関が設立されるとともに、闘争同盟はナチ文化共同体へ改組され、歓喜力行団を含む文化活動の監督にあたることとなった。しかしながら、ローゼンベルクはゲッベルスに匹敵するような包括的な権限を得ることができず、ライとの協力関係も長つづきしなかった。ライは当初、芸術家組合の指導権をめぐってゲッベルスと対立していたが、歓喜力行団の設立によってその問題が重要でなくなると、両者は接近しはじめた。この巨大な余暇組織の人気を左右する大衆文化プログラムを早急に作成するため、ライはゲッベルスの有能な部下を必要としていたからである。両者の協定にもとづき、宣伝省幹部ハンス・ヴァイデマンと画家オットー・アンドレアス・シュライバーが歓喜力行団の文化局に配属され、近代芸術の展覧会を組織することとなった。二人を「芸術ボルシェヴィスト」と見なしていたローゼンベルクはこの人事に反対し、ヴァイデマンを宣伝省にもどすことに成功するが、シュライバーは歓喜力行団にとどまり、展覧会を催しつづけた。近代の「予言的な力」を賛美する前衛芸術家であり、「偽装芸術の名手」でもあったシュライバーの働きにより、多くの「工場展覧会」では少なくとも戦争勃発までは近代芸術が展示されたのだった。(28)

一九三四年七月、歓喜力行団の指導者に、帝国放送院総裁で宣伝省放送局長のホルスト・ドレスラー＝アンドレスが就任する。彼はこれより前にゲッベルスから歓喜力行団文化局長に推薦されるも、ローゼンベルクの反対で就任を拒否された人物であり、この人事に激怒したローゼンベルクは、様々なスキャンダルを暴き立ててゲッベルスを攻撃しはじめた。一連の攻撃を通じて多くの帝国文化院幹部が辞任に追いこまれたが、(29)ローゼンベルクに党や国家のあらたなポストが与えられることはなく、依然としてゲッベルスの優位は揺るがなかった。ナチ文化共同体にしても、歓喜力行団の活動を監督する権限が与えられていたとはいえ、財政的にはライの裁量に依存しており、ローゼンベルクにとって確固たる権力基盤とはなりえなかった。さらにまた、帝国文化院を手中に握るゲッベルスが文化院と文化共同体の関係を曖昧にとどめる一方、文化政策の主導権を握ろうとしていたライが文化共同体に対抗して歓喜力行団文化局の拡充をはかったため、文化共同体は解体の危機に瀕することになった。一九三六年二月に文化局が「夕べの催し」局に改組され、包括的な文化活動にのりだすと、ゲッベルスと結んだライとローゼンベルクの対立は頂点に達する。今回もヒトラーの介入によって事態は収拾することになるが、結果はローゼンベルクの敗北であった。同年五月にライが資金援助をうちきったため、文化共同体は職員への給与支払いが不可能となり、ヒトラーの命令によって翌年六月に解体、歓喜力行団へ吸収されることになった。(30) ここにローゼンベルクは歓喜力行団という巨大組織を監視する権限を失い、ゲッベルスおよびライの優位が確定したのである。

これ以降、文化政策に関するゲッベルスの発言権は揺るぎないものとなり、とくにラジオや映画といった大衆文化の領域では、現代的な娯楽文化が花開くことになった。一方、ゲッベルスとローゼンベルクの対立から漁夫の利を得たライもまた、余暇の領域で魅力的な大衆文化プログラムを次々にうちだしていった。これにたいして、ローゼンベルクの影響力は後退し、世界観教育全権およびローゼンベルク局長官として、ただ曖昧な要求をなしうるのみとなった。ただし彼は完全に権力を失ったわけではなく、絵画や新聞といった特定の文化領域では一定の発言権を維持したし、その後も攻撃の手をゆるめることなく、ゲッベルスとライの連携を妨害しつづけた。(31) また体制が急進化の局面を迎える一九三八年以降には、彼の地位が再び上昇に転じたことにも注意しておかねばならない。戦時期には、東方生存圏におけるボルシェヴィズムの問題を解決するため、この頑迷なイデオローグはますます必要とされるようになった。ヒトラーがヒムラーの古代ゲルマン崇拝を小馬鹿にしながら放置したのも、同じ理由からだったと考えられる。実際、戦時期には国内でモダンな「民族共同体」がますます現実性をおびる一方、東部占領地域では親衛隊によってゲルマンの「血と土」の共同体が建設されつつあった。ローゼンベルクやヒムラーらの人種主義的妄想は、国内の文化政策においては重要性を失ったが、その後も伏流として存続し、戦時期に東方で野蛮なかたちで噴出することになったのである。

しかも皮肉なことに、ローゼンベルクの敗北と同時に、彼のもとめていたイデオロギー的急進化がほかならぬゲッベルスの手によって進められることになった。一九三六年末の芸術批評の禁止と翌年の「退廃芸術展」の開催を契機に、ゲッベルスはそれまでの「適度な統制主義」[32]を放棄し、近代芸術を抑圧する政策に転換したのである。彼は党公認の「大ドイツ芸術展」を準備するとともに、悪名高い「退廃芸術展」を組織し、表現主義に見切りをつけた。もっとも、こうした抑圧政策は造形芸術、とくに絵画の分野にかぎられ、マスメディアの領域では依然として寛容さが支配していた。表現主義芸術に理解を示してきたゲッベルスであったが、彼にとって造形芸術は映画やラジオほど重要ではなく、ローゼンベルクとの権力闘争に勝利したいまとなっては、モダニズムを積極的に擁護して、この領域での権限を争う必要がなくなったのである。しかもまた、ゲッベルスの手中にあったのは帝国文化院と宣伝省だけであり、その権限は展覧会、芸術家、報道の監視に限定されていた。文化領域以外ではほとんど政治的な支配権をもたず、自己の権力をもっぱら総統に依存していた彼は、たえずその意向にしたがわなくてはならなかった。[33]ヒトラーは何人もの芸術家に個人的恩寵を与え、芸術展の審査にも直接介入するなど、まさに芸術の庇護者というべき役割をはたしていた。そのため、ゲッベルスは一九三六年以降、文化政策をヒトラーの芸術観に適合させるようになり、とくに造形芸術の領域では、モダニズムを排斥する急進的な施策のイニシアティブをとるようになった。ヒトラーが明確な指針を提示しようとしなかったのは、みずからのヴィジョンが党内対立を通じておのずと実現することを期待していたからであろう。

以上のような経緯をへて、遅くとも一九三七年の「大ドイツ芸術展」開催までには、第三帝国の芸術様式が輪郭をあらわしてくる。同展の開会演説で、ヒトラーは印象派や未来派、キュービズムやダダイズムなどの近代芸術を退廃的であるとして攻撃し、「真の永遠のドイツ芸術」[34]を要求したが、それは「近代的」でも「非近代的」でもないとされた。「この新しい帝国の芸術は、古いとか新しいとかいった基準ではかるべきではなく、われわれの歴史を前にしてドイツ芸術として永遠性を確立すべきである」[35]。彼の考えでは、モダニズムにせよ反モダニズムにせよ、時代に規定されているかぎり、芸術の進むべき方向としてふさわしくなかった。ドイツ芸術はむしろ、時代を超越した「永遠」のものでなければならなかった。「なぜなら、真の芸術はその功績においてつねに永遠であるし、永遠でありつづけるからである」[36]。だが何が「ドイツ的」であるかについては、彼は次のように述べただけだった。すなわち、「ドイツ的とは明確だということを意味する！」[37]。こうした曖昧な定義では、ドイツ芸術の方向性は明らかにならなかった。ナチズムは、明確な文化プログラムの欠如や文化政策上の路線対立のため、近代芸術にかわる独自の芸術をうちだすことができなかった。したがって、「ドイツ芸術の前代未聞の開花」[38]という自画自賛の声にもかかわらず、近代芸術が排除された美術館になだれこんできたのは、一九世紀の伝統にしたがった古めかしい風俗画だった。「退廃芸術展」が同時開催されたのも、モダニズムの弾圧で革命的変化を印象づけなければならなかったという事情があったのである。

図 3-1　大ドイツ芸術展の開会式。1937 年の新聞記事

「真の永遠のドイツ芸術」の模範としてヒトラーが念頭に置いていたのはむしろ、古典古代の芸術だった。大ドイツ芸術展の開会演説でも、彼は「外観においても感覚においても、今日ほど人類が古典古代に近づいたことは一度もない」[39]と述べ、古典主義を公的な芸術様式として推奨していた。古典主義はギリシア的な調和と均整を理想とし、厳格な形式による感情の抑制を重んじる芸術様式であり、実際にも建築や彫刻の分野では、古典主義が「模範的」で

「絶対的」な様式として地歩を固めていた。シュペーアが後に述べたように、「われわれの時代の造形芸術は、古典的な単純さと自然さを、そして真なるものと美的なるものを取りもどした[40]」のだった。とはいえ、ナチズムと古典古代の関係は複雑で、古典主義は当初から党に公認されていたわけではなかったし、あらゆる文化領域で支配的になったわけでもなかった。しかもそれは、ナチが嫌悪したモダニズムの美学とも全面的に対立するものではなく、むしろ超時代的な古典美という一般的・抽象的な意味あいでは、ある種の近代性の理念を美的に表現しうるものでもあった。そこで次に、古典古代をめぐるナチ党内の論争を検討し、当初は賛否両論のあった古典主義が公的に受容され、近代の理想像を表現するものと見なされるまでの経緯を考察することにしたい。

3　近代の古典美

ナチズムと古典古代の関係については、彫刻の分野を中心にクラウス・ヴォルバートが詳細な考察を行っている[41]。それによれば、一九三三年のナチ政権成立時、党内には古典古代の規範性を疑問視する者がかなりおり、古典主義様式が支配的になる徴候は見られなかった。古典古代を公的な理想にしようとする動きは、ナチ独自の様式をもとめる要求と矛盾し、しばしばフェルキッシュな古参党員の激しい攻撃を受けた。とくにローゼンベルク周辺のグループは、ギリシアの模範を志向したヴィルヘルム時代の芸術に敵意を示し、ルネサンス以前のドイツ芸術を称揚していた。一八世紀後半にヴィンケルマンがギリシア芸術の美を再発見して以来、古典古代にはヒューマニズム、民主主義、普遍主義、主知主義といった価値が結びついており、ドイツ的なるものに対立する国際的なもの、個人主義的、自由主義的、物質主義的な時代の象徴と考えられたからである[42]。ローゼンベルクはすでに『二〇世紀の神話』のなかで、ギリシアに範を仰ぐことに異議を唱えている。

ヴィンケルマンやレッシングの見解を今日の思想に結びつけることはもはや誰にもできないし、シラー、カント、ショーペンハウアーは一般人にはほとんど名前だけで崇拝されているにすぎない……。彼らはほとんどギリシアのみを見つめ、みな依然として可能と称する一般的な美学のみを語っている。(43)

一般的で抽象的なギリシアの形態に対置されるのが、神秘的で内的なゲルマンの魂であり、そうしたドイツ的な本質を表現する偉大な芸術様式として賞賛されるのが、ゲルマン芸術である。

ギリシアはわれわれにとって抽象的な形態となった。もっぱらヨーロッパにおいてのみ、芸術は世界克服の真の手段となり、宗教そのものとなったのである。グリューネヴァルトの磔刑の絵、ゴシックの聖堂、レンブラントの自画像……は、ヨーロッパのみが生みだしたまったく新しい魂、つねに能動的な魂の象徴である。(44)

もっとも、古典古代にたいするローゼンベルクの評価は両義的だった。彼によれば、ギリシアの美は「外的な美」であり、そうしたものが「北方的・西洋的本質の最高価値だったことは一度もない(45)」。だがそれじたいは純粋に「北方的」で、ゲルマン的なるものと対立しながらも、人種的には同一の美を表現するものとされた。「北方人種の外的静力学として種に条件づけられた美がギリシア性であり、内的動力学として種固有の美が北方的西洋である(46)」。

ローゼンベルク周辺の古参党員たちも、こうした両義的な評価を共有していた。たとえばドイツ文化闘争同盟の有力メンバーだったパウル・シュルツェ＝ナウムブルクは、ギリシア芸術が「北方的人間の憧れ」の表現であるとして、その規範的な価値を認めつつも、「英雄的理想」の形成には適さないとして、民族に根ざしたゲルマン的な芸術を要求している。[47] だがそこにはまた、ギリシア的な美の理想との同一化によって、ゲルマンの人種的理想に高貴さを付与しようとする意図もあり、そのために措定されたのが、ギリシア人とゲルマン人の人種的同一性である。たとえばリヒャルト・ヴァルター・ダレーは、ギリシア芸術のなかに「北方人種の最も高貴な創造の一つ」を見いだす一方、「古典時代のギリシア人は北方人種の真の成員であり、ゴシックの創造者と見なされるのも同一の民族である[48]」と述べて、ゲルマン人がギリシア人の末裔であると主張している。こうした主張は、一九世紀末以来のフェルキッシュ運動や保守派知識人の見解の焼きなおしであり、たとえば保守革命の主唱者の一人で、「第三帝国」の名づけ親にもなったアルトゥーア・メラー・ファン・デン・ブルックも、「古典的」なるものを「プロイセン様式」と同一視していた。[49] 彼らはみな、古典的なるものからヒューマニズムの残滓を払拭し、これをゲルマン的ないしドイツ的なるものと結びつけ、修正しようとしていたのだった。

だがヒトラーにとっては、こうしたイデオロギー的正当化は不要だった。彼はギリシアの美をゲルマンの精神で満たそうとする試みとは距離を置き、何のためらいもなく古典古代を賛美したのである。すでに『わが闘争』には、熱烈な古典主義者の心情が綴られている。「ギリシアの美の理想を不滅ならしめたものは、すばらしい肉体の美と輝かしい精神と、最も高邁な心情との驚くべき結合である[50]」。シュペーアが回想録に記しているように、「ヒトラーにとってはギリシア人の文化がどの領域でも最高のものを意味した[51]」。これにたいして、ゲルマン文化にはほとんど価値が認められなかった。[52] なるほど、『わが闘争』では「文化創造者」としてアーリア人種が挙げられ、あらゆる文化の基礎に「ヘレニズムの精神とゲルマンの技術[53]」があるとして、ギリシア人とともにゲルマン人の人種的優越性が説かれている。しかし、ヒトラーにとって重要だったのはあくまでアーリア人であって、ゲルマン人はその下位類型の一つにすぎず、アーリア的な本質の頂点をなしていたのはむしろ、古典古代にほかならなかった。[54] 芸術に関しても、彼は「ゲルマン芸術」をもとめる動きには批判的で、「内的体験」や「力強い意欲」といったきまり文句よりも、作品そのものの価値が重要であると考えていた。「総じて、われわれすべての興味をひくのは、いわゆる意欲よりも力量である」[55]。また彼は、体制初期にゲッベルスが振興した「民会」劇や、ヒムラーの親衛隊が推進した異教的な祭儀を支持しなかったし、ドイツの民俗文化やゲルマン的慣習を再生させようとするあらゆる試みにたいしても、一貫して冷笑的な態度をとっていた[56]。戦時中の『卓上語録』には、その理由がはっきりと示されている。「わが国の考古学者が大騒ぎする石槽や粘土壺をわれわれの先祖がつくっていたのと同じ頃に、ギリシアではアクロポリスが建てられていたのだ」[57]。ゲルマン人は「野蛮人」で、ギリシア人こそ「あらゆる時代を通じて最も開明された精神」[58]のもち主であるということを、ヒトラーは臆面もなく認めている。「われわれの国は豚の国だった……。もしわれわれの先祖を問われたなら、われわれはギリシア人をさし示さなければならない」[59]。ヒトラーは古典古代を理想としており、そのためらいなき模倣を奨励していた。一九三三年の党大会で、彼は次のように述べている。

　したがって、あらゆる政治的に英雄的な時代が、それに劣らず英雄的な過去への橋わたしをただちに芸術にもとめるのは、驚くにあたらない。その場合、ギリシア人とローマ人が突如としてゲルマン人に近い存在となるが、それはこれらの民族がみな一つの根本人種を起源としており、それゆえまた、古い民族の不滅の功績がその人種的に近親の末裔をくり返し魅了するためである。だが新しい粗悪なものをつくりだすより、良いものを模倣するほうがいいので、これらの民族が直観的に生みだした現存の創造物は今日、様式として疑いなく教育的・指導的使命をはたすことができる[60]。

古典古代をゲルマン精神と結びつけるかわりに、ヒトラーは古典古代のなかに超歴史的な原則を見いだしていた。一九三四年の党大会での演説によれば、古典古代の彫刻は「特定の人種的に規定された特性」ばかりでなく、「肉体の形態の絶対的な正しさ」(61)を表現するものとされた。ヒトラーがもとめたのは、こうした普遍的・絶対的な美の基準としての「古典美」であり、ヴィンケルマンが「高貴なる簡素さと静かなる偉大さ」(62)と規定した、安定した秩序や均整をあらわす価値概念にほかならなかった。ある論説はこれを次のように説明している。

したがって、偉大なものへの道はつねに古典古代をもとめる努力である。というのも、それは本質的なものをもとめる力だからである。……それはロマン主義と同様に、本来時代区分ではなく、むしろ内的な態度である。(63)

古典美を超時代的・一般妥当的な価値概念として称揚するヒトラーは、ギリシアやローマの建築ばかりでなく、これに範を仰いだヴィルヘルム時代の建築も絶賛していた。ジョージ・L・モッセが指摘しているように、ヒトラーが古典主義的な美意識に染まったのは、青年時代をすごしたウィーンであり、そこで彼を魅了した建築が、その後の芸術的好みを決定づけた。(64)ただし、彼の「古典主義的偏愛」は一般的・抽象的なレベルにとどまり、必ずしも他の様式を排除するものではなかった。(65)ウィーンの環状道路ぞいには、国会議事堂をはじめとする新古典主義建築のほか、ブルク劇場や国立歌劇場などの新バロック建築も建てられており、過去の建築様式のリバイバルという意味では、それらはむしろ歴史主義の産物であったといえる。ヒトラーが絶賛したパリのオペラ座もまた、古典主義からバロックまでの様々な建築様式を折衷させた建築で、そうした絢爛豪華な歴史主義様式は、一九世紀末から二〇世紀初頭にかけての国際的なトレンドとなっていた。ドイツでは、解放戦争以後に古典主義が復興し、第二帝政成立後には壮大な古典主義・歴史主義様式の建築が数多く建てられたが、それらは新しい帝国の自己表現として、高まる国家的威信や国民的感情を堂々たる外観で飾り立てたものだった。だがナチの批評家によれば、「普仏戦争後に建立された多くの戦勝記念碑においては、レトリックはますます空虚になった」(66)。

古典主義の危険はつねに空虚な形態に陥ることだった。心情の充溢と絶望がなければ、たいてい形態の構築によって窮境を克服する意志もなかった。ヴィンケルマンとその後の芸術家はまちがっていた。ギリシア古典の模倣は芸術を崩壊から救出することができなかったのである。芸術発展の頂点は模倣不能である。(67)

帝政期の国家的建築にたいしては、当時からその虚飾性を批判する声が上がっており、フェルキッシュやナチのイデオローグばかりでなく、モダニズムの陣営までもがこれを市民社会の象徴として攻撃していた。(68)だがヒトラーにとっては、この時代の建築こそが模範だった。シュペーアがいうように、ヒトラーは「彼の青年時代の世界」、つまり「彼の芸術の趣味や彼の政治的・イデオロギー的表象世界に独特の特性を与えた一八八〇年から一九一〇年までの世界(69)」にとどまっていたのである。

一九三〇年代半ばにヒトラーの絶対的地位が確立すると、ドイツでは古典主義建築が興隆をきわめるようになった。彼の依頼で建築家パウル・ルートヴィヒ・トローストが設計した「ドイツ芸術の家」や、アルベルト・シュペーアが設計した「帝国首相官邸」など、第三帝国期の代表的な公共建築はいずれも、第二帝政期と同様の新古典主義様式を示している。それはけっしてナチ特有の様式ではなく、世紀転換期の国際的様式、帝国主義の建築表現であって、ワシントンやモスクワにも似たような建築をいくらでも見いだすことができる。シュペーアによれば、新古典主義は装飾的なユーゲント様式への反動として復興したもので、その簡素で厳格な様式は「帝国的表現」と結びつくとともに、「技術の独裁」を正当化する「魅惑のモメント」をなしており、マンハッタンの摩天楼などと同様の宣伝価値と暗示効果を有していた。(70)ヒトラー自身、公共建築や都市計画の規模を重視し、他国に凌駕されるのをおそれるなど、「ほとんどアメリカ的といえるような世界記録への野心(71)」を抱いていた。後述するように、彼が自動車をはじめとする産業技術の成果に熱狂していたことも考えあわせれば、その古典古代への偏愛は技術的進歩

図 3-2　ドイツ芸術の家。トローストの設計

図 3-3　帝国首相官邸の迎賓庭。シュペーアの設計。入口にブレカーの彫刻「党」と「国防軍」が設置されている

へのオプティミズムと表裏一体のものだったといってさしつかえないだろう。彼の古典主義は、普遍的な美の存在を確信し、それを実現する理性の力を信頼している点で、合理主義の美学的表現と見なすことができる。ライナー・ツィテルマンが指摘するように、ヒトラーの技術崇拝は、保守革命のイデオローグやその影響を受けたナチ党員たちとはほとんど無縁のものだった。[72] 彼はオズヴァルト・シュペングラーの文明批判・文化ペシミズムにたいし

ても批判的な態度をとり、「西洋の没落ではなく、西洋の諸民族の復活といわなければならない」[73]と主張している。「あらゆる進歩の目的と目標は、全民族、いや全人類を幸福にすることでなければならない」[74]と考える彼は、文明化による民族の没落を克服する活路を、何よりも科学・技術の発展にもとめたのである。したがって、芸術もまた原始的なものであってはならず、進歩を表現するものでなければならなかった。「芸術の課題は、民族の発展から後ろへ遠ざかることではなく、このいきいきとした発展を象徴化することでなければならない」[75]。そして、そのための模範とされたのが、古典古代にほかならなかった。一九三八年の大ドイツ芸術展の開会演説で、ヒトラーはギリシア彫刻の肉体美に賛嘆しつつ、「この美に到達するだけでなく、できればこれを凌駕したときにのみ、われわれは進歩について語ることが許される」[76]と主張している。こうした進歩への志向こそ、ヒトラーの近代観を特徴づけるものであって、急速に近代化しつつあった帝政期の時代精神を体現していたという意味で、彼はまさに「一九世紀末の進歩オプティミズムの代弁者」[77]であった。

もっとも、ヒトラー自身は古典主義を賞賛し、そこに近代の理想像を投影していたとはいえ、彼が権力を掌握したとき、公的な芸術様式が確定していたわけではなかった。ナチ党内では、古典古代の躊躇なき受容をめざす路線と、そのゲルマン的な修正をもとめる路線との間で、評価が揺れていた。美術評論家のヴェルナー・リティヒが回顧しているように、「権力掌握後の最初の数年間は……探究の時期だった。われわれの芸術家の多くは部分的にはまだ古い芸術観に固執していた」[78]。だが一九三三年一〇月に行われた「ドイツ芸術の家」の定礎式を皮切りに、一九三四年から三六年にかけて、しだいに古典主義様式が優勢になってくる。その背景としては、何よりもフェルキッシュな路線を代表した古参党員の地位低下が挙げられるだろう。一九三四年頃からシュペーアやハイドリヒのような若いエリートが党や国家の要職に進出し、偏狭なイデオロギーに凝り固まったローゼンベルクら旧世代の党員を駆逐するようになったが、前者の多くは市民層の出身で、科学・技術を志向する一方、古典的な教養を身につけ

図 3-4　ヨーゼフ・ヴァッカーレ『御者』とオリンピック・スタジアム

ていた。その意味では、ヴォルバートが指摘するように、古典主義は「ドイツ・ファシズムの貴族化の意図[79]」をあらわしており、新しい権力者のエリート美学というべきものだったといえよう。

古典主義の公的受容を決定づけた契機としては、さらに一九三六年のベルリン・オリンピックの開催を忘れるわけにはいかない。それはドイツがギリシアの後継者であることを内外に示し、古典的な美の理想を広く普及させる機会となった。各地でギリシアやオリンピックをテーマにした展覧会が催され、古典古代への賛辞が新聞紙面をにぎわすことになったが、とくに強調されたのは、古代ギリシアと現代ドイツの結びつきだった。ある論評はこの点を次のように説明している。

オリンピックの年に再び明らかになったのは、ドイツとギリシアとの間には、ギリシアと地上の他のいかなる民族の性質との間よりも、ずっと深い内的な類縁性が存在することである。われわれのもとでは、何よりもギリシア民族とドイツ民族との人種的同一性に由来するこの隠れた関係をあらたに再生させ、時代意識へ呼び覚ますとともに、ドイツ国民の精神的未来に高貴な影響を与えようと、いたるところで活動と努力がはじまっている[80]。

オリンピックはまた、古典主義をスポーツと肉体の賛美に結びつけることになった。スポーツが表現する肉体美こそ、ギリシアとドイツの内的なつながりを示すものとされ、公的な身体のイコノグラフィーを規定した[81]。それとともに、芸術生産において裸体彫刻やスポーツ彫刻の需要が増大し、とくにオリンピックの会場となった帝国スポーツ競技場のために数多くの彫像の制作が依頼された。スポーツと結びついた裸体は、古典古代への連想によって力と美を象徴するものとなったが、これを映像によって提示し、大きな影響を与えたのが、レニ・リーフェンシュタール監督のオリンピック映画『民族の祭典』である。第1章でも言及したように、この映画のプロローグには、ギリシアの彫像が生身のスポーツ選手に変身し、円盤をふりまわしはじめるシーンや、ゼウスの神殿からベルリンのスタジアムまで、半裸の走者が聖火を運ぶシーンがあり、「古代から現代への橋わたし[82]」が印象的に表現されている。ここでは、現代のドイツ人の肉体がギリシア的な古典美によって理想化されているのである。

図3-5　「民族の祭典」のプロローグ。聖火をもって走りだすギリシアの青年

一九三七年の大ドイツ芸術展の開会演説で、ヒトラーは前年のオリンピック大会に言及し、そこに出現した「新しい人間類型」に感嘆の声を上げている。

今日の新時代は新しい人間類型を生みだそうとしている。……外観においても感覚においても、今日ほど人類が古典

図 3-6　ヨーゼフ・トーラク「拳闘士」と水泳選手

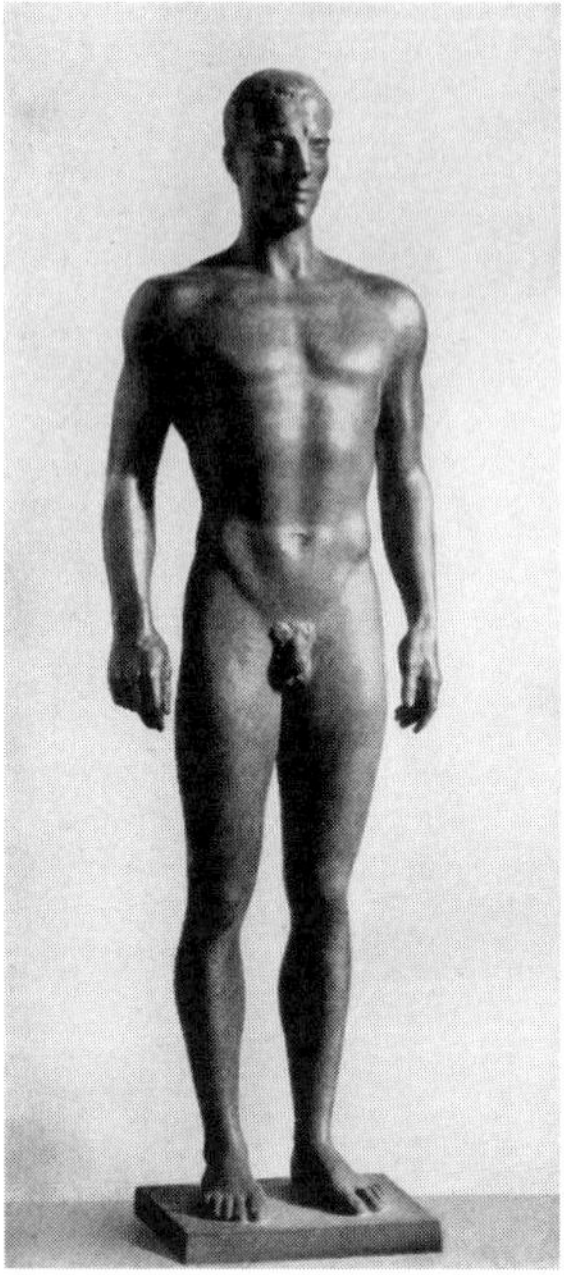

図 3-7　アルノ・ブレカー「十種競技選手」

古代に近づいたことは一度もない。……この人間類型は、去年はじめてオリンピック大会に出現し、全世界にその輝かしく誇り高い肉体の力と健康さを見せつけたが、この人間類型は……新時代の類型である。[83]

ここに古典古代の模範にしたがう「新しい人間類型」が国家の象徴とされるにいたったのである。事実、大ドイツ芸術展では古典主義様式の筋骨たくましい裸体の彫像が呼び物となっており、とくにヨーゼフ・トーラクやアルノ・ブレカーの作品は「理想的ドイツ類型」を提示するものとして絶賛された。両者とも体制初期にはナチ党から厚遇されておらず、むしろ党内の一部から反感を買っていたのだが、一九三六年頃になると頭角をあらわし、その「古典的」な様式が公認されるようになった。[84]ヴェルナー・リティヒは、彼らの作品に「荘厳さ、集合性、観念、モニュメンタリティ……要するに、古典古代様式が具現化しえた特性[85]」を見いだし、大ドイツ芸術展には「彫刻が明確で古典的な見解と造形に近づいている[86]」徴候が見られると指摘している。ヴィルフリート・バーデはさらに次のように主張する。

おそらくそれゆえにまた、われわれの時代は再び真剣に「ギリシア的」になろうとしている……。ドイツが千年にわたる異文化の影響を克服し、自己の存在の純粋な形態へと回帰しているこの瞬間において、いまや再び絶対的な様式をなし、それゆえ最も円熟し、最も高貴な形態においてギリシア芸術に匹敵するような作品が出現している[87]。

もっとも、古典主義はあらゆる文化領域を支配したわけではなかった。大ドイツ芸術展の彫刻も、出展数からいえば動物の彫刻や胸像、風俗的な作品が多く、古典主義的な彫像は少なかった。絵画にも伝統的な風俗画の多さが目立ち、出展された約七五〇点の絵画のうち、風景画が四〇%、農民・スポーツ選手・青年を描いた絵画が二〇%、歴史上の人物の肖像画が一五・五%、動物画が一〇%、静物画が七%を占め、党幹部や公共建築物など、ナチ的な題材のものは三%程度にすぎなかった[88]。こうした「風俗画の復権[89]」は、ナチの文化生産性の低さや文化政策の混乱に加えて、民衆の通俗的な趣味に迎合した結果と見なすべきだろう。故郷と土、家庭とかまど、素朴な生活といった牧歌的情景を描いた風俗画は、健全な世界に憧れる民衆の感情に訴えただけでなく、誰もが理解できる具象的な作品という意味でも、まさに庶民向けのものだった。ヒトラー自身、絵画については一九世紀後半のロマン派の系統に連なる画家の作品を愛好しており、広範な民衆と趣味を共有していた[90]。だがその一方で、彼は本来のドイツ芸術は高尚さを志向するものでなければならないと考えており、そうした観点から、絵画よりも彫刻を重視していた。党公認の美術雑誌『第三帝国の芸術』（一九三九年に『ドイツ帝国の芸術』と改称）も、伝統的な風俗画ではなく、古典主義的な彫像に焦点をあてていた。同誌に掲載されたリティヒの論評によれば、大ドイツ芸術展の出展作品のなかで、「テーマからいってもわれわれの時代に属しており、新ドイツの将来の彫刻表現において独特の功績と見なされる」(91)のは、英雄的なたくましい男性を表現したトーラクやブレカーの彫像だった。

絵画が激しい浄化の嵐に見舞われたのにたいし、彫刻には粛清の波がほとんど及ばなかったのも、両者の重要性のちがいによるものと考えられる。主要な彫刻家のリストは一九三三年の前後でほとんど変化がなく、フリッツ・クリムシュやゲオルク・コルベ、リヒャルト・シャイベといった彫刻家はすでにヴァイマル期から英雄的でモニュメンタルな彫像で名声を博していたし、トーラクやブレカーも前途有望な若手彫刻家として当時から注目されていた。(92)多くの彫刻家は古典古代の模範にしたがっており、とくに世紀転換期以降、アドルフ・フォン・ヒルデブラントの影響を受けて、古典主義様式が支配的になっていた。過度にデフォルメされた形態や、動きに富んだ表面は「非ドイツ的」とされたが、そもそも前衛的な彫刻家はほとんど存在せず、絵画にくらべるとモダニズムの発展も遅れていた。(93)第三帝国期の彫刻を支配した古典主義様式も、ナチ特有のものではなく、それまでの伝統との連続性のほうが顕著だった。モッセが明らかにしているように、古典主義彫刻は一九世紀初頭から国民的記念碑に利用されてきた歴史があり、(94)名誉、勇気、忠誠といった国民的美徳を表現したその様式上の伝統を、ナチズムは問題なく継承することができた。一九三三年以後の変化といえば、多くの彫刻家の作品が巨大化するとともに、いきいきとした印象主義的な彫塑が衰退し、硬く滑らかな表面処理が施されるようになったことが挙げられる。ブレカーやトーラクといった代表的な彫刻家は、「メタリックな肉体言語」と「鎧のような解剖学」(95)を発展させ、「力強いもの、たくましいものへの上昇」、「モニュメンタルなものへの上昇」(96)を達成していた。そこには、裸体に取りついている官能性を払拭するとともに、肉体を「超人間的なものを志向する英雄的な意志のシンボル」(97)として様式化しようとする意図があったといえるだろう。ある論説はシンボルの意義を次のように説明している。

したがって、シンボルは芸術の最も高次の、最も困難な、最も誇らしい課題である。……ここでは芸術家は、民族の最も高次の思想と感情に最も簡潔で明確な表現を与えなければならない。彼は現実から取りだした任意の形態を模写してはならず、民族の理想像となりうる形態、したがって民族の最高の特性を具現しているような形態を生みださなければならない(98)。

要するに、男性裸像そのものがナチ的なのではなく、ナチ的な特色といえるのはむしろ、それが象徴的な意味の担い手として道具化されたことだった。美、若さ、強さ、意志の力といった美徳を体現するこの身体像は、公共建築と結びつきながら、権力の表象に利用されることになった。美術評論家のヴァルター・ホーンによれば、「巨大な彫像は創造的な国家政治のシンボルとなったのであり、それはナチズムが支配する大ドイツの壮大な建築の記念碑と調和しつつ、後世のためにわれわれの時代の出来事を体現するものである(99)」。実際にも、第三帝国期には大規模な建設プロジェクトがいくつも着工されたため、公共建築に設置される彫刻の需要はますます増大していた。一九三七年の大ドイツ芸術展に出展された彫刻は二〇〇点だったが、一九四〇年には二三七人の彫刻家が四四〇点の作品を出展した(100)。トーラクとブレカーは同展にそれぞれ四〇点以上の作品を出展し、シュペーアの設計した建築にも大量の彫像とレリーフを提供した。未来の帝国首都では、多くの広場や建築に彼らの彫像が設置されることになっていた。この二人の彫刻家がヒトラーの特別な寵愛を受け、絶大な名声を博したことは、第三帝国における彫刻の重要性を物語っている。

彫刻が重視されたのは、何よりもそれが本質的に権力の表象に適していたからだった。ナチズムがその政治的効用を認識していたことは、美術評論家ハンス・ヴァイガートの次の論評からも明らかである。

絵画は室内に適しているが、彫刻に適しているのは広場である。室内に住むのは個々人であり、広場が収容するのは群衆である。群衆が利益と商売以外に共通のものをもたなければ、彼らは広場の彫刻とほとんど関係をもちえない。だが彼らが理想をもつならば、彼らはその可視化をもとめ、広場の彫刻を彼らの統一の象徴として要求する。彫刻は、空間に放射して多くの人間を支配することができる。模写ではなく模範をもとめ、それによって人間を形成し、理想を告知しようとしている時代にあっては、彫刻が効果をもつ[101]。

広場に展示される彫刻は、そこに集まる群衆の象徴として、彼らに統合効果を及ぼすというのであるが、そうした機能をはたすためには、象徴にふさわしい一般性と抽象性をもたねばならなかった。リティヒによれば、「現代のドイツ彫刻芸術の支配的な傾向は、現実的なものを観念の世界へ上昇させること、個々の事象を一般妥当的な象徴へ高めることである[102]」。第三帝国期の代表的な彫像がほとんど一糸まとわぬ裸体をテーマにしているのも、そうした現実からの離反のあらわれといえよう。あらゆる属性をはぎとられ、古典的な美の理想と結びつけられたこの肉体は、現実の生を超越した理想的な人間像を提示し、神のような絶対者として、国民全体を統合する高次の秩序を告知すべきものだった。ヴォルバートのいう「オリンポスの神々との明白に提示された類縁性、ないしは本来の同一性」こそが、この理想像を「地上のものから本質的にひき離す[103]」とともに、「超時代的に典型的なものへ、象徴的なものへの上昇[104]」をもたらしたのである。ホーンによれば、「党と国家の建造物のために制作された巨大彫刻は……あらたな時代感情から形成されたものであり、それはナチズムの男らしい特性価値、秩序、勇気、英雄的な自己主張の力から、古典的な均整のシンボルを生みだすものである[105]」。ナチズムがもとめていたのは、こうした統合・秩序要因としての古典古代の模範だったといえよう。

民族の本質の象徴的表現として、彫刻と同様に「永遠性の価値[106]」を要求されたのが建築であり、とくに党や国家を代表する公共建築には、超時代的な古典主義様式が採用された。ヒトラーはすでに『わが闘争』のなかで、古代のアクロポリスやパンテオンのような「一時的な目的ではなく、永遠の目的のために建てられたように見える公共の記念碑[107]」を要求していたが、それは何よりも、こうした建造物がかつての帝国の偉大さを伝えていたからだった。一九三五年の党大会で新しい会議ホールの定礎式に臨んだ彼は、それが第三帝国の記念碑となることを期待していた。

もしいつの日かこの運動が沈黙するようなことがあれば、そのときは数千年後であれ、この証人がここで語るであろう。そのとき太古の樫の神聖な茂みのなかで、人々は第三帝国の建造物のこの最初の巨人を、畏敬のこもった驚きの念をもって賛美するだろう[108]。

図3-8　ツェッペリン広場の正面スタンド。両端を守る稜堡

シュペーアの示唆した「廃墟価値の理論[109]」にしたがって、ヒトラーは主要な建築を数千年後の瓦解した状態を考慮に入れて設計するよう命じた。ローマ帝国の建造物が廃墟になってもかつての権力と壮麗を示しているように、第三帝国の建造物もまたその栄光を後世に伝えるべきだと考えたのである。彼がいうには、「現代の偉大さは、それが後に残す永遠性の価値によって、いずれ判定されるだろう[110]」。それゆえ、未来へ存続する建築は規模、様式、プロポーションにおいて「永遠の要求」を満たさねばならな

いとされ、資材には大理石が使用された。

われわれはこの帝国の永遠性を……信じるがゆえに、その創造物も永遠でなければならない、つまり……一九四〇年のために考えられたものでもなければ、二〇〇〇年のために考えられたものでもなく、われわれの過去のドームと同様、数千年の未来にまでそびえていなければならない。……この闘争の成果は、空前絶後の偉大な芸術のドキュメントのなかに、その不滅の確証を見いだすのだ！(111)

ヒトラーにとって、芸術とは権力意志の表現であり、みずからが建設した帝国の威信を誇示するものだった(112)。それゆえ、未曾有の規模をもつ不朽の建築がもとめられた。千年帝国の支配は、時代を超えて存続する壮大な記念碑によって確証されなければならなかったのである。そして、このためにひきあいにだされたのがギリシアの模範であり、第三帝国の建築は「近親関係にある古典古代の美の理想」が提示する永遠の形態を志向するものとされた。ある論評が指摘しているように、「第三帝国のモニュメンタルな建築様式に、古代ギリシアの傑作との明白な類縁性が表明されているのは、偶然ではない(113)」。

モダニズムが断罪されたのは、何よりもこうした「永遠性の価値」を欠くためだったといえよう。ボードレール以降のモダニズムは、うつろいやすいものに美の源泉をもとめ、これを社会批判のよりどころとしたのだが、ヒトラーはそうした性格を非難して、次のように述べている。

ナチズムの権力掌握まで、ドイツにはいわゆる「モダン」な芸術、つまり……ほぼ毎年かわるものが存在した。だがナチ・ドイツは再び「ドイツ芸術」をもとめており、それは民族のあらゆる創造的な価値と同様に、永遠なものであるべきだし、永遠なものとなるだろう(114)。

「芸術は時代にではなく、民族にのみ根ざす」ものである以上、「民族の本質と血が不変であるように、芸術もまたうつろいやすい性格を失わねばならない」[115]、つまり永遠なものでなければならなかった。したがって、そこには「昨日と今日、近代的と非近代的といった基準はなく、『価値の高い』もの、つまり『永遠なもの』と『うつろいやすいもの』という基準があるのみである」[116]というのだった。

こうした説明からうかがえるのは、ヒトラーがモダニズムを全面的に否定していたわけではなかったことである。つまり、たとえ「近代的」であっても、「うつろいやすい性格」を払拭していれば、彼はそれを評価する用意があったのである。このことは、彼が近代の発展を一定の方向に秩序づけ、無軌道な混沌を克服しようとしていたことを意味している。この点について、モダニズムの前衛を自認したゲッベルスは次のように述べている。

近代文明と機械時代のはじまり、人間と民族の共生は、あらゆる点でわれわれの共同生活をあらたな基盤の上に置いた。ナチ革命は、このあらたな価値と表象のはじまりがドイツ民族の内部で秩序ある枠組みにそって生じるようにする、大規模な試みである。ナチ運動はその際、一九一八年一一月九日とともにドイツ民族の思考を満たした混沌たる表象を、正常な、わが民族の共生をささえるべき基盤の上に置く試みに着手したのである。[117]

ナチズムは、リベラルな個人主義がもたらした混沌に反対し、普遍的な美の基準にしたがって、近代の健全な発展を推進しようとしていたのであり、そうしたかたちで追求される技術的進歩こそが、民族共同体の美しい新秩序をもたらすと考えられたのだった。それゆえ、第三帝国の芸術はうつろいやすいものを含有してはならず、超時代的な古典美を具現していなければならなかった。とはいえ、こうした永遠性への憧憬がナチズムにとどまらず、芸術生産の原動力として一部のモダニスト、とりわけドイツ工作連盟やバウハウスの建築家たちをもつき動かしていたことには注目しておいてよいだろう。純粋な機能的形態のなかに美の理想を追求した彼らは、芸術と産業、美的近代と技術的近代を融合させ、調和的な統一を実現しようとしていたのであり、彼らが提唱した近代性の理念は、時代を超えた普遍的な形態を志向した点で、ヒトラーの古典主義的な美意識とも通じるものだった。この「第三帝国の建築家」のなかで彼は、建築は「プロポーションとバランスの感覚的な美しさにおいて永遠であると同時に、目的の達成と素材への配慮において現代的であるべきである」と述べ、「過去において類似した人種的素質から見いだされた形態要素を利用すること」とならんで、「近代的な建築資材の使用とその芸術的な加工[118]」をためらうべきでないと説いている。しかも彼は、こうした建築様式を「即物性 Sachlichkeit」という語で表現する。「即物性とは、建築物をそれがめざす目的のために建設することにほかならない。そして簡素さとは、その際に最小限の手段で最大限の効果を得ることを意味する[119]」。

バウハウスの宣言文と見まがうようなこの発言は、第三帝国期の建築の状況を反映していた。事実、体制初期に「ドイツ芸術の家」などの建築を手がけたトローストは、もともとペーター・ベーレンスやヴァルター・グロピウスらのモダニズム建築家とともにドイツ工作連盟に属し、装飾的なユーゲント様式に反対して、簡素で機能的な様式を追求していた。一九二〇年代後半にヒトラーの信を得た彼は、古典的な形態を時代にそくしたものとするべく、「スパルタ的伝統主義と近代の諸要素を結合[120]」した新古典主義の様式を発展させた。彼の設計した「ドイツ芸術の家」は、様式上は古典古代の模範を志向しつつも、装飾を排したスクウェアな造形や古典の枠を超えたプロポーションにモダニズムの要素を垣間見せていたし、技術面でも石灰岩と大理石の外観の下に鉄とセメントでできた骨組みやエレベーターと空調の設備を配しており、そうした意味で古典性と近代性を結びつけた建築だった。一九三四年にトローストが急死した後、総統のお抱え建築家となったシュペーアも、党大会施設の設計などで「トローストの古典性とテッセノウの簡潔性を総合」[121]し、古典主義の骨格を保ちながらも顕示効果を狙った簡素かつ壮大な表現を試みて、現代的な解釈によるギリシア建築というべきものを数多く建設した。彼が師事したハインリヒ・テッセノウは、工作連盟の主要メンバーであり、民族に根ざした簡素な建築をもとめ、モダニズム建築家にも大きな影響を与えていた。さらには、グロピウスやミース・ファン・デア・ローエの師であり、AEGのタービン工場で近代建築の幕開けを告げたベーレンスや、シュトゥットガルト中央駅を設計し、建築界で一世を風靡したパウル・ボナーツなど、工作連盟の指導的メンバーの一部もヒトラーから高く評価され、多くの依頼を受けた。[122]ちなみに、ベルリン・オリンピックの会場となった帝国スポーツ競技場のメインスタジアムもまた、モダニズム建築家のヴェルナー・マルヒの設計によるもので、当初はガラス張りのモダンなデザインだったが、ヒトラーの怒りを買ったためにシュペーアが手なおしをして実現にもちこんだものだという。[123]バーバラ・ミラー・レーンも指摘するように、第三帝国の公共建築とバウハウスの様式の間には一般に考えられるほど大きなちがいはなく、両者は「即物性」ないし「簡素さ」を基調とした点で、ある種の「近代的」な精神を共有していたのである。[124]

たしかにバウハウスは閉鎖されたが、それが開拓した機能的な様式は完全に抑圧されたわけではなく、多くのモダニストはその後も仕事をつづけた。少なくとも一九三七年頃までは、彼らは宣伝省の後ろ盾で公的な建築計画にも参加しており、たとえば一九三四年の「ドイツの民族——ドイツの労働」展では、グロピウスらが展示物の設計にたずさわり、ヘルベルト・バイヤーがカタログやポスターのデザインを担当していた。[125]ヴィンフリート・ネルディンガーが指摘するように、バウハウスの創立者であるグロピウスはナチ時代にも「『ドイツ』芸術としてのモデルネの確立」をめざしていたし、ミース・ファン・デア・ローエも古典的でモニュメンタルな空間構成によって「ドイツの労働の本質」を表現しようとしていた。[126]バウハウスの様式はナチ党にとって宣伝上の利用価値があり、とくに「国民教育手段」としてのメッセにおいて、ナチ的理念の美化や権力の誇示に寄与したのだった。[127]「この意

図 3-9　即物的な工業建築。ドイツ航空実験所の組立工場

味で、モダニズムの工業建築とその建築家はナチ体制に統合された要素だった。近代建築は共犯をまぬがれなかった」[128]。一九三七年頃までには、これらの指導的な建築家・デザイナーは国外亡命を余儀なくされたが、その後も工場や交通施設、兵舎などにはひきつづきバウハウス様式がもちいられ、鉄とガラスの即物的な建築も数多く建てられた。ローゼンベルクを中心とするドイツ文化闘争同盟のメンバーはこうした建築を激しく攻撃していたが、ヒトラー自身はこれに条件つきで理解を示していた。この点についてシュペーアは次のように証言している。

> ヒトラーはけっして教条的ではなかった。アウトバーンのレストハウスや地方のヒトラー・ユーゲント宿舎が都会の建物とは外見を異にすることに、彼は理解を示していた。顕示様式の工場が建っても、彼はけっして気に入らなかっただろうし、ガラスと鉄でできた産業建築には、彼は事実感激したのである。しかし一つの帝国をうちたてんとする国家の公共建築は、彼の考えによれば、まったく一定の刻印をもたなければならなかった[129]。

こうして党や国家の公共建築にはモニュメンタルな古典主義様式が、工業施設やオフィスビルには即物的な機能主義様式が、住宅や社会施設には伝統的な郷土様式が採用された。第三帝国の建築政策は、建築の目的に応じて様式をわりふるものであり、その点では、現代の都市計画にも通じるような方針にもとづいていた。[130]

第三帝国の公的様式とされた古典主義もまた、過去への回帰ではなく、現代性ないしは即時性を志向していた。リティヒによれば、トーラクの彫像は「時代を動かす英雄的なテーマを裸像という形態で表現することが、われわれの時代においても可能である」[131]ことを示していたし、ブレカーの作品は「たしかにその肉体的外観においては古典古代の精神を担ってはいるが、とくに現代の人間を体現している」[132]とされた。「時代のシンボル」と題するリティヒの論評は、ブレカーの現代性を次のように説明している。

図3-10　アトリエで制作するブレカー。1935年頃

帝国スポーツ競技場のために制作された二点の彫像の肉体的外観は、スポーティに鍛えられ、力強く、エネルギーに満ちあふれた肉体の理想像を表現しており、それは今日のドイツの青年が目標としているものである。その根底にはかつてのギリシア人と同じイメージがあるがゆえに、これは形態において古典的な印象を与える。だがその肉体と精神には「オリンピックの理念」という概念の本質をなす特性と美徳が形態化されているがゆえに、これは現代的である。……この鍛え上げられた肉体はわれわれの時代の人間のものであって、われわれの時代のスポーティな形

態がそのモデルとなっているのである。[133]

フリッツ・アレクサンダー・カウフマンの論評はさらに明確に、こうした身体像が「ベストフォーム」を、すなわち「近代的な、それゆえスポーティに感じられる古典美[134]」を志向するものであると指摘している。この若くたくましい肉体、ヒトラーがまのあたりにした「新しい人間類型」は、その古典美のなかに近代のダイナミズムを表現していたのだった。

もっとも、こうした「近代の古典美」のイメージはヒトラーら一部のナチ党員の願望をあらわしたものであって、国民すべてに受け入れられたわけではないし、それはまた彫刻や建築には純粋な表現を見いだしたとはいえ、あらゆる文化領域に一様に影響を及ぼしたわけでもない。このイメージの国民的な影響力を解明するためには、造形芸術だけでなく商業芸術の領域にも目を向けて、その具体的な現象形態を検討する必要があろう。そこで次に、工芸品や技術製品、広告やデザインなどの現代的な消費・余暇文化にあらわれた「近代の古典美」のイメージを分析し、この理想像がキッチュの波に洗われるとともに、即物性の美学によりどころを見いだすことで大衆に浸透したことを明らかにしたい。

4　キッチュと即物性

一九三七年七月の大ドイツ芸術展の開幕は、一大イベントとして大がかりに演出された。開幕にあわせてミュンヘンでは「ドイツ文化二千年」祭という派手な催しが挙行され、ゲルマンの騎士やギリシアの女神に扮した仮装行列が街を練り歩いた。行列の参加者だけで六〇〇〇人を数え、準備には三万三八二一人がたずさわり、六九万時間が費やされたという[135]。この催しが民俗的な性格をもち、娯楽や見せ物を提供する楽しいお祭りと受けとめられたことはたしかである。だが亡命社会民主党の『ドイツ通信』には、ミュンヘン市民の冷淡な反応も記されている。

ミュンヘンの全面的な改造、古い価値の意味のない破壊、あらゆる党の催しのけばけばしさは、ヒトラーへの共感をも顕著に弱めている。平均的なミュンヘン市民は、総統の誇大な建設欲に理解を示していない。そのことはとくに、「ドイツ芸術の日」の華やかな祝祭にたいするミュンヘン住民の態度に顕著にあらわれている[136]。

街中が旗で飾りつけられ、娯楽の催しが行われたが、多くの市民の関心は「誰がこれらすべての代金を負担するのか[137]」ということだったという。こうした不満の声は、建築政策をめぐっても聞かれた。親衛隊保安部の『帝国からの報告』は、「公的な国家建築はときおりいくつかの住民グループ内で、ますます切迫する住居不足がまだ解消されないかぎり、不要であると見なされている[138]」と指摘している。

都市の再開発、ヒトラー・ユーゲントの施設、立派な建築、

図3-11　1937年のドイツ文化二千年祭。アテナの像をひくゲルマン人の仮装行列

歓喜力行団のプールなどのためにはあらゆることが行われ、資材もあるのに、個人住居の建設、とくに農業労働者向け住居の建設のためにはほとんど何もなされないことが、いつも指摘されている。(139)

第三帝国の芸術政策は本質的に国民の生活を無視したものであり、鳴り物入りで提供される娯楽や見せ物が人々を動員することはあっても、ヒトラーのもとめた「永遠性の価値」が共感を呼ぶことはほとんどなかったのである。大ドイツ芸術展についても、大々的な宣伝キャンペーンが展開され、一〇月末までに五〇万人の入場者を数えたが、それでも同時開催された退廃芸術展の三分の一に満たなかった。(140) 親衛隊保安部の報告は、「広範な国民層にますます文化が伝達している」と一定の評価を示しながらも、「広範な住民層、とくに労働者が芸術展一般から遠ざかったままである」(141)と指摘し、その理由として、芸術展の入場料や作品の値段が高すぎること、作品のテーマが単調であることなどを挙げている。報告によれば、出展作品は「あまりにもカラー写真を思い起こさせるような風景画」や、「たしかにすぐれた描写技術に一九世紀の伝統を受け継いでいるが、現代の精神とあまり関係のない風俗画」がほとんどで、「たいてい平均的な印象しかもたらしていない」(142)。入場者のなかには、「絵画の領域では新しいものの萌芽がほとんど示されておらず、政治的テーマがほぼ完全に背後にしりぞいていること」に失望し、「展示された作品がきわめてまれにしかわれわれの時代の出来事との関係をもっていないこと」(143)に不満を漏らす者も少なくなかったという。保安部の報告は、芸術の健全化は達成されたが、多くの芸術家は「単調なおきまり」に流れているとし、これにかわる「ドイツの現代の偉大さとダイナミズムにふさわしい芸術的造形をもたらすような絵画」(144)をもとめている。総じて、ナチ体制は国民の芸術参加を拡大することには成功したが、体制そのものの芸術的創造性を発揮することはできなかったといえよう。

だがそうした単調な作品も、健全な農民生活を具象的に描いていたという点では、民衆の通俗的な趣味に適合していたことも忘れてはならない。保安部の報告は、「広範な入場者集団の趣味」が何よりも「入念に仕上げられた芸術作品」に向けられていたと指摘している。「入場者の大衆は全員一致で良質の、手工業的に入念であり、内容的にも健全な姿勢を示す芸術作品を好み、色、形態、内容が組織時代を思い起こさせるような作品はすべて断固拒否した[145]」。

第三帝国の公認芸術を特徴づけた単調さは、芸術家の間に不満を生むこととなった。保安部の報告によれば、大ドイツ芸術展は芸術を一定の枠にはめ、芸術家の機会主義を助長することになったとして批判され、「ミュンヘンの芸術方針[146]」に対抗して北ドイツ的方向性をもとめる声が上がるなど、各地で芸術家の離反の動きが生じた。また、すべての芸術家に入会が義務づけられた帝国造形芸術院についても、「芸術家の芸術政策的支援がおろそかにされていること」や、「素人やディレッタントが受け入れられていること[147]」に批判が高まっていたという。芸術院にはびこるディレッタンティズムに関しては、多くの芸術家が「まったく技術的な素養がなく、マッチ箱さえ正しく描写できない[148]」素人と同列に扱われることに不満をあらわし、「いかなる芸術家も芸術院の会員でなければならないという原則が「誰でも会員になれる」という原則にかわってしまったことを批判した。そして、「どんなディレッタントも職を認められること」が「文化的水準の低下」をもたらすとして、「帝国造形芸術院の入会資格に適切な選抜措置を講じる」必要性が強調され、「少なくとも最も単純な手工業的前提の習得を証明[149]」する入会試験の実施がもとめられた。だが結局のところ、そうした措置は講じられなかった。それはおそらく、芸術院が「素人やディレッタント」に門戸を開いたことが、多くの弊害を生みながらも芸術の商業化と大衆化を促進し、広範な国民層を芸術に関与させるにいたったことを、当局も無視できなかったからであろう。そのことを示しているのが、「キッチュ」の問題をめぐる対応である。

保安部の報告は、美術商がますます「芸術的価値の低い商品や明白なキッチュ」を扱うようになっていること、

図 3-12　粗悪な芸術作品。ナチ党指導者のフィギュア

とくにガラス、家具、額縁、絵葉書などを扱う店で、「粗悪な芸術作品の供給が非常に増加していること」[150]をくり返し指摘している。そこではしばしば「まぎれもない『がらくた』」が問題となっており、「稚拙に模写された複製画やひきのばされた絵葉書」などといった「粗悪な工場製のキッチュな商品」の流通が、国民の嗜好に悪影響を及ぼしているとされた。しかも、そうした商品の生産者は多くが芸術院の会員であったから、キッチュの氾濫は芸術院がこれを黙認していることを意味した。「どうして多くの粗悪な芸術作品の生産者が、彼らに保証された帝国造形芸術院の会員資格によって、安いキッチュの生産をなおも明らかに許可されているのか」、「芸術の領域におけるディレッタンティズムとキッチュの生産が、まさに国家的制度によって間接的に促進されているのはなぜか」[151]といった疑問の声が、芸術家の間でくり返し上がったという。体制側はむしろ、問題の責任を芸術家に押しつけることで、事態の収拾をはかろうとしていた。ある新聞の論説はこの点を次のように説明している。

キッチュとは、まず第一に純粋な美学の問題ではなく、あえていうなら、芸術家のモラルや人格の問題である。芸術生産者の姿勢と人気を狙った効果の間に隔たりが生じるところならどこでも、キッチュは存在する。一言でいえば、それは様々な種類の偽りの理想主義である。[152]

要するに、キッチュを生産する人々のモラルを問題視しながらも、それがもつ大衆効果の大きさには一目置いているのだが、まさにこの点に、キッチュの流通が黙認された理由の一端が示されている。ナチ党指導部は、広範な住民層に浸透するキッチュの影響力を重視しており、その宣伝的な効用までも認識していた。ゲッベルスがいうように、「原始的なものすべてをキッチュと呼ぶことはできない」のであり、「キッチュという名で呼ばれるものの一部は、わが民族の精神的栄養として欠くことのできないもの」[153]だったのである。

さらにいえば、第三帝国の公認文化にもキッチュを見いだすことは困難ではない。とりわけ冬期救済事業団のス

図 3-13　冬期救済事業団の絵葉書

図 3-14　自動車レースのトロフィー

テッカーやおもちゃ、各種行事のメダルやトロフィーなどは、ナチ党がくり返し撲滅を宣言した「土産物キッチュ[154]」とほとんどかわるところがなかった。それどころか、体制と距離を置く者の目からすれば、公認芸術そのものがキッチュであった。たとえばトローストが建てた「ドイツ芸術の家」は、すでに同時代人から「キッチュ宮殿」と呼ばれていたという[155]。『ドイツ通信』の報告も、大ドイツ芸術展を評して、「展覧会そのものがキッチュである」といい放っている。それによれば、絵画には「入場者を満足させることはできないが、入場者の趣味にあわなくもない」作品が見られたが、彫刻には「最悪のキッチュとしかいいようのないもの[156]」が出展されていたという。

ナチ的な語法では、キッチュとは低俗な商業芸術を意味したが、反体制派にとっては、凡庸なまがいものを芸術作品と詐称することがキッチュだというわけである。だが経済的な目的であれ、政治的な目的であれ、美的領域外の基準にしたがって、大衆の文化的欲求を満たすために生産される芸術作品をキッチュと呼ぶとすれば、年の市で取引される商業芸術も、大ドイツ芸術展で展示される国家芸術も、ともにキッチュである。この時代の『マイヤー百科事典』によれば、キッチュとは「粗悪品、偽物であり、真正な感情や内的な真理にもとづかないにもかかわらず、芸術と称せられるもの[157]」であり、定義上はナチ党に非難された商品も、賞賛された作品も意味しうる。もっともこの事典が指摘するように、キッチュはまた大量生産の産物でもあって、芸術の商業化と大衆化のなかで、現代の消費・余暇文化を特徴づけるにいたった文化様式にほかならない。それがいかに悪趣味で低俗に見えようとも、この蔑称が指示するものの本質的な近代性を看過してはならないだろう。

キッチュの氾濫にたいし、ナチ党指導部もただ手をこまねいていたわけではない。『マイヤー百科事典』が「趣味の教育、真の手工業・民族芸術の奨励や、簡素な美をめざす工芸[158]」にキッチュの克服を期待する一方で、保安部の報告は「莫大な量の安い芸術的なキッチュを徐々にせきとめる」ことができるような、「安いが良質な芸術作品[159]」をもとめている。実際にも工芸やデザインの分野では、「文化的に価値が高い」だけでなく「国民にも手が届く」

製品をつくる努力が進められていた。[160] そこで採用されたのが、簡素で単純な形態を強調する「即物性」の様式であり、それは本質的にドイツ工作連盟やバウハウスの伝統を継承したものだった。ヒトラーは、「単純さと簡素さをめざす現代の要求に応じると同時に、威厳ある態度を守るような形態を見つけること」が「工芸の最も重要な課題」[161]であると述べているが、そうした主張は、「質の高い仕事」と「装飾のない形態」をめざした工作連盟の要求とかわるところがなかった。事実、歓喜力行団の「労働の美」局は、家具、食器、照明器具、壁紙、織物などのすぐれた製品に「『労働の美』局モデル」の称号を与え、機能的なデザインを奨励していた。そればかりか、同局の機関誌を編集していたヴィルヘルム・ロッツは、かつての工作連盟の雑誌『形態』の編集者であり、人脈的にも連続性があった。当初「労働の美」局の局長をつとめたシュペーアによれば、同局は工場内に芝生や花を植えるといった環境整備だけでなく、「単純で形の良い食器を標準化し、規格化により大量生産できる質素な家具を設計した」[162]

図 3-15 「即物的で簡素」。食器の広告

図 3-16 「労働の美」局推奨の食器

という。即物性の追求は、規格化による大量生産という産業の要請に対応したものであり、ヒトラー自身、生産領域における規格化の必要性を明確に認識していた。「何百万もの人々により高い生活水準を与えようという願いから、必然的にわれわれは規格化へと向かわざるをえない」[163]。規格化に対応したプロダクトデザインは、フェルキッシュな教条主義者から「非ドイツ的」として攻撃されながらも、「国民デザイン」として第三帝国期の商品美学を特徴づけることになった。そこでは即物性が「ドイツ的様式」として解釈しなおされ、政治的に利用されたのだった。工作連盟やバウハウスのデザイナーたちは、第三帝国においても一定の自律性を維持し、体制に順応することができた。その意味では、「独裁に抗した即物性」というより、「独裁に与した即物性」を問題にすべきだろう[164]。

キッチュに対抗して即物性を前面にうちだしたナチズムは、その先進性をアピールするため、アメリカに範を仰ぐことさえいとわなかった。ヒトラー自身、フォード型の大量生産方式に感嘆して次のように述べている。「彼らは自動車工場をも最小限の人員で運営している。ドイツで最初のそうした工場といえるのが国民車工場だった。アメリカ人と同じ水準に、われわれは長い間到達していなかったのだ！」[165]。「われわれは世界のモータリゼーションの時代に生きている」という認識をもち、そこに「途方もない進歩」[166]の可能性を見いだしていたヒトラーは、近代化された生産方法の導入によって、高い生活水準をもつ大量生産・大量消費社会を実現しようとしていた。彼によれば、「ドイツ国民は……アメリカ国民とまったく同じ欲求を抱いている」[167]のであって、自動車をはじめ、先端技術にもとづく快適な生活を保証されるべきだった。実際にも、ライの労働戦線はこうした方向で各種の技術製品の開発を進めており、そこには後述する「国民車」や「国民受信機」だけでなく、「国民冷蔵庫」や「国民住宅」なども含まれていた[168]。新しい「アメリカ的」な技術製品によって、家事の負担が軽減され、豊かな消費生活が可能になると考えられた[169]。もっとも、アメリカにたいするヒトラーの態度は両義的で、その技術的・産業的能力に敬意を抱きながらも、文化水準の低さには軽蔑を隠さなかった。

われわれがこの国に反対する理由は、第一にそれがまったく文化を欠いていることである。たとえば映画スターにたいする不快な熱狂は、真に偉大な理想が一般に欠如していることを物語っている。……だが合衆国における文明的発展への努力を笑いものにすることは、まったくまちがっている。決定的なのはむしろ、アメリカにおいてではなく、われわれの帝国において先進性が最も配慮され、最も大きな成果を上げたということである。ドイツは世界で最高の自動車道路をもっており、最速の自動車はわれわれが生産している[170]。

ここには明らかに、アメリカを模範としつつも、それを凌駕しようという意図が示されている。だがそれは、ドイツの文化遺産によってではなく、さらなる技術的進歩によって達成されると考えられていた[171]。

図 3-17 「60 万台の国民受信機！ ラジオは雇用を生みだす」。「ドイツの民族――ドイツの労働」展のパンフレット

第三帝国期に提供されるか、提供が約束された多くの技術製品は、広範な国民層の欲望を喚起し、その提供者であるヒトラーの人気を高めることになった。ここでは他の文化領域にもまして、ナチズムの政策が国民の願望に合致したのだった。そのことを示した最初の製品が、「国民受信機 Volksempfänger」である。「各家庭にラジオを」というスローガンのもと、一九三三年八月に七六マルクで発売された国民受信機は、その後に発売されたモデルとあわせて、一九四三年までに四三〇万台が生産され、時代を代表する技術製品となった。この廉価なラジオは、主要な宣伝手段として民族共同体の形成を担っ

たが、これを国民生活の必需品とするためには、値段ばかりでなくデザインも魅力的でなくてはならなかった。ヴァイマル期に考案されたその質素で即物的なデザインは、「形態においてとても機能的であるため、ハーケンクロイツのついた鷲の刻印さえなければ、『良質の工業形態』のあらゆる見本に適している」[172]。とはいえ、それは純然たる技術的近代の表現ではなく、実直な手工業的伝統にも依拠しており、地方局の放送しか受信できないなど、性能も十分とはいえなかった。そうした慎ましさを「イデオロギー的化粧」[173]と見るかどうかはともかく、国民受信機が国民の消費生活への夢をかきたてたことは疑いない。

国民受信機以上に国民の心をとらえた技術製品が、「国民車 Volkswagen」である[174]。当初「歓喜力行団車 KdF-Wagen」と名づけられ、労働者にも提供が約束されたこの格安な自動車は、まさに「万人のための車」として、「ナチ民族共同体のシンボル」[175]となった。フェルディナント・ポルシェが設計した試作車は、その外観からして「民族同胞」にふさわしい車だった。地面をはうような低い車高、単純で堅固な構造、装飾を排した簡素なデザインは、この車から完全にステータス性を払拭し、社会主義的とさえいえるような印象を与えた[176]。ヒトラー自身、特権階級の贅沢品ではなく、「広範な大衆の真の交通手段」となるような自動車をもとめ、「この最も近代的な交通手段の購入・維持費用を国民の所得と一致させること」[177]を重視していた。彼が自動車の生産を大衆消費の観点からとらえていたことは、次の言葉からも明らかである。

自動車が単なる特権階級の交通手段にとどまるかぎり、かつて自動車につきまとっていた階級的な性格、さらに残念ながら階級を分断させる性格を取りのぞくことは困難であろう。だが何百万もの尊敬すべき勤勉かつ有能な同胞が、最初からこの交通手段の利用を閉ざされていると考えるのは苦痛である。ただでさえ生活の可能性がかぎられている彼らにとって、自動車は役に立つばかりでなく、とりわけ祝祭日には、これまで経験したことのない幸福な喜びの源にもなるだろう。……したがって、自動車の振興によって経済を活気づけ、数十万の人々に仕事とパンを与えるだけでなく、より多くのわが国民大衆に、この最も近代的な交通手段を購入する機会も提供することこそ、ナチズムの国家指導の意志である[178]。

国民車は大衆消費の象徴だったといえよう。「自分の車を運転したければ、週に五マルク貯蓄せよ！」というスローガンのもと、格安の九九〇マルクで予約販売されたこの車は、実際に多くの購入希望者を生み、最終的に三三万人もの人々が購入のための積み立てを行った。『ドイツ通信』の報告は、そのうちのかなりの数が「本格的な圧力」によるもので、職場でまわされた購入者リストに半強制的に記名させられたにすぎないとしており、労働者のなかには購入・維持費用が高すぎるという声や、生産を疑問視する声も聞かれたと指摘している[179]。だがこの車が多くの国民の期待を呼び起こし、一部で熱狂をもって迎えられたこともたしかである。「多数のドイツ人にとって、国民車の予告は大きな喜びに満ちた驚きだった。真の歓喜力行団車心理が発生した。長期にわたってドイツではあらゆる住民層の間で、歓喜力行団車が主要な話題となった[180]」。時流に乗り遅れまいとする心理が購入希望者を急増させるなか、一九三八年には「国民車工場」――「世界で最も巨大かつ美しい自動車工場[181]」――の定礎式も行われた。だが待望の国民車を手にした人はい

図3-18　「自分の車を運転したければ，週に5マルク貯蓄せよ！」。国民車の広告

なかった。一九三九年の開戦後、この工場では軍用ジープだけが生産されたからである。

この車が広範な国民層を魅了した理由は、破格の値段に加えて、すぐれた性能と機能美にもあった。『ドイツ通信』によれば、「すでに今日ドイツを走っている来るべき国民車の試作車は、専門家から大変賞賛されている。それはとてもしっかりとしていて外観が良いだけでなく、燃費もとても良いそうである」[182]。国民車の車体にはヒトラーの提案で流線型が採用されたが[183]、それは技術的進歩の象徴として、ドイツのみならず世界を席巻したトレンドだった。流線型は国民車だけでなく、メルツェデスの「ロードスター」やアドラーの「アウトバーンヴァーゲン」のような高級車にも採用され、大衆車から高級車まで、この時代の自動車のデザインを特徴づけた。それればかりか、アイロンや電気スタンド、ドライヤーまでもが流線型を基調とするものとなり、三〇年代のプロダクトデザインを支配することになった。その意味では、国民車は時代精神に完全に適合していたのである。この車の新しさは、そうした技術の成果を労働者にも手の届くものにしたことにあった。ある論説が指摘するように、「総統とともに、総統によってはじめて、自動車はドイツで民衆的なものになったのだ」[184]。ヒトラーは国民車の反エリート主義的な性格に未来を見ていた。「国民車は未来の車だ。国民車がエンジンをうならせながらオーバーザルツベルクの山道を駆け上がり、大きなメルツェデスのまわりに蜂のように群がって追いぬく様を見るだけで、人は感銘を受けるだろう」[185]。

もっとも、ヒトラー自身はメルツェデスのオープンカーにのっていたし、国民車の比較的地味なデザインよりも、メルツェデスのスポーツカー「銀の矢」の超モダンなデザインや、高級車のエレガントなデザインのほうが魅力的だったこともたしかである。流線型は主としてスポーツカーと高級車に採用され、小型車・中型車には部分的にもちいられたのであり、理想像としての高級車が下のクラスに影響を及ぼすとともに、小型車・中型車は上のクラスを志向し、所有者の社会的上昇の期待と結びついた[186]。したがって庶民の手にはけっして届かない高級車や飛行機の先進的なイメージもまた、宣伝に利用されたのだった。流線型は空気力学を考慮した設計であったばかりでなく、スピードと技術的進歩を象徴的に表現し、体制の近代性を誇示するための手段でもあった。多くの国民がスピードと技術に魅せられていたことは、自動車レースへの熱狂ぶりを見れば明らかである。三〇年代にはルドルフ・カラッチョーラ、ベルント・ローゼマイヤーといったレーサーが国民的英雄として絶大な人気を博したが、彼らはまさ

図3-19　国民車工場の定礎式。ヒトラー，ライのほか，ポルシェの姿も見える。1938年

図3-20　アドラーのアウトバーンヴァーゲン。流線型のモダンなボディ

しく「クルップ鋼のように硬く、革のように粘り強く、グレーハウンドのように速くあれ」という総統のモットーを体現する存在だった。そこでは自動車の機械的な動きや非情さ、そのスピードや機能性が、ナチズムの理想的人間像と結びついていたのである。とくに若者は技術に熱狂していた。『ドイツ通信』は次のように報告している。

若者はたしかに熱狂しているが、彼らを内面から活気づけているのは、ナチズムの理念ではなく、スポーツ、技術、ロマン主義、訓練などへの熱狂である。若いドイツ人は今日もはや市電の車掌や機関車の運転手ではなく、飛行士になりたがっている。(187)

ヒトラー自身、「率直にいって、私は技術の虜だ(188)」と公言するほどの技術崇拝者であり、数多くの発言のなかで技術に精通した専門家としてふるまい、選挙キャンペーンでは自動車や飛行機にのって全国を飛びまわった。メルツェデスのオープンカーの助手席に立って進む総統の姿は、演説の内容以上に大きな印象を与えたといってよい(189)。ヒトラーは、近代技術の魅力を宣伝手段として活用する術を十分にわきまえていたのだった。彼の技術崇拝は、たしかに軍事目的と結びついていたとはいえ、それを超える射程を有するものでもあった。たとえばアウトバーンへの強い思い入れは、そのことを示す証左といえる。国防軍指導部の見解によれば、この自動車道路は「戦争指導にとって不必要で無意味(190)」であったが、そうした懐疑的な評価にもかかわらず、道路建設に固執するヒトラーの態度は、彼が軍事的な考慮とは無関係に、技術の可能性そのものに魅せられていたことを示している。戦時中に対空防衛上の理由からアウトバーンが黒く塗装されたことについて、彼は次のような嘆惜の声を漏らしている。「私がアウトバーンをどれだけ気に入っているかを知っている者なら、もはやその美しく広く白い路面の上を車で走行できないことが、私にとっていかにつらいことか想像できるだろう(191)」。カール＝ハインツ・ルートヴィヒが指摘するように、ヒトラーはここで「明らかに攻撃的な軍事政策への利用可能性ではなく、自己の青年時代の技術的・造形的関心の遅ればせの表明を[192]」ひきあいにだしているのである。

こうした美意識にもとづく技術崇拝は、第三帝国下の様々な文化領域に表現を見いだし、とくに広告やグラフィックの分野では、技術製品のすぐれた性能と機能美が強調されることになった。たとえばアドラーの広告には、「アドラー車は進歩のパイオニアである」というキャッチフレーズとともに、ベルント・ロイタースの即物的なイ

図 **3-21**　レーサーを観閲するヒトラー。1937 年の自動車展

図 **3-22**　技術崇拝者ヒトラー。BMWの工場を訪問

図 3-23 「進歩のパイオニア」。アドラーの広告

ラストがもちいられている。ロイタースはすでにヴァイマル期からこの種の広告を制作していたが、第三帝国期にも同じ様式で仕事をつづけ、流線型を強調した自動車の広告を数多く手がけた。即物性はこの時代の商業広告のみならず、ナチ党の政治宣伝をも特徴づける基調となっており、とくに労働者向けのプラカートには、社会主義リアリズムを踏襲した即物的な様式が採用された。さらには党公認の芸術展にも、牧歌的な風俗画に混じって、工場や機械、アウトバーン、戦車や戦闘機を即物的に描写した絵画が出展された。工場や機械を描写した作品の場合、労働者は登場しないか、豆粒のように小さく登場するのみであったが、いわゆる「アウトバーン画」でも、道路を走る自動車が前景に登場することはなかった。風景画の伝統的要素を画面構成に取り入れたこれらの絵画は、技術の成果を山や川のように描写し、近代のダイナミズムを自然の荒々しさと同一視したのだった。戦争がはじまると、大ドイツ芸術展でも「戦争画」が台頭してくるが、それらは「英雄的リアリズム」の様式で戦車や戦闘機、戦闘シーンなどを描写したもので、時代にそくしたテーマとして入場者にも好評だったという[193]。程度の差はあれ、即物性はこの時代のほとんどの文化領域に無視できない影響を及ぼしていたといえよう。

もちろん、すでに別の文脈で述べたように、各文化領域ごとに支配的な様式は異なっていたし、一つの領域内でも目的に応じて様式が使いわけられていた。広告やデザインについていえば、即物性を基調としながらも、ナチ的な攻撃性や忠誠心を強調するものと個人的な消費欲に訴えるものとが対立しており、さらに優雅で華麗なイメージと慎ましく堅実なイメージとの対立も見られた。その典型をなすのが、自動車の広告である。たとえばドイツ自動車クラブの機関誌の表紙には、総統への忠誠を呼びかけるイメージとならんで、ピクニックを楽しむ男女の幸福な一時を描いたイラストも登場したし、ダイムラー・ベンツの広告が「われわれは国民に奉仕する」とか「平時も戦

図 **3-24**　ヴォルフ・パニッツァ『イルシェンベルク付近のアウトバーン』

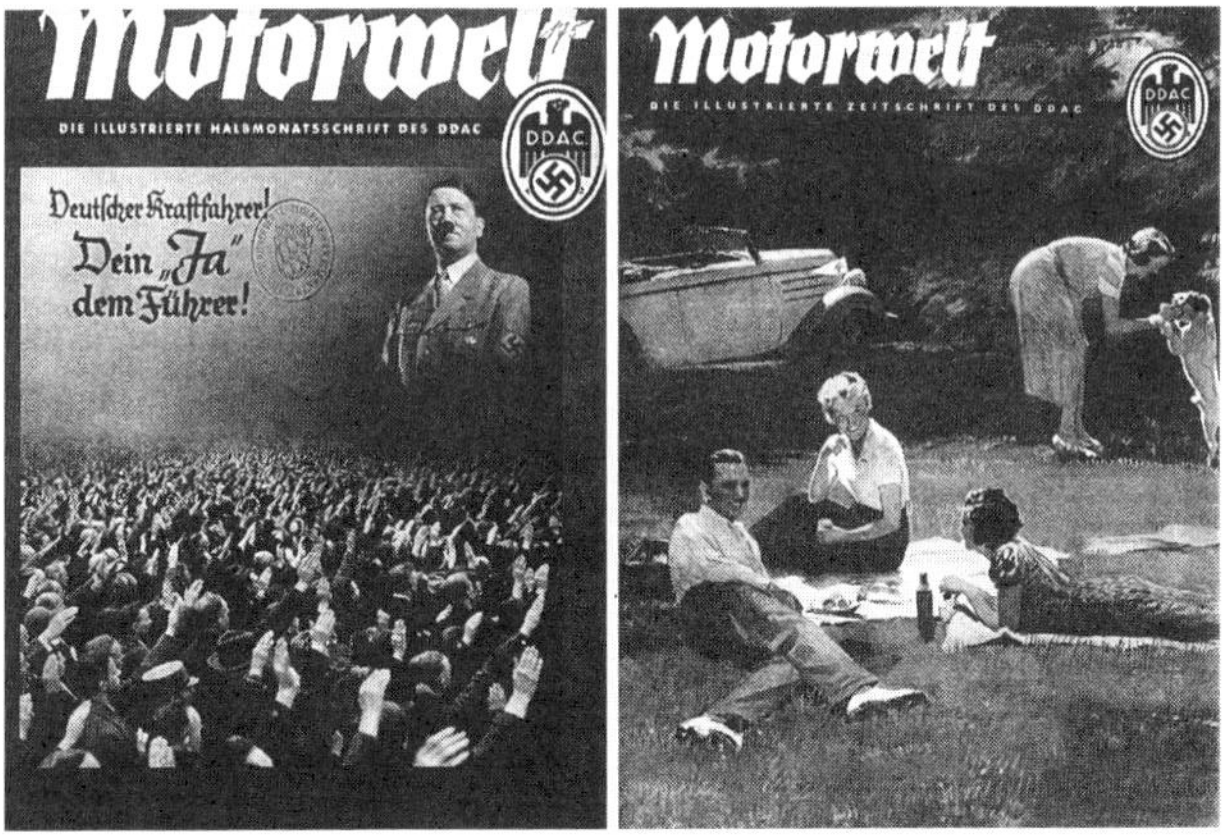

図 **3-25**　自動車雑誌の表紙。総統への忠誠心と個人的な消費欲との同居

図 3-26 「君の歓喜力行団車」。国民車の広告

図 3-27 「君の次の休暇は自分の歓喜力行団車で」。国民車の広告

時も勝利につぐ勝利！」といった好戦的なスローガンで体制に迎合する一方で、国民車の広告は「君の歓喜力行団車」にのって笑顔で手をふる若い女性の姿を提示していた[194]。また、高級車の広告では上品な夫妻が一組または二組でドライブを楽しんだり、貴婦人が運転手つきの車にのったり、モダンな女性がハンドルを握ったりしていたが、国民車の広告では中間層に属すると思われる人々、たいていは子連れの家族が車にのっており、ある広告は「君の

図 3-28　「全ドイツが国民受信機で総統の声を聴く」。国民受信機の広告

図 3-29　ラジオのある豊かな消費生活。AEGの広告

次の休暇は自分の歓喜力行団車で」と家族旅行を勧めていた。これと同様にラジオ受信機についても、国民受信機の広告が「全ドイツが国民受信機で総統の声を聴く」というスローガンとともに、群衆の頭上にそびえ立つ巨大な受信機を提示していたのにたいし、AEGの広告は室内でラジオに耳を傾ける上流階級の家族を描いていた。[195] そのほか、商品デザインにも多様な様式が使いわけられ、日用品には簡素な即物的様式や伝統的な手工業的様式が採用されたが、高級品には豪華な新バロック様式や古典主義様式、優雅なアールデコ様式などがもちいられた。[196]

だがこうした様式の多様性のなかに、それらをまとめる核があったとすれば、それは時代を超えた「良い形態」への信仰、即物性のなかに古典美を見いだす美意識であったと考えられる。一九三三年の党大会で、

図 3-30 「性能と様式において超時代的」。ジーメンスのラジオ受信機の広告

ヒトラーは次のように述べている。

近代技術は人々に独自の道をもとめるよう強いた。目的と素材から形態が見いだされ、発展したが、たとえば多くの機械の美学に見られるように、それは多くの粗悪なまがいものの建築物よりも、ギリシアの精神に満ちている。(197)

ここでは近代技術の即物的な形態が賞賛され、それがギリシアの精神と結びつけられているのである。彼の考えでは、「良い形態」は流行に左右されるものではなく、ギリシア彫刻のような「超時代的」な古典美を、永遠の「ベストフォーム」を体現していなければならなかった。事実、この時代の技術製品の広告にはしばしば「超時代的」という語がもちいられ、国家表象にかかわる物品やエリート向けの高級品のデザイン、最先端の自動車や飛行機の広告には頻繁に古典古代のシンボルがもちいられた。たしかに体制の強権をもってしても、粗悪なキッチュの氾濫を押しとどめることはできなかったが、良質な技術製品を提供することで、キッチュの曖昧な魅力を即物性の美学に包摂しようとする努力がつづけられたことは疑いない。そこでは低俗な商業芸術に対抗して、先進的な技術の成果が古典的な芸術作品と同一視され、その美しい形態のなかで即物性と古典美が融合するにいたったのである。たとえば一九三六年にミュンヘンで開催されたアウトバーン展のポスターは、ギリシア人の肉体を道路建設の原動力として描いている。翌年のパリ万国博覧会では、ドイツ文化の代表として未来的なデザインのスポーツカー「銀の矢」が展示されたが、展示場はシュペー

図 3-31　アウトバーン展のポスター。ルートヴィヒ・ホールヴァインのイラスト

図 3-32　「合目的的に考案され，模範的に形成された」。メルツェデス・ベンツの広告

アの設計による古典主義様式の建築で、頂部には巨大な鷲がそびえていた。さらに戦時中のメルツェデスの広告にいたっては、古典主義建築を背景に自社の製品を提示し、近代技術の粋を集めたその自動車が古典的な美の理想を表現したものにほかならないことを強調している。すなわち、「合目的的に考案され、模範的に形成された」と。第三帝国期の文化の通奏低音をなしていたのは、まさにこうした「近代の古典美」のイメージであった。

5　おわりに

戦局転換後の一九四三年七月、ゲッベルスはあらためて「鋼鉄のロマン主義」の意義を訴えている。

> われわれの時代の鋼鉄のロマン主義は、数々のすばらしい業績と偉大な国民的問題への不断の奉仕のなかに、逆らうことのできない原則に

まで高められた義務感のなかに表明されている。われわれはみな多かれ少なかれ、みずからと世界にたいして新しいドイツの威信を示すロマン主義者である！　鳴り響くモーター、おそれを知らない技術的発明、壮大な産業的創造、そしてわが民族のために入植しなければならないほとんど未開拓の空間、これらの帝国がわれわれのロマン主義の帝国なのだ！(198)

このようにゲッベルスは、近代の技術的成果のなかに新しい帝国の威信の表現を見いだすのだが、そこにはナチズムと近代のかかわりを考える上で有用な示唆が含まれている。宣伝大臣にとって、ナチズムは不断に技術的進歩を追いもとめ、民族・国民の未来を切り拓こうとする運動であり、「ナショナルな近代」のヴィジョンを担う前衛にほかならなかった。こうした進歩性の意識について、モードリス・エクスタインズは次のような的確な指摘を行っている。

ナチズムはアヴァンギャルドに含まれる多くの衝動の大衆的変体であり、アヴァンギャルドが「高級芸術」のレベルで試みたのと同じ表現や解決の多くをより大衆的なレベルで実践した。とりわけナチズムは、彼らが軽蔑してやまなかったモダニストたちと同様に、主観主義と技術主義を密接に結びつけようとした。(199)

未来派をはじめとするアヴァンギャルドと同じく、ナチズムは近代文明の基盤をなす機械技術を積極的に肯定し、それにもとづく新しい美学の可能性を追求する一方、近代的な宣伝手段を活用して、新しい帝国に国民を動員しようとしていた。ジョージ・L・モッセがいうように、「彼らはラジオ、映画、自動車を支配の手段、新しいファシスト的人間のエランヴィタールと見なしていた(200)」のである。ゲッベルスの主張によれば、ナチ的な意味での政治家とは、伝統的な芸術の枠組みを超えて、民族そのもの、国家そのものを「芸術作品」として造形する芸術家であった。その点では、ハンス・ユルゲン・ジーバーベルクがナチズムに与えた「二〇世紀のメフィスト的アヴァンギャルド」[201]という規定も、本質をついたものといえよう。ただし、アヴァンギャルドがあくまで既成の価値観の変革をもとめる芸術運動だったのにたいし、ナチズムはそうした革新性を共有しつつも、それにとどまらずに「ドイツ民族の大帝国の建設」[202]にのりだしたのであり、この政治運動においては、技術も芸術も国民的課題や帝国主義的目標と不可分であった。

アヴァンギャルドの試みを大衆的なレベルで実践したという意味では、ナチズムはむしろキッチュを志向していたというべきだろう。エクスタインズによれば、「ナチズムは精神を麻痺させ死にいたらしめる前兆としてのキッチュの究極的表現だった」[203]。アヴァンギャルドが高級芸術を転覆するためにキッチュを利用したのにたいし、キッチュは大衆の欲求を満たすためにアヴァンギャルドをも利用する。[204]ナチズムがバウハウスの様式まで活用して、国民に魅力的な消費財を提供しようとしたのも、そうした観点から説明できるかもしれない。だが彼ら自身はキッチュの侵攻に対抗しているつもりでいたし、そのために利用された即物性の美学はむしろ、規格化による大量生産の必要性に応じたものだった。しかもまた、規格製品の即物的な形態にあらわれた大量生産の画一性は、私益よりも公益を重んじる民族共同体イデオロギーとまったく親和的であった。国民受信機や国民車は、国民の行動様式を画一化して、総統と国民の間に直接的な結合をうちたてるためにも必要な手段だった。ナチズムが社会の全面的な近代化を行わなかったことはたしかだが、近代化の長期的な趨勢は、部分的には意図的に、部分的には意図に反して持続した。ノルベルト・フライが総括しているように、第三帝国が存続した一二年間という期間では真の変化は把握できないとはいえ、とくにマスコミュニケーション、モータリゼーションの分野では、近代化が推進されたことが確認できる。[205]好むと好まざるとにかかわらず、ナチズムは近代化の一般的な発展傾向、すなわち大量生産・大量消費社会へ向かう傾向を強化したのである。

もちろん、民族共同体イデオロギーに過去のイメージがまとわりついていたことは事実である。モッセもまた、そこに「テクノクラート的アヴァンギャルドとナショナルな伝統主義を結びつける試み[206]」を見いだしている。だがこれを、ナチズムが過去の復権をめざして近代技術を利用したかのように考えるとすれば、本質を見誤ることになろう。ゲルマン的過去を理想化したフェルキッシュな古参党員はともかく、ヒトラーをはじめとする主流派は、復古主義的な「血と土」のイデオロギーには共感しておらず、ドイツの文化的伝統よりもむしろ、世界水準の科学・技術の発展に未来を見いだしていた。公的な芸術様式として奨励された古典主義も、即物的な形態に理想を見いだした点で、技術主義的・合理主義的な美学と両立しうるものだった。そこではギリシア的な古典美が超時代的・一般妥当的な原則にまで高められるとともに、個人主義的・自由主義的近代の混沌を克服し、技術的進歩をとげた強大な帝国の秩序を確立するための指針とされたのである[207]。ゲッベルスのもとめる「厳しくスパルタ的」なロマン主義は、「偉大な国民的問題への不断の奉仕のなかに、逆らうことのできない原則にまで高められた義務感のなかに[208]」表明されるべきものだった。そうした意味において、ナチズムは「ナショナルな近代」をめざす運動であり、モダニズムの帝国主義的形態というべきものだったといえよう。ポイカートによれば、ナチズムは「近代化と合理化の特定の傾向を強化し、他の傾向を排除しようという路線修正の試みをあらわしていた[209]」が、本章の考察をふまえれば、この指摘は文化・芸術領域におけるナチズムの基本的な目標設定を的確にいいあてたものといえる。ヒトラーがめざしたのは秩序ある進歩であり、古典的な美の理想にしたがって、近代の健全な発展を推進することだった。古典古代を理想化することじたい、技術的進歩を志向するモダニズムの衝動と矛盾しなかった。イデオロギー的な正当化のために古いシンボルをもちいることは、すぐれて近代的な行動様式であり、ナチズムにとっての古典古代もまた、かつて芸術の頂点を画した時代として、近代人が到達すべき不朽の美を象徴するものにほかならなかった。ヒトラーが述べたように、「この美に到達するだけでなく、できればこれを凌駕したときにのみ、われわれは進歩

図 **3-34**　地球に影を落とす三尖の星。メルツェデス・ベンツの広告

図 **3-33**　自動車展のポスター。地球上を疾走するスポーツカー

について語ることが許される[210]」と考えられたのである。そうした過去の引用について、ヴァルター・ベンヤミンは次のように述べている。

歴史という構築物の場を形成するのは、均質で空虚な時間ではなく、いまによって満たされた時間である。したがってロベスピエールにとっては、古代ローマはいまをはらんでいる過去であって、それを彼は歴史の連続からたたきだしたのである。フランス革命はみずからをローマの回帰と理解していた。流行が過去の衣装を引用するのとまったく同様に、それは古代ローマを引用した[211]。

ヒトラーは古代ギリシアを引用したが、それはアクチュアルなものをめざした「過去への虎の跳躍[212]」であった。この跳躍は、近代化の軌道を古典美に依拠して矯正するためのものだったのである。

第4章　労働者の形態

1　はじめに

一九三四年の党大会で、ヒトラーは労働奉仕団にたいして次のように訓示している。

いまや民族全体をこの新しい労働概念、この新しい労働観に向けて教育することは、偉大な企てである。われわれはそれを敢行したのであり、それは成功するであろう。諸君はこの仕事が失敗するはずがないことを最初に証明するものである！(1)

総統が観閲するなか、五万二〇〇〇人の団員たちはシャベルを担いで整列し、「一つの民族・一人の総統・一つの帝国」というスローガンを合唱した。ここに姿をあらわした「労働者」こそ、「民族共同体」の担い手にほかならなかった。民族全体が「新しい労働概念」に向けて教育される以上、すべてのドイツ人は「労働者」でなければならなかったからである。

「労働者 Arbeiter」は若くたくましい身体をもって表象され、「新しい人間類型」として賞賛された。それはまさ

図 4-1　労働奉仕団の点呼。1938 年の党大会

にエルンスト・ユンガーが描きだした「労働者」の形態、総動員国家を担う「鋼鉄の形態」[2]であった。ヒトラーはすでに『わが闘争』のなかで、力強い健康な肉体をそなえた人間が「民族共同体」を担わねばならないと主張していた。

> 民族主義国家はその際、次の前提から出発しなければならない。すなわち、なるほど学問的教養には乏しいが、肉体的に健康で、善良で堅固な性格を有し、決断の喜びと意志の力にあふれた人間は、知性が豊かで虚弱な人間よりも、民族共同体にとっては価値があるということである[3]。

ヒトラーの考えでは、そうした人間の育成をめざすところにナチズムの独自性があった。「ナチズムを単なる政治運動と理解する者は、これについてほとんど何も知らないのだ。それは宗教以上のものである。それは新しい人間創造への意志である[4]」。「新しい人間」のイメージはさらに、ヨーゼフ・トーラクやアルノ・ブレカーの彫像に美的表現を見いだし、公共空間で模範として提示されることになるが、レニ・リーフェンシュタールの映画の主題もまた、そうした理想的な肉体の賛美であった。この力強く美しい身体をもって表象された「労働者」は、まさに国家の象徴というべき役割を担い、新時代の相貌を決定することになったのだった。

こうした美的な身体のイメージについて、従来の研究はこれをナチズムの人種主義イデオロギーの産物であると

図 4-3　「大ドイツの創造者」。「新しい人間」がドイツを守護する。ハンス・リスカのイラスト

図 4-2　アルノ・ブレカー「党」

説明し、そこに「北方人種」の理想を見いだすにとどまるものがほとんどだった。たしかにナチ党内では「血と土」のイデオロギーや北方人種育成思想が大きな潮流を形成し、ヒトラーもそうした人種主義的な観点を一部共有していたのだが、彼が称揚した「新しい人間類型」は古めかしい北方人種神話とは異質なもので、むしろユンガーが提示した「労働者」のイメージに近かった。そこでは技術の賛美、生産の合理化といった近代的な理想像が中心的な役割をはたしており、明らかに大衆向けの効果もあった。したがって、この身体像の意味あいを考える上では、そうした近代的な要素にも目を向ける必要があろう。ナチズムの肉体賛美が反近代的な情念を反映していたとしても、その社会的な意味は別のものでありうるし、一連の文化・社会政策を通じて、あらたな意味あいを獲得した可能性もある。つまり、国民全体が「新しい労働概念」に向けて教育されるなかで、このたくましい身体は近代的な「労働者」の理想像として、国民の眼前にたちあらわれたのではないだろうか。

このような観点から、以下では「労働者」のイメージをナチズムの文化・社会政策と関連づけながら考察し、その社会的な意味あいを読み解いていきたいと思う。この美的な身体に収斂する政治力学を分析することによって、「政治の美学化」としてのナチズムの本質についても、その一端が明らかにされるはずである。

2 労働者の概念

「労働者」のイメージを分析するにあたって、まず最初に検討しておかねばならないのは、ナチズムと労働者階級の関係である。(5) 従来の研究においては、ナチズムの社会的基盤を中間層に見いだす立場が有力な流れを形成し、労働者の問題は軽視される傾向があった。(6) たしかにナチ党員やナチ党支持者が中間層と高い相関性をもち、労働者階級がナチズムにたいして比較的強い免疫性を示していたことは事実であるが、ナチ党員の社会的構成を見ると、労働者が占める割合は——就業人口における割合を大きく下まわっているとはいえ——三割程度にも達し、党内の一大勢力を形成していた。この一事をもってしても、ナチズムが労働者階級のなかにかなり大きな支持基盤をもっていたと見なすべきであろう。ヴァイマル末期の議会選挙に関する近年の実証研究も、ナチ党が労働者を含めた幅広い層から票を獲得していた点で、この時期の他の政党にまして「国民政党」のモデルに近かったことを明らかにしている。(7) ナチズムの魅力は、階級の枠を超えた国民的な運動を展開することで、階級対立のない「民族共同体」の実現をめざした点にあった。(8) 労働者はドイツの就業人口の五割程度を占め、「多数派のなかの多数派」を形成していたから、彼らを獲得することが最優先の課題となったのも当然であろう。マルクス主義への対抗運動として、ナチズムは何よりも労働者の奪回をめざしていたのであり、ヒトラーのもとめた「広範な大衆の国民化」(9) は、とりわけ労働者階級の国民統合を意味していたのだった。

実際、ナチ党の正式名称「国民社会主義ドイツ労働者党 Nationalsozialistische Deutsche Arbeiterpartei（略称NSDAP）」が如実に物語っているように、ナチズムは労働者階級の代弁者としてふるまうことで、彼らの支持を取りつけようとしていた。そもそもナチ党旗の中央に描かれたハーケンクロイツじたい、「創造的な労働の思想」[10]のシンボルとされていた。ヒトラーはすでに『わが闘争』のなかで、ナチズムは「その支持者をまず第一に労働者の陣営から呼び寄せなければならないだろう」[11]と明言しているし、政権獲得直後の演説でも、「わが国民の柱石」[12]として労働者を農民とともに挙げ、全権委任法の審議に際しては、さらにはっきりと「われわれナチ党員は彼ら〔ドイツの労働者〕の代弁者となるであろう」[13]と宣言している。労働者運動の象徴であったメーデーが「国民的労働の日」として祝日になったことは、新政権が労働者をいかに重視しているかを示していた。[14]政府公認のメーデー行進では、かつての階級闘争のスローガンにかわって、労働者を祝福する友愛的スローガンが唱えられたが、そうしたアピールが従来の社会主義的な労働者運動を許容するものでなかったことは、「国民的労働の日」の翌日に労働組合が解体された事実からも明白である。とはいえ、党内にはグレゴーア・シュトラッサーやヨーゼフ・ゲッベルスをはじめとして、社会主義的ないしは反資本主義的な感情が根強く

図 4-4　工場労働者を観閲するヒトラーとライ。1935 年の党大会

存在しており、労働組合の解体後に設立されたドイツ労働戦線の内部でも、ナチ経営細胞組織の左派分子が統一労働組合の実現をめざすなど、一定の労働組合志向が存続した。とくにゲッベルスは闘争期には共産主義への明白な共感を表明し、「私はプロレタリアートの社会主義を信じる」(15)とさえ述べている。こうした発言にはそれなりの真剣さがあり、党内の一部の勢力が本気で労働者階級の代弁者たろうとしていたことは否定できない。

だがさらに重要なのは、ナチズムが権力に到達する過程で、社会主義的な労働者運動の政治様式を踏襲していたことである。とくに突撃隊の運動スタイルは、明らかに社会主義運動の伝統を受け継ぎ、それをさらに過激にしたものだった。軍服に見まがう褐色のシャツをまとい、赤色の党旗のもと街頭行進を行う突撃隊は、紳士帽に正装という社会民主党のデモ行進以上にはっきりと、市民社会からの決別を表明していた。この巨大な党軍の「政治的兵士」は、派手な集会やパレードによって政治の街頭化を推し進め、問答無用の暴力行使をもって公共空間を席巻した。また突撃隊の内部では党の左派勢力が活動しており、「第二革命」をもとめた彼らの急進性には、共産党との親近性さえ認められる。かつての共産党支持者が大量に突撃隊に鞍がえしたばかりでなく、その組織的規模と社会的構成からしても、突撃隊は容易にプロレタリア革命待望の巣窟となった(16)。ナチズムは、突撃隊を中心に大量の労働者——とくに失業者や未組織労働者——を吸収し、彼らの社会的エネルギーを動員することで、巨大な勢力へと成長していったのである。しかもその革命的なダイナミズムは、ドイツの政治的公共性を独占してきた市民層への攻撃にも向けられていた。労働者をマルクス主義の陣営から取りもどすためには、従来の市民的な公共性のありかたを止揚する必要があり、ヒトラー自身、『わが闘争』のなかで教養市民への批判を展開し、党の活動家を下層出身者から形成する必要を説いていた(17)。ドイツ労働戦線の指導者ローベルト・ライは、この点を次のように明言している。

労働者は、われわれが彼らの社会的地位をひき上げることに真剣に取り組んでいることを知っている。われわれがいわゆる「教養人」を新しいドイツの表看板として送りだしているのではなく、彼らドイツの労働者を代表者として世界に示していることを、彼らは知っている。[18]

国民の圧倒的多数を占めながら、長らく政治的公共性から排除されつづけた労働者にたいして、ナチズムは門戸開放を約束することで、大きな原動力を手にしたのだった。ゲッベルスが語っているように、ナチ党の権力獲得は「下からの革命」[19]でなければならなかった。

こうした理由から、ナチズムの自己表象においては、労働者の力強い身体が中心を占めることになった。しかもこの身体像を表現するにあたっては、しばしば社会主義運動のイコノグラフィー的伝統が利用された。エリック・ホブズボームによれば、二〇世紀のプロレタリア的社会主義運動はハンマーをもった半裸の男性労働者のイメージによって自己を表象したが、この点ではナチズムもほぼ同じ特徴をそなえた図像をもちいていた。[20]とくに労働者向けの選挙ポスターには、ハンマーをもった男性労働者の図像が頻繁に登場し、しばしば党の風刺画家ミェルニーアによって、資本家にハンマーをふり下ろすプロメテウスのような労働者のモチーフが取り上げられた。また絵画にもエルク・エバーの『突撃隊はこうだった』など、ナチ運

図4-5　「労働の英雄」。ナチ式敬礼をする労働者の彫像

動を社会主義リアリズムの様式で理想化したものが見られたし、さらには『ヒトラー青年クヴェックス』や『突撃隊員ブラント』といった宣伝映画も、様式的にはプロレタリア映画のリアリズムを踏襲していた。これらの例が示すように、ナチズムは社会主義運動の政治様式に依拠しつつ、労働者を中心に運動を進めようとしていたのであり、来るべき「民族共同体」においても、運動の担い手である労働者が中核を占めるはずであった。

図4-6 「労働者よ，前線兵士ヒトラーを選べ！」。ナチ党の選挙ポスター

図4-7 エルク・エバー『突撃隊はこうだった』。ナチ運動の自画像

だがナチズムがもっぱら市民社会の転覆をめざしていたと考えるなら、それは誤りであろう。たしかに権力掌握にいたる過程では、突撃隊のダイナミズムが市民的公共性を揺るがし、「国民革命」の原動力となったことは事実であるが、ナチ党が権力の座についた段階となっては、党指導部の統制にしたがわず、なおも「第二革命」を要求する突撃隊の急進主義は、国民全体を統合する「民族共同体」の建設にとってもはや障害でしかなかった。権力掌握時の混乱を利用して地位をせしめた「褐色のボス」の傍若無人なふるまいにたいしては、国民の間からも大きな批判の声が上がっていたし、国防軍と結んだヒトラーにとっても、突撃隊指導者エルンスト・レームが固執した突撃隊の国民軍化要求はまったく危険なものであった。いまや総統は運動のダイナミズムにブレーキをかけ、これを「進化の安定した河床」(21)にひき入れなければならなくなったのである。一九三四年六月三〇日、彼はレームら多数の突撃隊幹部を粛清する。これによって突撃隊は政治的機能を喪失し、かわってハインリヒ・ヒムラー配下の親衛隊が台頭してくることになる。同年九月の党大会で、ヒトラーは「革命の終了」を宣言する。(22)

注意しておかねばならないのは、この粛清がある種の身体の美学にもとづくものだったことである。事件後、ヒトラーは「突撃隊にたいする一二項目の要求」(23)を発表し、隊内に広がっていた奢侈や腐敗、同性愛などを公然と非難したが、この要求はそれまで運動を担ってきた突撃隊員の放埒な身体への攻撃と見ることができよう。彼らは国民の目には無法者と映っていたし、そのいかがわしさは何よりもレームの頬傷と太鼓腹が象徴していた。ヒトラーは、こうした身体に攻撃を加えることで市民的モラルに訴えたのであり、大多数の国民もまた、突撃隊への赤裸な暴力行使を秩序再建に必要な措置と受けとめたのだった。(24)そして、これにかわる従順な身体を提供したのが、新興の親衛隊だった。この精鋭部隊は、「能力ある、大柄の、人種的にすぐれた、しかもできるかぎり完全な若い力」(25)から構成されるとされ、隊員の基準として、人種的純潔性と身体適格を証明でき、身長一メートル七〇センチ以上、年齢三〇歳以下の者という厳しい人種的・肉体的条件を課していた。ナチ世界観を担うエリートとして、情け容赦のない意志や無条件の服従といったメンタリティをたたきこまれ、苛酷な淘汰選別によって高度に鍛えられた親衛隊員は、まさしく「新しい人間」というべき存在だった。(26)その社会的構成も突撃隊にくらべて圧倒的に市民層に傾いており、特徴的なことに親衛隊の指導者層の三人に一人は大学卒業者——その多くが法学部・医学部の出身——だった。だが親衛隊もまた、単に従来の市民的エリートを再生産したわけではなかった。むしろ下層出身者にも広く門戸を開放し、厳格な基準によって能力主義的に選別を行うことによって、知性と活力をそなえた業績志向の新しいエリートを育成したのである。ここに黒色の規律化された身体が、褐色の放埒な身体にとってかわることになった。突撃隊から親衛隊への権力移動は、身体像の転換をも意味していたのである。

要するにナチズムは、労働者の身体をもって市民の身体にかえようとしていたわけではなく、その逆をめざしていたわけでもなかった。むしろ市民と労働者の二つの身体を統合すること、ヒトラーの表現を借りれば、「国民の指導的頭脳と偉大な体軀との間を架橋すること」(27)によって、規律とダイナミズムをかねそなえたナチ的な「新しい人間」をつくりだすことを狙っていたのだった。しかもヒトラーは、この統合を「労働」の地平に見いだしていた。

ナチズムは二つの陣営のそれぞれから、その純粋な理念をとってきている。市民的伝統の陣営からは国民的決意を、マルクス主義的教義の唯物論からは活力に満ちた創造的な社会主義を。……とんがり帽子のドイツ市民は国家市民にならねばならないし、赤い帽子の同胞は民族同胞にならねばならない。両者とも労働者という社会学的概念を、労働という名誉ある称号にまで高めるべく心をつくさなければならない。この高貴な証文のみが、兵士や農民、商人や学者、労働者や資本家に、ドイツ全体の唯一可能な努力目標、すなわち国民にたいして忠誠を誓わせることができるのである。(28)

こうした「労働」の概念のもとに市民と労働者を統合し、「民族共同体」の担い手として称揚されることになったのが、ヒトラーのいう「労働者」だった。「労働」はいまや「民族共同体」建設のための奉仕を意味するものとして積極的に評価され、すべての「民族同胞」の名誉として位置づけられるようになった。彼はナチ党の名称に「労働者」の語をもちいた理由について、次のように説明している。

　私が労働者という語を選んだのは、それが私という全存在にぴったりきたからであり、この語を国民的な力のために奪い返したかったからである。労働者の概念がもっぱら国際主義的な性格をもち、市民からある種の疑念をもって見られていたことに、私は我慢がならなかったし、いまでもそうである。私はこの概念に再び「市民権」を与え、これを力強いドイツ語のもとへ、国家主権とドイツ民族の義務のもとへ置かなければならなかった。[29]

ここには労働者をマルクス主義の勢力から奪回し、「民族共同体」へと組みこもうという意図があったといえるだろう。それはプロレタリアートの止揚と階級対立の解消を通じて、マルクス主義とは対照的な新しい社会のヴィジョンをうちだそうとするものだった。ヒトラーはこれを市民をひき下げることによってではなく、労働者をひき上げることで実現しようとしていた。『わが闘争』のなかで、彼は次のように主張している。

　階級になっているある身分を民族共同体に——あるいはただ国家にしても——編入することは、上位の階級をひき下げることによってではなく、下位の階級をひき上げることによって実現される。またこの過程の担い手はけっして上位の階級ではありえず、同権をもとめて闘争している下位の階級でなければならない。[30]

労働者をひき上げるためには、まず「労働者」の概念が拡張されなければならなかった。この点では、ヒトラーがたびたび「頭脳労働者」と「肉体労働者」、あるいは「頭」と「手」の労働者という対比をもちいた上で、両者

図 4-8 頭と手の労働者が総統のもとで握手する。メーデーの絵葉書

の対立を克服しつつ運動を進める必要を説いていたことが注目される。「頭脳労働者」であれ「肉体労働者」であれ、「民族共同体」建設のための働き手である点では同じだというわけである。事実、一九三四年の「国民的労働の日」には、「頭と手の労働者」というプラカートをもったハイデルベルク大学学長と一人の労働者が、飾り立てられた山車にのって一緒に街頭を進んだという[31]。ナチズムの語法によれば、「労働者」は従来の意味での労働者ばかりでなく、職員や経営者も含むきわめて広い概念であり、しかもつねにプラスの価値を負荷されてもちいられた[32]。それは言葉の上で「カラーの有無による差別」を解消し、労働者と市民の間の社会的格差を平準化しようとしたものと見なすことができる。ドイツにおける両者の格差は、それまで他のヨーロッパ諸国にくらべて大きく、とくに労働者と職員の間には、ともに被雇用者でありながらも大きな格差があった。それは収入の差だけでなく、給与算定や支払い方法、休暇規定や休日支給の問題、社会保険制度の取り扱いなどに明瞭で、これが両者の社会的行動様式の相違となってあらわれていた[33]。ところが第三帝国期になると「職員 Angestellte」という言葉があまり使われなくなり、それにかわって「労働者」という言葉が労働者と職員を一括する概念としてもちいられるようになる。たとえばライはこう主張している。

ナチズム……は労働者と農民、手工業者と職員、一言でいえば、あらゆる創造的なドイツ人を、ナチズムの思考と行動の中心に、したがってナチ国家の中心に置き、搾取者と坊主を無力ならしめる。……ドイツの労働者なくしてドイツ民族はない！[34]

「労働者」という言葉は「あらゆる創造的なドイツ人」へと水増しされ、事実上すべての国民を意味することになったのである。「民族共同体」は、このように国民全体を「労働者」として平準化することによって実現されるべきものだった。ヒトラーは「民族共同体」を次のように定義している。

民族共同体とはすなわち、あらゆる効率的な労働の共同体のことであり、あらゆる利害の一致のことであり、私的市民と組合に機械的に組織された大衆の克服を意味し、個人の運命と国民との、個人と民族との無条件の同化を意味する。[35]

ここで注目されるのは、「民族共同体」が「あらゆる効率的な労働」の共同体とされていることである。それは何よりも、身分や階級ではなく業績にもとづいて編成される新しい社会であり、これを構成するのが、物質的利害ではなく労働の名誉を重んじ、民族のために献身する有能な「労働者」であった。

あらゆる国民を「労働者」の概念に包摂するためには、まずもって「手の労働者」をもち上げなくてはならなかった。「拳の労働に何か他の労働よりも劣ったものを見いだす[36]」ような偏見を払拭するため、様々な宣伝が行われた。たとえばナチ党機関紙『フェルキッシャー・ベオバハター』は道路清掃夫にインタビューをして、これを「厳しい職業の貴族」と賞賛したし、ベルリンの地下鉄工事現場で事故があった際には、事故死した労働者のために国葬が執り行われ、責任者の技師と建設会社が見せしめの裁判にかけられた[37]。この関連では、前工業的な生産形態が理想化されたのも同じ理由によるものと見なすことができる。党公認の大ドイツ芸術展に出展された多くの絵画は、農民や手工業者の生活を理想化することで「手の労働」の価値を称揚していたし、失業対策の一環として一九三五年に参加が一般に義務づけられ、「国民のシンボル」と呼ばれるまでになった労働奉仕団も、ほとんど例外なく農村での肉体労働に従事した。そうした単純労働が称揚されたからといって、ナチズムが「血と土」のロマン主義に未来を見いだしていたなどと考える必要はない。重要なのは、どんなに卑しい労働であれ、「民族共同体」に奉仕しているかぎり、あらゆる労働は等しく価値をもつということだった。それは従来蔑まれてきた者たちにたいして、社会的平等を訴えていたのである(38)。

こうした「労働者」の賛美において、ヒトラー自身が模範となった。彼は建設労働者を前にして自分のことを「諸君のうちから身を起こした者」と説明し、メーデーには「私もまた民衆の息子だ」と語り、ジーメンス工場では「私も若い頃は諸君と同様に労働者で、勤勉と学習によって——そして飢えによってとつけ加えることができるが——ここまでゆっくりとのぼってきたのだ(39)」と演説している。他のナチ党幹部も同様に、率先してこの種のアピールを行った。たとえばライが工場食堂のテーブルについたとき、「私は諸君と同じ労働者だ」と語ると、満場の喝采をもって迎えられたという(40)。労働戦線の指導者であった彼の次の発言は、第三帝国における「労働者」の位置づけを明確に表現している。

だが総統はこう説いた。すなわち、君は無であり、民族がすべてなのだと。君が働いているとき、君は民族のために働いている。したがって、労働は名誉である。労働にちがいはない。長官の仕事が道路清掃夫の仕事よりも内的価値が高いとか、すぐれているなどということはない。……働かない者は民族共同体における名誉を失う。頭の労働であれ手の労働であれ、労働は何も汚さず、むしろ高貴にするのである。……今日、ドイツ

の労働者は総統の最も誠実な従者であり、彼によってプロレタリア的存在から解放されたのだ。(41)

ここでも「頭と手の労働者」の一体化が説かれ、労働という「名誉」を通じた階級差の解消と「民族共同体」の実現が唱えられている。だがさらに重要なのは、「民族のため」の労働、「総統の最も誠実な従者」としての労働のみに「名誉」が認められていることである。労働はあらゆる「民族同胞」の義務であって、この義務をはたした者だけが称揚されるのである。労働者を賛美しつつも、彼らに服従と奉仕を要求するライの考えかたは、彼がしばしばもちいた「労働の兵士 Soldaten der Arbeit」という言葉に要約される。それは労働者を「兵士」という英雄的なイメージのもとに平準化する一方、労働者に兵士としての「従者の思考」を説きつけたものであった。かくして「労働者」は前線兵士の理想を吹きこまれ、軍事的な訓練や規律に服することになった。ライは次のように豪語している。

ドイツにおいてはもはや私的事柄は存在しない！　君が眠っているなら、それは君の私的事柄だ。だが君が目覚め、他人と出会うやいなや、君はアドルフ・ヒトラーの兵士であり、規律にしたがって生活し、訓練する必要があるということを肝に銘じておかなければならない。それは君が経営者であろうと、労働者であろうと、市民、農民、官僚であろうとかわりはない。われわれのもとにはもはや私的人間はいない。誰もが好きなことをやり、やらないでいられた時代は終わったのである。われわれはリベラルな考えを問題にしておらず、そんなものとはもはやかかわりをもたない。兵士は服従しなければならないのだ。(42)

これと同様に「社会主義 Sozialismus」という概念もまた、全体のための奉仕・義務という権威主義的な意味あいでもちいられた。(43)マルクス主義に由来するこの概念は、従来の階級的含意を奪われ、労働者の活力と社会的平等

図 4-9　シャベルを担いで整列する労働奉仕団。1935 年の党大会

を誇らかに表明すると同時に、彼らに服従と規律を強いる軍事的な性格をもつものとなった。ライによれば、「社会主義」とはけっして「同情」ではなく、むしろ「同志愛」[44]を意味するものであって、塹壕共同体を模範として再定義された労使関係は、「実行の社会主義」として喧伝された。ライはこれを次のように説明している。

われわれの模範は兵士である。総統のもとでともに働くという幸運に恵まれたわれわれは、みな兵士であったし、いまも兵士であり、永遠に兵士でありつづけるだろう。……こうして何百万人もの人々、労働組合員や経営者から、しだいにこのすばらしい共同体が形成されてきた。……この世に存在する唯一の社会主義は、兵士の社会主義である。ドイツの兵士は、世界にかつて存在した最初で最良の社会主義者である。その美徳は、名誉、同志愛、業績、死にいたるまでの忠誠である。[45]

さらにまた、労働奉仕団のような準軍事的組織の意義も「ドイツ民族の社会主義教育」にあるとされ、その指導者コンスタンティン・ヒーアルは、「工場長の息子と若い工場労働者、若い大学生と農場労働者に一緒の服を着せ、一緒の食事を与えて、彼らすべてが等しく属する民族と祖国のための名誉ある奉仕を一緒に行わせること以上に、

図4-10　ハンス・シュミッツ＝ヴィーデンブリュック『労働者・農民・兵士』

社会的対立や階級的憎悪・階級的慢心を克服するのに良い手段はない」[46]と主張していた。つまり、兵役や労働奉仕のような義務を等しく負うことによって生じる戦友意識こそが「社会主義」だとされたのであり、ここでは平等主義と権威主義とが都合良く重なりあっていたのだった。

ライによれば、「労働者と農民と兵士は一体をなす」[47]ものだったが、そうした主張に含まれる軍事的な意味あいについては、たとえばハンス・シュミッツ＝ヴィーデンブリュックの祭壇画『労働者・農民・兵士』が具体的なイメージを与えてくれる。この絵のなかで中央に大きく描かれているのは陸・海・空軍の兵士であり、労働者と農民はこれをささえるように両脇に場所を占め、全体としてシンメトリーを構成している。この総動員体制において兵士の優位は明らかであるが、労働者と農民もそれぞれのもち場でともに闘っており、前線と銃後を結びつけているのは、民族や祖国への奉仕という共通の目的である。いいかえれば、三者はすべて「指導者」に服する「従者」であって、工場主と労働者、農場主と農業労働者の関係は、士官と兵士の関係と同じである。ユンガーが描いた「労働者」と同様に、ナチズムの表象世界においても労働者と兵士が同一視され、民族全体が戦友たちの一つの共同体とされたのである。こうして「労働の党大会」と命名された一九三七年の党大会で、ヒトラーは労働奉仕団に向かって次のように語ることになる。「来るべきドイツの民族共同体を建設するためにナチズムがなしとげた最も誇り高い業績は、帝国労働奉仕団の設立であった！……諸君は今日もはや空想の産物ではなく、いまやすでに力強い現実なのだ！」(48)。ここに「労働者」は「民族共同体」の担い手と宣言されたのである。その軍事的・権威主義的な含意にもかかわらず、労働者を賛美するナチズムの訴えが一定の共感をもって迎えられたことは想像に難くない。労働者は服従を強いられたが、それは他の社会集団も同様であって、国民全体が「労働者」として同一化されることにより、労働者にとっては一種の社会的平等が実現したのだった。一九三八年にライは次のように豪語している。「ドイツにはもはや階級はまったく存在しない。したがって何年かすれば、労働者からは彼らがなおも過去から受け継いでいるかもしれない劣等感の最後の残滓も消え去るであろう(49)」。

ナチズムにとって、「労働者」とは階級的な概念ではなく、奉仕、義務、従順さ、生産性、業績、有能さ、果敢さなどといった価値をあらわす抽象的な概念にほかならなかった。そこではナチ特有の語法が決定的な役割をはたし、「労働者」はそれまでにない積極的なイメージをもつにいたった。とはいえ、ナチズムはそうした語法を具体的な施策によって補完することを忘れてはいなかった。そこで次に、ドイツ労働戦線の社会政策を検討することを通じて、この「労働者」の概念がどのような社会的意味あいを獲得したのかを解明していきたい。

3　労働者と社会政策

一九三三年の「国民的労働の日」の演説で、ヒトラーは次のように主張している。

ドイツ民族は再びたがいに知己にならねばならない！　職業にひき裂かれ、人為的階級に分裂し、身分的慢心や階級的妄想に陥って、たがいにもはや理解することのできなくなった何百万という人々よ、再びたがいに理解しあえる道を見いださねばならない！……そこでわれわれはこの日の標語として次の言葉を選んだ。すなわち、労働に名誉を、労働者に敬意を！(50)

階級対立の解消と「民族共同体」の実現を説いたこの演説の翌日、突撃隊と親衛隊によって労働組合の諸施設が占拠されることになる。だが労働組合は完全に粉砕されたわけではなく、中級・下級職員のほとんどが地位を保持し、その組織的枠組みはあらたなナチ的労働者組織のために役立てられることになった。そして労働組合が解体された後、五月一〇日にライの指導によって創設されたのが、「ドイツ労働戦線 Deutsche Arbeitsfront（略称ＤＡＦ）」である。

労働戦線はナチ党に付属する強制加入の組織であり、その任務は労働者を監督して「民族共同体」に編入することであった。やがて二五〇〇万人ものメンバーを擁することになるこの巨大組織には、労働者ばかりでなく職員や経営者、手工業者や自由業者までもが包摂されたため、その組織的構成からしてかなり平等主義的な性格をもつことになった。一九三三年一一月にライが署名した協定によれば、労働戦線の目的は次のとおりであった。

ドイツ労働戦線は、経済的・社会的地位によって区別されることなく、労働生活に従事するすべての人々を包摂するものである。そこでは労働者は、特別な経済的・社会的階層や利害の擁護に奉仕する集団や団体によって分断されることなく、経営者とならんで存在すべきである。労働者であるか経営者であるかに関係なく、個人の価値がドイツ労働戦線においては基準となるべきである。(51)

一九三四年一〇月のヒトラーの命令も、これと同じ目的を志向している。

ドイツ労働戦線は、頭と手の創造的ドイツ人の組織である。……ドイツ労働戦線の目的は、あらゆるドイツ人の真の民族・業績共同体を形成することである。ドイツ労働戦線は各人に最高の業績を発揮させ、それによって民族共同体のために最大の利益を保証する心身両面にわたる体制のなかで、個々人がすべて国民の経済生活にその地位を占められるよう配慮しなければならない。[52]

労働戦線は、国民の労働力の全面的動員をめざし、「民族共同体」への献身を要求すると同時に、生産性の最大化のために、業績にもとづく選別・淘汰を行う「業績共同体 Leistungsgemeinschaft」を目標としていた。そこには業績に応じて地位がきまる効率的で公正な社会のヴィジョンがあり、あらゆる「創造的ドイツ人」の組織として、労働戦線は少なくとも機会均等という意味での平等性を約束していたということができよう。

とはいえ、労働戦線は労働組合としての機能をいっさい奪われており、その公式の権限はイデオロギー教育と宣伝に限定され、さしあたりは労働者の統制のみを課題とする組織にとどまらざるをえなかった。この点についてライは、「われらの総統アドルフ・ヒトラーのご意志によれば、ドイツ労働戦線は日々の労働生活の物質的問題が決定される場でもなければ、個々の労働者の利害のありのままの相違が調整される場でもない」[53]と述べ、「労働戦線の崇高な目標は、労働生活に従事するあらゆるドイツ人をナチ的志操へと教育することにある」と説明している。労働戦線の強大化をおそれる党、国家、経済界の意向に配慮して、ライはこの組織が労働・社会政策上のいかなる権限をもつことも断念せざるをえなかったのである。[54]したがって、労働者は強制的管理のもとに置かれることになった。労働戦線の設立直後に公布された「労働管理官に関する法律」は、労働大臣直属の「労働管理官」に労働条件に関する最終的権限を委ね、実質的には経営者の利害を擁護したものだったし、一九三四年一月に施行された「国民的労働の秩序に関する法律」も、「民族共同体」をなぞった「経営共同体 Betriebsgemeinschaft」を要求し、

「指導者原理」にしたがって労使関係を「経営指導者」と「従業者」の関係へと再編成しようとしたものだった。さらに一九三五年には「労働手帳」が導入され、労働者の職業選択の自由が制限されるとともに、国家による労働配置が行われるようになった。

こうしたことの結果、労働者は連帯の基礎である労働組合を破壊され、賃金など労働条件の決定に関与する権利を奪われ、強制的に「経営共同体」に編入されることになった。労働・社会政策上の実質的な権限を握っていたのは、労働管理官と個々の経営者であり、労働者の組織である労働戦線には、さしあたり周縁的な役割しか認められなかった。だがこれでは労働戦線に与えられた課題をはたすことは困難であって、そうでなくてもナチズムに不信感を抱いていた労働者の信頼を獲得するためには、労働戦線は経営者に歓迎されるような内容を超えた、何らかの積極的な施策をうちだす必要があった。亡命社会民主党の『ドイツ通信』が明らかにしているように、労働者は怠業、サボタージュ、無断欠勤、残業拒否、職場移動などによって、たえずナチ体制にたいして非同調的な態度を示していた(55)。こうした状況のもとで、労働戦線は労働者に完全に見放されたくなければ、そして何よりも体制内の激しい権力闘争のなかで自己の権力地位を確保するためには、労働者にただ服従を強いるだけでなく、彼らの利害を代弁するある種の準労働組合的な役割を演じなくてはならなかった(56)。したがって、その多くが権力政治的な動機にもとづいていた労働戦線の活動のなかからは、場合によってはかなり進歩的な社会政策が発展してくることになった。とくに軍需景気で潤った経営では、労働戦線のイニシアティブで実質的な社会政策・賃金政策が貫徹していくことになった(57)。それは単に美辞麗句を連ねただけではなかったし、全体主義的統制のための手段でもなく、むしろそれ以上のものであった。その意味で労働戦線は、「労働者」の概念を具体的な施策へと翻訳する役割をはたしていたと見なすことができよう。

さて、労働戦線の広範な社会政策的活動を概観するならば、そこには——「労働者」の概念に対応して——次の二つの方向性を認めることができる。すなわち、階級差の解消・生活水準の向上による消費社会の形成という方向性と、社会的流動性の拡大・生産過程の合理化による業績社会の形成という方向性である。労働戦線は、そうした水平的・垂直的志向をもつ一連の社会政策を通じて、労働者の脱プロレタリア化と社会統合を達成しようとしていた。まず前者の消費社会の形成という側面について見ていこう。

労働戦線がうちだした社会政策の多くは、明らかに社会的平準化を志向しており、労働者の階級的連帯の破壊と生活水準の改善を通じて、大量生産・大量消費の社会を実現しようとするものだった。[58] こうした方向で最も注目すべき成果を上げたのが、労働戦線の一部局として一九三三年末に設立された余暇組織「歓喜力行団」である。第2章でこの組織の活動内容を一部紹介したので、ここではもう少し一般的な観点からその特色を見ていきたい。歓喜力行団は、労働者に様々なレクリエーションを提供し、すでに紹介した祝祭的な催しや団体旅行のほか、観劇やコンサート、展覧会や映画鑑賞会、ダンスパーティ、各種のスポーツコースやカルチャーコースなどを大々的に催した。[59] たとえばスポーツコースに関しては、体操や水泳、サイクリングといった比較的素朴なものから、テニスやスキー、乗馬、ゴルフなど従来は上流階級の独占物だったものまで、様々なプログラムが用意されており、政治色の薄い民衆的な雰囲気もあいまって、一九三八年にはスポーツ局だけで二二〇〇万人以上の参加者を獲得した。[60] また旅行事業についても、バイエルンの森や北海の岸辺への行楽から、ポルトガル領マデイラ島やノルウェーのフィヨルドへの船旅まで、数多くの魅力的なツアーが企画され、旅行中に経営者と労働者が同じユニフォームを着たり、同じ食事をとったりして、まさに「無階級社会」の実物宣伝が展開されたのだった。[61] 歓喜力行団の階級超越的性格について、ライは次のように説明している。

われわれは余暇を特定の階層、職業、階級、官僚や他の集団のためのものとしてはならず、あらゆる者がわが家にいるように感じる余暇組織を創造しなければならない……。というのも、余暇に他の職業の人と出会うことじたいが、すでに休養になる、すなわち、あらたな感銘をもたらすからである(62)。

もちろん、値段の高い海外旅行に参加できたのは圧倒的に中間層が多く、ほとんどの労働者は数日から一週間程

図 4-11　歓喜力行団の水泳コース。楽しませながらナチ化する

図 4-12　マデイラ島への船旅。海外旅行はまだ高嶺の花であった

図 4-13　消費社会の萌芽。ライカの広告

度の国内旅行が関の山だったが、格安の団体旅行は大衆的な人気を博し、一九三八年には休暇旅行、短期旅行、船旅行、徒歩旅行をあわせて年間一〇〇〇万人以上もの人々が歓喜力行団で旅行を楽しむようになった。[63] これにスポーツコースや各種の催しに参加した人数を加えると、参加者の総数は八〇〇〇万人を超え、ドイツ人成人が年に一回以上は歓喜力行団とかかわった計算になる。これらのお仕着せの余暇活動のなかで差別なく扱われ、社会的平等の感情を強めた労働者は、結果的に「民族共同体」の理念に順応していくことになった。

　意識の上での平準化は、消費への期待によっても促進された。ヒトラー自身、アメリカを模範とする「生活水準の向上」を目標に掲げ、「われわれは原始的な民族になることを望んではおらず、できるかぎり高い生活水準をもとめている」[64]として、社会平和のために消費を積極的に位置づけていた。このような考えにしたがって、労働戦線はラジオや自動車などの様々な規格製品の普及に精力を注いだ。前章でも触れたように、値段の安い「歓喜力行団車」は、それまで贅沢品だった自動車を労働者にも手の届くものとし、三三万人もの人々が購入のための積み立てを行うことになった。また「国民受信機」よりも安い三五マルクで発売された家庭用の「ドイツ小型受信機」は、ラジオ受信世帯数を飛躍的に増やしたが、職場での「共同受信」向けに開発された業務機は、その名も「労働戦線受信機」であった。[65] もちろん大衆消費社会が第三帝国期に実現したわけではなく、軍需生産が優先されたために消費もささやかなものにすぎなかったが、そうした社会に向かう気運が――「国民受信機」や「国民車」などによって――生じていたことはたしかであり、労働者の国民統合に少なからぬ役割をはたしたと推測される。労働者は抑圧的な管理体制のもとに置かれたが、それは社会的平準化の促進や消費の可能性の増大と組みあわされていた。景気の上昇によって何百万という労働者が職を得たことじたい、体制の安定化に大きく貢献していた。失業は克服され、完全雇用が実現し、労働者はともかく収入を手にしていた。「労働の闘い」のなかで得られたこの戦利品こそが、ナチズムにたいする労働者の抵抗力を麻痺させたのだった。

だがこうした社会的平準化と余暇・消費の拡充は、労働者を私的な時間も含めて全面的に統制し、その生産力を国家のために効率的に動員しようという意図と結びついていた。歓喜力行団の存在理由もまた、その名称が如実に物語っているように、生産過程における負担を余暇の「喜びを通じて」緩和し、労働者の「力」を増大させることにあった[66]。労働戦線の幹部ゲアハルト・シュタルケは次のように公言している。

　われわれが労働者を自分たちの船で休暇旅行に行かせたり、彼らに巨大な海水浴場をつくってやったりしたのは、われわれの楽しみのためでもなければ、それらの施設を利用できる個々人を楽しませるためでもない。それはもっぱら個々人の労働力を維持し、彼らを力づけリフレッシュさせて職場にもどらせるためである。自動車のモーターを一定の走行距離ごとに修理しなければならないのとまったく同様に、歓喜力行団はいわばあらゆる労働力を定期的に修理するのである[67]。

ここには人間を機械と同一視する冷酷な生産力信仰が見られるが、そうした信仰は歓喜力行団の「労働の美 Schönheit der Arbeit」局の活動にも影響を及ぼしていた。同局の出版物によれば、その目的は「美しく威厳ある職場において、従業員が喜びと誇りをもって日々の仕事に従事できるような環境を創造すること」にあり、「同志的で創造の喜びに満ちた精神は、模範的な職場においてのみ成育しうる[68]」という考えにもとづいて、様々な改善がはかられた。ライは次のように説明している。

生産性の向上は、一方で技術の最高業績を、他方で同じく人間の最高業績を要求する。だがすでに機械が入念な手入れを必要とするとすれば、人間はどれだけ多くの手入れを必要とすることか！　だがまったく明らかなのは、人間は清潔で健全で威厳ある経営においてのみ、その業績能力を完全に発揮できるということであり、不快で無関心で憎悪に満ちた雰囲気が支配する場所ではなく、経営の同志関係が実現している場所においてのみ、本当の喜びをもって仕事に向かうということである。したがって労働の美は、ドイツ民族の業績能力と一般的な生活水準の向上のための不可欠な前提である[69]。

「労働の美」局は、労働科学の理論と方法を活用して、職場環境の美化と効率的経営の助成に系統的な努力を払った。「良い光――良い仕事」、「健康な空気を職場に」、「清潔な経営の清潔な人間」、「温かい食事を経営で」、「船上の労働の美」といったスローガンのもと、職場の照明、通気の改善、労働災害の防止、労働衛生の改善などが進められ、多くの職場で企業所有のスポーツ施設、会館、休憩室、ロッカー室、シャワー室、社内食堂、社宅などの福利厚生施設が整備された[70]。一九三六年からは「ドイツ的経営の業績闘争」が実施され、「労働の美」局の働きかけで経営内社会政策が進展した。労働者の間には、新しい設備を導入するために「自発的」な残業を余儀なくされたことや、労働者に分配されるべき金が不要な設備に費やされていることへの不満もあったが、一連のキャンペーンを通じて、一九三八年末までに六万七〇〇〇の職場の環境が改善され、二万六〇〇〇の作業室、一万七〇〇〇の庭と緑地、二万四〇〇〇のシャワー室と更衣室、一万八〇〇〇の食堂と休憩室、三〇〇〇のスポーツ施設が整備されたことは、労働者の生活水準を向上させ、「経営共同体」精神の醸成に少なからず寄与した[71]。「より高い給与水準ではなく、より高い生活水準が目標でなければならない[72]」というのが、そこでの原則だった。もっともライは、こうした施策が単に労働者を喜ばせるだけでなく、結局は経営者にも利益をもたらすはずだと考えており、「最良の社会政策は最良の経済政策でもある[73]」として、その経済的効用をくり返し強調していた。「労働の美」局は、経営を合理化・効率化すると同時に、労働者をこれに組みこむことで、生産性の増大と社会平和の実現をはかったので

図 **4-14**　乱雑な職場が美しく整頓される。「労働の美」局のポスター

図 **4-15**　「労働の美」局によって数多くの施設が改善・新設された

図 4-16　「将来は唯一の貴族が存在することになろう——労働の貴族だ！」。「ドイツの民族——ドイツの労働」展の記念碑

あり、そこには明らかに、人間を生産性の問題に還元する酷薄な能率主義が影を落としていた。

　こうした能率優先・生産力万能の立場から、労働戦線は社会的平準化を推進する一方で、社会的流動性を拡大し、業績にもとづく合理的・効率的な労働編成をめざした。この業績社会の形成という方向性は、労働戦線の社会政策のもう一つの重要な柱をなしており、それは端的にいえば、生産性の高い労働者に高い賃金と手厚い福祉を約束するものだった。象徴的なスローガンとして「労働は高貴にする」というものがあり、「将来は唯一の貴族が存在することになろう——労働の貴族だ！」という銘文が刻まれた記念碑も建てられた。そうした基幹労働者の育成に力を注いだのが、一九三五年に設立された労働戦線付属の「労働科学研究所」である[74]。この研究所は、ヴァイマル期の産業合理化運動の流れをくむテクノクラートの牙城であり、テイラー主義やフォード主義に依拠しつつ、ドイツ的な合理化を推進するための政策立案を行った。同研究所がうちだした科学的な職業教育、合理的な労働編成や職場構成、客観的な業績測定と公正な賃金計算、賃金体系にもとづく精密な職業評価などといったものは、有能な労働者に昇進の機会を開くことで業績志向を強化し、生産性の増大をはかるものだった。

　業績主義への刺激としてとくに効果を上げたキャンペーンが、労働戦線とヒトラー・ユーゲントが提携して一九三四年から毎年開催した「帝国職業コンクール」である。それは若い労働者に仕事の腕前を競わせ、職業への誇りと技能の習熟を高めることを狙ったものであり、入賞者は総統からじきじきに表彰された。労働戦線のある幹部の説明によれば、「社会主義とは、各人をその内的資質にふさわしい地位につけるという義務をあらわす名称である。帝国職業コンクールは、社会主義的指導者選抜という思想から生じたものである」(75)。こうした業績尊重の訴えはとくに若い労働者の感情に共鳴を見いだし、一九三七年の「帝国職業コンクール」は一八〇万人もの参加者を獲得することになった。年輩の労働者とちがってプロレタリアート的な連帯の構造にあまり縛られていなかった若い労働者は、そこに社会的上昇の機会を見いだしたのだった。労働戦線のある幹部は、「労働者は……相応の業績を上げれば経営のどのレベルにも到達する可能性が与えられていることを、ますます意識するようになっている」(76)と述べている。労働者は職場において個人主義的傾向を強め、高給を得るために生産性を上げることで、体制が要求した業績主義に適応していった。そして、このような労働者の態度が彼らの旧来の連帯をほり崩し、結果的に体制への順応を促進することになった。

以上のように、労働戦線の社会政策は豊かで開かれた消費社会・業績社会を志向していたといえるが、これを集大成したものとして、労働科学研究所が一九四〇年末に発表した戦後社会構想がとくに重要である。その「戦後の社会的課題」という文書は、「業績と生活水準は……たえず相互に作用しあっている」(77)という認識のもと、業績・生産性の向上とともに、消費と福祉の重要性を指摘し、大量生産・大量消費・高度福祉の「社会国家」を構想していた。また、これと同時期に作成された「ドイツ国民の社会事業」計画には、イギリスのベヴァリッジ・プランに匹敵するような包括的な福祉事業構想が提示されていた。それによれば、「総統は……勝利があらゆるドイツ人により良い生活をもたらすこと」を望んでおり、「世界で最も模範的な……ドイツの社会国家」を建設するため、労働戦線のライには、「以下の内容で知られる五つの大きな課題が委託された。すなわち、一、老齢者扶助、二、余暇・保養事業とならぶ保健事業、三、帝国賃金秩序、四、職業教育事業、五、社会的住宅建設計画」(78)である。このうち老齢者扶助に関しては、従来のような労働者保険と職員保険の区別を解消し、国民的な社会保険制度を実現するとしていたが、他方で「労働義務」をはたし、「国民のために無条件に」尽力した者のみに給付を保証するという考えかたも定式化していた(79)。つまりそれは「民族共同体」にとって有用な「民族同胞」だけに開かれた社会保険であり、労働者を選別淘汰する手段にほかならなかったのである。

労働科学研究所の社会構想は敗戦によって実を結ばなかったが、それが社会ダーウィン主義的に歪んだかたちではあれ、基本的に戦後の「社会国家」につながるような近代的な性格をもっていたことは確認できよう。そこに提示されていたのは、技術的進歩に立脚した合理的・効率的な社会秩序のヴィジョンであり、それが科学による民族の育成という操作万能主義と結びついて、ナチズムに特有の非人間的な意味あいをおびるにいたったのである。さらにまた、このユートピア的な構想に美的な次元が含まれていたことも見逃せない。そのことを最も明瞭に示しているのが「労働の美」局の活動であり、同局幹部のカール・クレッチュマーはこれを次のように説明している。

「労働の美」局の活動にはっきりと示されているのは、政治、経済、芸術が一体化しうるということである。われわれは政治的観点から人間の共同体をもとめる。経済は共同体の生活の必要を満たすために最高の業績をもとめる。だが芸術は共同体の生活を美しく形成することをもとめる。これらの目標のいずれも自己目的ではなく、すべてが国民の課題を知る総統の造形意志に奉仕しなければならない(80)。

清潔で秩序ある職場環境の形成をめざした「労働の美」局は、政治的な動機や経済的な利害を衛生的・美学的な関心と結びつけ、技術的合理性を志向する生産美学を生みだすことになった。これによって「何世紀にもわたって肉体労働につきまとってきた非難と蔑視の呪い」が除去され、「創造的人間の名誉と威厳(81)」が回復するとされた。そのための活動の一環として、芸術家や工芸家が経営に投入され、同局と密接に連携しながら制作にあたるよう要請された。というのも、「文化的・芸術的な価値の体験にたいする精神的な覚悟と要求が、それに対応した内的・外的な労働条件の形成によって喚起され、活気づけられる[82]」ときにのみ、「労働の美」は実現すると考えられたからである。クレッチュマーが示唆しているように、それは労働者に芸術を享受させるとか、芸術を生産性の向上に役立てるといった目的を超えて、「民族共同体」の形成そのものを「総統の造形意志」の具現化として構想するものだった。この唯一の「造形意志」のもと、生産領域において政治と経済と芸術が一体化し、技術的進歩をとげた「民族共同体」の美しい秩序がうちたてられることになった。そして、この「政治の美学化」の枠組みのなかで、「喜びに満ち、自覚した、力強い人間[83]」としての「労働者」の形態が彫琢されることになるのである。ライはこの点をはっきりと主張している。

われわれは今日ドイツで「労働の美」という観念のもと、あらゆる職場を健康かつ美しく形成しようと努力しているが、この観念は他のどんな観念にもまして、社会政策の根本的な変化を示している。ナチズムの社会政策の中心に位置しているのは……活力に満ちた人間であって、われわれはこうした人間のことを気遣い、その生を形成しようとしているのだ。だがわれわれが人間を形成しようとするなら、その環境も形成しなければならない。彼がみずから、自分の力で、自己の環境と生を形成し、その共同形成に助力することで、幸せを感じ、日常の喜びを享受するよう、われわれは努力している。われわれが行っているのは、わが民族の力を増大させることである。[84]

このような観点から、次に古典主義的彫像によって表現された「労働者」のイメージを取り上げ、それが文化・芸術政策を通じていかなる美的形態を獲得したのかを考察するとともに、そこに収斂する政治力学についても分析を試みたい。

4　労働者の形態

一九三七年の大ドイツ芸術展の開会演説で、ヒトラーは「新しい人間類型」の出現に感嘆の声を上げている。前章でも一部引用したその発言を、ここでもう一度検討してみよう。

今日の新時代は新しい人間類型を生みだそうとしている。民族を高め、われらの男性たち、少年たち、若者たち、少女たち、女性たちをより健康に、より力強く美しく造形するために、無数の生活領域で途方もない努力が行われている。そしてこの力と美から、あらたな生の感覚とあらたな生の喜びが生じているのだ！　外観においても感覚においても、今日ほど人類が古典古代に近づいたことは一度もない。……輝かしく美しい人間類型が育っており、それは次の美しい古い格言に忠実に最高の労働業績を上げている。すなわち、つらい平日、楽しい祝日！　この人間類型は、去年はじめてオリンピック大会に出現し、全世界にその輝かしく誇り高い肉体の力と健康さを見せつけたが、この人間類型は……新時代の類型である。(85)

この発言からわかるのは、ヒトラーが「最高の労働業績」を上げる「力強く美しい」人間、つまり「労働者」を「新しい人間類型」と見ており、しかもその「力と美」を「古典古代」の理想にしたがうものと考えていたことである。そしてこの人間類型を視覚的に表現し、民族が準拠する模範を提示することが芸術の課題とされたのであり、そうした課題を担いうる作品として賞賛されたのが、大ドイツ芸術展に出展されたヨーゼフ・トーラクやアルノ・ブレカーの古典主義的彫像であった。そこで彼らの彫像によって具体化された「労働者」のイメージを検討し、その意味あいを明らかにしてみたい。

まず第三帝国を代表する彫刻家の一人であるトーラクの作品『戦友』を見てみよう。この作品は一九三七年の大ドイツ芸術展に出展されて呼び物となり、同年パリで開催された万国博覧会のドイツ館の入口にも同じモチーフの作品が設置された。ナチ党公認の美術雑誌『ドイツ帝国の芸術』には、ヴェルナー・リティヒの次のような批評が掲載されている。

ならんで立つこの二人の、等身大を超え、力に満ち、たくましい男たち、手を握りあい、歩調を一つにし、共通の方向に意志を向け、自覚し、勝利を確信し、未来を予見する男たちは、現代的で時代を動かすテーマを、裸体をもって象徴的かつモニュメンタルに造形することが、われわれの時代にも可能であることを示した。(86)

この美辞麗句に満ちた批評は、ナチズムが「新しい人間類型」としての「労働者」に何を期待していたかを十分に説明しており、これ以上の注解を行う必要はないだろう。だが作品そのものに目を向けるならば、その形態言語は「労働者」についてさらに多くのことを語っているように思われる。

図 4-17　「労働の美」展のポスター。労働者とギリシア人の同一視

この男性像の最も中心的な特徴と思われるのは、たくましい男たちが一糸まとわぬ全裸の姿で表現されていることである。それはトーラクやブレカーの代表的作品に共通して見られる特徴であり、様式的には明らかにギリシアを模範とする古典主義の影響を示している。前章で明らかにしたように、古典主

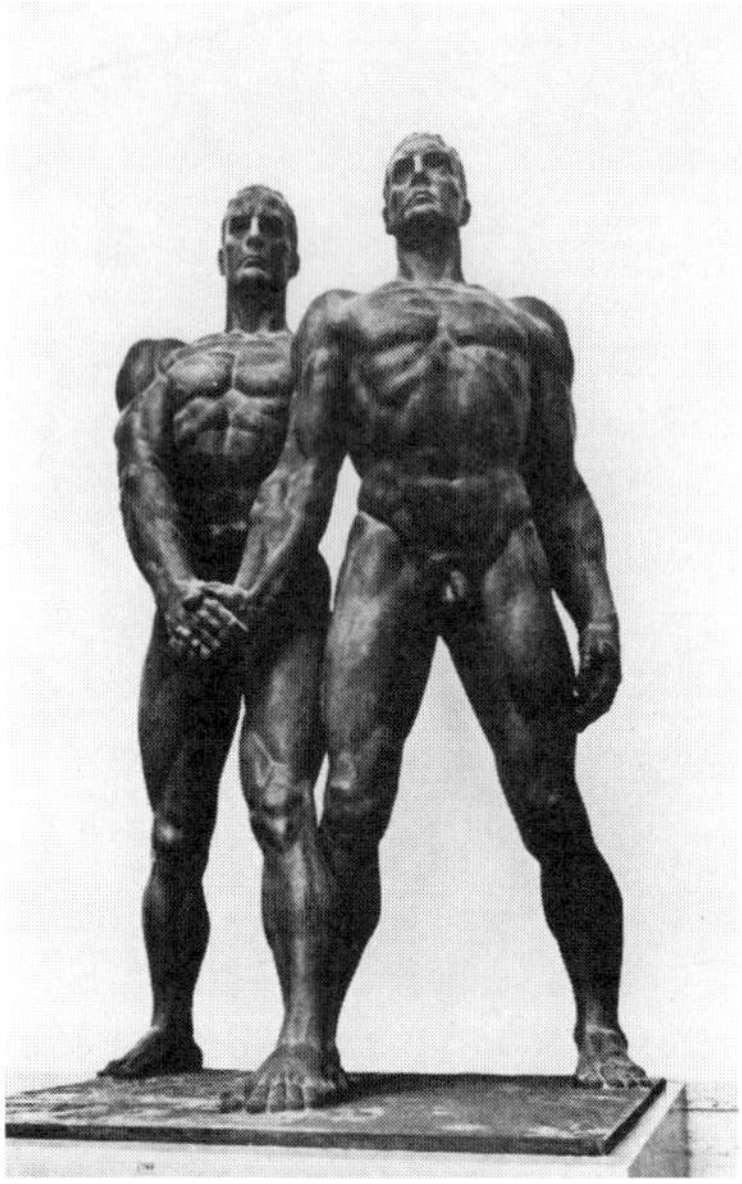

図 **4-18**　ヨーゼフ・トーラク「戦友」

図 **4-19**　1937 年のパリ万国博覧会のドイツ館。入口にトーラクの彫刻が設置されている

義は現世の有限性を超越した絶対的なもの、うつろいやすさを排除した超時代的な美を表現する様式として、遅くとも一九三七年の大ドイツ芸術展開催までには公的に推奨されるようになった。それとともに、「オリンポスの神々との明白に提示された類縁性、ないしは本来の同一性」[87]によって特徴づけられる男性の裸像が脚光を浴び、「理想的ドイツ類型」を提示するものとして絶賛されるようになった。そこにはクラウス・ヴォルバートのいう「上への志向」[88]、つまり「現実的なものを観念の世界へ上昇させ、個々の事象を一般妥当的な象徴へ高める」[89]という象徴化の契機が認められるが、それは何よりも「労働者」のイメージを確立するのに役立ったと考えられる。国民全体を「労働者」として包括するために、ナチズムは現実を超越した永遠のギリシア人の肉体をもって、これを一般的かつ抽象的に表象しなければならなかったのである。ヒトラーがたびたび芸術に「永遠性の価値」を要求したことも、このような意味

で理解することができよう。全裸であるということは、この身体が特定の階級や身分に属するものではなく、あらゆるドイツ人の自己同一化の対象として、永遠かつ絶対の「古典美」を体現する存在でなければならないことを意味している。

もっとも、大ドイツ芸術展に出展された彫刻のなかには、着衣ないし半裸の労働者像もあったし、絵画においては、労働者を社会主義リアリズムの様式で描いた作品も数多くあった。そうした労働者像は、作業着や帽子、工具といった生産領域の属性によって現実につなぎとめられており、その点で、全裸の男性像とは本質的に異なっていた。だがナチ党の見解によれば、同展の出展作のなかで、「テーマからいってもわれわれの時代に属しており、新ドイツの将来の彫刻表現において独特の功績と見なされる[90]」のは、トーラクやブレカーの古典主義的な男性像だった。それはたしかに特殊ナチ的な様式を示すものではなく、芸術的伝統の断絶を意味してはいなかったが、社会主義リアリズムとの間には、はっきりとしたちがいがあった。社会主義運動は、ハンマーをもった半裸の男性労働者のイメージによって自己を表象したが、ホブズボームによれば、それは社会主義の理想と労働者の日常の妥協、シンボリズムとリアリズムの妥協の産物だった[91]。パリ万国博覧会でドイツ館と向かいあわせに建てられたソヴィエト館の頂部には、巨大な男女の労働者像がそびえていたが、半裸でハンマーを掲げたその荒々しい姿は、労働者の階級意識を高らかに表現していた。これにたいして、トーラクの彫像は全裸の肉体をもって労働者を表象しており、動きに乏しい抽象的な表現もあいまって、リアリズムの放棄を強く印象づけている。男たちは手を握りあって同じ方向を向いているというだけで、そのほかには何一つ属性をもっていない。あらゆる階級的属性をはぎとられ、古典的な美の理想と結びつけられた「労働者」の身体は、現実を超越した絶対的な人間像を提示し、国民全体を統合する一個のシンボルと化しているのである。ここには「頭と手の労働者」を融和させようとしたナチズムの社会政策と同様の平準化志向が認められよう。

図 4-20　向かいあわせに建てられたソヴィエト館（手前）とドイツ館（奥）

裸体が「労働者」の平準化志向をあらわしていたとすれば、そのたくましさは「労働者」の生産性・業績志向を象徴していた。第三帝国期の主要な男性像はいずれも等身大を超え、過度にたくましい体格をもち、「鎧のような解剖学」[92]を示していた。それはまさに「メタリックな硬さのなかに勝利を告知するだけでなく、すでに含有している」[93]ような肉体であり、市民の虚弱な身体にたいして、労働者の活力に満ちた身体を称揚したものと見なすことができる。「肉体はわれわれの存在そのものの表現である」[94]と、ヒトラー・ユーゲントの指導者バルドゥーア・フォン・シーラッハは述べている。だがこの身体は労働者階級の自己表象ではなく、ただ単に彼らを賛美したものでもなかった。ここには「労働者」の概念の両義的な性格が示されているのであって、それはあふれんばかりの力を誇る巨人であると同時に、その力を鋼鉄のような肉体に封じこめた囚人でもあったのである。たとえばアウトバーン建設を記念して制作されたトーラクの『労働記念碑』は、実に高さ一六メートルに達する巨大な作品だったが、これを見ると、男たちはその力強さにもかかわらず、固定的な姿勢を強いられ、まるで奴隷労働に従事しているかのような印象を受ける。その爆発的なエネルギーは硬い動きのなかで統制され、もっぱら岩を動かすことに向けられている。支配者によって着衣をあますところなく奪いとられた彼らは、ものいえぬ労働力に貶められている。このたくましい肉体を特徴づけているのは、古典的な均整と激情の極端な表現の対立であり、それはナチズムの次のような要求をあらわしていると見なすことができよう。すなわち、労働者は巨大で畏怖すべき存在であり、力強いエネルギーに満ちあふれているが、それは国家の生産力となるように水路づけられなければならないという要求である。労働者にもとめられたのは最高の生産性であり、それは彼らの活力に満ちた身体を厳しく規律化することによって達成されるはずのものだったのである。そうした意味で、この男性像はナチズムの社会政策に見られる生産力信仰・業績主義のメタファーとして読むことができると思われる。

図 4-21　ヨーゼフ・トーラク「労働記念碑」。アウトバーン建設の労働を象徴している

「労働者」は規律とダイナミズムをかねそなえた存在でなければならなかったが、そのことはナチズムの肉体賛美を特徴づける両義性、ヴォルバートのいう「肉体の神格化」と「肉体の軽視」(95)の矛盾とも交差していた。つまり、このたくましい肉体は「国民とのオリンポス的距離」に立ち、美の規範として模倣の対象となる一方、その絶対性が国民に服従を要求し、現実の肉体を単なる生産力――「非理想的な……『人的資源』」(96)――に格下げする効果をもったのである。こうした惹きつけると同時に疎外するというダブルバインドは、模倣の関係そのものに内在する問題であって、とくに古代ギリシアの模倣をめぐって、ヴィンケルマンからハイデガーにいたるドイツの思考を規定してきたことは、すでに指摘されてきたところである(97)。トーラクやブレカーの古典主義的彫像もまた、ギリシアにたいするドイツの両義的な関係を反映し

図 **4-22**　アルノ・ブレカー「覚悟」

ていたが、彼らの彫像に特徴的な点は、そうした両義性が――裸体を理想化することで――ある種の性的な意味あいをおびるにいたったことである。そのことは、たとえばブレカーの男性像『覚悟』のような作品にはっきり読みとることができる。ここに提示されている猛々しい男性は、全裸であることによってその肉体に視線を誘惑し、広い肩、細い尻、厚い胸板、隆々たる筋肉といったメルクマールによって欲望を喚起しながら、流線型の形態、滑らかな表面、硬質の光沢といった抽象的な表現を通じて肉体から官能性を払拭し、これを性的な対象とすることを拒絶しているのである。したがって、この肉体に惹きつけられた男性は、不可避的にホモセクシュアルな欲望を喚起されるとともに、みずからその欲望を抑圧することを余儀なくされる。

たしかにナチズムは、理想的な男性像から官能性を払拭しようとしていた。美術評論家のクルト・ロター・タンクは次のように述べている。

厳しい肉体教育を受けた若い世代は、肉体を蔑む教育を受けた過去数世紀の人々よりも、肉体とその法則について疑いなく多くのことを知っている。今日の健全な若者は、コルベやブレカーの十種競技選手を観察し、トーラクの抱擁しあう男女を見ても、蒸し暑いアトリエの雰囲気を思い起こしたりはしない。(98)

ヴォルバートによれば、ナチズムはフェルキッシュな裸体文化運動の影響である「自由に展開する肉体性を思いださせるものの残滓」を払拭することで、権力政治的に利用可能な裸像を形成しようとしていた(99)。ジョージ・L・モッセもまた、ブレカーの彫像が裸体からセクシュアリティを払拭し、生気を感じさせない硬直性に陥っていると指摘している(100)。だがそうした見方では、この肉体の曖昧な魅力が十分に説明されないように思われる。裸体の表現は、それを正当化するイデオロギー的な口実にもかかわらず、暗黙のうちにある種の官能性を発散させており、それなしには広範な大衆に魅力を及ぼすことはできないだろう(101)。模倣の対象としての裸体が大衆効果を発揮するためには、欲望を惹起すると同時にこれを統制し、下からの視線を上からの視線と接合しなければならない。その点ではむしろ、ブレカーの彫像に二重の意味でのボディビルディング、すなわち肉体鍛錬と国家形成の総合を見いだすヴォルフガング・F・ハウクの指摘のほうが、妥当なものと思われる(102)。ナチズムの国家彫刻は、鍛え上げた肉体を理想化していただけでなく、そうした肉体が築き上げる第三帝国の支配を具現化していた。「したがって、ボディビルディングと彫刻がたがいに結びついて、理想的な外観から偶像が組織される(103)」。この肉体を模倣しようとするボディビルダーたちにあっては、たくましい肉体を誇示する身体意識と、そうした肉体によって象徴される国家を形成する意志とが結びつき、権力そのものが自己愛的な性質をおびるとともに、彼ら自身がみずからを規律化する権力の主体となるだろう。こうして欲望と支配、規律とダイナミズムが結びついて、肉体の国家化ないし国家の肉体化としての「民族体」——つまり「労働者」の身体——が形成されることになる。

この関連で注目されるのは、ナチズムの肉体賛美に見られる両義性が「男性同盟」としての自己理解に規定されていたことである。アルフレート・ローゼンベルクやハインリヒ・ヒムラーといったイデオローグは、北方人種や男子結社を賛美し、男性の友愛にもとづく国家——ゲルマン人の「男性国家(104)」——を構想していた。彼らはヴァイマル共和国を軟弱で女性的であるとして非難し、これと対極をなす男性的な力強さや攻撃性をもって、第三帝国に規律と秩序をうちたてようとしたのである。トーラクの『戦友』も、固い絆で結ばれた男たちによって担われる強力な国家を理想化したものだった。だが全裸のたくましい男性が手を握りあっている姿は、逆説的にもこの作品にホモセクシュアルな様相を与えていた。ここには、ナチズムの性規範がはらむ根本的な緊張点が示されている。彼らは男同士の堅固な関係を奨励し、男性のたくましい肉体を賛美する一方で、男同士の関係から不可避的に生じる同性愛の危険にたいしては、苛酷な刑罰によってこれを根絶しようとしたからである。[105]突撃隊指導者レームの粛清は、彼自身の同性愛的性向に加えて、その部下たちの間に蔓延していた同性愛行為への懲罰として正当化されたが、このことははからずも、突撃隊のような男性集団において同性愛への誘惑がいかに大きいかを明らかにしている。同性愛者を激しく嫌悪し、その迫害を主導したヒムラー自身、みずからの指導する親衛隊が同性愛に汚染されることを病的なまでにおそれ、後にはこれを死刑をもって処罰した。彼の考えでは、同性愛の主たる危険は、それが指導者層に蔓延して、ある種の秘密結社をつくりあげることにあった。それを断ち切らなければ、指導者の選抜が能力や業績にもとづいて行われなくなるというのである。[106]親衛隊指導者の同性愛への嫌悪が、業績原理によるヒエラルヒー形成という側面を含んでいたことは興味深いが、彼はさらに同性愛が人口政策に及ぼす影響にも注目し、これを国家存亡の危機をもたらす悪弊として非難した。子孫の繁殖に貢献しない同性愛者は国家の敵だというのである。[107]こうした人種政策的観点から、同性愛者は公然と迫害され、強制収容所で処罰されることになった。とはいえ、親衛隊内部においても同性愛行為は後を絶たなかったし、男性同盟を自認するエリート集団ではその危険はむしろ大きかった。ヒムラーの執拗な努力にもかかわらず、男同士の関係がはらむ本質的な両義性は完全には払拭されなかったといえよう。そのことは、たとえばブレカーのレリーフ『戦友』にもかすかに読みとることができる。倒れた戦友を腕に抱えて救助する英雄的な男性は、猛々しい攻撃性を示すと同時に、「母親のような男らしさ」[108]を示しており、男性同盟の友愛が、厳格で攻撃的なイメージばかりでなく、親密で家族的なイメージも含むものであることを明らかにしている。ナチズムの理想的男性像はこのような硬軟両面をもっており、そのことが厳しい規律を要求すると同時に心暖まる安堵感を与え、つらい訓練を耐えうるものとしたのである。[109]

　いずれにせよ、公式の宣伝で強調されたのは、ハードで英雄的な男性像だった。男たちをたがいに結びつけながら、その関係が性愛化するのを防ぐには、彼らの肉体を鍛え上げ、セクシュアリティを払拭する必要があった。クラウス・テーヴェライトは、この点にファシストが直面する二重のダブルバインド——「お前は男を愛さねばならないが、同性愛者になってはならない」、「お前は禁じられたことをしなければならないが、そのために罰を受ける」[110]——を見いだし、内的な欲望を統制するための防衛機制として、規律化された筋肉の外郭が必要とされたという心理的解釈を提示している。トーラクやブレカーの男性像も、そうした「肉体の鎧」[111]を視覚化したものだったといえよう。それは鋼鉄のように硬く、機械のように即物的な肉体——「完全に機械化された肉体」[112]——であり、無条件に命令に服従し、情け容赦なく義務を遂行する「戦士」の類型であった。ユンガーが予言していたように、この新しい人間は「労働者」として、新秩序を体現することになろう。

　ナチズムが賛美した男性像はさらに、人種的理想型を提示することで、悪名高き人種政策の一翼を担うことになった。親衛隊の機関紙に掲載されたある論説によれば、「裸体および北方人種型の描写において重要なのはむしろ、いきいきとした美しさを本来の意味で明示し、顕現

図 4-23　アルノ・ブレカー「戦友」

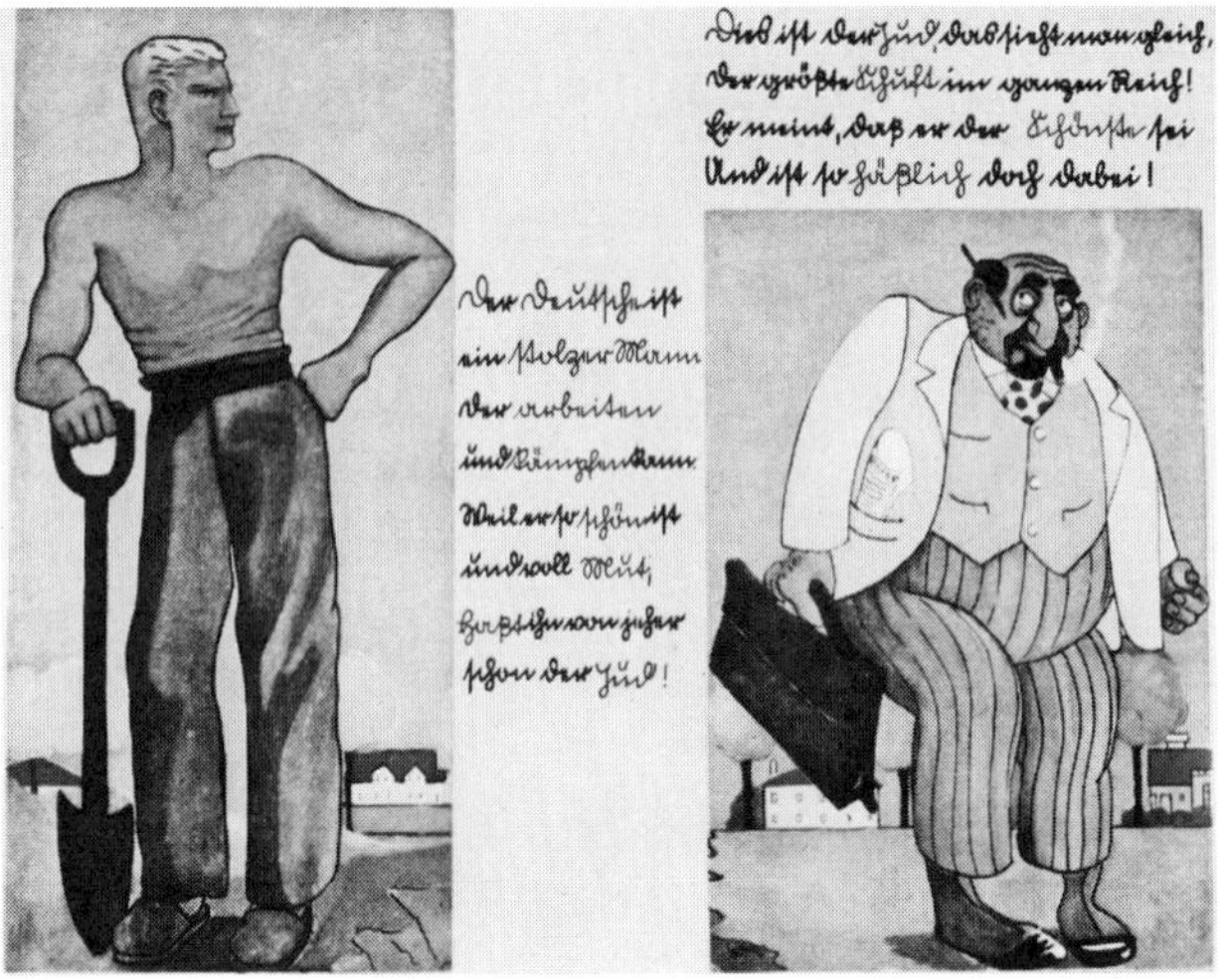

図 4-24　児童向けの絵本。労働するアーリア人と私腹を肥やすユダヤ人の対比

させることであり、根源的で神に似た人間の最も純粋かつ直接的な表現を見いだし、形態化することである。こうしてはじめてそれは有効な教育手段となり、わが民族に道徳的な力と、民族の偉大さと、さらには再生しつつある人種的な美とを教えることができるのである(113)」。こうして芸術の理想像が人種的美の規範となり、一連の人種政策を通じて現実の人間に適用されることになった。ヒトラーによれば、それがもたらすのは「新しい人間」であった。

> ドイツが最大の革命を経験したのは、この国ではじめて計画的に着手された民族・人種衛生学を通じてである。このドイツの人種政策の結果は、他のいかなる法律の効果よりもわが民族の将来にとって決定的なものとなろう。なぜならそれは新しい人間を創造するからである(114)。

芸術と人種の結びつきは、ハンス・F・K・ギュンターの人種論の影響のもと、ローゼンベルクを中心とするドイツ文化闘争同盟によって強調され、とくに建築家のパウル・シュルツェ＝ナウムブルクは、近代芸術に「退廃」の烙印を押す一方、「北方人種」の理想像を示す芸術を称揚していた(115)。画家のヴォルフガング・ヴィルリヒもまた、芸術の浄化をもとめ、人種貴族の理想像を提示することに精力を注いだ。彼によれば、「このような貴族へのドイツ民族の憧憬を喚起し、その美と崇高さを、信じがたい神々の特権としてではなく、人間の可能性として、人種改良の模範として明確に提示し、徹底的にたたきこむこと、これこそが芸術の高貴な使命である[116]」というのだった。さらにこれとは別の観点から、動物行動学者のコンラート・ローレンツもまた、「人間の品種改良」のための「意識的・科学的な人種政策」の必要性を説き、芸術によって提示される人種の理想型が淘汰の基準となり、「良きものと悪しきもの、健康なものと病んだものを区別する審判者[117]」の役割をはたすと主張していた。多少のニュアンスのちがいはあるにせよ、これらの論者が異口同音に強調していたのは、人種政策における芸術の規範的な役割であった。かくして古典的な男性像が人間を選別する基準、人間の価値をはかる尺度となり、劣等人種の根絶という「美の名のもとの殺人[118]」に寄与することになった。理想的な人間はこの彫像に代表されるものであり、人間はそこから離れれば離れるほど、より低い価値を付与された。事実、第三帝国期には人間の顔面の比率を測定し、それにしたがって人間の価値を算出する方法が開発された。デートレフ・ポイカートが強調するように、ナチズムの人種イデオロギーの核心は、民族を「価値ある」部分と「価値なき」部分とに区分けし、前者を選抜育成すると同時に後者を根絶の対象にするという選別のパラダイムだった[119]。その選別にあたっての規範的基準となったのが、理想型として提示された美しく健康な「新しい人間」、新時代を担う「労働者」の身体だったのである。だがこの身体は個々の労働者のものではなく、「民族体」、つまり民族の身体だった。こうして「君の健康は君のものではない！」というスローガンとともに、「民族の健康」がもとめられることになった[120]。いまや健康は国民の義務となり、国家の政策課題となった。健康の問題が業績能力・生産性の前提として理解されていたことは、労働戦線の保健事業計画に関するライの次のような説明からも明らかである。「この保健事業がいったん軌道にのれば、われわれは地球上で最も健康な、したがって最も業績能力の高い民族となるだろう。……この領域においても、われわれは根本的に新しい革命的な設備をつくりだすだろう[121]」。

国民の健康・生産力を維持するため、保健事業や余暇・保養事業とならんで重視されたのが、スポーツである。

図 **4-25**　経営内スポーツ。「労働の喜び」を増大させる体操

歓喜力行団は、「民族の健康、業績能力、生命力の観点」から、「経営内スポーツ」の重要性を強調していた。

> スポーツと競技、体育と体操は、人々に自分の肉体を支配することを教え、それによって生の喜びとエネルギーの無尽蔵の源になる。それは運動場ばかりでなく、経営内においても、人々を力強く業績の高い、精力的で自覚した存在にし、規律と戦友意識を促進するのである。[122]

歓喜力行団ばかりでなく、突撃隊やヒトラー・ユーゲント、労働奉仕団などの組織も、国防力の育成、人種・民族の保護といった観点から、「肉体教育」としてのスポーツに特別の意義を見いだしていた。ヒトラー自身、すでに『わが闘争』のなかで次のように主張している。

> したがって民族主義国家においては、肉体的鍛錬は個人の問題ではなく、……国家によって代表され保護される民族の自己保存の要求である。……その人間の理想は、立派なプチブルや貞淑なオールドミスではなく、男性的な力の権化たるたくましい男性と、こうした男性を再び世に送りだすことのできる女性である。このように、スポーツは一般に個々人を強く、機敏で、勇敢にするものであるだけでなく、厳しさに耐えうるよう鍛

え、教えるものでもなくてはならない[123]。

ヒトラーが賛美した「新しい人間」は、力強く美しいアスリート、「クルップ鋼のように硬く、革のように粘り強く、グレーハウンドのように速い」青年として表象されていた。一九三五年の党大会で彼が語ったところによれば、「今日われわれは、かつてのようなビール腹のプチブルにではなく、ひきしまった肉体をもつきわめて健康な男子と女子に、ドイツ民族の理想を見る。われわれがドイツの青年に望んでいるものは、過去のそれとはやや異なるのである[124]」。重要なのは、こうした理想像がギリシア人の「さわやかで健康」な肉体への憧憬と結びついていたことである。彼は美しい女性水泳選手の写真を見て、次のように述べたという。

何というすばらしい肉体が今日でも見られることか。今世紀になってはじめて、青年はスポーツによって再びヘレニズムの理想に近づいている。これまで何世紀にもわたって、いかに肉体が蔑視されてきたことか。だがこの点で、われわれの時代は古代以降のどの文化時代とも異なる[125]。

したがって、「民族体」はギリシア人の肉体を模範としながら、スポーツを通じて鍛えられることになった。ヴェルナー・リティヒによれば、ブレカーの男性像は「スポーティに鍛えられ、力強く、エネルギーに満ちあふれた肉体の理想像を表現しており、それは今日のドイツの青年が目標としているものである[126]」。その「肉体的理想」はいまや、「夢想されているだけでなく、われわれのスポーツ場から、今日の人間から抽出され、標徴として提示されている[127]」というのだった。実際にも、スポーツ選手の肉体はしばしばギリシア彫刻のように提示された。たとえば裸体文化運動の流れをくみ、人種保護の観点から体操を重視したハンス・ズーレンの教則本『ドイツ人の体操』には、運動中の裸体の写真が数多く含まれているが、その肌は体毛がなく滑らかで、ブロンズのように輝いている[128]。

図 4-26　『民族の祭典』のプロローグ。ギリシア彫刻が円盤投げ選手に変化するシーン

ズーレンの肉体美の理想はギリシアの模範にしたがうもので、彼の考えでは、「高貴な裸体は模倣のための大きな刺激であり、そのことを古代ギリシア人はよく知っていた[129]」というのだった。またすでに何度か言及したように、ベルリン・オリンピックを撮影したレニ・リーフェンシュタールの映画『民族の祭典』のプロローグにも、ミュロンの円盤を投げる男の彫像が生身の人間に変身し、動きだすシーンがあり、ギリシア彫刻とスポーツ選手がオーバーラップする映像を通じて、古典古代と現代ドイツの同一化が効果的に表現されている。リーフェンシュタールの言葉を借りれば、そこでは「古典的形態の理想が今日の選手のいきいきとした実現に交替する[130]」。円盤を投げるスポーツ選手の肉体は、ほぼ全裸で明確な輪郭をもっており、その力強い動きによって、ギリシア彫刻の内部に宿るオリンピアの精神を現代に移しかえるのである[131]。こうして古典主義的な彫刻がアクチュアルなものとなる。リティヒによれば、それはギリシアへの先祖返りではなく、むしろ現代的な精神の表現にほかならなかった。ブレカーの彫像は「たしかにその肉体的外観においては古典古代の精神を担ってはいるが、とくに現代の人間を体現している[132]」というのだった。別の批評家が述べているように、この鍛え上げられた肉体は「近代的な、それゆえスポーティに感じられる古典美[133]」をあらわしており、そこでは古典性と近代性が同義

であった。前章でも検討したこの「近代の古典美」というべきイメージは、当時の広告にくり返し登場する。トーラクの『労働記念碑』を背景に配したメルツェデスの広告は、古典的彫像が近代技術と両立しうるものだったこと、いやむしろ近代化の原動力そのものを象徴していたことを示している。近代技術の粋を集めたメルツェデスは、男性裸像が象徴する「力強い美」の「表現」とされているのだ。「したがってまた、芸術の永遠の形態が再びわれわ

図 **4-27**　古典的な模範。化粧品の広告

図 **4-28**　「力強い美の表現」。近代性と古典美の同一視。メルツェデス・ベンツの広告

図 4-29　帝国スポーツ競技場の大衆演出。スタジアム前の広場で体操する無数の若者たち。1936 年

れの近くにあるのであり、ギリシアは……到達不能な模範ではなく、生きた現実なのである」[134]。

こうした彫像はまた、公共空間に設置されることで模倣のための刺激となり、「時代のシンボル」として国民全体に統合効果を発揮することになろう。前章でも引用した次の論評は、広場に設置される彫刻とそこに集まる群衆の関係について、ナチズムが明確な認識をもっていたことを示している。

群衆が理想をもつならば、彼らはその可視化をもとめ、広場の彫刻を彼らの統一の象徴として要求する。彫刻は、空間に放射して多くの人間を支配することができる。模写ではなく模範をもとめ、それによって人間を形成し、理想を告知しようとしている時代にあっては、彫刻が効果をもつ[135]。

彫刻が理想を告知するのは、その周囲に集まる人間の形成する秩序を通じてである。数多くの彫像を配したベルリンの帝国スポーツ競技場では、一万五〇〇〇人の健康な若者たちが整然と列をなして体操のパフォーマンスをくりひろげたが、その直線的な編成と斉一的な運動は、新しいドイツの「力と美」を表現していた。しかもこれを撮影したリーフェンシュタールの映像によって、大衆はみずからと向きあい、ナルシスティックな陶酔を味わうことになった。彼らがそこに見いだしたのは、鏡に映った自分たちの姿、若く健康で、たくましく鍛えられた肉体がつくりあげるモニュメントである。帝国スポーツ競技場で陣形を組む無数の身体はさらに、各経営のスポーツ場や生産ラインにも登場し、きめられた体操や作業を喜んでこなす無数の労働者に変貌する。「労働の美」局の活動を紹介した写真を見ると、「実行の社会主義」のもとで職場環境がいかに清潔で美しいものとなったかが強調されていることがわかる。新しい職場は遠近法にもとづく直線的な構成によって提示され、しばしば従来の乱雑な職場との対比を通じて、美しい統一的な秩序を印象づけている。オリンピッ

図 4-30　模範的な工場。遠近法で強調される美しく清潔な職場

図 4-31　かつての乱雑な職場(左)と緑の多い新しい職場(右)

図 4-32　職場を一新して「労働の喜び」を。「労働の美」局のポスター

クの会場を行進するスポーツ選手と同様に、ここでは労働者と機械が規律正しく運動しており、合理化された生産過程を賞賛する機能主義的な美学が提示されている[136]。ヴァルター・ベンヤミンは、そこに「政治の美学化」の行きつく先を見ていた。

かつてホメロスにおいてオリンポスの神々の見せ物であった人類は、いまや自分自身のための見せ物となった。人類の自己疎外は、自分自身の絶滅を第一級の美的享楽として体験できるほどにまでになった。ファシズムの推進する政治の美学化は、そういうところにまで来ているのだ[137]。

5　おわりに

マックス・ホルクハイマーとテオドーア・W・アドルノは、『啓蒙の弁証法』の序文で次のように述べ、考察の出発点としている。

進歩は退歩に逆転する。衛生的な工場地帯やそれに属するあらゆるもの、国民車やスポーツ宮殿などが、愚かにも形而上学にたいして破産宣告をしたとしても、それはまだ取るに足らないものだろう。だがそういったものが社会的全体のなかでそれ自身形而上学となり、現実の害悪を背後に押し隠すイデオロギー的なカーテンとなるとき、これはけっして見すごすわけにはいかない[138]。

この警句的な文章は、技術主義的な美学がナチズムによって絶対的な規範にまで押し上げられたことを看破している点で、大きな意義をもっている。だがベンヤミンの「政治の美学化」概念と同様に、ここではそうした美学がもっぱら現実を隠蔽するイデオロギーとして理解されており、そこに社会改造をもとめる積極的な要求が存在したことが軽視されているように思われる。これまで論じてきたように、ナチズムの社会政策は労働者の歓心を得るための空虚なプロパガンダだったわけでも、彼らを統制するための単なる手段だったわけでもなかった。労働者の脱プロレタリア化と社会統合をめざしたナチズムは、労働を美的価値の源泉ととらえ、労働者に労働の「名誉と威厳」を取りもどさせようとしただけでなく、そうした価値にふさわしい職場環境を形成する努力も行い、工場の美しく機能的な設備によって意識上の美学化に実体を与えようとした。そこには国民経済の最大限効率化をめざす現実的な意図も影響を与えており、こうした政治経済的な利害が美学的な関心と結びついて、技術的合理性を志向する生産美学が生まれたのだった。

もっとも、ナチズムの文化・社会政策にたいする労働者の反応は一様ではなく、その生産美学の影響についての評価も慎重になされねばならないだろう。労働生活を美化し、余暇活動を組織しようとした労働戦線の取り組みは、しばしば無関心の壁にぶつかり、ある程度の反響を呼んだのも、労働モラルの向上には直接結びつかないものがほとんどだった。ある経営における「労働の美」局の活動について、亡命社会民主党の『ドイツ通信』は次のように報告している。

経営内の美化で唯一実現したものは、あらたに設けられた四箇所の緑地であり、それは従業員がみずから築かねばならなかったものである。……労働者はそれを大変美しいと思っているが、こうした経営の美化をとくに評価していない。彼らにとっては、時給を上げてもらって、自分の庭を手に入れるほうがずっとありがたいことなのである。(139)

積極的に展開された「労働の美」局のキャンペーンも、無条件の服従や奉仕といった「ナチ的な志操」を労働者に植えつけることはできなかったのである。

だがウルリヒ・ヘルベルトもいうように、ナチズムは政治的同意を通じてではなく、経済的・社会的改善を通じて、労働者層を少なくとも懐柔したのであって、イデオロギー教化の失敗は、必ずしも国民統合の失敗を意味してはいなかった。(140)その統合力はむしろ、非同調的な労働者も視野に入れつつ、その物質的環境を操作する次元で働いており、そこでは労働者の同意に依存することなく、計算可能性や有用性の基準にしたがった合理的な管理がめざされたのだった。そのことは、「労働の美」局の機関誌に掲載されたある論説の次のような主張にはっきりと読みとることができる。

各々の作業工程が同一の時間単位のなかで、予定された生産リズムにしたがって遂行されるよう、労働を分割することが最初の課題である。それと同時に、最大限の経済性と合目的性をめざして、全作業工程が検査され、吟味されねばならない。……労働が狭い空間で、できるだけ少ない運動によって、低い力の消費のもとに遂行されるよう、機械と装置は合目的的に建造され、配置されねばならない。(141)

生産性の最大化のため、労働科学の最新の研究成果が利用され、機械や工具、照明や通気、作業着や作業椅子などの改善を通じて「職場の合目的的な整備」が進められただけでなく、生産ラインに配置される労働者も「的確で合目的的な労働の方法」[142]をとるよう要請され、産業心理学的に基礎づけられた合理的な職場環境の形成が行われた。こうして労働者の身体も交換可能な部品として生産過程に組みこまれ、機械や装置とともに環境要因として管理されることになった。労働科学研究所のテクノクラートたちは、「技術的合理化の可能性は技術的進歩に対応しうる民族を育成できるかどうかにかかっている」[143]と考えていたが、そこには作業ラインに配置される労働者も含めて、生産過程をトータルに合理化するという酷薄な技術万能主義・操作可能幻想が影を落としていたのである。

このように考えると、ナチズムの国家彫刻によって提示された理想的な男性像もまた、「民族体の合理化」という社会工学的なユートピアを表現したものと見ることができよう。そこでは芸術が、宣伝やスポーツ、人種衛生学、保健行政、社会政策や経済政策などと結びついて、「人間の品種改良」にたずさわることになったのである。ナチズムによる「政治の美学化」は、こうした身体の形成にかかわる様々な機制を再編し、国家という「芸術作品」の形成に動員することを意味していた。「新しい人間類型」として表象された労働者の身体は、抽象的で一般的な形態をもって提示されたが、それは現実の人間を超越し、彼らを無条件に従属させる技術的合理性の絶対化をあらわしていた。古典主義的彫像に表現された若くたくましい肉体は、技術的進歩をとげた「民族共同体」を担う近代的な「労働者」、最新の機械とともに生産ラインに投入され、高い業績を上げる「労働者」の姿を象徴していたのである。

第5章　親密さの専制

1　はじめに

第三帝国の支配をささえた決定的な要因は何よりもヒトラー個人の圧倒的な人気であり、彼のカリスマ性をぬきにナチズムを語ることは不可能である。彼は「民族共同体」を一身に体現する象徴であり、この漠然とした理念に方向と意味と形態を与える凝集力だった。(1) ヒトラーの人気はあらゆる社会階層で、労働者階級の間でさえもきわめて高く、国民投票に示された九割近い支持率は、「一つの民族・一つの帝国・一人の総統」というスローガンが単なる幻影でなかったことを実証している。

こうした支配のありかたについて考える場合、しばしば「カリスマ的支配」の概念がひきあいにだされる。マックス・ヴェーバーによれば、それは「超自然的もしくは超人的な、少なくとも特殊非日常的な、誰もがもちうるとはいえないような力や資質」を付与された指導者の「英雄性」(2) にもとづく支配である。この概念は多くの研究者によってナチズムに適用され、ヒトラー＝カリスマ的指導者というイメージが半ば常識化されるにいたっている。(3) だがそうしたカリスマ性の内実を具体的に明らかにした研究は少ない。大部分の研究者はヴェーバーの概念をそのまま適用して、ヒトラーの英雄性こそが彼の絶大な人気の中核を構成していたと主張している。「ヒトラー神話」を体系的に考察したイアン・カーショーでさえ、この言葉を「ヒトラーの『英雄的』なイメージ、大衆が彼にたいして抱いた概念」[4]という意味でもちいている。たしかにヴァイマル末期の破局的な経済状況と増大する政治不安のなかで、ドイツを危機から救い、その威信を回復する英雄的指導者が待望されたことは事実であり、そうした期待に後押しされて権力を握ったヒトラーが、その後の一連の内政・外交上の成功を通じて、英雄的指導者というイメージにたがわぬ行動力を発揮したことも否定できない。またとくにナチ党内部におけるヒトラーの地位を説明する上では、彼の英雄性が党内を統合する機能をはたしていたことも重要である。

だがヒトラーのカリスマ性を彼とドイツ国民の関係にまで拡大し、広範な大衆の目に映じたイメージを問題とする場合、彼がはたして英雄的指導者と見なされていたかどうかについては、さらに検討する必要がある。ヒトラーを超人に仕立て上げ、総統崇拝を制度化したのはほかならぬナチ体制の側であって、これを鵜呑みにできないことはいうまでもないだろう。ヨーゼフ・ゲッベルスは「総統神話」の創造をみずからの最大の宣伝的成果に数えているが、[5]彼のつくりあげたヒトラー像を民衆が無批判に受け入れていたかどうかは非常に疑わしい。さらにまた現代のカリスマが主にマスメディアを通じて影響を及ぼすことを考えれば、そのことを考慮に入れていないヴェーバーの概念のみによっては、ヒトラーの支配を十分に説明することはできないだろう。

こうした問題を考える上ではむしろ、次のような事実に注目しなければならない。すなわち、第三帝国が存続した一二年の間、ヒトラーの彫像が――胸像をのぞけば――まったく制作されなかったことである。[6]あれほど絶対的に崇拝され、ほとんど救世主の地位にまで高められたドイツの独裁者の彫像が存在しなかったのはなぜか。その理由については後で若干の推察を試みるが、この段階でいっておきたいのは、それがヒトラーのカリスマ性の核心にかかわる問題だということである。たとえばヒトラーとほぼ同時期に独裁体制を確立したスターリンの場合、生前からすでに巨大な全身像をつくらせており、好対照をなしている。この事実は、ヒトラーの支配の特性を解き明かす上で重要な示唆を与えてくれるように思われる。もっとも彫像が制作されなかったとはいえ、ヒトラーは絵画や写真には頻繁に登場したし、レニ・リーフェンシュタール監督の党大会映画『意志の勝利』では主役を演じており、彼のイメージがたえず人々の目にふれていたこともたしかである。彼個人の彫像がつくられなかったという事実はむしろ、第三帝国におけるメディアの全体的な布置状況のなかで考察する必要があり、そこからカリスマの具体的な現象形態が解明されなければならないだろう。

従来のナチズム研究では、ナチ体制下のメディアの全体的関連が問われていないため、こうしたヒトラー像の多様性が十分に明らかにされたとはいいがたい。多くの研究は『意志の勝利』などに見られる英雄的なイメージのみを扱っており、こうした理想像がいかに演出されたものであったかを解明することに精力を注いでいる。だが広範な大衆の心をとらえたヒトラーの魅力を演出や操作という言葉だけで理解することはできないし、多くのドイツ人は演壇で獅子吼する総統の姿に魅せられたがゆえに彼を信頼したわけでもなかった。かといってヒトラーの個人史のなかに原因を探り、彼の個性が発散する独特の魅力をいくら分析したところで、国民レベルでの総統崇拝のメカニズムは解明できないだろう。彼が国民の信頼をかちとった理由を明らかにするためにはむしろ、映画、写真、絵画、彫刻などといった各種のメディアに見られるイメージの差異にも目を向けながら、ヒトラー像の具体的な様相を明らかにする必要があろう。この点に関していえば、第三帝国の「美しい仮象」を包括的に考察したペーター・ライヒェルの研究もまた、具体的なイメージを分析していない点で不十分である。[7] これにたいしてルドルフ・ヘルツのような研究者が提示したヒトラー像はもう少しアンビヴァレントであり、そこではヒトラーが必ずしも超人として国民の目に映じていたわけではなかったことが指摘されている。[8]

このような観点から以下では、ヒトラーの彫像が存在しなかったという事実を手がかりに、各種のメディアに提示されたヒトラー・イメージの具体的様相を明らかにし、これを通じて彼のカリスマ性の意味を画定していきたい。それはヴェーバーの時代以後のカリスマのありかたについて、何らかの知見をもたらしてくれると思われる。

2　ヒトラーの肖像

ヒトラーの死が公表された一九四五年五月一日の夜、アルベルト・シュペーアはトランクのなかにヒトラーの肖像写真の入った赤い革の小箱を見つけた。「写真を立てたとき、急に泣きたい衝動に襲われた。それが私とヒトラーの関係の終わりだった。いまようやく呪縛が解け、彼の魔力が消えたのだ」(9)。総統のお抱え建築家であったシュペーアは、ヒトラーを「古代伝説の英雄」のような存在、「ドイツ史上最大の人物」(10)と見なしていたが、それにしてはまるで恋人の死を悼むかのような情景である。このとき彼の涙腺をゆるませたものはいったい何だったのか。

シュペーアの見ていた肖像写真は、まずまちがいなくハインリヒ・ホフマンの撮影によるものであった。ホフマンはヒトラーの古くからの側近の一人で、第三帝国期には帝国写真報道官として独占的な権限をもち、「われわれすべてのために総統を見る」(11)地位にあった。彼の写真は新聞、雑誌、写真集、ポスター、絵葉書など、様々な媒体で広く流布し、公的なヒトラー像の形成に決定的な役割をはたしたが、そのうち最も代表的な写真の一つは、ヒトラーを斜め前から撮影した半身像である。そこでは険しい表情で前方を凝視し、右手を腰にあてて直立不動の姿勢をとったヒトラーが、照明によってくっきりと浮かび上がっている。何者も寄せつけないような冷然とした態度、端正に整えられた制服、暗く単調な背景など、あらゆる要素が彼の個性を排除し、一般性を志向している。しかもここでは、ヒトラーをやや下から見上げるまなざし――「理想化する視線」(12)――が彼の威厳を高めている。つま

図 5-1　ヒトラーの肖像。ハインリヒ・ホフマン撮影の写真

図 5-2　ハインリヒ・クニーア『総統像』。大ドイツ芸術展に出展された肖像画

りこれは、ヒトラー個人を撮影したものではなく、彼をもっぱら「総統」として様式化した写真であり、ここで彼はまさに一個のシンボルと化しているのである。

　このような様式化されたヒトラー像は、とりわけ絵画に典型的な表現を見いだした。ナチ党公認の大ドイツ芸術展にはヒトラーの肖像画が何点か出展されているが、それらはみな一様に総統の一般的・抽象的イメージを強調している。[13] たとえばハインリヒ・クニーアの『総統像』を見てみると、こわばった表情、様式化されたポーズ、具象性に乏しい背景など、ホフマンの肖像写真に見られた諸要素がくり返されているのがわかる。それどころか、明らかにホフマンの写真を下敷きにして描かれたと思われる作品もあった。いずれの肖像画にも共通する特徴は、ヒトラーがつねに無表情で直立し、具体的な活動をしていないことである。表情やポーズの硬さは、彼が総統として象徴的な意味を担っていることを示している。しかも、きわめて細密かつ写実的な画法が伝達されるべき意味を自明化し、彼のイメージを唯一無二のものにしている。そうした公認の肖像画が、ヒトラーを国家

図 5-3 『意志の勝利』の 1 コマ。行進を観閲するヒトラー。下から見上げるアングルで撮影されている

の象徴に仕立て上げようとするものだったことは疑いない。だがここで注意しておかねばならないのは、絵画が大衆に及ぼす政治的効果は限定的で、宣伝手段としての利用価値もそれほど高くないことである。ナチズムが難解な近代絵画にかえて具象的な「ドイツ芸術」を提供し、大衆に芸術参加の機会を開いたことは重要であるが、絵画は本質的に美術館に鎮座する高級芸術であって、大多数の人々にとっては依然として接近が困難な対象であった。そもそも絵画は室内で個人的に鑑賞されるため、複製を通じた間接的な鑑賞を含めて、一度に多くの人々の目にふれることはない。

一方、ヒトラーが登場する記録映画やニュース映画にも、同様の様式的なイメージを見いだすことができる。とくに党大会を撮影した映画『意志の勝利』では、ヒトラーは飛行機にのって空からニュルンベルクに舞い降りてくるのであり、救世主の到来のような印象を与えている。(14) リーフェンシュタールのカメラは多くの場合、空を背景に前方下から見上げるようなアングルでヒトラーをとらえており、ルイトポルト競技場で腕を組んで行進を見下ろすときの真剣な表情や、ニュルンベルクの広場で右腕をのばして行進を観閲するときの毅然とした態度など、彼をまさに英雄として理想化している。だがこの映画をさらに注意深く見てみると、これとは別のイメージが提示されていることに気づく。それはたとえばヒトラーが飛行機から降り立って最初に姿を見せる場面や、伝統的な衣装でニュルンベルクにやってきた農民に挨拶する場面など、民衆と接する際の彼の表情に笑みが浮かんでいることである。またヒトラーを迎える民衆の側にしても、総統の姿を一目見ようと身をのりだしたり、右手を上げて彼に熱い視線を送るなど、人々の表情は笑顔に満ちあふれている。それは独裁者に忠誠を誓う従者というよりはむしろ、アイドルに声援を送るファンの姿に近い。同じような親密な雰囲気は、ベルリン・オリンピックの記録映画『民族の祭典』にも見られる。ヒトラーが登場する場面はそれほど多くないが、彼はほとんどスタジアムで競技の観戦に熱中しており、顔を輝かせて声援を送るその姿は無邪気そのものである。ここでは孤高の指導者の冷然とした態度は消え失せ、親しみに満ちた人間的な表情が強調されているのである。一般に映画は大衆的受容を特徴とする政治的メディアであり、絵画にくらべては

図5-4 『意志の勝利』の1コマ。飛行場に降り立ち，迎えに笑顔でこたえるヒトラー

図5-5 『民族の祭典』の1コマ。笑顔で競技を観戦するヒトラー

るかに多くの人々に影響を与えることを考えれば、ここに見られる親密さの意味を考えることは、国民の目に映じたヒトラーの魅力を考える上で重要な手がかりとなるように思われる。

人間味にあふれたヒトラー像は、実は写真においても重要な役割をはたしていた。ホフマン監修の写真集『アドルフ・ヒトラー』には、党大会その他の式典で演説するヒトラーの姿とともに、彼の私生活、とりわけオーバーザルツベルクの山荘での生活を紹介した写真が数多く見られる。(15) 公の場での威厳あるイメージとは対照的に、私人としての彼はあまり制服を着ておらず、表情もなごやかで、民衆や子供たちと気さくに談笑している。一枚の写真につけられたキャプションが、こうした牧歌的なイメージにこめられた意味を要約している。すなわち、「総統も笑うことがある」(16) のである。この写真集は少なくとも六〇万部発行されたが、そのほかにも山荘で休暇をすごす彼の姿に焦点をあてた写真集がいくつもあり、『知られざるヒトラー』、『日常を離れたヒトラー』といった写真集は、いずれもホフマンの監修で数十万部発行されていた。(17) これらに収録された写真が新聞、雑誌、絵葉書などにも再利用されたことを考えると、笑顔で民衆とふれあうヒトラーの姿は当時誰もが目にした一般的なイメージであったといえるだろう。しかもメディアの特性からいえば、写真と映画は情報および娯楽の媒体として二重の役割をはたすため、民衆の日常生活に浸透しやすい傾向がある。芸術を理解しえない大衆も、映像の具象性には心を動かされるし、娯楽の対象として大量に消費される映像は、必然的に民衆の趣味を反映する。肖像画における様式化されたイメージとは対照的に、写真と映画は親密さを強調することによって、ヒトラー像を「民主化」する役割をはたしたのだった。

それではヒトラーが私生活で垣間見せる人間らしさは、いったい何を意味していたのだろうか。写真集『アドルフ・ヒトラー』の解説によれば、山荘での生活は彼が多忙な公務の合間に自然と芸術を享受し、「偉大な創造的思考」(18) を培う時間とされていたが、それはまた民衆にとっては彼を間近に見ることのできる機会でもあり、山荘の周囲にはいつも多くの人々が押し寄せていた。ヒトラー・ユーゲントやドイツ女子青年団のグループがオーバーザルツベルクを集団訪問しただけでなく、歓喜力行団のツアーもこれを訪問先の一つに加えていた。総統を一目見ようとやってきた人々のなかで、彼と直接話をする幸運に恵まれたのはたいてい子供たちであり、彼らは散歩中のヒトラーに近寄って花束をわたし、サインや握手をしてもらったり、一緒に記念写真を撮ってもらったりすることがで

図 5-6　休暇中のヒトラー。ホフマン監修の写真集

図 5-7　「総統も笑うことがある」

図 **5-8**　山荘の前で訪問者に会釈するヒトラー

図 **5-10**　「少年が病床の母親の手紙を総統に手わたす」

図 **5-9**　子供たちと記念写真を撮るヒトラー

きた。[19]「少年が病床の母親の手紙を総統に手わたす」[20]というキャプションのついた写真には、純真な少年の願いを親身になって聞いているヒトラーの姿が見られる。それは彼に子供の気持ちを理解する善良な心があること、つまり総統と民衆の近さを強調している。われわれと同じ心をもつヒトラーならわかってくれる、彼に直接訴えれば何とかなるかもしれないというわけである。こうした親密なイメージによって、党と国家の公的世界が素朴な民衆の世界と結びつけられ、すべての人々に総統への道が開かれているという幻想が生まれる。[21]写真集『知られざるヒトラー』の序文で、ヒトラー・ユーゲントの指導者バルドゥーア・フォン・シーラッハはこの点に言及し、「アドルフ・ヒトラーの本質をなす最も顕著な傾向」として、「力と善良さ」[22]という二つの特徴を挙げている。

ヒトラーが自動車でドイツ中を走っているときも、道路工夫の歓声につつまれているときも、殺された同志の宿舎で動揺し震撼しながら立ちつくしているときも、つねに彼にはこうした崇高さと深い人間性が見られるのであり、それは年齢を問わず、彼にはじめて出会った人々にしばしば言葉を忘れさせるものである。……これらの写真を告白として広い心で見る者は、おそらくこのたぐいまれな人間の秘密を予感し、理解するだろう。ここには人を熱狂させる総統だけでなく、偉大で善良な人間が示されている。[23]

いうまでもないことだが、彼が本当に偉大で善良な人間であったかどうかなどということは問題ではない。社会学的な見地からすればむしろ、そうしたイメージが写真によって現実性をおびたことのほうが重要である。ヴァルター・ベンヤミンが指摘するように、写真は複製技術の産物であるにもかかわらず、いまここにしかないという真正さ、すなわちアウラをおびる傾向がある。[24]それは一つには写真が「過去の現在化」というべき性質をもち、被写体が過去のある時点でたしかにカメラの前に存在していた事実を証明するためである。ベンヤミンはむしろ絵画や彫刻のなかにアウラを見いだすのであるが、彼も認めているように、写真のもつまぎれもない現実性はときに絵画

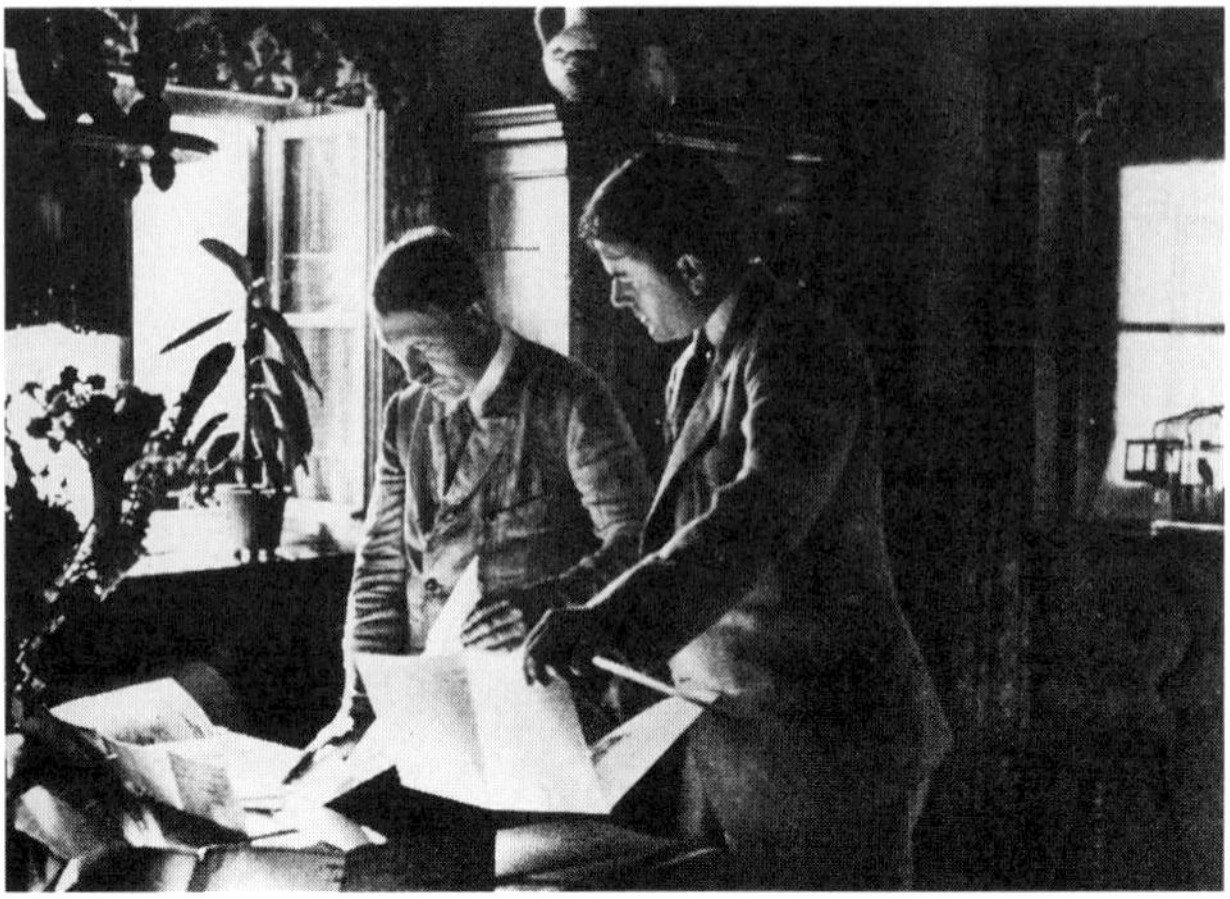
図5-11　ヒトラーとシュペーア。山荘での図面の打ちあわせ

や彫刻のそれを凌駕し、とくに肖像写真の場合、撮影された人物に同一化しようとする心性を喚起しがちである。恋人や故人を追憶するとき、写真が個人的な感情につき刺さってくるのはそのためである。

シュペーアの涙腺がゆるんだのは、こうした写真特有の性質によるところが大きかったと思われる。ただし彼が見ていたものは、そこに写っているヒトラーの姿そのものではなく、その背後にある何かであった。彼は次のように回想している。

私にとって護民官アドルフ・ヒトラーのイメージは、私の記憶に蓄えられた無数の細々とした事柄のゆえに、いまもなおまったく厄介で、はっきりと明確にできないイメージである。私には、第三者の距離が欠けているのだ。[25]

一二年の長きにわたってヒトラーの身近にあったこの建築家は、最後まで彼の個性が放つ魅力に取りつかれていた。総統の側近として、またオーバーザルツベルクでの隣人として、シュペーアは身近な者だけが知りうる彼の人間性にふれていたはずである。肖像写真を見たとき、彼はヒトラーと親しく語りあった日々のことを追憶していたにちがいない。彼は述べている。「もしヒトラーに友人がいたとすれば、私がその友人だっただろう。私の青春時代の喜びと栄光も、その後の恐怖と罪も、ともに彼のおかげである」[26]。

もちろんシュペーアは最高の地位にあった人物であり、民衆のヒトラー体験をこれと同列に論じることはできない。だが上で見たように、当時の一般大衆も写真や映画によってヒトラーの日常生活を知ることができたし、そこに提示された親密さに惹かれた者も少なくなかったようである。ある女性は映画で彼を見た印象を次のように説明している。

私はただ映画館のなかで彼を見たにすぎませんが、それは彼がオーバーザルツベルクにいる映像で、小さな女の子が彼に花束をわたしていました。私は館内に座っていて、泣けて仕方がありませんでした。(27)

この証言は、メディアの提示するヒトラーの人間性が人々の感情に強く訴えたことを示しているが、それこそが彼の魅力だったといいきるには、慎重を期するべきだろう。彼を英雄として理想化した公式のイメージもまた、民衆の意識のなかで大きな役割をはたしたはずだからである。たしかにヒトラー像を構成する「偉大さ」と「善良さ」はコインの両面であって、両者を切り離して論じることはできない。だが前者については多くの研究者が十分に論じており、その意義が過大視されがちな現状をふまえて、ここではむしろ後者に焦点をあてることにしたい。民衆のヒトラー体験において親密さのイメージが決定的な役割をはたしたこと、これを明らかにすることが次の課題である。

図 5-12　ヒトラーに花束をわたす少女

3　親愛なる総統

ナチ党幹部の公式の発言のなかで、ヒトラーはしばしば英雄的・神秘的な姿をもって登場した。ヘルマン・ゲーリングがヒトラーを「ドイツの救世主」と讃え、「神があなたをドイツのためにわれわれにお遣わしくださった。あなたはドイツ民族を深い闇から救い、帝国を輝かしい栄光へと導いてくださった」と謝辞を述べただけでなく、ローベルト・ライもまた「私はこの地上でアドルフ・ヒトラーのみを信ずる」と誓約し、総統への信仰告白を行っている。[28] ゲッベルスによって包括的な「総統神話」に仕上げられた彼のイメージは、ナチズムの政治的想像力の中核を形成することになったが、そのシンボリズムはアレゴリーにもとづいており、あらゆるものがヒトラーの公的身体に投影された。一九三四年の党大会で総統代理ルドルフ・ヘスが語ったように、ヒトラーは「総統」であると同時に「党」であり、「ドイツ」でもあった。[29] こうした疑似宗教的な総統崇拝の実演の舞台がニュルンベルク党大会であり、そこでヒトラーは党と国民を統合する救世主のごとき存在として登場したのだった。一九三六年の党大会で彼は次のように断言している。「何百万人のなかから……諸君が私を見いだしたこと、これぞ現代の奇跡！私が諸君を見いだしたこと、これぞドイツの幸福！」。[30]

こうした超人的指導者というイメージ、総統と国民の一体性という神話が、ナチ党によってつくりだされたものであることはいうまでもない。党の幹部や活動家たちが表明したヒトラーへの賛辞は、自分の権力を彼に依存していることからくるお世辞であると同時に、彼ら自身の総統崇拝の反映、つまり総統に忠誠を誓った彼らのナルシシズムの表現でもあった。[31] だとすれば、ナチズムを必ずしも全面的には信奉していなかった大多数の国民が、そうした体制側の提示する公式のヒトラー像をそのまま受け入れたとは考えにくい。実際、民衆の目に映じた彼の姿は、こうした超人的指導者というイメージとはかなり異なっていた。ヒトラーを目撃した人々の証言は、そのことを裏づけている。(32)宣伝とたがわぬ印象を受けた者がいる一方で、多くの目撃者はヒトラーが普通の人間に見えたと述べている。ある教員は当時を回想して「彼はまさしく著名人でしたが、とくに英雄のような感じは受けませんでした」と述べているし、「彼が普通の人間に見えたのが不思議でした」(33)と述べる主婦の証言もある。アメリカ人ジャーナリストのウィリアム・シャイラーの記述はさらに具体的である。

彼は車に立って、右腕でやや弱々しいナチ式敬礼をして熱烈な歓迎にこたえながら、左手で帽子をいじっていた。かなり着古したギャバディンのトレンチコートを身にまとい、顔にはとくにこれといった表情はまったくなかった――もっと強烈な印象を期待していたのだが。熱狂的に歓呼するヒステリー状態の暴徒のなかに、彼は疑いなく隠れた情念の泉を解き放ったのだが、私にはどうしてもその正体がつかめなかった。群衆の前に立ったヒトラーには、私がムッソリーニに見たような芝居じみた傲岸さはない。喜ばしいことに、彼はドゥーチェのように顎をつきだして頭をそり返らせたり、生気のない目つきをしたりしなかった――それでも彼の目つきにはやはりどこか生気のないところがあって、それが彼の顔のなかで最も強い印象を与える。彼は控えめな態度を演じているかのようだった。それが本物かどうか疑わしい。(34)

多くの人々は、実物のヒトラーを見てぱっとしない印象しか受けず、公式のイメージとの落差に驚きととまどいを覚えたのだった。(35)とはいえ、こうした印象がヒトラーの魅力を高めていたことにも注意しておかねばならない。彼を見て「かわいい人ね」(36)と述べた女性の例が示すように、ありふれた人物に見えたからこそ愛着を感じた者もいたのである。ヒトラーの人気の基盤がこうした親密さにあったことは、様々な手がかりから推測することができる。その一つが、いわゆる「国民的キッチュ」をめぐる問題である。

図 5-13　「キッチュ法」の制定を報じる 1933 年の新聞記事。ヒトラーの絵のついたクラッカーや紙コップ，ハーケンクロイツのマーク入りの飴などが紹介されている

「国民的キッチュ nationaler Kitsch」とは、ヒトラー政権成立とともに氾濫したナチ関連グッズ、すなわち「国民的シンボルのキッチュ化と悪趣味な物品」(37)をさし、党と国家への冒瀆として取り締まりの対象となったものである。そこにはハーケンクロイツのマーク入りの灰皿やマグカップ、飴やチョコレートから、ヒトラーの絵のついた紙コップやクラッカー、彼の頭部をかたどったビアジョッキまで、ありとあらゆるものが含まれていた。『ベルリン絵入り新聞』はこの問題を次のように報じている。「一月三〇日以降の数ヶ月間、産業界全体が繁盛している。だがその基礎は不健全で、経済を利する以上に国民を害している」(38)。国民的シンボルが商売熱心な人々に利用され、冒瀆されることにたいしては、ナチ党から再三にわたって警告的な指示がだされ、ベルリンでは「国民的キッチュ撲滅キャンペーン」も展開された(39)。はやくも一九三三年五月には「国民的シンボルの保護のための法律」、いわゆる「キッチュ法」が制定され、党指導者の肖像やハーケンクロイツなどの「品位を傷つける」ような利用、とりわけ商売目的の使用が処分の対象となった(40)。だがそれにもかかわらず、こうした商品の流通に歯止めはかからなかった。そもそもこれらの商品はけっしてナチズムを嘲弄する意図をもって生産されたわけではなく、むしろ新政権誕生の祝賀ムードとヒトラ

ーへの素朴な共感、さらには一儲けを狙った製造業者の利害とが結びついて生まれたものであり、業者のなかには公的な認可を得ようと宣伝省に商品を送る者までいたという[41]。ナチズムがこの種のキッチュにアレルギー反応を示したことは、公的な総統崇拝と民衆の感情のずれを浮き彫りにしている。つまり民衆がヒトラーに抱いた感情は、たとえそれが好意的なものであっても、ナチズム側からすると必ずしも望ましくない性格をもっていたのである[42]。

もっともこうした素朴な感情の効用を認識していた宣伝省は、キッチュの規制に関してかなり柔軟な姿勢をとったようである。たとえばハーケンクロイツつきの年賀状やクリスマスツリー、ライトで光るヒトラーの肖像などは許可された[43]。キッチュの氾濫はその後も事実上黙認され、国家の象徴への冒瀆として問題視されることはあっても、徹底した措置は講じられなかった。新聞報道によれば、フランクフルトの年の市では一九三六年にも公然と「キッチュな総統の胸像」が販売されていたという。

広範な大衆とあらゆる住民層が訪れる市で、最悪のキッチュを販売するのを許可する……ことが何の役に立つというのか！　だがもっとひどいのは、これらの犬や猫、天使やキッチュな聖母の像の間に、あまりにも劣悪な総統の胸像がならんでいることである。われわれはこの胸像が即刻撤去されることを要求する[44]。

親衛隊保安部の報告によれば、「年の市や古書籍商、古道具商における総統像の販売」は、ナチ党員だけでなく広範な住民層からも「総統像のキッチュ化」と見なされ、「国民的

図 5-14　ヒトラーのビアジョッキ

な象徴や図像と安いがらくたやキッチュな商品とを混同するもの」[45]として批判された。だがそれにもかかわらずこうした商品の販売が黙認されたのは、とくに「教会になおも強く結びついている地方」では、それが専門店に行くことのできない「素朴な住民層」[46]にも総統像を購入する機会を提供していたからである。ゲッベルスはこの点を率直に認めている。「したがって、地方のカトリックの世帯から総統像がまったくなくなってしまうという危険を冒すよりは、そうしたキッチュ同然の商品に目をつぶるほうがよい」[47]。総統を冒瀆するような商品であっても、景気に与える影響は無視できなかったし、広範な国民層にシンボルを普及させるキッチュの宣伝的効用を、ゲッベルスは明確に認識していた。宣伝大臣のプラグマティズムは、豚脂でできた総統の胸像のようなものまでも許容したのだった。

ヒトラー像の取り扱いをめぐっては、当局によってさらに具体的な指針が定められていた。ドイツ労働戦線の「労働の美」局が発行したハンドブックには、彼の肖像を職場でどのように掲げるべきかに関する次のような解説がある。「総統の肖像は崇拝のシンボルである。乱雑な壁面はこれを掲げるのに適していない」[48]。解説はさらにつづけて、二つの例を写真入りで紹介している。工場の梁に肖像を掛けているのが悪い例であり、食堂の壁面に掛けているのが良い例とされているが、興味深いのは、良い例に写っている人々が誰も肖像に目を向けていないことである。説明文は次のように解説している。

この総統の肖像――彼が空軍元帥ゲーリングと帝国大臣ゲッベルスと一緒にいるところを撮影したもの――を見る者はめったにいない。そしてまさにそのことを従業員たちは誇りに思っているのである。[49]

これ見よがしの肖像よりも、人目をひかない落ち着いた雰囲気の肖像のほうが好ましいというわけであるが、この説明は次のような判断にもとづくものと見ることができるだろう。すなわち、ヒトラーを崇拝の対象とするよりも、親しみと共感を呼び起こすような肖像のほうが人々の感情を揺さぶりやすいという判断である。写真のなかの肖像が孤高の総統ではなく、椅子に座って側近と談話する彼のうちとけた姿を提示していることも、それを裏づけている。

ヒトラーへの親近感を強調しているのは、このハンドブックだけではない。たとえばパウル・M・パドゥアの絵画『総統が語る』には、ラジオ演説に耳を傾ける家族の様子が描かれているが、部屋の片隅に掲げられた肖像はいまにもはがれ落ちそうであり、これに目を向けている者もいない。ここでも彼の肖像は崇拝すべきものというより、愛着の対象として提示されている。しかもこの絵からは、苦しい生活のなかでヒトラーに希望を託す切実な思い、あるいは彼への感謝のようなものも伝わってくる。このような感情が——実際にとくに貧しい階層の間で——見られたことを示す例としては、ある老人の生活に関する党活動家の報告が挙げられる。

彼は昨年の冬に冬期救済事業団にたっぷり援助をしてもらい、冬期救済事業団を総統の最もすばらしい仕事だと賞賛している。この老人はきわめてみすぼらしい部屋

図5-15　総統像の掲げかた。良い例（上）と悪い例（下）。「労働の美」局発行のハンドブック

に住んでいるが、すすけたまま久しく塗りなおされていない壁には総統の肖像が飾られている。(50)

次の証言も印象的である。

隣の婦人はヒトラーの肖像をほかのものとならべて壁に掛けていました。そしてヒトラーが演説すると、彼女は「本当にラジオを愛撫したくなるほどよ」といっていました。(51)

図 5-16 パウル・M・パドゥア「総統が語る」。演説に耳を傾ける農家

図 5-17 総統像に花を捧げる農民。1935 年の収穫祭

こうした素朴な感情に配慮して、党の宣伝機構も総統と民衆の結びつきに焦点をあてていた。とくに強調されたのは、ヒトラーが民衆の出身であることだった。彼自身、自分のことを「諸君のうちから身を起こした者」と説明し、「私もまた民衆の息子だ[52]」と語っている。帝国報道長官オットー・ディートリヒによれば、彼は「民衆のなかから生まれ、いまもなお民衆とともにある」。「およそ死すべき者として、民衆から生まれた男、アドルフ・ヒトラーほど民衆に愛され、信頼された者はいない[53]」というのだった。総統神話の創作者をもって自認したゲッベルスは、さらに進んでヒトラーの人間らしさに焦点をあてている。この機略に富んだ宣伝大臣は、ヒトラーをビスマルクに対比することさえ躊躇しなかったが、あまりにも彼の偉大さを強調しすぎると、人間らしさを押しつぶしてしまう危険性があることも十分に認識していた。そうした判断から、彼は側近には知られていても国民には十分に知られていない総統の人間的な魅力を紹介することに精力を注いだ。ゲッベルスがくり返し強調したのは、ヒトラーがいかに深く子供を愛しているかということだった。

図5-18　小さな子供も彼に近づく。右端にヒトラーの手が写っている

全国民は尊敬だけでなく、深い心からの愛情をもって彼と結びついている。国民は彼が自分たちに属しており、肉体も精神も自分たちと同じであると感じているからだ。……彼は民衆からでて、民衆のなかにとどまっている。……小さな子供も親しげに信頼して彼に近づく。彼が友であり保護者であることを感じているから

だ。だが全国民は彼を愛する。母親の腕のなかの子供のように、国民は彼の手のなかで安心するからだ。[54]

家族愛をひきあいにだすことによって、ヒトラーと民衆の関係は親密さをおびるのである。もちろん「深い心からの愛情」というのは甚だしい誇張であるが、ゲッベルスの賛辞が民衆の感情をある程度まで代弁していたことは、ヒトラー誕生日への反応によっても明らかである。この日はドイツ全土が祝賀ムードに沸いた。党幹部が美辞麗句に満ちた祝辞を読み上げたばかりでなく、街路は旗で埋めつくされ、各地で祝賀パレードが挙行された。どの家も花を飾って祝意を示し、商店のショーウィンドーには花と月桂樹の葉をあしらったヒトラーの肖像画が飾られたという。ある地方紙が報じているように、それは「楽しい民衆の祭典[55]」といった様相を呈していた。一枚の写真は、総統の肖像を教室に掲げる生徒たちの様子を写している。伝統的衣装に着飾った彼らは楽しげであり、誕生日を質素ながらも親しみをこめて祝っているように見える。この様子からも、民衆がヒトラーを身近な共感の対象と見ていたことが推測できるだろう。それは尊敬や畏敬の念などというよりはむしろ、総統との結びつきをもとめる素朴な親しみの感情であり、ある意味では家族や恋人への思いにも通じるものであった。このことは、連日何千ものファンレターや贈り物がヒトラーのもとに届けられ、しばしば女性からラブレターが寄せられたことによっても例証される。この日の祝辞の結びでゲッベルスがもちいた感傷的な呼びかけの言葉は、こうした親密な雰囲気を的確に表現したものといえるだろう。「われらはあなたに手をさしのべて誓います。われらにとって今日のあなたは、いつまでもわれらのあなたでありつづけます。われらのヒトラー！[56]」。多くの国民は、次の少女と同じようにヒトラーを見ていたにちがいない。

私たちは少女団としてヴィルヘルム広場に立ち、ハイル、ハイルと叫びました。「親愛なる総統はとても優しい人、どうか窓辺に来てください」。彼の姿を見て私たちは喜びました。[57]

こうした親密な雰囲気は、体制が安定期を迎えた一九三〇年代中頃からしだいに後退していき、やがてきまりきった儀礼的賛美へ転化することになる。とくに戦争がはじまると、ヒトラーは総統本営にひきこもって国民の前に姿をあらわさなくなったため、ますます遠い存在となっていった。これを逆宣伝にもちいたゲッベルスは、ヒトラーを現代のフリードリヒ大王になぞらえ、はるか遠くの地で国民のために戦う孤独な英雄というイメージをつくり

図 5-19　ショーウィンドーの飾りつけ。ライン地方のカフェ。1937 年

図 5-20　ヒトラーの誕生日を祝う生徒たち

図 5-21　少女たちのアイドル。1938 年のブレスラウ体操・スポーツ祭

あげている。だが実際は、総統と民衆の関係が疎遠になったために英雄的なヒトラー像が中心を占めるようになったのであって、多くの人々はあいかわらず総統との接触をもとめていた。彼の人気が頂点に達した一九四〇年にも、親衛隊保安部の世情報告は次のように伝えている。

　総統の映像のないニュース映画は見ても仕方がないと思われたのは、まったくそのとおりである。人々は総統の様子はどうか、深刻なのか笑っているのかをいつも知りたがっている。ニュース映画で長い間「総統の声」を聞けないことにも、人々はたいてい非常に失望している。[58]

ヒトラーが国民から遠ざかり、偉大さを強めていく一方で、人々は依然として彼とのふれあいを渇望していたのだった。彼がほとんど公の場に登場しなくなった一九四三年には、親衛隊保安部は次のような報告を行っている。

　総統があまりにも長い間「不可視」でありつづけることは好ましくない。国民はかなり頻繁に彼について何か伝えてもらうことで、総統との身近で人間的な関係を確認したがっている。……総統がかつての噂とは異なり、まったく白髪でないことを確認させてくれるような映像は、多くの闘争スローガンよりも民族同胞の動向に良い影響を与えるだろう。それゆえ、非常に公的な行事や軍事的な協議の場面だけでなく、もっと個人的な生活状況――かつてのような飯盒炊さんや散歩の場面など――のなかで総統を提示し、たとえば彼の日課の報告や発言・意見の再現によって、総統と民衆の結びつきをいきいきとしたものに保つことが何度も提案された[59]。

この報告が明らかにしているのは、ヒトラーが私生活で垣間見せる人間らしさこそ、民衆のもとめるものだったことである。彼の人気の根底にあったのは、尊敬や畏怖、ましてや恐怖などではなく、むしろ親しみと共感、「総統の姿を見たい」という素朴な感情だったといえよう。

民衆のヒトラー体験において親密さが決定的な役割をはたしたとすると、彼のカリスマのありかたについても、従来とはちがった角度から再検討する必要が生じてくる。以下では、ヒトラーの彫像が存在しなかった理由を含めて、彼のカリスマ性の意味を解明していくことにしたい。

4　親密さの専制

ヒトラー自身、民衆との結びつきが何よりも重要なことを自覚し、独裁者のような印象を与えないよう十分に注意を払っていた。「私は独裁者ではなく、わが国民の指導者でありたい！」[60]という発言には、彼の自己理解が端的に表現されている。そうした印象を演出するためには、「庶民との接触はいくらしても十分ではない」[61]というのだった。彼は「無名の兵士」、「一人の労働者」にすぎないと語りかけ、普通の人間というイメージを崩さないようにふるまった。こうした自己演出の背景を考える上で非常に興味深いのは、彼が『卓上語録』のなかで展開している

図 5-22　「私は独裁者ではなく，わが国民の指導者でありたい！」。1936 年の新聞記事

ナポレオン批判である。「ナポレオンの最大の過ちは……『第一統領』という称号を捨てて『皇帝』を名のるという趣味の悪さにあった[62]」。ヒトラーによれば、ナポレオンはこれによって彼をフランス革命の体現者と見ていた人々を裏切ったのだという。「もし私が突然金色の四輪馬車にのり、『皇帝』としてミュンヘンの町を走ることを望んだとしたら、ミュンヘン市民、いや全世界にどんな影響を与えるだろうか[63]」。意外に冷静な認識というべきであろう。たしかに今日的な価値観からすれば、ナポレオンの行為は反動以外の何ものでもない。ヒトラーはもちろんフランス革命の理念には共鳴していなかったが、少なくとも皇帝を名のるような「趣味の悪さ」はなかった。逆にいえば、彼は何らかの「趣味」をそなえていたのであり、そこにこそ国民の目に映じた彼の魅力があったと思われる。

　この趣味とは、専制君主の権力誇示とは対照的に、謙虚さや質朴さを美徳として強調するものだった。実際にも、ゲッベルスはくり返しヒトラーの質素な暮らしぶりを強調していたし、ライは次のように述べて総統の人間性を賞賛していた。

アドルフ・ヒトラーについて最も偉大なことは、おそらく次のことである。すなわち、彼は今日これほど大きな権力を手にしているにもかかわらず、最も素朴で謙虚な人間であり、すばらしい美徳をもった同志かつ兵士でありつづけているのだ(64)。

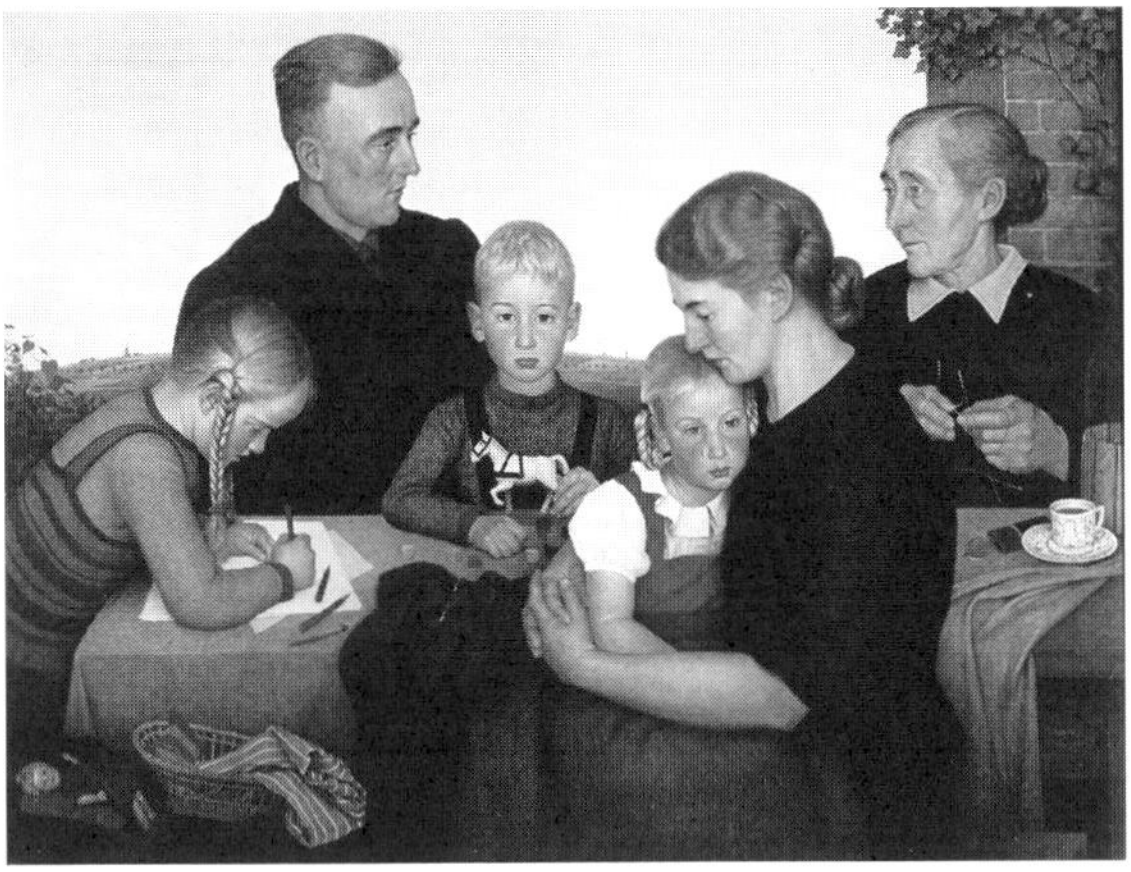

図5-23　アドルフ・ヴィッセル「カーレンベルクの農家」

民衆の感情に配慮して、ヒトラー自身も質素な服装を着用し、粗末な食事をとり、酒も煙草も飲まず、妻もめとらなかった(65)。一九三九年に新しい帝国首相官邸が完成した際には、まず建設労働者を引見し、新官邸が壮麗なことについて、自分にはドイツ帝国を代表する役割があるのだと弁解して、個人としては以前とかわらず質素な生活をしていると強調した(66)。彼が訴えかけた価値はきわめて伝統的なもので、一九世紀末から広く受け入れられてきた平均的な市民道徳——「質素で献身的な生活の尊厳(67)」——に由来していた。重要なのは、それが彼の自己演出ばかりでなく、個人的な美意識や芸術趣味をも規定していたことである。シュペーアが述べるように、ヒトラーの知的形成は一八八〇年から一九一〇年までの世界で停止しており、彼の愛好した絵画もロマン主義の系統に属する古めかしい作品ばかりであった(68)。だがまさにこの点で、ヒトラーの美意識は一般民衆の趣味と一致していたのである。彼は広範な民衆を芸術へと導いて、これに審判を委ねる必要性を強調している。

それゆえ、私がドイツ芸術について述べるときは……ドイツ民衆における基準を考えている。それはドイツ民衆の本質と生活における、感性における、情緒における、そして発展における基準である。(69)

こうした凡庸な趣味は、「キッチュ」という言葉によって的確に表現できるだろう。ナチ政権成立後に氾濫した一連の低俗な商品を特徴づけていたのも、小市民的な美意識であった。(70) キッチュはそうした芸術趣味が市場の需要によって大衆に拡大したもので、家庭的なくつろぎを強調する親密で日常的な美の様式である。

こうした理由から、第三帝国期の芸術においては総じて小市民的な趣味が支配的であった。大ドイツ芸術展のカタログを一瞥すればわかるように、出展された絵画の大半を占めていたのは伝統的な風俗画であって、特殊ナチ的な作品は非常に少ない。多くの作品は前近代の農村生活を主題としており、そこに描かれた過去の健全な世界は中産階級が憧れる正常な道徳性に訴えかけるものだった。しかもこれらの絵画は室内装飾にあつらえ向きである点で、心温まる家庭という価値、小市民的な「心地良さ」の理想にも適合していた。(71) キッチュは平均的な消費者が自宅に所有し、飾りたいと望むような芸術である。ヒトラーを描いた作品も、通俗的な肖像画の伝統にしたがっているという意味では、そうした市民芸術の枠内にあった。さらにまた、彫刻においても伝統的な様式が主流を占めていた。大ドイツ芸術展の出展作には、ヒトラーをはじめ党幹部や軍高官の胸像が散見されるものの、胸像は室内に設置されるものであることを考えれば、これらもやはり市民的な趣味の枠を超えるものではなかったといえよう。ヒトラーの胸像でさえ何ら崇高なものではなく、「品のある室内装飾」として量販されるなど、まさにキッチュというべき性格をもっていた。(72) その点をふまえると、屋外に展示される全身像にヒトラーのものがないことが重要な意味をおびてくる。

図5-24　「品のある室内装飾」。ヒトラーの胸像の広告

図5-25　ヒトラーの胸像を制作する業者。総統像も大量生産される商品であった

全身像といえば、アルノ・ブレカーやヨーゼフ・トーラクらのモニュメンタルな男性裸像が代表的である。広場や公共建築を飾ったこれらの彫像は、伝統的な古典主義の系統に属するもので、特殊ナチ的な様式ではない。その特色はむしろ、支配の道具として利用されたことにあった。屋外に展示され、大衆的に受容される彫刻は、本質的に権力の表象に適したメディアである。ただし、その場合に中心的な役割をはたすのは彫刻そのものではなく、むしろ彫刻が建造物とともに形成する公共空間であり、さらにはその空間で挙行される大衆式典である。つまり、彫刻はナチ的演出のための舞台装置の一つにすぎない。多くの式典ではヒトラー本人の登場が見せ場だったから、その点からしても彼の全身像は必ずしも必要ではない。

そもそも市民芸術としての彫刻は、内容

の一般性と抽象的な形態言語を特徴とするため、具体的な個人を表現するのには適していない。[73] ブレカーらの彫像も「理想的ドイツ類型」を提示するものとされ、国家の象徴としての役割を担っていた。これらの彫像がほぼ例外なく裸体であることは、シンボルの本質をなす一般性と抽象性を示している。これにたいして、ヒトラーは単なるシンボルではありえなかった。国民の目に映じた彼の魅力が何よりもその人間らしさにあったことは、上に見たとおりである。彫刻によって彼の個性を表現するなどということは、もとより無理な相談だった。[74] しかも国家元首が在任中にみずからの彫像を建てたりすれば、権力の誇示を印象づけてしまう可能性があり、とりわけドイツのように市民的価値観が根づいていた国では、国民の反感を買う公算が大きい。一般に市民社会では、国家元首の彫像は本人の死後に建てられるものであるが、この点では第三帝国も例外ではなかった。ナポレオンの「趣味の悪さ」に批判的だったヒトラーは、そうした価値観の重要性を感じとっていたにちがいない。彼が実際に支配者の記念碑の建設に反対していたことは、党官房長マルティン・ボルマンの次の文書によって裏づけられる。

党や国家の指導的人物を記念碑等で再現することに関して。タンネンベルク記念碑委員会は、タンネンベルク記念碑に帝国指導者、大管区指導者、国防軍メンバーを記念するレリーフを設置する計画を立てた。総統はこうした計画には同意せず、基本的に存命中の人物を記念碑やレリーフ等で再現することを望まないと表明した。[75]

ボルマンはヒトラーが計画に反対した理由にはふれていないが、「存命中の人物」という表現から推察するなら、そこに権力の誇示を慎む自制の念が働いていたと見てまちがいないだろう。平均的な市民道徳を身につけ、民心への配慮を怠らなかったヒトラーにとって、自分の彫像を建てるような行為はそれこそ悪趣味で、政治的にもまったく意味がなかった。彼の彫像が存在しなかった理由は、彫刻の特性からいえば以上のようにまとめられよう。

次にこれを支配社会学の観点から見るとどうだろうか。ここではスターリンとの比較が役に立つ。このロシアの暴君は生前から自己の巨大な彫像をつくらせていたが、それは彼にとって民衆の支持が二義的な意味しかもたなかったためであった。彼はレーニンの後継者であり、その支配の正当性はマルクス・レーニン主義の「科学的」教説によって制度的に保証されていた。それゆえ、社会主義建設のためには赤裸な暴力に訴えることができたし、専制君主のごときふるまいも可能だったのである。これにたいしてヒトラーの支配は外的な正当化を欠き、あくまで彼自身のカリスマにたいする大衆の信仰を基盤とするものであった。「総統の意志」が法そのものとされ、党のイデオロギーですら彼の人格に完全に依存していたため、支配を正当化する根拠は国民投票などを通じた大衆の賛同以外にはなく、それゆえに彼はたえず民心に配慮しなければならなかったのである。これは指導者が大衆の信任を通じて正当化されるという意味で、ヴェーバーのいう「人民投票制指導者民主主義」[76]の類型に近い。

カリスマは本質的にあらゆる制度的なものと対立する。ヒトラーの支配は、その点でもカリスマ的性格が顕著であった。総統の意志がすべての法規範に優先し、何ものにも拘束されない絶対的な性質をもっていたことは、裏を返せばそれが変幻自在で、一般的な規則や形式に還元されえないものだったことを意味している。事実、ヒトラーは何事も制度として固定してしまうことを本能的に避けていた。特徴的なことに、彼はナチ国家に新しい憲法秩序を与えようとするいかなる試みも拒否し、むしろ全権委任法の不安定な法的基礎にとどまった[77]。また彼は文書よりも口頭での命令を好み、そのために側近たちは彼の意志を察知することに膨大なエネルギーを費やすことになった。おそらくこの独裁者は、制度によってみずからの恣意に制限が加えられることを嫌ったのであろう。いずれにしても、あらゆる制度的なもの、固定的なものを拒否するというこの政治スタイルのうちには、ヒトラーが自己の彫像をつくらせなかった理由の一端が示されているように思われる。つまり総統のイメージを彫像によって「石化」することは、カリスマの本質からしても、また彼の政治的本能からしても、許されるはずはなかったと推察されるのである。[78]

ヴェーバーによれば、カリスマ的支配と官僚制的支配は相互に排除しあうものだった。ヒトラーもまた官僚制への激しい攻撃をくり返し、「国家は目的ではなく手段である」[79]と公言していた。それどころか、官僚制にたいする敵意は当時の国民世論をもとらえ、彼の人気に大いに貢献した。世情報告がたびたび認めているように、国民は党組織や国家機構にはびこる官僚主義、権力の乱用、傲慢さや腐敗などについてたえず不満を口にしていた。その際に特徴的だったのは、そうした否定的な感情がもっぱら党や国家の下級指導者に向けられ、ヒトラー個人には向かわなかったこと、さらには「総統がご存知なら」という期待の声さえ聞かれたことである。[80]彼が部下たちの行状を知っていたら、断固たる処分を下してくれるにちがいないというわけである。総統としてのヒトラーの役割の演じかたもまた、こうした期待を高めるものだった。彼は批判の対象となりうる行政的業務から十分に距離を置き、超然とした調停者の役割に徹したからである。とりわけエルンスト・レームの粛清は、突撃隊の腐敗にたいして「法と秩序」を回復したものと受けとめられた。つまりヒトラーの人気は、下級指導者たちの否定的なイメージとの対比によって獲得されたものだったのである。ヴェーバーが指摘するように、カリスマ的権威の基盤は本質的に「日常性」の領域の外部にあり、党が不可避的に日常的な行政にかかわって信頼を失ったのにたいし、総統はそこから遠く離れた非日常性の領域にあって、国家と国民のために一途に献身する清廉で誠実な私心なき政治家とされた。[81]このような党とヒトラーのイメージの分極化こそが、彼のカリスマの社会学的基盤を形成していたのだった。

もちろん、官僚機構は体制が日常的に機能する上で欠くことのできないものであったし、これにたいする反発心がヒトラーの人気に寄与したという意味では、逆説的な意味で支配をささえる基盤をなしていたということもできる。だがさらに別の見方をすれば、彼のカリスマもまた官僚制への不満を補償し、国民の基本的合意をもたらす重要な役割をはたしていた。カーショーが指摘するように、彼は不人気な官僚とはちがって、必要とあらば断固として「法と秩序」を貫徹する男、「大衆の正義」の代表者、「健全な民族感情」の代弁者と見なされていた。(82) ヴェーバーはカリスマを危機の産物と考え、本質的に反秩序的なものと規定していたが、この説明はヒトラーには半分しかあてはまらない。(83) たしかにヒトラーの支配もある種の危機から生まれたものであるが、その危機とは官僚制的支配の正当性の危機にほかならず、彼のカリスマは——それじたい不安定さを保ちながら——これを解決する方向、つまり体制を一時的にせよ安定させ、ある種の秩序をもたらす方向に働いたのである。ヴェーバーは、官僚制と融合したカリスマに支配を安定させる作用があることを明示していない。(84) この点に関してさらに重要なのは、戦争勃発とともに官僚制的な拘束が解かれ、ヒトラーが無制限のカリスマ的指導を体現するようになった時点から、彼のイメージが国民のなかで魅力を失いはじめたことである。(85) 人々がもとめていたのは「総統の笑顔」であって、純粋なカリスマ的指導者としてのヒトラーではなかった。これ以降、彼は戦果を上げることで支配の正当性を実証しなければならなくなり、スターリングラードの敗北によってそれが不可能になると、国民の不満は彼に直接向かうようになった。ヴェーバー的な意味でのカリスマ的支配の実現は、総統国家の崩壊のはじまりを意味していたのだった。

ヴェーバーがカリスマを非凡で革命的な力と見ていたのにたいし、リチャード・セネットはむしろ「平凡化する力」、すなわち「通常の政治生活を安定させる力」(86)としてのカリスマに焦点をあてている。

事実、カリスマ的になるためには、指導者自身は何ら巨大な、英雄的な、あるいは悪魔的な資質を必要としない。彼は温かくて、気の置けない、優しい人かもしれない。洗練され、愛想が良い人かもしれない。だが彼が人々の注意を彼の趣味、彼の妻の公の場での装い、彼の犬への愛情へ集中させることができれば、彼は悪魔的人物と同じように確実に人々を縛り、盲目にするだろう。(87)

図 5-26　スター政治家。サインに応じるヒトラー

こうした世俗的なカリスマによる支配を、セネットは「親密さの専制[88]」と呼んでいる。そこではマスメディアを通じて演出される親密さが人々の注意を政治から政治家に向け、魅力的な個性に感情を注ぎこむよう方向をそらす。それは安定した平和的な支配であるが、現実の問題を隠蔽している点で危機の原因にもなっていると彼はいう。「親密な事柄への没入は非文明的な社会の徴である[89]」。

セネットによれば、「親密さの専制」におけるカリスマ的政治家は一種の「スター」である[90]。彼はその名を挙げていないが、これはヒトラーについても、そのカリスマ性の一面を的確に説明するものといえるだろう。もちろん、ヒトラーの人気を「親密さ」の側面のみによって説明することはできない。冒頭で述べたように、多くの人々が彼に政治的・経済的危機の解決と、国民的威信の回復を期待していたこともたしかだからである。英雄的指導者というイメージが、急進的なナショナリズムを背景にして大きな求心力を発揮したことは疑いない。だがそうしたイメージに目を奪われすぎると、ヒトラーの人気が今日にも通じるような平凡な性格をもっていたことが見落とされてしまう。彼は邪悪で冷酷な独裁者であったばかりでなく、笑顔をふりまくスター政治家でもあった。実際、官僚的政治家が幅をきかせていたドイツにあって、ヒトラーほど身近で魅力的な政治家はいなかったし、その私生活に衆目を集めた政治家もいなかった。彼をスターの座に押し上げたメディアは主に写真と映画だったが、これも彼の行動を具体的に描写した点で、伝統的な肖像画や彫像とは一線を画していた。ヒトラー自身、「広範な大衆は偶像を必要としている」[91]と語っており、「権威を形成するための第一の基盤はつねに人気である」[92]ことを十分に自覚していた。ヒトラーはメディアを通じて国民との距離を解消し、みずから大衆の同一化の対象と化すことで、「民族共同体」の幻想に情緒的基盤を与えた。まさにこうした意味において、彼の支配は「親密さの専制」にほかならなかったのである。

5　おわりに

「キッチュと死」についての考察のなかで、サユル・フリードレンダーは次のような示唆に富む指摘を行っている。

経済大恐慌と第二次大戦終了の間の時期に世界の命運を握っていた四人のうち、ごくありふれた人間というイメージ、西欧の中産階級の大多数が抱く世界観を表現する最小公約数を利用した者は、ヒトラーのみである。チャーチルは貴族でありつづけ、ローズヴェルトは名門であり、父たるスターリンは自己をますます神秘につつみ、公的な大集会や大衆との直接の接触を避けていたのである。[93]

フリードレンダーはこう述べる一方で、虚無に向かう破壊的な「死」のイメージにも注目し、両者の対立によって生じる美学的戦慄がヒトラーの魅力を構成していたと論じている。[94]戦後の人間から見ればたしかにそうなのだが、少なくとも当時のドイツ人にとっては、こうした「キッチュ」なイメージがヒトラーの人気の本質をなすものだったといえる。彼は素朴で親しみやすい人間、民衆のなかから生まれ、民衆の心を理解する「君や僕のような人間」

と思われていたからこそ、あれほど高い人気を享受しえたのである。[95] 実際、どんな社会階層の者であれ、民衆はヒトラーを自分に似たものと見なしていた。農民は彼を小作農の出身と見ていたし、労働者は彼を自分たちの境遇に理解のある仲間と見ていたし、兵士は彼を伍長から総司令官にまでのぼりつめた軍人と見ていた。ヒトラーそのものには特別な意味はなく、彼に意味を付与したのは民衆だった。彼らの想像力はときに浅黒く黒髪のヒトラーをアーリア人の理想型にかえ、「総統は金髪碧眼だ」と述べる者さえあらわれたほどだった。演壇に立つ総統のなかに、民衆は自分自身の理想像を見ていたのである。彼のイメージは、こうした一種のナルシシズムによって形成されたものだった。この点に関して、ジョゼフ・P・スターンは次のように指摘する。「彼の発見は……驚くほど単純なことで、個人的な真正さという観念を公的領域に導入し、それを政治の主要な価値、政治の最も本質的な根拠と宣言したことである[96]」。政治そのものは直接理解することはできないが、政治家の感情なら誰もが直接体験し、信頼することができる。もし彼が善良な人間であるなら、彼が行うことも良いにちがいないというわけである。ヒトラーはみずからの生を公開し、親密さという価値を政治の中心に据えることで、国民の信頼をかちとった。それは疎遠でない政治、指導者と大衆が同じ目線に立つ政治であり、見とおしのきかない現代社会にあって、人々に政治参加の感覚を与える一種の「民主的」な政治形態なのだった。

ヒトラーによる「親密さの専制」はまた、第三帝国においても市民的価値観が連続性を保っていたこと、それどころかこの価値観こそナチズムの基盤にほかならなかったことを示している。一九三〇年代の四人の政治家のうち、ヒトラーを例外的な存在とするフリードレンダーの見解は、非常に誤解をまねきやすい。市民的価値観の連続性という観点からすれば、例外といえるのはむしろスターリンであって、彼のみが自己の彫像の制作をはばからなかったのだった。その意味では、ヒトラーの彫像が存在しなかったことも何ら不思議ではない。それは彼の支配が現代社会の多くに共通する価値観にもとづくものであり、けっしてわれわれとは無縁の異常現象ではないことを示しているのである。ヒトラーを取り巻いた親密さのイメージは、笑顔に満ちた政治家が支配する今日の社会にたいして警鐘を鳴らしている。政治を特定の人物に還元する「政治の個人化」というべき傾向は、現代の政治文化となっている。カリスマの陳腐さ、親密なものを無批判に受け入れるよう促す「罪なき個人性」の神話こそ、メディア時代の政治的公共性のありかたを考える上では重要なのである。

終　章　芸術作品の黄昏

1　はじめに

ナチズムによる「政治の美学化」の問題について、ヨアヒム・フェストは次のように総括している。

ヴァルター・ベンヤミンはファシズムを「政治の美学化」と名づけたが、その政治表象にいつも美的なものが浸透している国民だから、ファシズムがドイツ人をこのように特別な激しさでとらえたのである。ヴァイマル共和国がドイツ人の心理を理解せず、政治をただ政治として理解したことも、その挫折の一因であった。ヒトラーとともにはじめて公的な事柄が、たえまない煙幕作戦や、劇場的光景、陶酔と偶像崇拝騒ぎにより、なつかしい姿を取りもどした。……ヒトラーがその芸術的表象と政治的表象とを一つのものと見て、その体制を好んで芸術と政治の最終的融和として賛美したことは、もっぱら非政治的「美的国家」のイデオロギーに対応するものだった。(1)

フェストはこう述べて、ナチズムの美的政治が「非政治的政治への伝統的な憧憬(2)」を反映していた点に注目している。それはフリードリヒ・シラーが「美的国家」を構想して以来、芸術による政治の止揚をめざした一九世紀のロマン主義の伝統に根ざすものであり、とりわけ壮大な楽劇で総合芸術を推進したリヒャルト・ヴァーグナーの影響が濃厚であった。トーマス・マンがいうように、ヴァーグナーは「『政治の終焉』と人間性のはじまりという文化夢想」、つまり「政治から解放された人間的で芸術的な生と精神の形態」(3)をもとめ、バイロイトの祝祭劇において芸術を通じた民族の再生と共同体の回復をめざしたが、そうした「総合芸術作品」の構想は、ナチズムによってニュルンベルクの党大会で実現したのだった。

こうした点に注目して、ナチズムとロマン主義の間に深い関連を見いだす議論が、同時代から大きな流れを形成してきた。ナチズムがロマン主義の影響のもとにあったことは、これまでもたびたび指摘されてきたところであり、シラーからヘーゲルをへてニーチェ、ヴァーグナーにいたる一連の思想のなかに、美的政治の起源をもとめる論者も多い(4)。ベンヤミンもまた、「政治の美学化」を「芸術のための芸術の完成(5)」と定義して、ロマン主義の影響を示唆している。だが以下で明らかにするように、ナチズムとロマン主義の関係は両義的で、両者は多くの面で重なりあいながらも、たえず異質な存在でありつづけたのであり、ナチズムの元凶としてロマン主義を非難するような議論は、あまりにも単純というほかない。むしろわれわれは、両者の共犯関係と緊張関係の複雑な絡みあいのなかに、「政治の美学化」に陥る危険性と、それを超克する可能性を探るべきだろう。この点では、マルティン・ハイデガーやカール・シュミットなど、いわゆる保守革命の潮流に属する思想家の議論は検討に値する。彼らはそれぞれ立場のちがいはあれ、一九世紀のロマン主義の精神を吸収しつつ、その限界を突破するための価値転換をもとめ、結果としてナチズムの思想圏に接近していくことになったのだった。彼らの議論を検討することで、ナチズムとロマン主義の微妙な関係をかなり明確に把握することができよう。これを通じて、ナチズムによる「政治の美学化」の本質的な問題性と、その所産である第三帝国という「芸術作品」のほころびもまた、ある程度まで明らかにされるはずである。

ところでベンヤミンは、ファシズムが推進する「政治の美学化」を批判し、これにたいする対抗策として、共産主義による「芸術の政治化」[6]を提起している。この対抗策が具体的に何を意味するのかについて、ベンヤミン自身はほとんど説明していないのだが、「政治の美学化」を逆立ちさせた「芸術の政治化」という標語そのものに、彼の狙いを読みとることができよう。これを単なる芸術の政治的利用という意味で、いわば逆向きの「政治の美学化」をもとめるものと見なすならば、本質を見誤ることになる。「美学」ではなく「芸術」の政治化を要求することで、ベンヤミンは大衆を幻惑するファシズムの美学に反対し、彼らを覚醒させる芸術の批判的意義を強調したのだった。しかも彼がいうように、「政治の美学化」がロマン主義の極致であるとするなら、これを逆立ちさせるということは、ある種のロマン主義をもってナチズムに対抗することを意味する。ロマン主義の美意識は、ナチズムの原動力となると同時に、それを凌駕する破壊力を秘めており、そうした両義的な性格に目を向けることによってはじめて、「政治の美学化」の問題性を的確に理解することができると思われる。「芸術のための芸術」を提唱したロマン主義は、後述するように芸術の商業化・大衆化を促すことになったが、ベンヤミンはこれを単に非難するのではなく、むしろそこに積極的な意義を認めていた。メディアの発展が芸術を公的な場に解放する歴史的過程に着目した彼は、これによって可能になった芸術の集団的受容が受け手の側に批判的な態度を生じさせ、政治的な実践につながっていくことを期待していたのである[7]。芸術の大衆化は現実にはファシズムの政治宣伝に利用され、「政治の美学化」に陥っていたのだが、ベンヤミンはこれに対抗する拠点も芸術以外にはありえないとして、美的なものがもつ批判的機能に望みをかけていた。彼がもとめたのは、政治から美を払拭することではなく、あくまで美を梃子にして、「政治の美学化」を内側から瓦解させることだったのである。

ベンヤミンが提起した共産主義による「芸術の政治化」は結局のところ実を結ばなかったが、彼の狙いを以上のように理解すれば、それはナチ支配下の国民によって、萌芽的にではあれ実践されていたということができる。第三帝国下の国民は、体制が動員の圧力をかけるのにたいして、私的な消費・余暇生活に逃避し、映画などの非政治的な娯楽に興じる傾向を強めていたが、そうした反応のなかからは、場合によっては政府当局を悩ませるような批判的言動も生じていた。この点では、第三帝国期の大衆文化を特徴づけたキッチュの美学が、ロマン主義の美的逃避主義を受け継ぎ、現状肯定的なイデオロギーとして作用する一方で、現実にたいする醒めた批判的意識にも裏づけられていたことを見逃してはならないだろう。以下では、こうしたキッチュの実践を「美的抵抗」ととらえ、その批判的な意義に注目することで、政治に背を向けた国民のある種の言動が、第三帝国＝芸術作品を動揺させていたことを明らかにしたい。このことを通じて、ナチズムによる「政治の美学化」の問題について一定の総括を示すことができれば、本書の目的は達成されたことになろう。

2　ロマン主義の両義性

一九三四年の党大会を取材したウィリアム・シャイラーは、そのロマンティックな光景を次のように叙述している。

今夜、再び壮大な野外劇。二〇万の党役員がツェッペリン広場を埋めつくし、二万一〇〇〇本の旗がサーチライトを浴びてはためき、魔法の森のような観を呈した。「われわれは強力であり、今後ますます強力になるだろう」と、ヒトラーが彼らに向かってマイクで叫び、その言葉はいくつものラウドスピーカーから、静まり返った広場に響きわたった。そしてそこには、光あふれる夜のなかでぎゅう詰めになり、一つの巨大な陣形をなして、ナチズムをもたらしたドイツの凡人たちが、人も知るあのゲルマン人の至高の状態に達していた。……ついには神秘的な光を浴び、かのオーストリア人の魔法の言葉の音を聴きつつ、彼らは完全に一つに融けあって、ゲルマン人の群れと化したのだ。(8)

図 終-1　幻想的な野外劇。1936 年の党大会

外国の観察者の目には、ナチズムはゲルマンの異教信仰のごときものと映っていたのである。このことはたしかに、ナチズムとロマン主義の深い関連を印象づけるものといえよう。抽象的な理性に反抗して非合理的な生を擁護したロマン主義は、民族の根源をもとめて過去や共同体に憧憬をつのらせたが、ナチズムもまた感情や本能を賛美し、民族の魂を具現する共同体の再生をめざして、壮大な野外劇をくりひろげたのだった。ベンヤミンがナチズムを「政治の美学化」と呼んだのも、そこにロマン主義の感情的・審美的要素が反映されていたからにほかならない。

しかしながら、こうした性格づけはナチズムの自己理解と必ずしも一致するものではなかった。ナチ的な語法では、「ロマン主義 Romantik」や「美学 Ästhetik」という語には否定的なニュアンスが含まれていたからである。ある論説は、「ナチ美学」なるものについて次のような見解を示している。

ナチ美学？　この言葉の組みあわせは、きっとまず若干の不快感を呼び起こすだろう。なぜなら、美的なものという概念はわれわれにとって何かひ弱な、男らしくない、柔軟なもののイメージと結びついているからである。一般に美的という語は、たとえば猛々しい、男らしい、厳しいといった語と、考えうるかぎりで最も鋭い対立をなすものと思われる。(9)

別の論説によれば、「新ロマン主義的な唯美主義の時代はとうにすぎ去った」のであり、「この文化の病弊」は「根無し草の主観的なファンタジー、受動的な感情移入の能力、洗練された感性の過剰な育成から生じたもの」(10)であった。ナチズムがある種の美的政治を志向していたことはたしかであるが、それはロマン主義の曖昧な感傷性とは一線を画すべきものと考えられた。ヨーゼフ・ゲッベルスはこの点を強調して、新時代の精神を「鋼鉄のロマン主義 stählerne Romantik」と名づけている。

人生の厳しさに屈し、それを否定したり、そこから逃避したりしていた臆病でひ弱な精神にかわって、前面にでてきたのは英雄的な人生観であり、それが今日褐色の隊列の足音にこだましている……それはドイツ人の人生を再び生きるに値するものとした一種の鋼鉄のロマン主義、存在の苛酷さにたじろぐことのないロマン主義……諸問題に勇敢に立ち向かい、断固として目をそらすことのないロマン主義である。(11)

この大仰な発言には、ロマン主義にたいするナチズムの両義的な姿勢が示されている。ゲッベルスは、ロマン主義の語をもって自己の信条を表明しながらも、暗にその軟弱で逃避的な性格を批判するのである。これにかわって、不屈の攻撃的な精神に満たされたあらたなロマン主義が、ドイツの政治＝芸術に堅固な形態を与えるとされた。「大衆という素材を民族へと形成する芸術的人間」を自認するこの政治家にとって、ナチズムの国家芸術は「英雄的で、鋼鉄のロマン主義にもとづき、感傷的でなく、即物的で、国民的な大いなる情熱に満ち、共同の義務を負い、人々を結束させるものにほかならない[12]」のだった。

ゲッベルスの論敵で、ロマン主義の影響を強く受けていたとされるアルフレート・ローゼンベルクもまた、その美的特性を全面的に肯定していたわけではなかった。

ある抽象的な思想が、様々な装いをとりながら、生を根こぎにしはじめた。それゆえ、ドイツ・ロマン主義の反動は、長い旱魃の後の慈雨のような影響をもたらした。だがまさにわれわれの大衆＝インターナショナルの時代においてはあらゆる領域で、この種に結びついたロマン主義をその人種的核心まで追求し、それにまだ付着している神経質な恍惚状態から解放することが必要である[13]。

ローゼンベルクは、ロマン主義を抽象的なコスモポリタニズムの克服として評価しつつも、そこに含まれる虚弱な感傷的精神を批判するのであり、そのことは、彼がロマン主義のなかにリベラルな個人主義の残滓を見いだしていたことを示している。あらたな芸術は私的な個人からではなく、民族の魂から生じなければならないとされたのである。

ロマン主義にたいする両義的な態度は、保守革命派の代表者であるエルンスト・ユンガーにも共有されていた[14]。ユンガーは、市民社会に反逆して「原初的なもの」の回復をめざした点でロマン主義を評価しつつも、それを空想の世界にもとめて現実から逃避した点でロマン主義を批判する。

ロマン主義者は、原初的な生の効力を予感し、その価値を動員しながら、みずからはそれにかかわることを回避しようとするため、欺瞞や幻滅に陥らざるをえない。彼は市民的世界が不完全であることを知っているが、それに対置しうるものは逃避以外の何ものでもない[15]。

重要なのは、逃避ではなく攻撃へと歩みだすことであり、現実のまっただなかに「原初的空間」を現出させることである。ユンガーは、その可能性を戦争に見いだす。「外的な境界によって遮られている危険なものが、すさまじい速度で中心へと逆流するように思われるときに、このことは生じる。したがって、大戦のきっかけがヨーロッパの周縁において、政治的薄明の雰囲気のなかで生じたのは、単なる偶然ではない[16]」。「英雄的リアリズム」を提唱するユンガーは、このようにロマン主義を脱却して現実政治へとつき進むことをもとめるのであり、そのかぎりにおいて、ゲッベルスのいう「鋼鉄のロマン主義」との親近性は明白である。

こうした市民社会批判の文脈でロマン主義を論じた考察としては、カール・シュミットの論考が重要である[17]。シュミットは、「普遍的芸術」を要求したロマン主義の美的魅力を認めつつも、それが「偉大な様式」を欠き、空疎な知的遊戯に陥って、「もはや代表性をもたない[18]」ことを批判する。彼によれば、そうした浮動性の根底には、あらゆる事象を自己の美的生産のきっかけとして利用するだけで、現実に能動的に働きかけようとしないロマン主義者特有の態度がある[19]。ロマン主義による「芸術の絶対化」は、極度に肥大化した主観性の表現にほかならず、芸術を私的な享受の対象とするものでしかないとシュミットはいう。

芸術の絶対化が宣言され、普遍的芸術が要求され、宗教であれ教会であれ国民であれ国家であれ、あらゆる精神的なものが、美的なものというあらたな中心を源とする流れのなかに流れこむ。だがたちまちきわめて典型的な変化が生じる。……芸術は「芸術のための芸術」のなかで、スノビズムとボヘミアン生活の両極性のなかで終わるか、あるいは私的関心しかない芸術消費者のための私的な芸術生産者の仕事となった。一般的な美学化は、社会学的に見れば、美的なものを超えて精神生活の他の領域までも私的なものにすることにしか役立たなかった。[20]

無限の空想に身を委ねるロマン主義的主体は、現実から遊離した無責任な態度に終始するが、そうした態度をもって政治にかかわるのが、「政治的ロマン主義 politische Romantik」である。

したがって、あらゆる政治的ロマン主義の核心は次のようなことである。つまり、国家は芸術作品であり、歴史的・政治的現実における国家はロマン主義的主体の芸術作品を生産する創造的仕事のための機会原因、詩や小説を生むための、あるいはまた単なるロマン主義的な気分を生むためのきっかけだということである。[21]

政治的ロマン主義は、国家をロマン化して同一化の対象とすることで、結局のところ現状を受動的に追認するものにすぎないというのである。政治的な対立に向きあおうとせず、それを美的仮象のもとに隠蔽してしまう逃避的な態度のなかに、シュミットはロマン主義の問題性を見いだす。「より高次の、あらゆる対立を調和的な統一へと解消する主観的な創造性への機会原因論的な逃避がありえぬところには、ロマン主義は存在しない」。[22]こうした主観的な審美主義は、現実に実践的に介入する政治的行動と本質的に対立する。彼の考えでは、「政治的なもの」の本質は敵と味方を区別する実存的な「決断」にある。[23]そうした決断を回避するロマン主義は、政治的煽動の手段として利用されることはあっても、現実の政治権力にたいしては従属的であるよりほかないだろう。「政治的活動がはじまるところで、政治的ロマン主義は終わる」。[24]このようにシュミットは、偉大な様式を欠いたロマン主義の美的特性のなかに、現実に背を向けた非政治的な精神を見いだすのである。

シュミットの議論は、ナチズムとロマン主義の微妙な関係を照らしだすものといえよう。たしかにナチズムは国家を芸術作品ととらえ、種々の儀式を通じて「政治の美学化」につとめたのであり、あらゆる内部対立を否定して

「民族共同体」の一体性を演出しようとする努力には、非政治的政治を志向するロマン主義的な美意識が影を落としていた。だがその一方で、ロマン主義の曖昧で両義的な性格にたいして、ナチズムが終始警戒感を示していたことも忘れてはならない。[25] とくにゲッベルスは、「どの時代もそれぞれのロマン主義、つまり生の詩的表象をもっている」としつつも、「誤った甘美なロマン主義」を批判して、「自民族の生と未来」に奉仕する「厳しくスパルタ的」[26]なロマン主義を要求していた。「ドイツ・ロマン主義」「ドイツ・ロマン主義」の語法に関しても、第三帝国期にはこれを「ドイツ民族精神の純粋かつ完全な表現」とする見地から、次のような指針が定められていた。すなわち、「真のロマン主義はドイツ精神の弱さではなく強さ」であり、「ロマン主義におけるドイツ国民意識の強化」を強調すべきであるが、「過度のロマン主義的な意欲、つまり一部遠い昔のもの、カトリック教会への改宗、曖昧な政治的傾向に言及すること」や、「ロマン主義の内部の精神的な論争に立ち入ること」[27]は避けるべきであるとされていたのだった。ナチズムがもとめたのは、ロマン主義の感傷的性格を克服し、その民族主義的な傾向を強化することだった。[28] 実際、ロマン主義は一九世紀初頭の解放戦争以来、民族に根ざした神話の再生を唱えて、ドイツの民族精神と国民意識の高揚に貢献しており、その後世紀末にかけて台頭した急進的な民族主義は、これを非合理主義・人種主義の思潮と結びつけ、ナチ・イデオロギーの形成に重要な影響を与えていた。[29] 北方的・ゲルマン的な人種神話を妄信したローゼンベルク自身、ロマン主義との関連性を意識していた。[30]

ロマン主義者たちはすでにまったく一般的に、民族精神をわれわれの生にとって本質的なものと名づけた。……それは体験された北方的な人種の魂の神話から発して、愛をもって民族の栄誉に奉仕するということである。[31]

こうしてロマン主義に内在していた民族主義的傾向が人種主義イデオロギーと結びつき、「美的リベラリズム」

にかかわる「新しい美学」が成立することになった。

新しい美学は、いかなる人間の創造的功績も、政治的、社会的、科学的、技術的、芸術的なものであろうとかかわりなく、その共通の根源を人種的なものに有しているという認識にもとづいている。したがって、芸術はかつて考えられたようにまったく自由な遊戯本能の産物ではなく、むしろ人種とその創造的資質の血に制約された自己表現であって、その肉体性とそれに対応した具象性にふさわしい形態をもつのである。[32]

とはいえ、ナチズムが多くの面でロマン主義の精神的伝統を継承しつつも、権力掌握後の現実政治においては、それを抑圧する側にまわったことも重要である。「血と土」の主唱者であったリヒャルト・ヴァルター・ダレーやローゼンベルクが権勢を失ったことに象徴されるように、一九三〇年代半ばになると、初期のナチ・イデオロギーにおいて大きな役割をはたしたロマン主義は周縁に追いやられ、これにかわってギリシアを模範とする古典主義が公的に支持されるようになった。両者の様式上の相違について、当時の『マイヤー百科事典』は次のような的確な説明を行っている。

様式概念としては、古典主義は調和をもとめる生・芸術意志の表現を意味し、内容と形式の均衡をもとめるものである。古典主義にとっては、表現の明確さ、静けさ、規律、高貴な節度が規範となっており、無限なるものへの熱情に満ちたバロックやロマン主義の表現意志とは対立する。[33]

非合理的な生を擁護し、中世的過去を賛美したロマン主義とは対照的に、古典主義はギリシア的な調和と均整を理想とし、厳格な形式による感情の抑制をもとめた。こうした古典主義を称揚することは、権力を掌握したナチズムにとっても、それまで運動を推進してきたロマン主義的情動を抑制し、権力の安定と秩序の再建をはかる上で、利するところが多かったと考えられる。実際、ヴァーグナーの楽劇と見まがうような演出をもって挙行されたニュルンベルク党大会では、圧倒的な興奮のもと奔流となって押し寄せる群衆が、会場のなかで密集したブロックを形成し、それを取り囲む石造の建造物とともに、古典的な秩序を体現するモニュメントを形成した。この壮大な祭典を通じて、ドイツ民族は自己に目覚め、共同体に変貌するものとされたが、それはギリシアの悲劇と同様に、民族を再生に向かわせる「総合芸術作品」として構想されていた。こうしてロマン主義は、ナチズムの原動力としての意義を認められながらも、民族が形成すべき古典的な形態に従属することになった。ある論説はこの点を次のように説明している。

ナチズムは、ドイツの精神史においてはすぐれて古典的な運動を意味している。……ドイツはその核心において、たしかにギリシアよりもダイナミックな性質をもち、内的な力を基盤としている。ナチズムはあらゆる病的なものと同様に、文学ロマン主義を克服し、別の方向をめざしている。だがナチズムにとってドイツの民族ロマン主義は、あらゆる民族運動と同様に、民族的本質の中心から古典的なドイツの形態を形成する試みである。このロマン主義はわれわれにとって、まったく健全なものである。それは、古典的な形態へと向かうドイツ民族の道である。(34)

こうした古典主義の台頭は、直接にはヒトラーの美意識が貫徹したことによるものだが、ギリシア的始源の取りもどしという企図じたい、ヘルダーにはじまり、ロマン主義のなかで発展をとげた一つの伝統をなすものでもあった。そこでは、ドイツはギリシアを模倣することによってはじめて歴史的民族たりうるとされ、古典的なものとロマン的なものがたがいに対立しあいながら、民族性と根源的に結びついた偉大な芸術を創設すると考えられた。両者の対立を、ヘルダーリンはギリシア的パトスと西洋的冷静さの対立として把握し、ニーチェはディオニュソス的なものとアポロン的なものの対立として定式化したが、この対立を止揚して、不断に変化する生成の世界に静謐な存在の刻印を付与するものこそ、ニーチェのいう「偉大な様式」にほかならない[35]。ハイデガーはそこにドイツの歴史的使命を見いだしていた。

ディオニュソス的なものとアポロン的なもの、聖なる情熱と冷静な表現という、この別々の名で呼ばれる対立が、ドイツ人の歴史的使命の隠れた様式法則であり、われわれはいつの日かその形態化への用意と覚悟をそなえなくてはならない[36]。

この点では、ヴァーグナーの楽劇もまた、その過度に情動的な性格ゆえに、偉大な様式と呼ぶにふさわしいものではなかった。聴衆を陶酔させるヴァーグナーの催眠術を徹底的に批判したニーチェにしたがいながら、ハイデガーは「芸術を単なる感情状態から理解し評価する芸術観[37]」をしりぞけ、生の陶酔に形式と法則をもたらす意志について、「偉大な様式とは存在への能動的意志であり、この意志は生成をみずからのうちで止揚するものである[38]」と主張している。この「存在への意志」において、芸術と政治は根源的に同一である。「偉大な様式は偉大な政治によってのみ創造されうるのであり、そして偉大な政治は偉大な様式のうちにその最も深奥の意志法則をもっている[39]」。ハイデガーはさらに、両者の同一性を「作品化 Ins-Werk-Setzen」の営為のなかに見いだす。彼によれば、芸術とは存在の真理を開示し、これを作品のなかに据えるものであり、そうした存在の現前の場という意味では、国家もまた芸術作品である。

真理がそれによって開示された存在者のなかでみずからをうちたてる本質的な方法の一つは、真理がみずからを作品化することである。真理がたちあらわれるもう一つの方法は、国家創建の行為である[40]。

この国家という作品のなかで、民族の歴史的命運が生起し、始源的な共同体が甦るのだという。ハイデガーがもとめたのは、こうした意味における芸術＝政治であり、それによって古代ギリシアのポリスを再生させ、ドイツ民族に存在を回復させることだった(41)。そして、これを担う運動として彼が期待したのが、ナチズムにほかならない。事実、ゲッベルスが「国家の造形芸術」としての政治について語っているように、「芸術作品としての国家」というハイデガーの構想がナチズムの政治と重なりあう面をもっていたことは否定できない(42)。

だがここで注意しておく必要があるのは、ハイデガーが「作品」を単なる人為的制作の所産とは見なしていなかったことである。彼の「作品化」ないし「形態化 Gestaltung」の概念は、ある種の作為性を含意するものとはいえ、人為の及ばない絶対的な力としての自然（ピュシス）に対抗しつつ、存在の真理を開示する術（テクネー）として芸術を理解するものであり、そうした美的営為は、少なくとも民族神話を主体的に復活させようとするような試みとは異なるものだった。作品化によって打ち開かれる存在の真理とは、彼によれば「途方もないもの」、人知を超えた圧倒的な支配であって、「始源はつねに尋常ならざるものの、すなわち尋常なるものとの抗争の、開示されざる充溢を保持している」(43)。したがって、「芸術の作品が作品である第一の理由は、それが制作され、つくられているからではなく、それが一つの存在者のなかで存在を成就しているからである」(44)。そのことは芸術以外の作品にもあてはまる。

詩人の言葉、哲人の構想、建設的造形、国家創建的行為などの暴力性は、人間がもっている能力の働きではなく、人間が存在者のなかへ入っていくことによって存在者が存在者としてみずからを開示することを可能にするような力を制御し、縫合することである(45)。

存在の現前の場としての作品は、存在を隠蔽しようとする自然の巨大な力に対抗して、人間が暴力をもって闘争を挑むことで何とかかちとることのできるものであり、けっして人間が意のままに制作したりできるものではないとハイデガーはいう。「精神のこの道具的誤解が生まれるやいなや、精神的な出来事の諸力、すなわち詩と造形芸術、国家建設と宗教などは、意識的に育成したり立案したりできるようなものの部類に陥ってしまう」[46]。ここには明らかに、人間理性の立場から自然を対象化・道具化してきたプラトン以来の形而上学と、その延長上にある近代技術文明の存在忘却にたいする深い批判がある。

このように見ると、ハイデガーの構想とナチズムの政治がどこで袂を分かったかがわかる。たしかにナチズムもまた「芸術作品としての国家」をめざしていたが、それは「大衆という素材から民族の堅固で明確な形態をつくりあげる」[47]芸術家＝政治家の手によるものとされ、理想的な範型にしたがって国家を制作する政治家というプラトン主義的な理念を踏襲していた[48]。ナチズムの政治は、そうした芸術家＝政治家による国家建設と人間形成をめざすものであり、しかもこれを意識的・科学的な人種政策を通じて、民族体の技術的改良というかたちで達成しようとしていた。したがってハイデガーの目からすれば、ナチズムはその古典主義的な外観にもかかわらず、本質的に近代技術文明にきわまる主観性の形而上学の担い手にほかならなかった[49]。この点では、理性の支配に反対して人種の魂を擁護したローゼンベルクの哲学もまた、主観性に優位を与える形而上学的性格をもっていた。

人種の魂を生き返らせるとは、その最高の価値を認識し、その支配のもとで他の諸価値にそれぞれの有機的地位――国家、芸術、宗教における――を指定することである。新しい生の神話から新しい人間類型を創造すること、これがわれわれの世紀の使命である。そのためには勇気が必要である[50]。

こうした主張は、人種の魂を絶対的価値として、その主体的な実現をもとめるものであって、ロマン主義的な粉飾にもかかわらず、本質的には道具的理性の支配に加担するものにすぎないといえよう。ヒューストン・S・チェンバレンの影響を強く受けたローゼンベルクの哲学は、神秘主義的傾向が濃厚であるとはいえ、科学に裏づけられた人種衛生・人種改良による「新しい人間類型」の創造をめざしたヒトラーの人種理論とも、共通の思想的背景を有していた。「北方的精神は瞑想的でなく、個人的な心理に没入するのでもなく、宇宙的・精神的な法則を意志をもって体験し、精神的・建築的に造形するものである[51]」。

ハイデガーはもともと、国民的覚醒をもたらしたナチズムのなかに近代文明の発展に対抗する力を見て、「この運動の内的真理と偉大さ[52]」と呼んだのだが、現実のナチズムはそうした力をもたず、「狂奔する技術と平凡人の底なしの組織の絶望的狂乱[53]」と化していた。おそらくハイデガーの目からすれば、ナチズムの美的政治はヴァーグナーの楽劇と同様に「印象、効果、感化、煽情のための前景や前面、つまり『見せ物』として作用するにすぎない[54]」ものであっただろうし、ギリシアに範を仰ぐその芸術様式もまた「効果の手段」、すなわち美を道具化するものでしかなかったにちがいない。彼がいうように、古典主義における自然とは「整然としてそれじたいで妥当性をもつように見える人間理性にとって計算可能で納得できるもの、無害でおのずと理解できるものにすぎない[55]」からである。重要なのは、芸術を美学の対象、つまり感性や感情の問題に還元する近代的な芸術観を克服し、存在の真理という絶対的なものを開示する偉大な芸術に立ち返ることである。ハイデガーはそうした真理を「詩的な根源性」、つまり「言語作品として形態化された真理[56]」ととらえ、これをヘルダーリンの讃歌のなかに見いだすことになる。このように見ると、ハイデガーの近代批判、そしてナチズム批判の矛先が、何よりもその形而上学的前提をなす主観性の優位に向けられており、これにかかわるある種の実存的基礎を追求している点で、シュミットのロマン主義批判と通底する次元を有していることが理解できよう。

しかしながら、ロマン主義の内部にも主観性の優位を揺るがすような契機が含まれていたことを見逃してはならない。美的世界に耽溺するロマン主義者は、自己の主観性に圧倒的な優位を与える一方で、それを超える絶対的な存在との一体化をめざしたのであり、そこでは極端な主観性への執着とその放棄の欲求とが並存して、鋭い緊張関係をなしていた。[57] ユンガーの戦争美学は、そのことを示す最も典型的な例の一つである。ペーター・スローターダイクが指摘するように、ユンガーは「感覚器官では砲火のなかに溶解していく前線に赴きながら、同時に冷たい思考器官では指揮官として高台に立ち、そこから眼下の戦闘を美的演劇として見物する」[58] のであり、この「二重の自我」というべきものが、彼の作品に独特の魅力を与えていたのだった。

身の毛のよだつような恐怖のただなかであくまで醒めていること、彼の冷徹さはその代償として得られるものである。それが彼に、今世紀に凶行の近代化として生起したことを語る精確な証人としての資格を与えるのである。……彼の観想に徹する厳しさは、自己の経験を証言しようという決然たる覚悟と結びついている。[59]

世界に没入しながら自己に固執する自我というこの内的緊張は、とりわけ初期ロマン派の「ロマン主義的イロニー romantische Ironie」の概念において、反省的自己意識の契機として積極的な意味を与えられている。[60] イロニーを根本原理とする「発展的普遍ポエジー」[61] を構想したフリードリヒ・シュレーゲルによれば、そこでは主体は世界を設定する自己自身を反省するものとされ、この世界＝自我の無限遡行的な反省を通じて、あわせ鏡のように主体と客体が重なる無限の鏡像が生まれ、自由な芸術実践が可能になると考えられた。そうした「反省 Reflexion」の契機に着目して初期ロマン派の再評価に先鞭をつけたのが、ベンヤミンの論考である。「ロマン主義者たちは芸術作品における自己反省を積極的に評価する」[62] と述べる彼は、芸術を無限に連鎖する自己反省の媒体として把握する。ロマン主義の芸術批評においては、認識する者と認識される者が反省を通じてたがいに通いあうような、主客を超えた根源的な認識が成立しており、芸術作品もまた、主体によって判定される客体ではなく、それじたいが自己を反省する主体である。

したがって、批評とはいわば芸術作品における実験なのであり、この実験を通じて芸術作品の反省が喚起され、それによって芸術作品は自分自身を意識し、認識するようになる。……反省の主体は、根本的には芸術形成物それ自身であって、実験はある形成物についての反省……のうちに成立するのではなく、反省の展開、すなわち、ロマン主義者にとっては、精神の展開のうちに、ある形成物のうちで成立するのだ。(63)

こうした反省の展開こそがノヴァーリスのいう「世界のロマン化」であり、それは作品を媒介として無限の反省が連鎖することを意味していた。世界に没入する自我は反省を通じてたえず自己を破壊し、相対化しつづけることで、無限なるものへの視野を開くのであって、(64)そこには主観性を自己止揚し、自我の枠組みを内側から解体するような契機が含まれていたのである。もちろん、魅惑的な世界と融合する美的主体が、永遠の秩序や有機的な調和への志向を強めて、しばしば神秘主義や民族主義に傾倒していったことは事実である。絶対的な自我が「新しい神話」への讃歌を謳い上げ、国家や民族を同一化の対象として措定することになったが、そうした展開の先には、数多くの歪曲をへて、最終的にローゼンベルクの『二〇世紀の神話』が位置づけられることはたしかだろう。(65)だが初期ロマン派的な意味での「新しい神話」は、あくまで反省的意識に裏づけられ、到達不可能な目標として希求される対象にとどまっており、その本来的な虚構性が自覚されるかぎり、不断に自己を相対化する再帰的な性格をもつものといえよう。

ロマン主義的イロニーについて、ベンヤミンは作者の主観的なふるまいとしての「素材のイロニー化」と区別して、作品の客観的要素にかかわる「芸術形式のイロニー化」に注目し、「形式のイロニー化は、形式の自発的な破壊という点に、その本質がある」(66)と述べている。それは作品の形式を解体し、幻想を打ち破るものであって、その徹底的な否定性を、ベンヤミンは「冷徹さ Nüchternheit」と呼んでいる。

ポエジーの理念を散文として把握する考えが、ロマン主義の全芸術哲学を規定している。……この精神とはヘルダーリンにほかならず、ロマン主義者たちにたいする彼の哲学的関係をうちたてているテーゼとは、芸術の冷徹さという命題である。(67)

この冷静で覚醒した精神こそ、ロマン主義の戯れに満ちた空想力の本質をなすものである。シュレーゲルが神話と機知の同質性をめぐって論じているように、それは理性的な思考を宙づりにして、「ファンタジーの美しい混乱のなかへ、人間本性の根源的な混沌のなかへ再び身を置くこと(68)」を意味する。ニーチェやハイデガーがギリシアに見いだしたのも、そうした始源的な混沌に開かれた態度、何ものにも依拠しない自立した存在様式であった。ロマン主義者は、夢、空想、無意識といったものを積極的に評価し、理性の枠組みでは経験されない、未知なるものの衝撃を受けとめることによって、硬直化した自我の束縛からの解放を企てたのであり、それは近代合理性にたいする美的抵抗、市民社会にたいする芸術の異議申し立てという批判的意義をもっていたのだった。

世界にたいする耽美的な態度も、その美的経験の質によっては、繊細で透徹した意識をもたらしうる。カール・ハインツ・ボーラーによれば、そうした美意識を先鋭に表現しているのが、ユンガーの初期の作品である。一般にプレファシズムの代表者と目されるユンガーであるが、ボーラーによれば、その作品は「純粋な美の理念を通じて理性の概念と決別する最後の試みの一つだった(69)」。ユンガーの徹底的な審美主義は、ボードレール、ニーチェからシュールレアリスムへといたる「戦慄の美学」の系譜に連なるもので、衝撃的な恐怖を鋭敏に知覚するその感性は、「つねに研ぎ澄まされた覚醒の態度(70)」である。彼が戦場の地獄絵のなかに見いだした美的な戦慄は、日常的な意味連関をつき崩す強烈な破壊力を秘めており、近代市民社会にたいする深刻な危機意識と先鋭な批判精神を示している点で、真正のロマン主義的性格をもつものといえる。シュミットが批判したロマン主義の非決断性とは裏腹に、こうした美意識は真剣な政治的決断につながる可能性をもっている。ボーラーによれば、それは例外状態に実存の契機をもとめるシュミットや、存在が現前する瞬間に超越の契機を見るハイデガーなど幅広く知識人をとらえ、ラディカルな社会批判を生みだすことになった。そこでは「『驚愕』という現象形式が、『突発性』という『生起の特質』としっかり結びつけられている」(71)。

ユンガーの論敵だったベンヤミンもまた、こうした戦慄を「ショック」と呼んで、その批判的機能を重視している。ショックとは、理性的認識の枠組みを超えた、予想できないものがもたらす意味剝奪の体験であるが、ベンヤミンはこれをボードレールの抒情詩のなかに見いだし、都市の経験に対応した近代的な美のありかたを示すものとして、その破壊的な性格を強調する。この衝撃的な美はアヴァンギャルドによって社会批判のための武器として利用されることになったが、そうした芸術実践のなかでベンヤミンがとくに重視するのはシュールレアリスムであり、その課題は「革命のための陶酔の力を獲得すること」(72)にあった。もっとも彼が指摘しているように、そこでは「『驚きの状態』における画家や詩人の美学、不意打ちの反応としての芸術の美学」が「いくつかのきわめて重大なロマン主義的偏見」にとらえられ、対象を神秘化してしまう危険があり、これにたいして彼は、謎めいたものを謎めいたものとして強調することを要求する(73)。その意味では、シュールレアリスムの母胎として、より純粋に対象の破壊に徹したダダイズムに注目する必要があろう。スローターダイクによれば、ダダとは「『反省的な否定』の方策」、「意味撹乱の技法、ナンセンスの方策」であり、醜悪な現実をあるがままに肯定することで、現実を美化する芸術の欺瞞性を批判するという「戦闘的なイロニーの芸術」(74)の実践である。そこにはロマン主義の精神が息づいており、ダダイストのオットー・フラーケが述べるように、「ダダはかつての有名な、ほとんど理解されなかったロマン主義的イロニーと同じもの、一種の止揚である」(75)。ダダが実践するのは「混沌のなかでの冷静さ」、所与の現実に意識的に身を任せ、自己を滅却して観想に徹することであり、その点で、「被投性 Geworfenheit」を強調するハイデガーの存在論や、破壊に酔いしれるユンガーの戦争美学とも通底しあっている[76]。政治宣伝や娯楽文化などを自在に利用し、意味の撹乱によって市民社会の欺瞞性を暴露するその芸術実践は、挑発的な覚醒効果を狙ったものだった。

ベンヤミンによれば、こうした衝撃力は映画という新しいメディアを通じて大衆的なレベルで批判的機能を発揮することになった。「芸術がその最も困難かつ重大な課題に立ち向かうのは、芸術が大衆を動員できる場所においてであろう。目下のところ、その場所は映画のなかである」。そこでは、「公衆の批判的態度と享受的態度とが一つになっている[77]」。そうした態度をもたらす契機が、映画のショック効果である。

事実、映像を見ている人の連想の流れは、映像の変化によってただちに中断される。ここに映画のショック効果があり、それはあらゆるショック効果と同様に、高度な精神の働きによってとらえられなければならない。映画はその技術的構造によって、ダダイズムがいわば道徳的な枠組みのなかに封じこめていた身体的なショック効果を、その枠組みから解放したのである[78]。

ベンヤミンは、複製技術の発展が芸術作品のアウラを崩壊させ、芸術の自律性を解体したという認識のもと、これによって可能となった芸術の集団的受容のなかにこそ「芸術の政治化」の可能性を探るべきだとして、その契機をとくに映画のショック効果に期待するのである。

もっとも、芸術の大衆化に批判的意義を認めるべきかどうかは、議論が分かれるところだろう。ベンヤミン自身、芸術の大衆化に「政治の美学化」に陥る危険性を認めており、これを手放しで歓迎していたわけではなかったし、ヘルベルト・マルクーゼも、自律的芸術に現状肯定的性格と批判的性格の両義性を認めつつ、その止揚を要求していた[79]。これにたいして、左翼思想家の一部が芸術の大衆化を否定的に評価していたことは、この問題をめぐる争点の錯綜状況を示している。ペーター・ビュルガーによれば、アヴァンギャルドは鑑賞者にショックを与えることで、制度としての芸術を攻撃し、その社会批判的な機能を取りもどすことを狙った運動だったが、自律的芸術の止揚というその目的は結局のところ達成されず、商業芸術や娯楽文化というかたちで偽りの止揚をもたらすことになったという。(80) そうした観点から、自律性の喪失が芸術を文化産業へと堕落させてしまうとして、芸術の大衆化に反対するのが、テオドーア・W・アドルノである。「芸術はミメーシス衝動の避難所にほかならない」(81) と考える彼は、芸術の自律性を徹底化することを通じて、そこに予示されているユートピア的契機を救いだそうとしていた。もちろん、彼とて自律的芸術の両義性を看過していたわけではない。

芸術は現実のなかに存在し、そのなかに機能をもち、それ自身においても様々に現実へと媒介されている。だがそれにもかかわらず、芸術は芸術として、それ固有の概念にしたがって、所与の現実にたいしてはアンチテーゼの立場をとっている。(82)

アドルノが自律的芸術の防衛を企てるのは、社会との断絶が芸術の批判性を保証していると考えるからである。だがそうした「越冬戦略」(83) は、多分に脆弱な根拠の上に成り立っているといわざるをえない。というのも、彼自身も述べているように、芸術の自律化と大衆化は表裏一体をなすものといえるからである。「芸術のための芸術という合言葉は、芸術がそれとは逆のものであることを覆い隠すものだった」(84)。同様の指摘は、先に引用したシュミットの文章のなかにも見いだすことができる。

芸術は「芸術のための芸術」のなかで、スノビズムとボヘミアン生活の両極性のなかで終わるか、あるいは私的関心しかない芸術消費者のための私的な芸術生産者の仕事となった。(85)

したがって、芸術の批判的機能を確保する上では、自律性は有効な保証になりえないのであり、大衆化によって効力を失うことのない、別の根拠が必要だろう。ハイデガーにいわせれば、問われるべきはむしろ美的経験の質である。「われわれ現代人にとって、美的なものは……緊張をほぐすもの、休息を与えるものであり、したがって享楽のものとされている。こうなると、芸術は菓子屋の仕事になる」[86]。ハイデガーがもとめるのは、「途方もないものへのあの衝撃」であって、それが「通俗的で鑑定家的なもののなかで受け流される」[87]ことを、彼は批判するのである。ベンヤミンもまた、『楽しみ』、満足、趣味の対象としての美」にかえて、芸術の本質を規定する反省の「冷徹さ」[88]を強調していた。必要なのは、現実の諸連関にとらわれた自我を動揺させ、自覚的な反省を促すような、衝撃的な美にほかならない。これを大衆化された芸術のなかに見いだす試みは、アドルノの批判にもかかわらず、依然としてその可能性を断たれてはいないと考えられる。

文化産業によって生産され、市場に供給される芸術は、気晴らしをもとめる受動的な消費者の欲求と結びつき、キッチュへと帰結する。マテイ・カリネスクが指摘するように、キッチュは美的なものの世俗化を前提とし、夢や空想への逃避を促している点で、かなりの程度まで「ロマン主義の通俗的形態」[89]ということができるが、そこにある種の代償的性格が認められるとはいえ、これをまったくの欺瞞であるとして一面的に断罪するとすれば、その意義を過小評価することになろう。「カタルシスをパロディ化する」[90]キッチュは、ロマン主義と同様に現実へのアンチテーゼとなりうるものであって、それがつくりだす美的仮象は虚偽であり、虚偽であるがゆえに、それ自身のうちに現実の疎外状況を示し、それを超越すべき契機を内包しうる。エルンスト・ブロッホは、そうしたキッチュのなかに、つまり「童話から通俗読物にいたるまで、いやそれどころか、多種多様な『オカルティズム』から生の神話にいたるまで、ロマン主義的心情のいくつかの他のありふれた報奨金のなかに」[91]、ナチズムに結びつくとはかぎらない両義的な要素を嗅ぎとっていた。

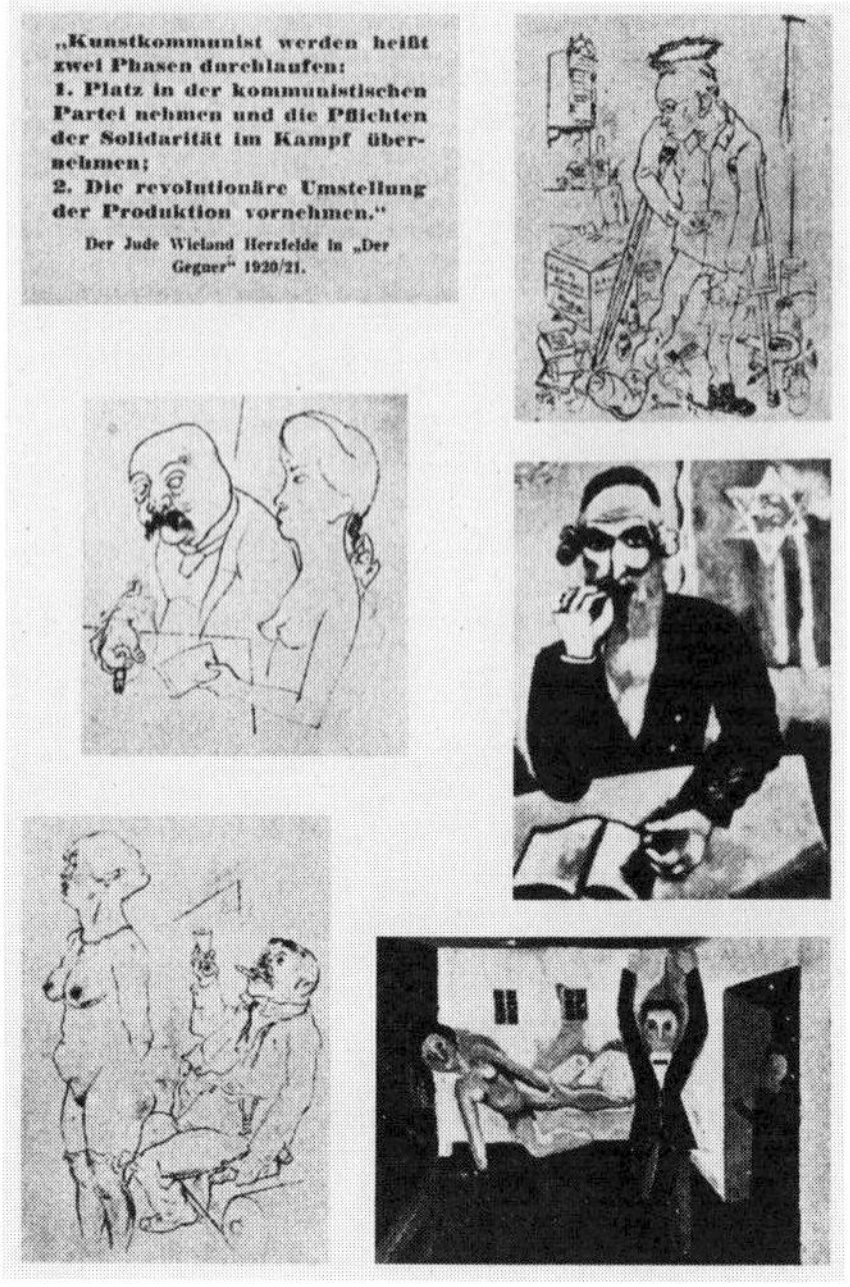

図終-2 退廃芸術展のパンフレット。ジョン・ハートフィールドの弟ヴィーラント・ヘルツフェルデの文章が引用されている

陶酔は嘘のためにのみ生じる。だがそのなかにある年の市、幸福に満ちた通俗読物、「生の始源」への歩み、ましてや牧神の森のざわめき、海のざわめきは、意図に反して、反逆的な徴をおびている[92]。

こうした両義性が、何らかの実践を通じて暴きだされることにより、主体に反省を迫るような衝撃をもたらす可能性は十分にある。実際、カリネスクも指摘しているように、制度芸術の転覆をめざしたアヴァンギャルドは、しばしばキッチュを意識的に利用することで、鑑賞者にショックを与えようとした[93]。とくにダダイズムは、醜悪なキッチュを芸術とあえて同列に扱うという暴挙にでることで、市民社会の欺瞞性にたいして痛烈な批判をつきつけたのだった。そうした衝撃の破壊力には、美的抵抗のポテンシャルが潜んでいる。まさにこの衝撃こそ、ナチズムが徹底的に拒絶したものだからである。「退廃芸術展」に出展された「キュービスト、未来派、ダダイストなどのあらゆる芸術・文化の戯言[94]」は、何よりもこの点でナチズムの美意識に抵触し、暴力をともなう激しい反応を呼び起こしたのだった。

そこで次に、美の衝撃によってナチズムに対抗しようとしたベンヤミンの構想を手がかりにして、ナチ体制下における国民の批判的言動を考察し、「美的抵抗」というべき実践が、第三帝国という芸術作品を動揺させる力をもっていたことを明らかにしたい。

3　キッチュと美的抵抗

美の衝撃に批判的契機を見るベンヤミンの姿勢は、その芸術理論において中心的な位置を占める「モンタージュ」の概念にも反映されている[95]。彼が重視する映画のショック効果もまた、モンタージュの原理に根拠をもつものであり、そうした手法で制作された作品は、現実の諸断片をつなぎあわせた人工物であることを身をもって示している。そこでは個々の断片が本来のコンテクストから切り離され、あらたに組みなおされているが、それらは有機的な統一を志向せず、それぞれが孤立した現実にとどまっている。ビュルガーがいうように、こうした非有機的な芸術作品の概念こそ、アヴァンギャルド芸術の根本原理をなすものといえるだろう[96]。アドルノによれば、モンタージュによる構成は、現実の断片を取り入れ、意味の断絶を表現することで、宥和の仮象を打ち破る。そこでは「総合の否定が造形原理となる[97]」。総合の否定は鑑賞者にショックを与えるが、アヴァンギャルドはそこに社会変革につながる反省が生じることを期待する。「今日の芸術の課題は、混沌を秩序のなかにもちこむことである[98]」。

ベンヤミンにとって、モンタージュの概念は実践的な意味をもっていた。歴史を「野蛮のドキュメント[99]」と見なす彼は、そのなかから現実の諸断片を引用することによって、それらが構成していた連関を破壊しようとする。それは見慣れたものをその連関からずらし、新奇なものにするという意味では、ベルトルト・ブレヒトのいう「異化効果」と本質的に同じものといえる。「芸術の政治化」は、「政治の美学化」を転倒させることで、これに対抗しようとするものだったが、ベンヤミンの考えでは、その成否は現実の断片をいかに引用するかにかかっていた。彼がとくに注目するのは、フォトモンタージュである。

ダダイズムの革命的な力は、芸術の真正さを試すことにあった。絵画的な要素と結びついた切符や糸巻きや煙草の吸いさしから、静物画がつくられた。そこでは額縁のなかに全体があった。そして、それを公衆に示して、「見よ、君たちの額縁が時代を爆破する」と宣言した。日常生活のなかの最も些細で真正な断片が絵画以上のものを語り、本の頁についた殺人者の血塗られた指紋がテクスト以上のものを語る、と。こうした革命的内容から多くのものが、フォトモンタージュのなかに救出された。ジョン・ハートフィールドの仕事について考えてくれさえすればいい。(100)

ジョン・ハートフィールドは、ベルリン・ダダの中心人物の一人で、フォトモンタージュの技法を駆使して、ナチズムを痛烈に風刺した写真家である。(101) 彼の大半の作品は『労働者絵入り新聞』(一九三六年に『国民絵入り新聞』と改称)に掲載され、共産党の政治宣伝を担ったが、ローラント・メルツが指摘するように、それらは「ヴァイマル共和国とヒトラー・ドイツの支配者のイデオロギーや政策を異化する表現」であり、「敵の議論をその宣伝的なコンテクストから切り離すと同時に、これを意味変化させたり機能転換させたりすることによって、敵への攻撃にもちいるもの(102)」だった。

一例として、代表作である『ヒトラー式敬礼の意味』を見てみよう。そこでは右手を上げた敬礼の姿勢で、背後の資本家から金を受けとるヒトラーの姿が提示され、「ドイツ式敬礼」の意味が劇的に変化させられている。すなわち、「小さな男が大きな献金を要請している」というのである。この作品に使われているヒトラーの写真は、新聞から切りぬいてきたもので、誰もがよく知っている見慣れたイメージである。ハートフィールドは、そうした既製の写真――ナチ政権下では宣伝省に検閲された写真――を素材としつつ、これを他の写真と合成することで、本来のイメージがもっていた意味を破壊し、まったく別の政治的なメッセージを表現している。独裁者は権威をはぎとられ、はからずもその正体を暴かれるのである。こうした転換によって読者にショックを与え、笑いを生みだすことが、ハートフィールドの狙いである。それは写真を使った政治宣伝のパロディ、キッチュの意識的な実践による偶像破壊というべきもので、素材そのものがもつ訴求力を逆用した痛快な風刺となっている。

フォトモンタージュの風刺性は、意味の劇的な転換にもとづいているが、それを方向づけているのが、写真につけられたキャプションである。ベンヤミンによれば、「われわれが写真家に要求すべきことは、写真を流行による摩耗から救いだし、写真に革命的な使用価値を付与するようなキャプションをつける能力である」[103]。キャプションによって、写真は革命的手段になる。それは現実の断片を引用しながら、現実についてのあらたな認識をもたらす写真である。「彼の技術はブックカバーを政治の道具にかえたのである」[104]。こうした意味で、ハートフィールドの仕事はまさに「芸術の政治化」の実例と見なすことができよう。それは「芸術の政治化」の可能性を、「政治の美学化」の転倒ないし異化という方向に見いだすものだった。この写真家の重要性はナチ当局も認めるところであって、エルヴィン・ショッケルは『政治的プラカート』という著作のなかで、ハートフィールドのフォトモンター

図 終-3 「ヒトラー式敬礼の意味」。ジョン・ハートフィールドのフォトモンタージュ

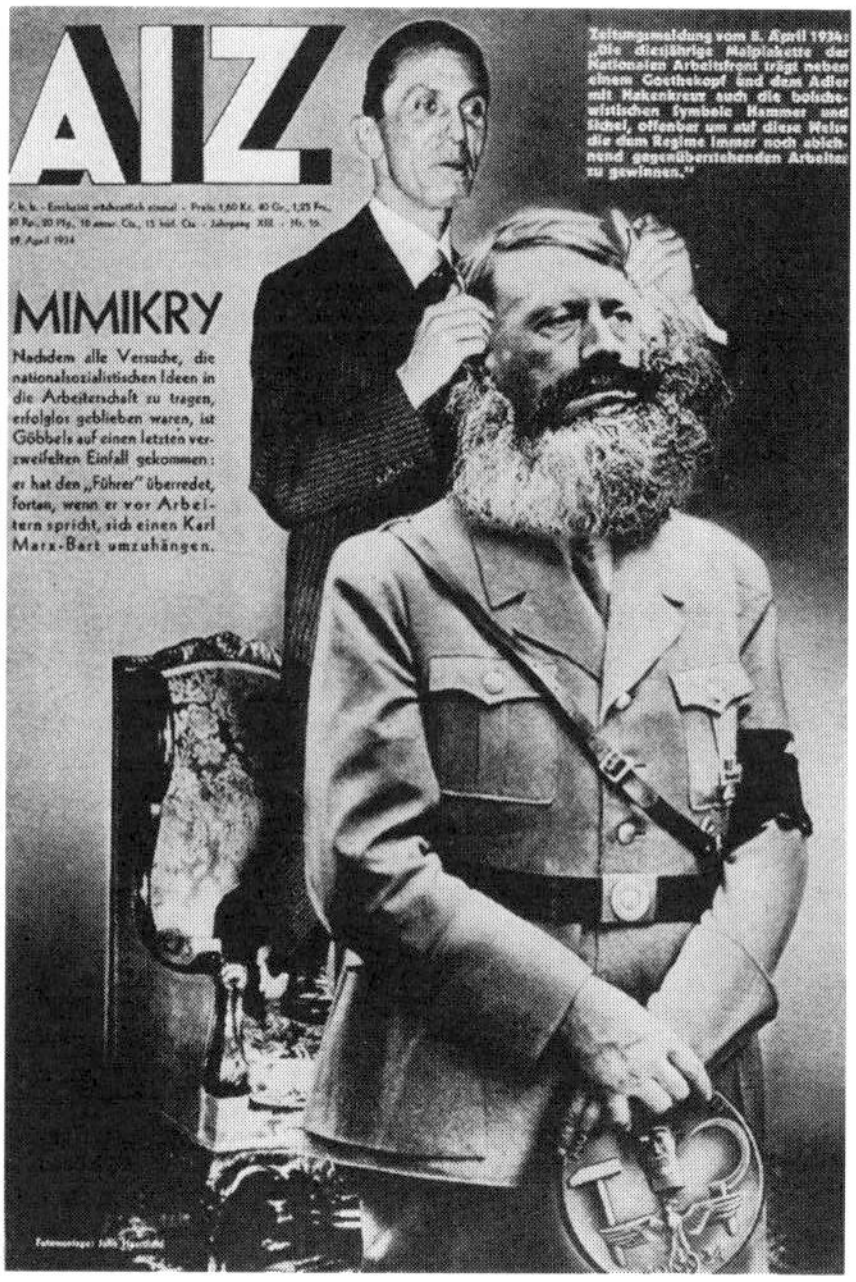

図 終-4 『擬態』。ゲッベルスがヒトラーに髭をつけてマルクスに変装させている。ジョン・ハートフィールドのフォトモンタージュ

ジュを「巧みなプラカート」の一つに数えている。「ドイツ共産党にとって、ヘルツフェルト＝ハートフィールドは最高の芸術家の一人である[105]」。

ハートフィールドは、一九三三年に国外追放となったものの、一九三八年にイギリスに亡命するまでプラハで活動をつづけ、『労働者絵入り新聞』に二二〇点以上の作品を提供した[106]。だが歴史的に見れば、彼の活動は効果を上げなかった。ナチ政権成立後、『労働者絵入り新聞』は発禁となり、一九三一年には五〇万部に達した発行部数も、一九三六年にはわずか一万二〇〇〇部に激減した[107]。そもそも共産党系新聞を媒体としていたことからして、ハートフィールドの作品は限定された読者しかもちえなかったし、作品そのもののメッセージもまた、あまりに党派的な性格が強かった。『ヒトラー式敬礼の意味』に見られるような、独裁者の背後に資本家の姿を見いだす視点は、共産党の公式見解にしたがったもので、ナチズム批判としては正鵠を射ていない。彼のフォトモンタージュは、ナチズムのイデオロギーを破壊し、その欺瞞性を暴露するのだが、それによって生じる衝撃は、ただちに共産主義という別のイデオロギーへと回収されてしまう。ナチズムの宣伝への攻撃が共産党の宣伝に行きつくとすれば、それは「政治の美学化」にもう一つの「政治の美学化」を対置しているにすぎないことになる。必要なのはむしろ、ナチズムの宣伝を逆用することに徹して、ナチズム自身に墓穴をほらせ

ることである。ハートフィールドの限界は、共産主義の教条的な立場に固執するあまり、「政治の美学化」を内側から破壊する姿勢をつらぬけなかった点にあるといえよう。

だがこうした弱点にもかかわらず、ハートフィールドの作品には大きな強みがあると考えられる。彼のフォトモンタージュは、容易に理解できるメッセージを表現しており、すぐれて民衆的な性格をもっていた。ブロッホはこの点を次のように説明している。

ピカソは最初に『つなぎあわせのがらくた』を描いたのだが、それは教養ある民衆にとってすらおそろしいものだった。……ハートフィールドは、多くの教養人がモンタージュなど知りたくもないと思うほど、民衆に近かった。(108)

ベンヤミンにしたがえば、民衆がピカソを拒否する一方、ハートフィールドを歓迎するのは、絵画にくらべて写真の社会的重要性が大きいためである。(109) 一般的にいって、写真は具象的で多くの説明を要せず、直観的に理解できるという意味で、民衆に近いメディアである。ハートフィールドは、この写真という新しいメディアを利用することで、広範な大衆に訴えることができると考えていた。「あらたな政治的問題は、あらたな宣伝手段を必要とする。このためには、写真が最大の説得力をもっている」。(110) 彼は写真のもつ「大衆への煽動的・宣伝的効果」(111)を武器にしてナチズムを痛烈に批判し、その手から大衆を奪い返そうとしていたのだった。さらに大衆にとっても、フォトモンタージュは内容が理解しやすいばかりでなく、その技法の習得も容易だった。ハートフィールド自身、『労働者絵入り新聞』の読者に自分でモンタージュを制作するようもとめ、一九三八年には同紙上でコンクールまで催した。フォトモンタージュは、「とくに芸術の教育を受けておらず、その技術もない人々にも、より簡単に自己を視覚的に表現する機会を与える」(112)ものとされたのだった。

これに関連していえば、権力を風刺する手法においても、ハートフィールドは民衆に近かった。ナチズムの宣伝をパロディ化し、痛烈に笑いとばす彼の作品は、現実の諸連関を瞬時に瓦解させ、その拘束から生を解放する力をもっており、この点で、民衆的なエネルギーの爆発としての「カーニヴァル的笑い」に通ずるような性格をもっていた。[113] そうした笑いは、現実の支配体制を打倒することはできないにせよ、少なくともこれを美的経験において異化し、一時的にではあれ、抑圧的な現実を超越することを可能にするものである。ハートフィールドの作品が惹起する笑いは、ある一定の条件のもとでは、ナチズムの支配にさらされた国民の感情に共鳴を見いだす可能性をもっていたと思われる。

実際にも、第三帝国期の政治的ジョークのなかには、秩序を転倒させる民衆的な笑いを見いだすことができる。[114] ペーター・ヒュッテンベルガーによれば、それは「ナチの自己表象、つまり清廉潔白さ、謙虚さ、兵士のような勇敢さ、志操の忠実さをちょうど逆にする」ものであり、「宣伝で強調された指導の崇高さを陳腐化し、ありふれた由来に還元する」ことによって、「体制にとって『あべこべの世界』、自己の宣伝と反対の世界」[115] を提示していた。そこでは露骨な政治批判というよりも、遠まわしにあてこするような皮肉や冗談が大半を占めたが、宣伝スローガンや古い諺、語呂あわせなどをもちいて、体制の矛盾を鋭くついたものも多かった。たとえば、ドイツの諺に「嘘は足が短い Lügen haben kurze Beine」というものがあるが、これをもじった「嘘は片足が短い Lügen haben ein kurzes Bein」という言葉は、宣伝大臣にたいする痛烈な皮肉となった。[116] 同様に、国民に義務づけられた「ドイツ式敬礼」に関しては、次のような小話が口にされたという。「二人の精神科医が出会った。一人が『ハイル・ヒトラー！ Heil Hitler!』と挨拶をした。するともう一人がこたえた。『君が彼を治してやれ！ Heil du ihn!』」。[117] 敬礼の意味を故意に取りちがえることで、ヒトラーへの忠誠の誓いが突如として侮蔑の表現となり、笑いの種にされるのである。さらにまた、表向きはまったく体制に順応した発言が、体制の面目をつぶす痛烈な批判となることもあった。とくに見事な例としては、次のような小話がある。

ミュンスターの司教ガーレン伯が説教でヒトラー・ユーゲントの青少年教育を攻撃すると、誰かが野次をとばした。「子供のいない男に子供の教育をうんぬんする資格があるのか！」。ガーレン司教はこたえた。「私の教会でそのように総統個人を批判することは許しませんぞ！」(118)。

ガーレン司教は直接にはヒトラーを批判しておらず、むしろ批判を戒めているのだが、それが逆説的にも辛辣な批判となっている。彼は挑発的な発言によって相手の攻撃を誘いだしながら、機知に富んだ言葉で巧みに身をかわし、攻撃の矛先を相手自身に向けかえている。権力者の言葉尻をとらえ、鮮やかな切り返しによって墓穴をほらせるところに、この批判の痛快さがあるといえよう。

第三帝国期には、こうした政治的ジョークが広範な国民層の間に広まっていた。党や政府機関の世情報告は、多くの人々がナチズムに批判的な態度を示し、しばしばジョークを口にしていたことを記録している。「批判的、否定的、あるいは悪意をもった言葉で」「日常的に」、一般情勢が「職場や店、酒場、列車、市電のなかでも話題になっている(119)」と、デュッセルドルフのゲシュタポは一九三五年一一月に報告している。一九三四年五月には、ローゼンハイムの労働局が次のように指摘している。「政治的ジョークの洪水は、ナチ政権を笑いものにしようとする、ますます顕著になりつつある現象である(120)」。

もちろん、こうした批判やジョークは処罰をまぬがれなかった。はやくも一九三四年一二月には、「国家と党にたいする悪意ある攻撃を防止するための法律」、いわゆる「誹謗中傷法」が施行され、「帝国の安寧ないし政府、ナチ党およびその構成員の名誉を著しく傷つける」ような言動が処罰の対象とされるようになった(121)。戦時期になると、軽いジョークや冷静な状況判断を口にした者さえ、しばしば「国防力破壊者」として死刑に処せられ、言論統制がいっそう強められた。これらの厳しい統制によって、批判的言動の効力はかぎられたものとなったが、それ以上に重要なのは、こうした言動じたいが一般的には抵抗や反対に向かうものではなかったことである。人々はしばしば批判や不満を口にし、日頃の鬱憤を晴らしたが、一部の例外をのぞけば、公然と反抗することはなく、基本的に受け身の態度に終始したのである。亡命社会民主党の『ドイツ通信』は、そこに無関心と諦念の広がりを見いだしていた。

現状への不満は広くあるが、それは日常の心配事にかぎられており、これまでのところ大半の人々にとっては、体制にたいする根本的な反対には行きついていない。……それはまた、大衆がますます政治的に無関心になっているという観察とも矛盾しない。(122)

多くの不平・不満は消極的な合意と表裏一体をなしていたが、そのことは人々がますます脱政治化していたことに原因があった。デートレフ・ポイカートが指摘するように、体制が動員の圧力をかけるのにたいして、国民の多くは政治的な領域から逃れ、私的な場に退却した。(123)それればかりか、体制側も非政治的な娯楽や気晴らしを提供し、余暇活動を組織することで、国民の脱政治化を促進していた。なかでも歓喜力行団は、様々なレクリエーションを提供し、格安の旅行を催すなどして、大きな反響を呼んでいた。『ドイツ通信』の一九三七年の報告は、そうした余暇活動に人々が受動的に組み入れられている点を批判して、「ここ数年の経験は残念ながら、労働者の一部の小市民的傾向が、以前に考えていた以上に強まっていることを教えている」(124)と指摘している。余暇の楽しみにふけるという「小市民的傾向」が、消極的な合意を生みだしているというのであるが、実際にも、歓喜力行団の旅行に参加した人々の三分の一から四分の一が労働者であり、数百万もの労働者が市民への向上という願望をかきたてられて、一定の満足感を示していた。(125)ただし、多くの参加者を獲得するためには、提供される娯楽が非政治的なものでなくてはならなかった。『ドイツ通信』が指摘するように、歓喜力行団の催しは「ナチ党らしさがほとんどないこと」を特色としており、「『ハイル・ヒトラー』をほとんど耳にすることがない[126]」といった気楽な雰囲気ゆえに、労働者の間でも評判が良かった。つまり、参加者の期待に配慮して政治色を前面にださなかったからこそ、民心の把握という政治的機能を発揮しえたのである。このことは、ナチズムの大衆動員が歓迎されず、限界につきあたったことの裏返しであり、多くの人々は政治に背を向けて余暇活動に没入し、彼らに許された娯楽や気晴らしに興じたのだった。

　国民の享楽欲を満たすため、体制は娯楽の提供に関してかなり寛容な姿勢を示し、ある程度の逸脱にも目をつぶった。歓喜力行団が催した祝祭も、参加者に一定の自由を認めることで、「カーニヴァル気分[127]」を高めようとしていた。『ドイツ通信』は、一九三六年に次のように報告している。

　いまや新しい方法が見いだされた。カーニヴァルだ！　ナチ共同体・歓喜力行団は次から次へとお祭りを催している。芝居につづいて、政治的な寄席……。ムードを高めようとニグロ音楽も流行している。……音楽はナチ経営細胞組織楽団によって演奏されている。おそらくこのアーリア人たちは靴墨で顔を黒く塗っているのだろう。すべてが広告。すべてがそれほどひどく悲しいのでなければ、笑うことができよう。すべてが陶酔、陶酔[128]。

カーニヴァルは伝統的に無礼講の祝祭として、

図 終-5 「歓喜力行団でカーニヴァルへ」。1938 年のミュンヘンのカーニヴァルのポスター

図 終-6 カーニヴァルの山車。国民車 1950 年モデルと書かれている。1938 年のミュンヘンのカーニヴァル

民衆が欲望を爆発させ、鬱積した不満を解消すると同時に、規範を転倒させ、権威を笑いとばす治外法権的な場をなしてきた。その「陽気な相対性」には、支配的な文化の押しつけにたいして、民衆が比較的自由な文化的実践を行う可能性が内在している。労働戦線の指導者ローベルト・ライは、カーニヴァルを「生の喜びと生の肯定を表現する太古の習俗」と呼び、それを健全化して「真の意味での民衆の祭典」[129]とすべきだと考えていたが、そのことは、けっしてカーニヴァルをナチ色に染め上げることを意味してはいなかった。[130] 歓喜力行団が挙行したカーニヴァルの催しにおいても、政治的な規制はほとんど加えられず、「罵言の自由」[131]さえ認められていた。『ドイツ通信』は一九三八年に、ミュンヘンの喜劇俳優ヴァイス・フェアドゥルが寄席で次のようなジョークを口にし、聴衆の喝采を浴びたことを報告している。[132]「人々がバターを売る店の前にならんでいた。そこを二人がとおりかかり、一方が他方にいった。『ねえ君、国民に仕事とパンは約束したけど、バターは約束しなくて良かったよ』[133]。ここでは食料供給の悪さが取り上げられ、政府の公約が一笑に付されているのであるが、『ドイツ通信』の報告は、こうしたジョークが公式に許可され、安全弁として利用されている点に注目している。

ますますはっきりとあらわれてきているのは、公式に許可された批判、誘導された反対とでも呼ぶべきものである。この分野においては、次のように考えないかぎり、まったく説明できないようなことが生じている。すなわち、ナチ当局自身が国民の間に不満が広がっていることを認めており、その安全弁を喜劇俳優のジョークによって間接的につくりだそうとしているということである。[134]

『ドイツ通信』の報告者が認めているように、「公的に導入されたカーニヴァルのお祭り騒ぎ」が人々をたぶらかす「気晴らしと麻酔」であり、批判や不満を「かぎられた枠のなかに保ち、無害なものにとどめる」[135]ことを意図して行われたというのはたしかだろう。だがこうした催しが安全弁の役割をはたしたという事実は、それに乗じて権力を嘲弄する民衆にとっては、弾圧をまぬがれる隠れ蓑にもなるのであって、権力の手段となっているものを横領し、みずからの目的のために利用することこそ、彼らの快楽となるものである。実際にも、ミュンヘンのカーニヴァルで『酩酊通信』が無検閲発行を許可されたとき、その内容ばかりでなく、それがドイツ中に流布された速さによっても、ナチ当局は不快な驚きを味わうことになったのだった。[136]歓喜力行団の催しがお祭り騒ぎに転化したことじたい、体制側の思惑どおりの結果というわけではなく、催しの人気を維持するための苦渋の結果でもあった。「喜び」を通じて「力」をもたらすはずの催しについて、人々の間では「喜び」が多すぎて「力」がでなくなったというジョークが口にされたが[137]、体制側も歓喜力行団の催しが労働者に娯楽を与えているだけで、本来の目的である生産性の向上に役立っておらず、文化の普及や肉体の鍛錬とも無関係ではないかという疑いを強めていた。実際、参加者が圧倒的に多かったのはビールのでる夕べの催しであり、経営内アピールや研修会・講習会といった政治色の強い催しの参加者は少なかった。[138]『ドイツ通信』によれば、「上層階層の人々でさえ今日では歓喜力行団のダンスパーティに参加しているが、それは月並みな生活の枠を一度超えてみたいと考える人の期待が満たされるからであ

図 終-7　カーニヴァルのパーティ。公認された性的享楽。1937 年のミュンヘンのカーニヴァル

る。ここでは多くのヌードと女性の魅力を享受することができる」[139]。旅行や祝祭に参加した人々の行動は放埒をきわめ、歓喜力行団の船旅に党員が売春婦同伴で参加していたことが問題となるなど、しばしば性的享楽をともなう乱痴気騒ぎの様相を呈した[140]。ライは再三にわたって歓喜力行団が「『娯楽クラブ』に堕落[141]」することのないよう警告し、様々な催しのイデオロギー的・芸術的水準の低さを批判していたし、娯楽の政治的効用を十分に意識していたゲッベルスでさえ、この組織が「純然たるお祭り騒ぎ運動[142]」と化していることを憂慮していた。体制がガスぬきを意図して挙行した催しであろうと、参加者がそれに乗じて野放図な行動に走り、体制を自縄自縛に陥らせることがありえたのだった。

公的な催しに乗じて大騒ぎするような行動は、欲望を解消するためのものにすぎず、政治的な動機づけを欠いている点で、抵抗や反対と呼ぶに値しないものかもしれない。だがそれは少なくとも、抑圧的な体制のもとで生きる人々がわずかな機会をとらえて自己を表現し、息苦しい現状への違和感を示すささやかな抗議と見なすことができよう。政治的ジョークが広まったのも、統制の及ばない私的なコミュニケーションの場で、一定の自律性が維持されていたことが大きかった。ライは「ドイツにおいてはもはや私的事柄は存在しない[143]」と豪語していたが、そうした全体主義的要求に照らしあわせて考えれば、私的事柄への執着も一種の「沈黙の反対」であり、抵抗の潜在的な形態であった。しかも非政治的な言動であれ、政治的権威を傷つけ、その面目をつぶすような効果をもつことがありえた。たとえば、記念碑などへの不敬行為がそれである。『ベルリン絵入り新聞』は一九三九年はじめ、ベルリンっ娘の自由奔放な生活ぶりを紹介した記事を掲載している。[144] 記事には、記念碑『走者たち』と戯れる若い女性の写真がそえられており、無邪気に五人目の走者を気取るこの女性によって、裸のたくましい走者たちが滑稽な姿に化している様が提示されている。興味深いのは、こうした冒瀆的な行為が黙認され、記事にまでされていることである。[145] 本人は軽い冗談のつもりだったのかもしれないが、彼女の行為が国家の象徴である記念碑を異化し、その威厳にダメージを与えていることにかわりはない。ここには、キッチュの実践による「美的抵抗」の可能性が示されている。というのも、それは無害さを装って処罰をかわしながら、権力を痛烈に皮肉るチャンスとなりうるものだからである。

図 終-8　ベルリンっ娘。若い女性が公的な彫像を茶化している。1939 年

キッチュが基本的に無害な欲求から生じるものでありながら、国家権力にとって有害な効果をもたらしうることは、前章で紹介した「国民的キッチュ」の問題にも示されている。ヒトラー政権成立後に氾濫した「悪趣味」なナチ関連グッズの危険性について、党の機関紙は次のように説明している。

キッチュは醜いばかりでなく、何よりも危険である。

……それゆえにわれわれは、あらゆる種類のキッチュを激しく攻撃するのである。問題なのは、われわれにとって神聖なものすべてが国民的キッチュによって嘲弄されることというよりはむしろ、それによってわれわれの課題が妨げられ、進路が塞がれることである。われわれは、自己防衛を強いられている。[146]

すでに指摘したとおり、こうしたキッチュの危険性に関して、体制側は明らかに対応に苦慮していた。それは何よりも、これらの商品が国家の象徴を冒瀆しようとする明確な悪意にもとづくものではなく、ヒトラーの人気に乗じて一儲けを狙った業者が生産したもので、新政権を歓迎する民衆の一般的な感情を反映していたために、むやみに取り締まるわけにはいかなかったからである。あらゆる対象を陳腐化させるキッチュの病根は、現代の大衆文化に深く根を張っており、全体主義体制といえども、それを根絶することは不可能だった。

国民的キッチュは、一般にキッチュの由来や影響力を決定したり限定したりすることがいかに困難であるかを例示している。つまり、ある場合には、単なるしたたかな商才が原因で何らかのキッチュが提供されることがありうるが、別の場合には、趣味の掟を意識することのない愚かな感情からもキッチュが生じることがありうる。この不完全な、大いにまじめだが鈍感な感情が、受容者の側でキッチュがきわめて広く普及するのを助けている。[147]

この苦々しい説明は、キッチュの撲滅がいかに困難だったかを例証している。実際、低俗なキッチュの流通は以後もとまらなかった。戦時中になっても、宣伝省は依然として「国民的シンボルを商売上の理由から不適切な場所で利用したがる人々」がいることを認め、「国民的キッチュとほとんどかわらない[148]」商品が流通していることを憂慮していた。国民的キッチュが国民の基本的な合意を表現したものだったことはたしかであるが、体制がその流通に神経をとがらせていたという事実は、そこにある種の破壊的な契機が潜んでいたことを示している。

もちろん、キッチュはそれだけで破壊的な効果を発揮するわけではなく、同時にまた体制を安定させる効果も有している。事実、軽い娯楽を提供して民心の維持をはかろうという宣伝省の方針のもと、第三帝国期にはキッチュな娯楽文化が繁栄をきわめた。廉価なラジオが生産されて急速に普及し、流行歌を流す音楽番組が人気を集めただけでなく、映画の観客数も飛躍的に増大し、いくつもの娯楽作品がヒットした。(149) ヴァイマル期とほとんどかわらない月並みな娯楽映画にたいしては、ナチの教条主義者からたびたび異議が唱えられたが、アメリカ映画ですら戦争初期まで全面的に禁止されることはなく、喜劇、メロドラマ、恋愛映画、ミュージカル、冒険映画など、多様な作品が提供されつづけた。(150) こうした映画は、国民に現実から目をそらさせ、心地良い生活を夢見させておこうという目的に役立つものだった。ゲッベルスはこのことを率直に認めている。

図 終-9　ファンタジーの帝国。ベルリン・スカラ座の公演。1943 年

> 奇跡の世界、美しい仮象の世界がここにあらわれ、国民の目を感嘆させなくてはならない。彼らは素朴で曇りない喜びをもって、芸術の幻想に近づく。そして人生がわれわれすべてに予感させはするが理解させることはめったになく、到達させることはけっしてない理想の魅惑的世界を、彼らは夢見るのだ。(151)

だがその一方で、こうした幻想の演出に力を注いだ宣伝大臣自身でさえ、そこに潜在する危険な傾向に猜疑をつのらせていたことも忘れてはならない。映画産業における「まったく商売本位の傾向」に反対する彼は、そこに「緩慢な毒としてドイツの映画生活に暗影を投げかける病根」[152]があると指摘している。彼が憎んだのは、娯楽映画に浸透している浅薄な享楽主義、都会風のウィット、官能的な魅力といったもので、観客を動員するためには必要であったが、ナチ的な志操にはまっ向から対立する傾向だった。親衛隊保安部の報告も、そこに健全な民族感情を蝕む危険性を見いだしていた。「芸術の領域ではリベラリズムの影響が強まっている。……映画とヒット曲は再びますます内容のない、もっぱら性愛を志向する組織時代の陳腐さに陥っている」[153]。

クラウス・クライマイヤーが詳細に明らかにしているように、多くの映画人は許容されるぎりぎりの範囲内で政治にとらわれない制作姿勢をつらぬき、ナチズムの理想と相容れない夢や欲望を賛美したり、世知にたけた風刺やイロニーで批判をほのめかしたりすることができた[154]。ゲッベルスは、こうした傾向をリベラリズムの残滓であるとして執拗に批判したが、宣伝省の機構をもってしても、映画というメディアの浮動的な特性を完全に制御することはできなかった。一見無害な娯楽作品も、官能を誘惑する要素が反動的な筋書きと対立するなどして、意図せずに規範をふみ超え、権威の欺瞞性を暴いたり、反抗の勇気を鼓舞したりすることがありえた[155]。破竹の進撃をつづけるドイツ軍のニュースの後に、軽妙なウィットに富んだアメリカ映画が上映されたりすれば、宣伝の効果は台無しになった[156]。多くの論者が指摘するように、観客がもっぱら夢の世界への逃避をもとめていたとするのも正しくない。大月並みで現実離れした娯楽作品にたいしては、国民の間からくり返し不満の声がでており、『希望音楽会』や『大いなる愛』といった恋愛映画が空前の大ヒットを記録したのも、時局をストーリーに組みこんだ脚色によるところが大きかった[157]。スクリーンと現実の間の深い溝は、必ずしも観客を現実逃避に導いたわけではなく、場合によっては批判的な反応をひき起こすこともあった[158]。観客は映画から距離を置いて鑑賞する態度を身につけており、週間ニュースの映像を見てやらせではないかと疑念を抱くことがあったし、とくに多くの国民が空襲を実際に経験するようになると、戦争報道をほとんど信用しなくなった[159]。

さらにまた、映画館は権力を嘲弄する機会を提供した。スクリーンにナチ党指導者が登場すると、しばしば批判的な内容の野次がとんだが、観客席の匿名性を利用して行われるこうした言動を、体制側は完全には制御できなかった。とくに批判の的となったのはゲーリングであり、彼が映画に写ると、「館内には一般的な、ほとんど抑制されない嘲笑が生じた[160]」という。極端に太ったゲーリングの体型は、それだけで喜劇俳優のような滑稽さを醸しだしていたが、奢侈癖で知られる彼への嘲笑は、ナチ政権の腐敗や「ボス支配」への明白な批判を含んでいた。「ゲーリングのイタリア旅行の模様が週間ニュースに登場すると、ある観客が叫んだ。『奴は八〇人もひき連れて行って大枚をはたくのさ。その金でバターとマーガリンを買ってくれりゃいいのに[161]』」。こうした批判的言動は、たしかに体制への根本的な反対に行きつくものではないが、少なくとも体制による現実解釈の独占に異議を唱えるものといえよう。

映画を中心とするマスメディアの発展は、若い世代を中心に、ナチズムの公認文化と対立する独自のサブカルチャーを生みだすことになった。多くの若者はアメリカ映画やジャズ、スウィングに熱狂し、野暮ったいナチの余暇文化に背を向けたが、そうした態度が党の青年組織にまで浸透していたことは、ドイツ女子青年団のリーダーによる次の証言からも明らかである。

どんな政治教育も彼女たちにとっては退屈でした。私たちの民族舞踊や一緒に口ずさんだ歌を、彼女たちのほとんどが笑いものにしていました。そのかわりに彼女たちは、ヒット曲やアメリカのダンスに熱狂していました。彼女たちの会話は性的な問題が中心で、何人かは未成年にもかかわらず、この領域ですでに豊富な経験をもっていました。[162]

治安当局は、こうした若者の行動を憂慮をもって見ていた。親衛隊保安部は一九四〇年四月の報告で、各地の若者たちが「犯罪映画や青少年観覧禁止の恋愛映画の上映に押しかけている」[163]ことを指摘している。映画館は徒党を組んだ若者たちのたまり場と化し、非行の温床として非難されたが、実際にも映画館を一つの拠点として、「エーデルヴァイス海賊団」や「スウィング青年」といった若者集団が形成されてくることになった。[164]こうした私的集団が官製の青年組織の外部で自発的に形成されたことじたい、体制の管理要求への抗議の意味がこめられていたし、街をぶらつき、狼藉を働く若者たちの無軌道なふるまいは、彼らがたたきこまれてきたナチ的な規範への明らかな挑発を含んでいた。なかでも英米の音楽やファッションに傾倒した「スウィング青年」と呼ばれるグループは、禁止されていたジャズやスウィングの曲にあわせてダンスを踊り、大騒ぎして衆目を集めた。[165]親衛隊保安部の一九四一年八月の報告によれば、こうした「イギリスかぶれの若者のグループのホットなスウィングのデモンストレーション」は、明らかに「反国家的で反動的・破壊的な形態」をとっていた。「ここで問題となっている若者のなかには、退廃し、犯罪的素質をもち、混血の者もおり、彼らは徒党や音楽的ギャング団を形成し、独特の態度と品のない音楽的狼藉によって、健全な感情をもつ住民にテロを加えている」[166]。治安当局はこうした若者の取り締まりにのりだし、彼らを強制収容所に送るまでしたが、事態を収拾することはできなかった。戦争に動員する若者をむやみに拘束するわけにはいかなかったし、銃後の志気を保つためには一定の娯楽を認めなくてはならなかったからである。[167]それどころか、官憲の介入によってかえって一部の若者たちは反発を強め、自覚的な行動にでるようになった。もちろん、そうした行動が抵抗運動にまで行きつくことはまれだったし、若者たちの行動が総じて非政治的・個人主義的で、刹那的な享楽を志向していたことはたしかであるが、そこには全面的な管理をめざす体制への積極的な異議申し立てが含まれており、しばしば治安当局の悩みの種となったことも忘れてはならない。彼らの反社会的な行動は、全体主義的な管理体制が一部で機能不全に陥っていたことを明らかにしているのである。

戦争末期に体制の威光が弱まってくると、国民の心理的なたがが緩み、「あらゆる機会をとらえてお祭り騒ぎをしようという渇望[168]」が強まることになった。激化する戦火のなか、人々の間では「無関心と享楽欲」が蔓延し、空襲によって破壊された町の住民が、燃えさかる瓦礫の前で踊り狂い、抱きあうといった光景も見られたという[169]。そうした状況のもと、多くの批判的言動が国民世論に共鳴を見いだし、体制を内部から浸食していくことになった。親衛隊保安部の報告は、一九四二年夏に「ほとんど敵意だけをあらわしているような政治的ジョークを進んで受け入れようとする傾向が強くなっている[170]」と指摘している。翌年の夏には次のような報告もある。

スターリングラード以降、総統の人格にたいしてさえ、国家にとって有害で卑俗なジョークを語ることが著しく増大している。レストランや職場やその他の場所での会話で、民族同胞はたがいに「新しい」政治的ジョークを語りあっており、その際、ある程度害のない内容と明確に敵意をもったものとをしばしば区別していない。たがいにほとんど面識のない民族同胞でさえ、政治的ジョークを交換している[171]。

ヒトラーの軍事的失敗が明白になったため、彼を無条件に賛美する宣伝はそれだけで笑いの種となった。ゲッベルスがくり返し賞賛したヒトラーの謙虚さにたいしては、自分の業績を誇示する彼の自己賛美の言葉が対置され、その「天才的直観」については、それが彼をしてイタリアを同盟国に選ばせたのだという皮肉がささやかれたという[172]。ヴァイマルでは次のようなジョークが広まったという報告もある。「太陽とヒトラーのちがいは何か。太陽は東でのぼり、西でしずむ。ヒトラーは西でのぼり、東でしずむ[173]」。独裁者はいまやみずから墓穴をほり、没落の悲喜劇を演じるようになったのである。

こうした状況のもとでは、「政治の美学化」もまた、体制の面目をつぶすものへと変質せざるをえない。党大会のような式典では、あらゆる参加者が指示どおりに動く必要があった。大会本部が注意を喚起していたように、「一人でも失敗すれば党が笑いものになる」(174)のであり、悪ふざけや士気の低下、不注意による失敗も、壮麗な式典を台無しにしてしまう可能性があった。終戦の二ヶ月前、ベルヒテスガーデン近郊の町で開催された集会の状況について、警察当局は次のように報告している。

式辞の最後に国防軍の隊長が総統への「ハイル」を唱えたとき、国防軍、国民突撃隊の隊列からも、見物していた市民たちからも返答はなかった。この大衆の沈黙は実に重苦しいものだったが、おそらく国民の本当の考えを最も良く反映している。(175)

かつて大衆が忠誠を表明した舞台は、いまや大衆の離反を露呈させる場へと変質した。大衆の沈黙によって「政治の美学化」は異化され、その衝撃のなかで大衆自身も反省を迫られることになった。芸術作品としての国家は、こうした「美的抵抗」を通じて、いわば内側から瓦解することになったのである。

4　おわりに

ナチズムによる「政治の美学化」について、デートレフ・ポイカートは次のように総括している。

ナチズムはみずからが追いもとめた「民族共同体」を暗示するために、あらゆる手段を講じて「政治の美学化」につとめたが、公共性を演出した結果として生じたのは、公共生活の空洞化と、非政治的なものと私的なものへの逃避だけだった。とはいえ、これによってともかく消極的な合意が、つまり実現された「正常な状態」への同意が十分に強化されたのである。[176]

大規模な集会やパレードを通じた「政治の美学化」の努力は、無関心の壁にぶつかって参加意欲の低い単調な儀式へと解消される一方、国民の多くはそうした演出に背を向けて、通俗的な娯楽や気晴らしを享受するようになっていた。大がかりに演出された国家芸術は、結局のところ大衆向けのキッチュに転化することになったのだった。それはまさに、芸術の絶対化を宣言しながら、芸術の私的消費に道を開いたロマン主義と同じ運命をたどったということができる。実際、ロマン主義的な美意識は、第三帝国期の国家芸術にも娯楽文化にも浸透していた。ナチズムが芸術作品としての国家を志向し、美的なものに統合のイデオロギーをもとめたのにたいし、多くの国民も余暇・消費生活に平穏な夢や希望をもとめ、現実を束の間忘れさせてくれるファンタジーの世界に浸っていた。ポイカートがそこに「正常な状態」をめぐるコンセンサスを指摘したのは、たしかに正しい。体制側・国民側双方とも、美的なものに陶酔の刺激を見いだしていた点では同じだった。ロマン主義にたいするハイデガーやシュミットの批判は、何よりもそうした美的消費に流れる享楽的態度、安易な幸福に自足する審美的精神に向けられており、彼らの目からすれば、それは極度に肥大した主観性の表現にほかならなかったのである。

しかしながら、美的なものはその本質からして、必ずしも現状肯定的な機能をはたすだけのものではない。テリー・イーグルトンが強調するように、国家が芸術作品となることをもとめられるのは、美的なものだけが失われた共同体の表象をもたらすことができるからであるが、それは同時に「支配的なイデオロギー的形式にたいして著しく強力な異議申し立てと代替物を提供するものであり、その意味からいってきわめて矛盾に満ちた現象である」[177]。

本章の考察をふまえていえば、美的なものが批判的契機となりうるのは、ロマン主義の原理が徹底化されるとき、つまり美の衝撃によって主体が反省を迫られ、現実にたいする透徹した認識が生じるときである。そのためには主体は現実に没入しつつ、そこから距離をとる必要があり、この分裂した意識の内的緊張が失われるならば、自己充足的な主観主義に陥る危険性がある。その意味では、「二重の自我」に固執するユンガーの冷徹さは、主観性への安住を拒絶する決意のあらわれであり、まさにその点にこそ、彼の先鋭な批判精神が示されているといえよう。

ベンヤミンは、こうした批判的主体の形象を「遊歩者 Flaneur」のなかにもとめていた[178]。遊歩者とは、商品世界の幻像に魅惑され、夢の世界にまどろむ存在であると当時に、突然襲ってくる啓示を通じて、夢からの覚醒、つまり革命的認識を生みだす存在でもある。都会の雑踏に身を任せ、群衆として夢を見つつ、街角で衝撃を受け、不条理に目覚める遊歩者こそ、ベンヤミンのもとめる革命家の姿である。「遊歩者が群衆のなかで受けるショック体験に、機械を相手にする労働者の『体験』が照応する[179]」。このような陶酔しつつ覚醒したまなざしが、抑圧的な現実を異化しうるのであって、美的抵抗の可能性もまた、そうした反省的な意識にもとめられなければならない。スローターダイクは、ベンヤミンの「秘密工作員」の一人としてゴットフリート・ベンを挙げ、現実をシニカルに肯定する彼の次の文章に積極的な意義を見いだしている。

私が主張し実践している意味での二重生活とは、人格を意識的に分裂させること、体系的・意図的にそうすることである。……苦しみ、それが何だ。水がたまりすぎたって。じゃあ水門を開ければいい。時代が気にくわないだと。机の上に大きな紙でも貼って、こうしかないんだ、しっかりしろ、とでも大書しておこう。……折りあいをつけ、ときどき水のほうを眺める、というのが彼の最後にいう言葉だ。だがこれだって諦観ではない。そこでは彼のディオニュソス的なモチーフのほうがまさっているのだ[180]。

状況に適応しながら、頭のなかだけは自由でいること、そうしたベンの「二重生活」を、単なる現状肯定と見るべきではない。この意識的な人格の分裂は、現実に身を委ねながら、その制約から自我を解放しようとするものであり、そこには『うぬぼれ』によって現実に立ち向かうのではなく、無抵抗の順応というかたちで抵抗する」[181]イロニーの精神が含まれている。もちろん、それは現実逃避と紙一重であって、シュミットが批判するように、無責任な受動的態度に終始する結果にもなりかねない[182]。だがイロニーが自分自身に向けられ、自己反省と結びつくならば、それは現実にたいしても、鋭い批判をつきつける可能性をもっている[183]。現実に没入した主体がみずからを批判するとき、現実そのものが自己解体に向かうことになるだろう。ベンヤミンがいうように、「ロマン主義者たちは芸術作品における自己反省を積極的に評価する[184]」。そうした内在的な批判＝反省を通じて、作品はそれ自身に目覚め、自己を解体するのである。「政治の美学化」にたいしても、この点を自覚した立ち向かいかたが可能だろう。政治と芸術を同一視し、国家を芸術作品と見なすナチズムの美的政治にあっては、あらゆる主体は不可避的に国家＝作品の一部であり、その構成要素として取りこまれている。こうした地平において、各主体がみずからを縛る政治的＝美的な連関から身をひき離す瞬間に、国家＝作品そのものの自己反省がはじまる。芸術作品としての国家が瓦解するのは、そのときである。

ハートフィールドのフォトモンタージュにも、批判的なイロニーが含まれていたが、それはあくまで「素材のイロニー化」、つまり作者の主観的なふるまいにとどまっており、現実にたいする外在的な批判にすぎなかった。「政治の美学化」の内側に身を置きつつ、自己を反省的にとらえ返すことによってはじめて、ナチズムの宣伝をナチズムへの攻撃に逆用するという彼の戦術は、「政治の美学化」の幻想を打ち破る起爆剤となりうるだろう。ヴォルフガング・F・ハウクは、そうした戦術に「抵抗の美学[185]」を見いだしている。彼によれば、ファシズムのイデオロギーには特殊ファシズム的な要素はなく、特殊なのはその編成の仕方である。したがって、これらのイデオロギー的要素を攻撃しても意味はない。必要なのはむしろ、それらを編成しなおすことである。つまり、ファシズムからイデオロギー的要素を奪いとるために、ファシズムとともにそれらを追求するべきだというのである。[186] そして、その原動力としてハウクが重視するものこそ、民衆を主体とする笑いにほかならない。笑いによってイデオロギーは転倒され、ファシズムがわがものとした力はファシズムを攻撃するのに役立つものとなる。「政治の美学化」においては、美的なものが現状肯定のイデオロギーと化していたが、これに取りこまれた人々がみずからを異化することによって、美的なものに破壊的な衝撃力を発揮させること、それが「美的抵抗」のめざすところでなくてはならない。

そうした転倒が行われる場としては、余暇や消費の領域、とくに大衆的な娯楽や祝祭的な催しが重要であると思われる。第三帝国期にも、人々は映画館で風刺のきいた喜劇に興じたり、週間ニュースに野次をとばすことができたし、歓喜力行団の催しでも、参加者が野放図な享楽に酔いしれ、主催者を悩ませることがありえた。そうした娯楽の政治的機能は、たしかに両義的である。軽妙な映画や楽しいお祭りで権力を笑いとばしても、苦々しい現実にたいする不満のはけ口として、結局は体制を維持することに寄与するかもしれない。事実、ゲッベルスは政治的ジョークの効用を認識しており、無害なジョークを黙認するばかりか、奨励さえしていた。[187] さらにまた、そうした無害な笑いは、権力を少なくとも消極的に受け入れ、場合によってはこれを歓迎する感情を表明したものでもありうる。ヒトラーを戯画化したキッチュな商品は、総統を嘲弄するものというよりはむしろ、彼にたいする親しみの表現だった。権力をキッチュ化し、政治をシニカルにとらえる民衆の想像力は、政治と無縁な人間味にあふれる指導者への期待と容易に結びつく。だがそれでもなお、そこには権力者がおそれるイロニーの精神が含まれているのであって、それはナチズムの英雄的な自己イメージを毀損する力をもっている。通俗的な娯楽や気晴らしといえども、その浅薄さのうちに人々の直面する疎外状況を露呈させ、彼らにそれをのり超える可能性を提示するものである。

ベンヤミンは、集団的な気晴らしが批判的な芸術受容をもたらすことを期待していたが、喜劇俳優フェアドゥルが寄席の締めくくりに語った次のジョークは、そうした期待を裏づけるものである。

紳士淑女のみなさん、私の攻撃的なジョークにこんなに拍手をしていただいてありがとうございます。でも心配する必要はありませんよ。ここだけの話、このジョークは公式に許可されていますから。(188)

ここには、自分のジョークが当局に許可され、安全弁として利用されている事実をも笑いの種にする徹底したイロニーが示されている。それは「現状肯定的ではない肯定の形式」、「状況が汚いぶんだけ手を汚し、出来事のただなかで、自分が直面するものを冷静に証言することに専心する……打ちのめされ、歯車装置のなかに迷いこんだ自我のイロニー(189)」というべきものだろう。フェアドゥルは、イロニーを通じて抑圧的な現実をひき受け、身をもってその不条理を告発しているのである。このジョークを聞いた観客は、冷や水を浴びせられたように静まり返ったそうだが、そのことは、彼のジョークが人々に衝撃を与え、内省を促したことを示唆している。そうした闘争的なイロニーこそが、ナチズムの呪縛を脱却するためのよりどころとなるのではないだろうか。少なくともそれは、「政治の美学化」という不可避の現実と対決するための、われわれに残された数少ない方策の一つであることは疑いない。

あとがき

一糸乱れず行進する隊列、波打つハーケンクロイツの旗、拳をふり上げて熱弁をふるうヒトラー、雷鳴のようにとどろく歓呼の声……。われわれの多くが思い描くナチズムの姿は、おおむねこういったものであろう。壮麗な集会やパレードによって大衆を魅了したナチズムという、この広く人口に膾炙したイメージはしかし、かなりの部分がナチ党大会を撮影した映画『意志の勝利』にもとづくもので、様々なメディアを動員して熱狂を演出したナチズムの自画像にほかならない。これを無批判に受け入れることができないのは、いうまでもないだろう。だとすれば、ナチズムの支配下にあった人々がこうした演出をどう受けとめていたのか、あらためてその「熱狂」の実態を問いなおさなければならない。一連の大衆演出を通じた「政治の美学化」の問題を焦点に、ナチズムの「魅惑」のメカニズムを考察の対象とした所以である。

この「魅惑」のメカニズムは、一般に考えられるように圧倒的な威力を発揮したわけではない。一九八〇年代以降の実証研究はほぼ一致して、大衆的な熱狂にささえられた体制というイメージが現実の一部しか反映しておらず、ナチ党の宣伝もそれほど大きな効果を上げてはいなかったことを明らかにしている。党大会の演出ですら、これに熱狂していたのは確信的な党員や支持者だけで、大部分のドイツ国民は基本的に無関心であった。こうした実態をふまえた上で、なおも人々を惹きつけた「魅惑」の源泉を問うならば、何よりも俎上にのぼってくるのは、国民受信機や国民車に代表される消費材、歓喜力行団を中心とする娯楽的な催しであろう。こうした現代にも通じるような比較的ソフトで平凡な動員のありかたも含めて、ナチズムによる「政治の美学化」の大衆的な「魅力」を解明することが、本書の主眼とするところである。

ただし無用の誤解を避けるために付言するならば、これは「ナチズムにも良い面があった」というようなたぐいの歴史修正主義に与するものではけっしてない。党大会や歓喜力行団といった「魅力的」な側面だけを論じ、ホロコーストなどの負の遺産に目を向けていないからといって、そのことはナチズムを肯定的に評価することとはまったくちがう。悪名高い人種政策や反ユダヤ主義の問題を部分的にしか取り上げていないのは、そうした側面が国民の目に映じたナチズムの「魅力」にほとんど寄与していなかったと考えるからにすぎない。多くの研究が明らかにしているように、ヒトラーは反ユダヤ主義ゆえにではなく、反ユダヤ主義にもかかわらず支持されたのである。ナチズムのありふれた「魅力」がアウシュヴィッツへと通じる道を見えにくくしていたとすれば、その「魅力」に焦点をあてた考察もまた、結局は負の遺産を直視することに寄与しうるはずである。ナチズムの所産を論じる際に、本書がほとんど否定的な形容をそえていないことにも、そうした意図がこめられている。

ナチズムにわれわれの美意識をくすぐるような「魅力的」な側面があったことは、ある程度認められてしかるべきだし、これを頭ごなしに否定するだけでは、広範な大衆を巻きこんだ「魅惑」のメカニズムに迫ることはできない。われわれの多くが共有する美意識は、少なからぬ部分でナチズムの美学と通底しあっており、これを認めてこそ、ナチズムの本当の危険性は明らかになるのではないかと思われる。たとえば建築の分野についていえば、ナチズムの古典主義とバウハウスの機能主義は一定の本質的な特徴を共有していたのであって、政治信条はともかく建築様式の面でシュペーアを非難し、ミース・ファン・デア・ローエを絶賛するような姿勢は、ダブルスタンダード以外の何ものでもない。ナチズムの美学を低俗でキッチュなものとして一方的に断罪している間は、その歴史的な位置づけを含めた客観的な評価は望めないだろう。これと同じことが、ヒトラーのカリスマ的な人気についてもいえる。彼を悪魔的人物として扱うのではなく、笑顔に満ちたその人間的な「魅力」に目を向けることによってはじめて、多くのドイツ人を惹きつけた総統崇拝の広範な影響力を理解することが可能になるはずである。ナチズムの本質に迫る上では、イデオロギーや倫理で目を曇らせることなく、冷静かつ真摯な姿勢でその「魅惑」のメカニズムを見きわめる必要がある。そうした信念に本書はささえられている。

本書の成立経緯を著者の研究遍歴とかかわらせて述べれば、その端緒は著者が京都大学大学院文学研究科修士課程在学中に発表した二つの論文にさかのぼる。すなわち、「第三帝国における『民族共同体』―意味空間の政治文化論的考察―」(『ソシオロジ』第三八巻第三号、一九九四年二月)と、「《労働者》の誕生―ドイツ第三帝国における身体と政治―」(『ソシオロジ』第四〇巻第二号、一九九五年一〇月)がそれである。前者は、ナチ・イデオロギーの中核をなす「民族共同体」の概念にあらわれた社会イメージを、ナチ党大会の演出とかかわらせながら分析したもので、本書第2章の基本的な着想はこれに由来している。後者は、ナチズムの国家彫刻に表現された「労働者」の身体イメージを、ドイツ労働戦線の文化・社会政策と関連づけながら考察したもので、本書第4章の内容はおおむねこれにもとづいている。いずれも、美的に表現されたイメージの社会的な意味あいを具体的な施策や制度とのかかわりのなかで読み解くという、ある種の歴史社会学的なアプローチにおいては共通しており、それが本書全体の根本的な性格を規定しているといってよい。もっとも、内容的にはきわめて荒削りであり、ほとんど既存の文献に依拠していたので、本書執筆の過程で大幅に書きあらため、前者については、「民族共同体の祭典―ナチ党大会の演出と現実について―」(『大阪経大論集』第五三巻第五号、二〇〇三年一月)の表題で発表した。

その後、博士課程在学中に二年間のドイツ留学の機会を得た著者は、ミュンヘン大学社会学部に籍を置きながら国立図書館や現代史研究所などで史料収集に没頭し、一次史料にもとづいた歴史社会学的研究を志すようになった。だがそれを具体的に展開する前に、方法論についてある程度の基礎づけをしておく必要があった。そこでベンヤミンの「政治の美学化」の概念を中心に、ナチズムの美的政治をめぐる左右両翼の思想を検討し、その成果を「大衆のモニュメント—『総合芸術作品』としてのナチズム—」(『京都社会学年報』第六号、一九九八年一二月)として発表した。本書第1章はこれを一部加筆・修正したものである。ドイツから帰国した後、大阪経済大学への着任をはさんで、留学中の研究成果をまとめたものが、本書第5章の原型をなす「ヒトラー、あるいは親密さの専制—カリスマの陳腐さについての考察—」(『社会学評論』第五一巻第一号、二〇〇〇年六月)である。様々なメディアに表現されたヒトラー像を分析し、彼のカリスマ的な人気の基盤を「親密さ」にもとめたこの論稿は、学界でもそれなりの反響を呼び、本書執筆のきっかけとなったものだが、その後のドイツ現代史学会での報告や、ベルリン連邦文書館での史料調査の成果をもとに加筆・修正の上、本書に収録した。

本書執筆の話がもち上がってから、著者は上述の「民族共同体」および「労働者」に関する論文を書きあらためるとともに、「政治の美学化」の問題を扱う上で避けて通れないナチズムの文化政策について、その全体的な構造を把握する試みに着手した。「ナチズムと近代」をめぐる議論も意識しつつ、多岐にわたる文化領域を対象に進められたこの取り組みは、本書第3章の原型をなす「古典的近代の復権—ナチズムの文化政策について—」(『大阪経大論集』第五四巻第五号、二〇〇四年一月)に結実することとなった。それをふまえて、本書全体の総括を行う必要から、著者の関心は次にナチズムとロマン主義の矛盾に満ちた関係、およびそこに想定される美的抵抗の可能性に向けられ、ロマン派からハイデガー、ベンヤミンにいたる美的思想の検討を通じて、終章の主要部分を構成する二つの論文を書き上げるにいたった。すなわち、「ヒトラーの真の敵—芸術の政治化のために—」(『大阪経大論集』第五四巻第三号、二〇〇三年九月)、「反逆の徴—ロマン主義とナチズム再考—」(『大阪経大論集』第五七巻第三号、二〇〇六年一〇月)がそれである。執筆に最も時間を要したこの二論文を含めて、既発表の論稿のほとんどが本書を意識して書かれたものであるが、終章と平行して書かれた序章のみが未発表の文章である。

なお、終章をのぞいた本書の大部分は、二〇〇四年一一月に同題の博士論文として京都大学大学院文学研究科に提出され、翌年三月に京都大学博士（文学）の学位を授与された。また、本書全体の骨格がまとまった段階で、著者は二〇〇五年から三回にわたってミュンヘン現代史研究所とベルリン連邦文書館で史料調査を行い、各章の加筆・修正に役立てた。その史料調査にあたっては、文部科学省科学研究費の助成を受けたことも付記しておきたい。

以上が本書の成立経緯であるが、ここからもわかるように、本書は著者の一〇年以上にわたる研究の紆余曲折の結果であり、最初から明確な問題意識にもとづいて執筆が進められたものではない。そのためもあって、著者の能力をはるかに超える巨大なテーマを相手にすることとなり、広範な領域にわたる個々の叙述については、やや心許ない部分もある。本書全体の性格についても、ナチズムの「魅力的」な側面を中心にかなり偏った議論を展開しており、バランスのとれた叙述とはなっていないし、通常の歴史研究とは体裁を異にした叙述のスタイルにも、様々な批判が予想される。さらにまた、ナチ党の権力掌握にいたる過程や、ヒトラーの人種政策・外交政策が取り上げられていないばかりでなく、主要な考察対象である文化・社会政策に関しても、親衛隊のエリート美学、娯楽映画の社会的影響、福祉政策の進展、社会階層の動向などが十分に論じられておらず、残された課題も多い。

このような意味で、本書はあくまで今後の研究のための出発点にすぎず、その射程も限定的なものにとどまらざるをえないが、自己弁護のそしりをおそれずにいえば、それは著者が意識的に選びとった手法の産物でもある。ドイツではすでにペーター・ライヒェルの『第三帝国の美しい仮象』をはじめ、この時代の文化・芸術を包括的に扱った研究がいくつか公刊されており、これをふまえて著者は、そうした網羅的な方向での研究を断念し、むしろ「総統」、「労働者」、「民族共同体」といった中心的なイメージに焦点をしぼって、そこから第三帝国の全体的な構造を浮かび上がらせることに目標を置くようになった。これによって本書では、ごくかぎられた視野からではあれ、ともかくも「政治の美学化」の問題を軸として、著者なりに第三帝国の全体像に迫ることができたのではないかとささやかながらも自負している。

本書に何らかの点で一般的な歴史研究にはない新しい部分があるとすれば、それは巨視的な構造把握と解釈提示をめざした歴史社会学的なアプローチをおいてほかはないように思われるのだが、歴史社会学の方法論については、著者にまとまった理論的裏づけがあるわけではなく、多くの歴史社会学者が提示しているような、比較ファシズム論的な視点を本格的に展開するだけの準備があるわけでもない。本書ではむしろ、そうした方法論を図式的に適用することを避け、史料の分析を中心とした具体的な叙述のなかで、おのずと方法論の切れ味が発揮されるよう心がけたつもりである。真摯に事実と向きあい、史料に語らせ、歴史の面白さをひきだすことこそ、歴史社会学の強みだと考えるからである。いうまでもなく、そうした意図が本書でどこまで達成されているかについては、読者の判断に委ねるしかない。多くの忌憚のないご意見とご批判をお願いするしだいである。

さて、本書をこのようなかたちでまとめ上げるまでに、著者は実に多くの方々のお世話になった。まず感謝申し上げたいのは、京都大学の教養部でご指導を賜った野田宣雄先生である。先生の精緻でシャープな研究に魅せられることがなければ、著者は学究の道を志すことはなかった。本書が先生の学恩にわずかでも報いるものとなっていることを切望している。文学部および大学院文学研究科在学中には、筒井清忠先生のご指導を受け、歴史社会学の方法論をご教示いただいた。先生の鋭い着眼力と明晰な分析力からは、実に多くを学ばせていただいた。本書をこうして上梓できるのも、先生の的確なご指導のおかげである。宝月誠先生、井上俊先生、松田素二先生は、社会学を専攻しながらナチズム研究にのめりこむ異端者であった著者を、つねに温かくご指導くださった。多様な問題関心をもつ大学院生を受け入れ、自由な研究活動をご支援いただいた先生方と、社会学研究室のオープンで刺激的な環境から、著者が得たものは大きい。本書の原型である博士論文の審査では、田中紀行先生、杉本淑彦先生、西村雅樹先生から貴重なご意見とご批判をいただいた。本書がそれをいかしきれていることを願っている。

京都大学大学院教育学研究科の佐藤卓己先生には、大学院生時代から研究上の様々なご助言をいただき、多大な影響を受けた。先生の精力的なお仕事ぶりにはただ感服するのみであるが、問題関心の近い先生の研究を目標とすることで、大きな励みを得られたことはありがたかった。先生はまた本書の草稿にも綿密に目を通し、いくつもの貴重な指摘をしてくださった。留学時から文字どおり家族ぐるみのおつきあいをさせていただいている大阪外国語大学（現大阪大学）の小野清美先生からは、折にふれて貴重な助言や刺激を与えていただいた。本書執筆に際しては、何度も丹念に原稿を読んでいただき、多くの有益な意見と批判を賜った。とくに終章は、先生のご指導がなければ書き上げることができなかった。心よりお礼申し上げたい。

ドイツ現代史および社会学関係の諸先生、諸兄姉の方々からも、多大な恩恵を賜った。とくに関西のドイツ現代史研究会では、望田幸男先生、末川清先生をはじめ、様々な先生に貴重な教えを請うことができただけでなく、諸先輩や研究仲間の方々との自由闊達な議論からも、研究上の励みをいただいた。歴史学の専門教育を受けていない著者を寛容に受け入れ、折にふれて勇気づけてくださった同研究会の方々には、感謝の言葉も見つからない。ただひとつ残念でならないのは、中村幹雄先生、大野英二先生に本書の上梓をご報告申し上げられないことである。本書が少しでも両先生の学恩に報いるものとなっていることを、いまはただ願うばかりである。

ドイツ留学中には、ミュンヘン大学のウルリヒ・ベック教授、ハンス・ギュンター・ホッカーツ教授の温かいご指導を賜った。両先生のゼミを拠点としたミュンヘンでの研究生活は、社会学と歴史学の間を揺れ動いていた著者に、ナチズム研究への専心を決意させてくれた。留学中は、ミュンヘン現代史研究所のスタッフの方々にも大変お世話になった。留学前からの憧れであった同研究所は、連日山のように大量のコピーをとる著者を快く受け入れ、研究の進展を助けてくれた。また、二〇〇六年に二回の史料調査を行ったベルリン連邦文書館では、スタッフの方々の行き届いた対応によって、多くの貴重な史料を入手することができた。ここに記して謝意をあらわしたい。

最後になるが、名古屋大学出版会の橘宗吾氏は、かけだしの研究者にすぎなかった著者に本書を世に問う機会を与え、上梓にいたるまで忍耐強く励ましてくださった。本書の執筆をもちかけられてからすでに五年以上の歳月が経過したが、氏の妥協を許さない本づくりの姿勢と要所要所での的確な助言からは、本当に多くのことを学ばせていただいた。「歴史学界でも社会学界でも通用するような本を」という氏の期待にどこまでこたえられたか甚だ心許ないが、ともかくも本書が氏の手によってかたちになったことは、著者にとって望外の幸運であった。厚くお礼申し上げる。

二〇〇七年四月

田野　大輔

《著者略歴》

田《た》野《の》大輔《だいすけ》

1970年　東京都に生まれる

1998年　京都大学大学院文学研究科博士後期課程（社会学専攻）研究指導認定退学

大阪経済大学講師・准教授等を経て

現　在　甲南大学文学部教授，京都大学博士（文学），歴史社会学専攻

著　書　『愛と欲望のナチズム』（講談社，2012年）

『ファシズムの教室——なぜ集団は暴走するのか』（大月書店，2020年）

『極東ナチス人物列伝——日本・中国・「満洲国」に蠢いた異端のドイツ人たち』（共編，作品社，2021年）など

訳　書　エリック・リーヴィー著『第三帝国の音楽』（共訳，名古屋大学出版会，2000年）など

魅惑する帝国

—政治の美学化とナチズム—

2007年 6 月10日　初版第1刷発行

2023年 4 月20日　初版第3刷発行

定価はカバーに表示しています

著　者　田　野　大　輔

発行者　西　澤　泰　彦

発行所　一般財団法人　名古屋大学出版会

〒464-0814　名古屋市千種区不老町1名古屋大学構内

電話(052)781-5027 / FAX(052)781-0697

印刷・製本 ㈱太洋社　ISBN978-4-8158-0562-3

乱丁・落丁はお取替えいたします。

人名索引

ア　行

アドルノ，テオドーア・W　Adorno, Theodor W.　16, 210, 274-5, 277, *66*
イーグルトン，テリー　Eagleton, Terry　297, *68*
イェーガー，ヴェルナー　Jaeger, Werner　*64*
ヴァーグナー，ゲアハルト　Wagner, Gerhard　*52*
ヴァーグナー，リヒャルト　Wagner, Richard　6-7, 9, 37, 254, 264-5, 268, *19-20, 27, 61*
ヴァイガート，ハンス　Weigert, Hans　125, *39, 41, 54*
ヴァイデマン，ハンス　Weidemann, Hans　108, *37*
ヴァッカーレ，ヨーゼフ　Wackerle, Joseph　120
ヴィーレック，ピーター　Viereck, Peter　8, *20, 61*
ヴィンケルマン，ヨハン・ヨアヒム　Winckelmann, Johann Joachim　112-3, 116-7, 197, *39*
ヴィッセル，アドルフ　Wissel, Adolf　241
ヴィルリヒ，ヴォルフガング　Willrich, Wolfgang　202
ヴェーバー，マックス　Weber, Max　215-6, 218, 245-7, *60*
ヴォルバート，クラウス　Wolbert, Klaus　112, 120, 126, 194, 197, 199, *39, 41, 46, 52-3, 55, 60*
エクスタインズ，モードリス　Eksteins, Modris　156-7
エバー，エルク　Eber, Elk　167-8

カ　行

ガーヴェンス，オスカー　Garvens, Oskar　36
カーショー，イアン　Kershaw, Ian　216, 246, *20, 60, 72*
ガーレン，クレメンス・アウグスト・グラーフ・フォン　Galen, Clemens August Graf von　283
カウフマン，フリッツ・アレクサンダー　Kauffmann, Fritz Alexander　134, *54*
カラッチョーラ，ルドルフ　Caracciola, Rudolf　147
カリネスク，マテイ　Calinescu, Matei　275-6, *21, 46, 66*
ギアツ，クリフォード　Geertz, Clifford　7, 95, *20, 24-5*
ギュンター，ハンス・F・K　Günther, Hans F. K.　202
クニーア，ハインリヒ　Knirr, Heinrich　219
クライマイヤー，クラウス　Kreimeier, Klaus　292, *23*
クラカウアー，ジークフリート　Kracauer, Siegfried　25, 33-4, 38-40, 45, 49, *22, 24-6, 56*
クリムシュ，フリッツ　Klimsch, Fritz　124
グルンベルガー，リヒャルト　Grunberger, Richard　*29, 49-50, 71*
クレッチュマー，カール　Kretschmer, Karl　190-1
グロピウス，ヴァルター　Gropius, Walter　130-1
クロル，フランク＝ロター　Kroll, Frank-Lothar　*29, 35, 38-40, 63*
ケーラー，ヨアヒム　Köhler, Joachim　*19*
ゲーリング，ヘルマン　Göring, Hermann　104, 228, 232, 293, *29, 46, 59*
ゲッベルス，ヨーゼフ　Goebbels, Joseph　4-5, 9, 15-8, 28, 34-6, 42, 47, 56, 63-4, 75, 77, 99-100, 103-10, 115, 129, 139, 155-6, 158, 165-7, 216, 228, 232, 235-7, 240, 258-60, 262, 266, 280, 282, 288, 291-2, 295, 300, *25, 29, 34-5, 37-8, 40, 44, 46, 48, 55, 60, 68-71*
ケンポウスキ，ヴァルター　Kempowski, Walter　*32, 35, 46, 57-9*
コルベ，ゲオルク　Kolbe, Georg　124

サ　行

ジーバーベルク，ハンス・ユルゲン　Syberberg, Hans Jürgen　6, 9, 157
シーラッハ，バルドゥーア・フォン

Schirach, Baldur von　104, 196, 225
ジェイ，マーティン　Jay, Martin　*23*
シェーファー，ハンス・ディーター　Schäfer, Hans Dieter　17, *44*, *46*, *69*, *71*
シェーンボウム，デイヴィッド　Schoenbaum, David　100, *21*, *47*, *49*, *51*, *59*
シャイベ，リヒャルト　Scheibe, Richard　124
シャイラー，ウィリアム　Shirer, William L.　229, 256
シュター，ゲアハルト　Stahr, Gerhard　*22*, *33*, *71*
シュタルケ，ゲアハルト　Starcke, Gerhard　185
シュトライヒャー，ユリウス　Streicher, Julius　63
シュトラウス，リヒャルト　Strauss, Richard　*38*
シュトラッサー，グレゴーア　Strasser, Gregor　165, *29*
シュペーア，アルベルト　Speer, Albert　63, 70, 76, 84, 104, 112, 114, 117-9, 125, 127, 130-2, 141, 154-5, 218, 226-7, 241, *30-1*, *37*, *39-42*, *54*, *56*, *59*
シュペングラー，オズヴァルト　Spengler, Oswald　118, *40*
シュミッツ＝ヴィーデンブリュック，ハンス　Schmitz-Wiedenbrück, Hans　177
シュミット，カール　Schmitt, Carl　58, 254, 260-1, 268, 271-2, 274, 297, 299, *62*
シュメーア，ルドルフ　Schmeer, Rudolf　63, 84
シュラーデ，フーベルト　Schrade, Hubert　66
シュライバー，オットー・アンドレアス　Schreiber, Otto Andreas　108, *37*
シュルツェ＝ナウムブルク，パウル　Schultze-Naumburg, Paul　113, 202, *42*, *54*
シュレーゲル，フリードリヒ　Schlegel, Friedrich von　269, 271, *65*
ショイヤーマン，フリッツ　Scheuermann, Fritz　*38*
ショッケル，エルヴィン　Schockel, Erwin　279
ショル，ハンス　Scholl, Hans　79
シラー，フリードリヒ　Schiller, Friedrich von　7, 36, 113, 254
ズーレン，ハンス　Surén, Hans　205-6, *54*
スターリン，ヨシフ　Stalin, Iossif　216, 245, 249-50
スターン，ジョゼフ・P　Stern, Joseph P.　250
スローターダイク，ペーター　Sloterdijk, Peter　46-7, 66, 68, 269, 272, 298, *23*, *65*, *72*
セネット，リチャード　Sennett, Richard　248

タ　行

ダーレンドルフ，ラルフ　Dahrendorf, Ralf　100
ダムス，マルティン　Damus, Martin　*55*
ダレー，リヒャルト・ヴァルター　Darré, Richard Walther　60, 105, 114, 263, *38*
タンク，クルト・ロター　Tank, Kurt Lothar　198, *38-41*, *52*, *54*
チェンバレン，ヒューストン・S　Chamberlain, Houston S.　267-8
チャーチル，ウィンストン　Churchill, Winston　249
ツィーグラー，アドルフ　Ziegler, Adolf　*38*, *43*, *53*
ツィテルマン，ライナー　Zitelmann, Rainer　100, 118, *21*, *46*
ツェルンヘファー，ジークフリート　Zelnhefer, Siegfried　52-3, 84, 87, *20*, *30*, *33-5*
ディートリヒ，オットー　Dietrich, Otto　235
テーヴェライト，クラウス　Theweleit, Klaus　40, 44, 72, 201, *26*, *31*, *47*
テッセノウ，ハインリヒ　Tessenow, Heinrich　131
ド・マン，ポール　de Man, Paul　36
トーラク，ヨーゼフ　Thorak, Joseph　43, 122, 124-5, 133, 162, 192-3, 195-8, 200-1, 207, 243, *40*
トット，フリッツ　Todt, Fritz　10, *20*
ドレスラー＝アンドレス，ホルスト　Dreßler-Andreß, Horst　75, 108
トロースト，パウル・ルートヴィヒ　Troost, Paul Ludwig　117-8, 130, 140, *42*

ナ　行

ナポレオン・ボナパルト　Napoléon Bonaparte　240, 244
ニーチェ，フリードリヒ　Nietzsche, Friedrich　1, 7, 254, 264-5, 271, *19*, *63*

ネルディンガー，ヴィンフリート　Nerdinger, Winfried　131-2, *42, 44*
ノイマン，フランツ　Neumann, Franz　45
ノルデ，エミール　Nolde, Emil　107, *37*

ハ　行

バーデ，ヴィルフリート　Bade, Wilfrid　9, 123
バーデン，ハミルトン・T　Burden, Hamilton T.　51-2, *20*
ハートフィールド，ジョン　Heartfield, John　276, 278-82, 299
ハーバーマス，ユルゲン　Habermas, Jürgen　*66*
ハーフ，ジェフリー　Herf, Jeffrey　100
ハイデガー，マルティン　Heidegger, Martin　8, 37, 48, 197, 254, 265-8, 271-3, 275, 297, *52, 61-4*
ハイドリヒ，ラインハルト　Heydrich, Reinhard　119
バイヤー，ヘルベルト　Bayer, Herbert　131, *42*
ハウク，ヴォルフガング・F　Haug, Wolfgang F.　199, 299-300
パドゥア，パウル・M　Padua, Paul M.　233-4, *53*
パニッツァ，ヴォルフ　Panizza, Wolf　151
バフチン，ミハイル　Bakhtin, Mikhail　*68*
バルテツコ，ディーター　Bartetzko, Dieter　32, *24, 42*
バルラッハ，エルンスト　Barlach, Ernst　107, *37, 41*
ヒーアル，コンスタンティン　Hierl, Konstantin　176
ヒトラー，アドルフ　Hitler, Adolf　1-8, 10-2, 15, 17, 19-20, 25, 28, 31-2, 38-9, 46-7, 51, 53-68, 70-1, 73-5, 77-8, 80-1, 95, 97, 102-7, 109-11, 114-9, 121, 123, 125-32, 134-6, 141-4, 146-9, 151, 153-4, 157-9, 161-6, 168-75, 177-80, 184, 189-92, 194, 202, 204-5, 215-51, 253, 256, 264, 268, 278-80, 282-3, 289-90, 295-6, 300, *18-9, 29, 31, 37-42, 44-9, 51, 53, 55-61, 68-70, 72*
ヒムラー，ハインリヒ　Himmler, Heinrich　60, 67, 105, 109, 115, 169, 199-200, *38-40, 53*
ヒュッテンベルガー，ペーター　Hüttenberger, Peter　55, 59, 282, *28*
ビュルガー，ペーター　Bürger, Peter　274, 277
ヒルデブラント，アドルフ・フォン　Hildebrand, Adolf von　124
ヒンツ，ベルトルト　Hinz, Berthold　*40, 52*
フィンク，ヴェルナー　Finck, Werner　*72*
フェアドゥル，ヴァイス　Ferdl, Weiß　286, 301, *69*
フェスト，ヨアヒム　Fest, Joachim C.　253, *18-9, 59*
フォンドゥング，クラウス　Vondung, Klaus　46, 52, *22, 28*
プシュナー，ウーヴェ　Puschner, Uwe　*37*
ブッフホルツ，ヴォルフハルト　Buchholz, Wolfhard　92, *34, 37-8, 50-1*
フラーケ，オットー　Flake, Otto　272
フライ，ノルベルト　Frei, Norbert　157, *36, 48, 52, 54*
ブラッハー，カール・ディートリヒ　Bracher, Karl Dietrich　100
プラトン　Platon　7, 36, 267, *64*
フランク，ハンス　Frank, Hans　*29*
フランソワ=ポンセ，アンドレ　François-Poncet, André　78
フリードレンダー，サユル　Friedländer, Saul　16, 249-50, *24*
フリック，ヴィルヘルム　Frick, Wilhelm　60
プリンツ，ミヒャエル　Prinz, Michael　100, *21, 49-50*
ブルクハルト，ヤーコプ　Burckhardt, Jacob　7
フルトヴェングラー，ヴィルヘルム　Furtwängler, Wilhelm　*38*
ブルンク，ハンス・フリードリヒ　Blunck, Hans Friedrich　*38*
ブレカー，アルノ　Breker, Arno　43, 118, 122, 124-5, 133, 162-3, 192-3, 195, 197-201, 205-6, 243-4, *40*
ブレヒト，ベルトルト　Brecht, Bertolt　34, 277
ブロシャート，マルティン　Broszat, Martin　*28-9, 55, 57, 60*
ブロッホ，エルンスト　Bloch, Ernst　42-3, 275, 281
ブロッホ，ヘルマン　Broch, Hermann　*66*
フロム，エーリヒ　Fromm, Erich　*27, 47*
ヘーニヒ，オイゲン　Hönig, Eugen　*38*
ベーレンス，ペーター　Behrens, Peter　130-1, *42*
ヘス，ルドルフ　Heß, Rudolf　63, 67, 228, *29*

ベッセル，リチャード　Bessel, Richard　57, *60*
ペッチュ，ヨアヒム　Petsch, Joachim　76, *45*
ヘルダーリン，フリードリヒ　Hölderlin, Friedrich　264, 268, 271, *63*
ヘルツ，ルドルフ　Herz, Rudolf　217
ヘルツフェルデ，ヴィーラント　Herzfelde, Wieland　276, *67*
ヘルベルト，ウルリヒ　Herbert, Ulrich　212
ベン，ゴットフリート　Benn, Gottfried　298-9
ヘンダーソン，ネヴィル　Henderson, Neville　69-70
ベンヤミン，ヴァルター　Benjamin, Walter　3, 6, 19, 23-33, 38-40, 42, 45-9, 159, 210-1, 225, 253-5, 257, 269-70, 272-3, 275-9, 281, 298-9, 301, *22-4*, *57*, *66-8*
ポイカート，デートレフ　Peukert, Detlev J. K.　40, 52, 61, 65, 70, 101, 158, 203, 284, 296-7, *20*, *36*, *71*
ボイムラー，アルフレート　Baeumler, Alfred　*63*
ボードレール，シャルル　Baudelaire, Charles　128, 271-2
ボーラー，カール・ハインツ　Bohrer, Karl Heinz　271-2, *65*
ホールヴァイン，ルートヴィヒ　Hohlwein, Ludwig　155
ホーン，ヴァルター　Horn, Walter　125-6
ボナーツ，パウル　Bonatz, Paul　131, *42*
ポパー，カール　Popper, Karl R.　36
ホブズボーム，エリック　Hobsbawm, Eric　167, 195
ホフマン，ハインリヒ　Hoffmann, Heinrich　218-9, 222-3
ホルクハイマー，マックス　Horkheimer, Max　210
ポルシェ，フェルディナント　Porsche, Ferdinand　144, 147
ボルマン，マルティン　Bormann, Martin　244, *71*
ボルムス，ラインハルト　Bollmus, Reinhard　59, 104, *37-8*

マ　行

マリネッティ，フィリッポ　Marinetti, Filippo　26
マルクーゼ，ヘルベルト　Marcuse, Herbert　273, *66*
マルヒ，ヴェルナー　March, Werner　131
マン，トーマス　Mann, Thomas　7, 100, 254, *61*
ミース・ファン・デア・ローエ，ルートヴィヒ　Mies van der Rohe, Ludwig　131, *42*
ミェルニーア　Mjölnir　167
ムッソリーニ，ベニート　Mussolini, Benito　229
メイスン，ティモシー・W　Mason, Timothy W.　27, 57, *47*, *50*, *69*
メラー・ファン・デン・ブルック，アルトゥーア　Moeller van den Bruck, Arthur　114
メルツ，ローラント　März, Roland　278, *67*
モッセ，ジョージ・L　Mosse, George L.　46, 52, 87, 116, 124, 156, 158, 199, *19-20*, *27*, *36*, *41*, *53*, *59*
モムゼン，ハンス　Mommsen, Hans　*20*, *28*

ヤ・ラ行

ユンガー，エルンスト　Jünger, Ernst　25-6, 28-9, 40-4, 162-3, 177, 201, 259-60, 269, 271-3, 298, *23*, *62*, *65*
ライ，ローベルト　Ley, Robert　42, 60, 62, 72, 75, 93, 104, 107-9, 142, 147, 165-6, 172, 174-80, 182, 186-7, 189, 191, 203, 228, 240, 286, 288, *38*, *49-51*
ライヒェル，ペーター　Reichel, Peter　24, 217, *18*, *35-8*
ラウシュニング，ヘルマン　Rauschning, Hermann　*30-1*, *47-8*
ラクー＝ラバルト，フィリップ　Lacoue-Labarthe, Philippe　6, *25*, *27*, *52*, *64*
ラマース，ハンス・ハインリヒ　Lammers, Hans Heinrich　*60*
ラング，フリッツ　Lang, Fritz　*24*
リーフェンシュタール，レニ　Riefenstahl, Leni　23, 32, 43, 45, 51, 64, 121, 162, 206, 208, 217, 220, *24*
リスカ，ハンス　Liska, Hans　2, 163
リティヒ，ヴェルナー　Rittich, Werner　119, 122, 124, 126, 133, 193, 205-6
ルートヴィヒ，カール＝ハインツ　Ludwig, Karl-Heinz　148, *20*
ルスト，ベルンハルト　Rust, Bernhard　104
ルッツェ，ヴィクトーア　Lutze, Viktor　67

レーヴィ，エルンスト　Loewy, Ernst　*62-3*
レーム，エルンスト　Röhm, Ernst　169, 200, 246, *29, 48*
レーン，バーバラ・ミラー　Lane, Barbara Miller　131
レッカー，マリー＝ルイーゼ　Recker, Marie-Luise　*52*
ロイタース，ベルント　Reuters, Bernd　149-50
ローズヴェルト，フランクリン　Roosevelt, Franklin　249
ローゼマイヤー，ベルント　Rosemayer, Bernd　147
ローゼンベルク，アルフレート　Rosenberg, Alfred　56, 64, 104-10, 112-3, 119, 132, 199, 202, 259, 262-3, 267-8, 270, *29, 35, 37-8, 63*
ローレンツ，コンラート　Lorenz, Konrad　203
ロッツ，ヴィルヘルム　Lotz, Wilhelm　141

事項索引

ア　行

カ　行

サ　行

タ　行

ダダイズム　107, 110, 272-3, 276, 278
多頭制　55, *28*
男性同盟　199-200
タンネンベルク記念碑　244
血と土　60, 105, 109, 158, 163, 174, 263, *43*
超政治　8, *20*
ツェッペリン広場　Zeppelinfeld　63, 65, 68-70, 73, 76, 83, 127, 256, *30-1*
帝国アウトバーン　Reichsautobahn　9-11, 89, 132, 146-8, 150-1, 154-5, 196-7, *20*, *42*
帝国映画院　Reichsfilmkammer　*38*
『帝国からの報告』　*Meldungen aus dem Reich*　11, 135, *20-1*, *32*, *36*, *43-4*, *46*, *58-9*, *68*, *70-1*
帝国国民啓蒙・宣伝省　Reichsministerium für Volksaufklärung und Propaganda　4, 9, 17-8, 28, 34, 36, 63, 75, 77, 88, 99, 104-8, 110, 131, 156, 231-2, 235, 279, 282, 290-2, *34*, *37*, *58*, *71*
帝国首相官邸　Reichskanzlei　117-8, 241
帝国首都　Reichshauptstadt　76-7, 104, 125
帝国職業コンクール　Reichsberufswettkampf　188-9
帝国スポーツ競技場　Reichssportfeld　121, 131, 133, 208
帝国宣伝指導部　Reichspropagandaleitung　63, 75, *21*, *32*, *44*, *70-2*
帝国造形芸術院　Reichskammer der bildenden Künste　137-8, *37-8*
帝国組織指導部　Reichsorganisationsleitung　63, 75
帝国党大会　Reichsparteitag　3, 6-7, 11-2, 17-20, 23, 30-5, 38-40, 43, 47-8, 51-4, 62-89, 92-7, 107, 115, 127, 130, 153, 161-2, 165, 169, 176-7, 205, 217, 220, 222, 228, 254, 256-7, 264, 296, *20*, *24*, *26*, *30-4*, *49*, *59*, *70-1*
帝国文化院　Reichskulturkammer　99, 105-6, 108, 110, *37-8*
帝国放送院　Reichsrundfunkkammer　108
帝国文部省　Reichsministerium für Wissenschaft, Erziehung und Volksbildung　104-5
帝国労働奉仕団　Reichsarbeitsdienst（RAD）　43, 63, 71, 161-2, 174, 176-8, 204, *45*, *54*
テイラー（主義）　188, *26*
テクノクラート　158, 188, 213, *51*
テューリンゲン　105, *72*
ドイツ芸術の家　Haus der deutschen Kunst　117-9, 130, 140, *43*
ドイツ芸術の日　Tag der deutschen Kunst　135
ドイツ工作連盟　Deutscher Werkbund　129-31, 141-2
ドイツ小型受信機　Deutscher Kleinempfänger　184
ドイツ自動車クラブ　Der Deutsche Automobil Club（DDAC）　151
ドイツ女子青年団　Bund Deutscher Mädel（BDM）　94, 223, 293, *71*
『ドイツ通信』　*Deutschland-Berichte*　11, 13, 54, 80-2, 90-2, 135, 140, 145-6, 148, 181, 211, 284-7, *20*, *29*, *32-4*, *36*, *45*, *48*, *69-72*
ドイツ的経営の業績闘争　Leistungskampf der deutschen Betriebe　186
「ドイツの民族――ドイツの労働」展　Ausstellung „Deutsches Volk – Deutsche Arbeit“　131, 143, 188
ドイツ文化闘争同盟　Kampfbund für deutsche Kultur（KfdK）　57, 104-5, 107, 113, 132, 202
ドイツ文化二千年祭　Zweitausend Jahre Deutsche Kultur　134-5
ドイツ労働戦線　Deutsche Arbeitsfront（DAF）　20, 42, 57, 60, 63, 88, 104, 107, 142, 166, 174, 178-82, 184-5, 188-9, 203, 211, 232, 286, *44*, *47*, *50-1*
冬期救済事業団　Winterhilfswerk（WHW）　15, 139, 233
党大会　→帝国党大会
突撃隊　Sturmabteilung（SA）　43, 53, 57, 63, 67, 70, 73, 82-4, 93, 166-70, 179, 200, 204, 246, *32*, *48*

ナ　行

ナチ経営細胞組織　Nationalsozialistische Betriebszellenorganisation（NSBO）　166, 285
ナチ党精神・世界観の全学習・教育監察総統全権（ナチ世界観指導者）　Beauftragter des Führers für die Überwachung der gesamten geistigen und weltanschaulichen Schulung und Erziehung der NSDAP　56, 104-5
ナチ闘争競技　Nationalsozialistische Kampfspiele　74
ナチ文化共同体　Nationalsozialistische

ハ 行

マ 行

ヤ・ラ・ワ行

図版出典一覧

図序-1 「帝国の建築家」。ハンス・リスカのイラスト *Berliner Illustrierte Zeitung*, 1939, Nr. 16. ……2
図序-2 リンツの模型に見入るヒトラー。1945年 *Hitlers Neue Reichskanzlei. „Haus des Großdeutschen Reiches“ 1938-1945*, Kiel 2002, S. 173. ……3
図序-3 ヒトラーがスケッチしたベルリンの凱旋門。1925年頃のもの Albert Speer, *Erinnerungen*, Frankfurt/M. u. Berlin 1969. ……4
図序-4 壮麗な政治劇。1934年のメーデーの式典 Oskar Krüger/Gerhard Starcke (Hrsg.), *Der 1. Mai 1934. Ein Gedankbuch für das schaffende Deutschland*, Berlin 1934, S. 47. ……5
図序-5 アウトバーンの開通式。1935年 *Berliner Illustrierte Zeitung*, 1935, Nr. 21. ……10
図序-6 1934年のメーデー。お祭り気分の見物客 Krüger/Starcke (Hrsg.), *a. a. O.*, S. 40. ……12
図序-7 歓喜力行団の山車。1934年のメーデー Reichsamtsleitung Kraft durch Freude (Hrsg.), *Unter dem Sonnenrad. Ein Buch von Kraft durch Freude*, Berlin 1938, S. 32. ……13
図序-8 心温まるキッチュ。冬期救済事業団の広告 Sabine Weißler (Hrsg.), *Design in Deutschland 1933-45. Ästhetik und Organisation des Deutschen Werkbundes im ›Dritten Reich‹*, Gießen 1990, S. 123. ……15
図1-1 政治のスペクタクル化。1934年の党大会。戦没者の顕彰 Centrum Industriekultur Nürnberg (Hrsg.), *Kulissen der Gewalt. Das Reichsparteitagsgelände in Nürnberg*, München 1992, S. 100. ……31
図1-2 演説するヒトラー。中継用のマイクがならんでいる Cigaretten-Bilderdienst (Hrsg.), *Adolf Hitler. Bilder aus dem Leben des Führers*, Altona/Bahrenfeld 1936, S. 34. ……32
図1-3 「ドイツの彫刻家」。オスカー・ガーヴェンスのカリカチュア Akademie der Künste (Hrsg.), *Skulptur und Macht. Figurative Plastik im Deutschland der 30er und 70er Jahre*, Berlin 1983, S. 6. ……36
図1-4 大衆のモニュメント。1936年の党大会 Heinrich Hoffmann (Hrsg.), *Parteitag der Ehre. 73 Bilddokumente vom Reichsparteitag zu Nürnberg 1936*, Berlin 1936. ……39
図1-5 シャベルを担いで行進する労働奉仕団。1938年の党大会 Heinrich Hoffmann (Hrsg.), *Parteitag Großdeutschland. 79 Bilddokumente vom Reichsparteitag zu Nürnberg 1938*, Berlin 1938. ……43
図2-1 1934年の党大会。隊旗の聖別 *Adolf Hitler*, S. 115. ……54
図2-2 党大会の主役。演壇に立つヒトラー *Ebd.*, S. 74. ……64
図2-3 群衆と向きあうアイドル。1936年の党大会 *Parteitag der Ehre*. ……66

図 2-4　『意志の勝利』の1コマ。「総統の通り」を歩くヒトラー，ヒムラー，ルッツェ　Leni Riefenstahl, *Triumph des Willens*, 1935. ……67
図 2-5　ツェッペリン広場の正面スタンド。ペルガモン神殿を模範とする古典主義建築　*Kulissen der Gewalt*, S. 65. ……69
図 2-6　「光のドーム」。150 基のサーチライトが上空を照らす。1937 年の党大会　*Ebd*., S. 66. ……69
図 2-7　ブロックを形成する群衆。労働奉仕団の点呼。1936 年の党大会　*Parteitag der Ehre*. ……71
図 2-8　「旗の入場」。流れこむ「柱」。1936 年の党大会　Peter Reichel, *Der schöne Schein des Dritten Reiches. Faszination und Gewalt des Faschismus*, Frankfurt/M. 1991. ……72
図 2-9　「共同体の日」。ダンスを踊る少女たち。1938 年の党大会　*Parteitag Großdeutschland*. ……74
図 2-10　党大会会場の模型。大通りを軸にして奥にルイトポルト競技場と会議ホール，左手にスタジアム，右手にツェッペリン広場，手前に三月広場が設置されている　Albert Speer (Hrsg.), *Neue deutsche Baukunst*, Berlin 1941, S. 65. ……76
図 2-11　帝国首都再編計画の模型。南北軸の両端に巨大なドームと凱旋門が設置され，左右に諸官庁がならんでいる　Albert Speer, *Architektur. Arbeiten 1933–1942*, Frankfurt/M. u. Berlin 1978, S. 94. ……77
図 2-12　お祭り気分に沸くニュルンベルク。蚤の市を訪れる人々。1938 年　Siegfried Zelnhefer, *Die Reichsparteitage der NSDAP in Nürnberg*, Nürnberg 2002, S. 168. ……79
図 2-13　劣悪な宿泊施設。藁の上で寝る党大会の参加者たち。1934 年　Eckart Dietzfelbinger/Gerhard Liedtke, *Nürnberg — Ort der Massen. Das Reichsparteitagsgelände. Vorgeschichte und schwieriges Erbe*, Berlin 2004, S. 71. ……79
図 2-14　民衆の祭典でダンスを踊る参加者たち　*Unter dem Sonnenrad*, S. 41. ……83
図 2-15　歓喜力行団市。1937 年　Dietzfelbinger/Liedtke, *a. a. O*., S. 63. ……85
図 2-16　フォークダンスを楽しむ若者たち。1938 年　*Parteitag Großdeutschland*. ……85
図 2-17　歓喜力行団市のホール。ビールとともに様々な出し物が提供された　*Kulissen der Gewalt*, S. 117. ……86
図 2-18　ビールに酔いしれる党大会の参加者たち。1934 年　Zelnhefer, *a. a. O*., S. 194. ……86
図 2-19　土産物の露天商。1933 年　*Ebd*., S. 167. ……88
図 2-20　歓喜力行団の祭典。五月柱のもとでのダンス。「生を喜ぼう！」という標語が見える。1938 年　Frank Grube/Gerhard Richter, *Alltag im Dritten Reich. So lebten die Deutschen 1933–1945*, Hamburg 1982, S. 141. ……89
図 2-21　「君もいまや旅行できる！」。歓喜力行団のポスター　Frederic V. Grunfeld, *Die deutsche Tragödie. Adolf Hitler und das Deutsche Reich 1918–1945 in Bildern*, Hamburg 1975, S. 234. ……91
図 2-22　歓喜力行団の船旅。甲板で踊る旅行者たち　Hans Biallas, *Der Sonne entgegen! Deutsche Arbeiter fahren nach Madeira*, Berlin 1936, S. 111. ……91
図 3-1　大ドイツ芸術展の開会式。1937 年の新聞記事　*Berliner Illustrierte Zeitung*, 1937,

Nr. 29. ……111
図 **3-2** ドイツ芸術の家。トローストの設計 *Große Deutsche Kunstausstellung 1937 im Haus der deutschen Kunst zu München. Offizieller Ausstellungskatalog*, München 1937. ……118
図 **3-3** 帝国首相官邸の迎賓庭。シュペーアの設計。入口にブレカーの彫刻『党』と『国防軍』が設置されている Speer (Hrsg.), *Neue deutsche Baukunst*, S. 44. ……118
図 **3-4** ヨーゼフ・ヴァッカーレ『御者』とオリンピック・スタジアム *Skulptur und Macht*, S. 51. ……120
図 **3-5** 『民族の祭典』のプロローグ。聖火をもって走りだすギリシアの青年 Leni Riefenstahl, *Olympia. Fest der Völker*, 1938. ……121
図 **3-6** ヨーゼフ・トーラク『拳闘士』と水泳選手 *Skulptur und Macht*, S. 2. ……122
図 **3-7** アルノ・ブレカー『十種競技選手』 *Große Deutsche Kunstausstellung 1937*. ……122
図 **3-8** ツェッペリン広場の正面スタンド。両端を守る稜堡 Speer (Hrsg.), *Neue deutsche Baukunst*, S. 31. ……127
図 **3-9** 即物的な工業建築。ドイツ航空実験所の組立工場 Gauverlag Bayerische Ostmark (Hrsg.), *Das Bauen im neuen Reich*, Bayreuth 1938, S. 91. ……132
図 **3-10** アトリエで制作するブレカー。1935 年頃 Dominique Egret, *Arno Breker. Ein Leben für das Schöne*, Tübingen 1996, S. 136. ……133
図 **3-11** 1937 年のドイツ文化二千年祭。アテナの像をひくゲルマン人の仮装行列 Peter-Klaus Schuster (Hrsg.), *Die ›Kunststadt‹ München 1937. Nationalsozialismus und ›Entartete Kunst‹*, München 1987, S. 306. ……135
図 **3-12** 粗悪な芸術作品。ナチ党指導者のフィギュア Rolf Steinberg (Hrsg.), *Nazi-Kitsch*, Darmstadt 1975, S. 17. ……138
図 **3-13** 冬期救済事業団の絵葉書 Weißler (Hrsg.), *a. a. O.*, S. 109. ……139
図 **3-14** 自動車レースのトロフィー *Die Kunst im Dritten Reich*, Jg. 2 (1938), Folge 4, S. 114. ……139
図 **3-15** 「即物的で簡素」。食器の広告 *Die Kunst im Deutschen Reich*, Jg. 3 (1939), Folge 9, S. XXXV. ……141
図 **3-16** 「労働の美」局推奨の食器 Amt „Schönheit der Arbeit“ (Hrsg.), *Das Taschenbuch Schönheit der Arbeit*, Berlin 1938, S. 153. ……141
図 **3-17** 「60 万台の国民受信機！ ラジオは雇用を生みだす」。「ドイツの民族——ドイツの労働」展のパンフレット Gemeinnützige Berliner Ausstellungs- u. Messe-Ges. m. b. H. (Hrsg.), *Amtlicher Führer durch die Ausstellung „Deutsches Volk — Deutsche Arbeit“*, Berlin 1934, S. 103. ……143
図 **3-18** 「自分の車を運転したければ，週に 5 マルク貯蓄せよ！」。国民車の広告 *Das III. Reich. Ein Volk, ein Reich, ein Führer. Zeitgeschehen in Wort, Bild und Ton*, Hamburg 1975, Bd. 2, S. 392. ……145
図 **3-19** 国民車工場の定礎式。ヒトラー，ライのほか，ポルシェの姿も見える。1938 年 Erhard Schütz/Eckhard Gruber, *Mythos Reichsautobahn. Bau und Inszenierung der »Straßen des Führers« 1933-1941*, Berlin 1996, S. 144. ……147
図 **3-20** アドラーのアウトバーンヴァーゲン。流線型のモダンなボディ *Berliner Illust-*

rierte Zeitung, 1936, Nr. 8. ……147
図 **3-21** レーサーを観閲するヒトラー。1937 年の自動車展　*Ebd*., 1937, Nr. 8. ……149
図 **3-22** 技術崇拝者ヒトラー。BMWの工場を訪問　*Adolf Hitler*, S. 60. ……149
図 **3-23** 「進歩のパイオニア」。アドラーの広告　*Motorschau*, Jg. 2 (1939), Heft 1. ……150
図 **3-24** ヴォルフ・パニッツァ『イルシェンベルク付近のアウトバーン』 *Berliner Illustrierte Zeitung*, 1936, Nr. 39. ……151
図 **3-25** 自動車雑誌の表紙。総統への忠誠心と個人的な消費欲との同居　*Motorwelt*, Jg. 33 (1936), Heft 6, Jg. 35 (1939), Heft 11. ……151
図 **3-26** 「君の歓喜力行団車」。国民車の広告　Grunfeld, *a. a. O*., S. 235. ……152
図 **3-27** 「君の次の休暇は自分の歓喜力行団車で」。国民車の広告　Knut Hickethier/Wolf Dieter Lützen/Karin Reiss (Hrsg.), *Das deutsche Auto. Volkswagenwerbung und Volkskultur*, Gießen 1974, S. 44. ……152
図 **3-28** 「全ドイツが国民受信機で総統の声を聴く」。国民受信機の広告　Kurt Zentner, *Illustrierte Geschichte des Dritten Reiches*, München 1965, S. 259. ……153
図 **3-29** ラジオのある豊かな消費生活。AEGの広告　*Illustrierter Beobachter*, 1939, Folge 2. ……153
図 **3-30** 「性能と様式において超時代的」。ジーメンスのラジオ受信機の広告　*Die Woche*, 1935, Nr. 49. ……154
図 **3-31** アウトバーン展のポスター。ルートヴィヒ・ホールヴァインのイラスト　Volker Duvigneau/Norbert Götz (Hrsg.), *Ludwig Hohlwein. Kunstgewerbe und Reklamekunst*, München 1996, S. 257. ……155
図 **3-32** 「合目的的に考案され，模範的に形成された」。メルツェデス・ベンツの広告 *Kunst dem Volk*, August 1940. ……155
図 **3-33** 自動車展のポスター。地球上を疾走するスポーツカー　Winfried Nerdinger (Hrsg.), *Bauhaus-Moderne im Nationalsozialismus. Zwischen Anbiederung und Verfolgung*, München 1993, S. 8. ……159
図 **3-34** 地球に影を落とす三尖の星。メルツェデス・ベンツの広告　Hamburger Stiftung für Sozialgeschichte des 20. Jahrhunderts (Hrsg.), *Das Daimler-Benz-Buch. Ein Rüstungskonzern im ›Tausendjährigen Reich‹*, Nördlingen 1987, S. 209. ……159
図 **4-1** 労働奉仕団の点呼。1938 年の党大会　*Parteitag Großdeutschland*. ……162
図 **4-2** アルノ・ブレカー『党』 *Die Kunst im Deutschen Reich*, Jg. 3 (1939), Folge 9, S. 284. ……163
図 **4-3** 「大ドイツの創造者」。「新しい人間」がドイツを守護する。ハンス・リスカのイラスト　*Berliner Illustrierte Zeitung*, 1939, Nr. 16. ……163
図 **4-4** 工場労働者を観閲するヒトラーとライ。1935 年の党大会　*Adolf Hitler*, S. 58. ……165
図 **4-5** 「労働の英雄」。ナチ式敬礼をする労働者の彫像　Krüger/Starcke (Hrsg.), *a. a. O*., S. 4. ……167
図 **4-6** 「労働者よ，前線兵士ヒトラーを選べ！」。ナチ党の選挙ポスター　Cigaretten-Bilderdienst (Hrsg.), *Deutschland erwacht. Werden, Kampf und Sieg der NSDAP*, Altona/Bahrenfeld 1933, S. 74. ……168
図 **4-7** エルク・エバー『突撃隊はこうだった』。ナチ運動の自画像　*Große Deutsche*

Kunstausstellung 1938 im Haus der deutschen Kunst zu München. Offizieller Ausstellungskatalog, München 1938. ……168
図 4-8 頭と手の労働者が総統のもとで握手する。メーデーの絵葉書 Horst Möller/Volker Dahm/Hartmut Mehringer (Hrsg.), *Die tödliche Utopie. Bilder, Texte, Dokumente, Daten zum Dritten Reich*, München 1999, S. 128. ……172
図 4-9 シャベルを担いで整列する労働奉仕団。1935 年の党大会 *Adolf Hitler*, S. 90. ……176
図 4-10 ハンス・シュミッツ＝ヴィーデンブリュック『労働者・農民・兵士』 *Die Kunst im Deutschen Reich*, Jg. 5 (1941), Folge 8/9, S. 229. ……177
図 4-11 歓喜力行団の水泳コース。楽しませながらナチ化する Propaganda=Amt der Deutschen Arbeitsfront (Hrsg.), *Drei Jahre Nationalsozialistische Gemeinschaft „Kraft durch Freude"*, Berlin 1936, S. 19. ……183
図 4-12 マデイラ島への船旅。海外旅行はまだ高嶺の花であった *Unter dem Sonnenrad*, S. 43. ……183
図 4-13 消費社会の萌芽。ライカの広告 *Die Kunst im Dritten Reich*, Jg. 3 (1939), Folge 7, S. IX. ……184
図 4-14 乱雑な職場が美しく整頓される。「労働の美」局のポスター *Die Form*, Jg. 10 (1934), Heft 7, S. 190. ……187
図 4-15 「労働の美」局によって数多くの施設が改善・新設された Reichsamtsleitung der NS.=Gemeinschaft „Kraft durch Freude" der Deutschen Arbeitsfront (Hrsg.), *5 Jahre „Kraft durch Freude"*, Berlin 1936, S. 19. ……187
図 4-16 「将来は唯一の貴族が存在することになろう——労働の貴族だ！」。「ドイツの民族——ドイツの労働」展の記念碑 Ronald Smelser, *Robert Ley. Hitler's Labor Front Leader*, Oxford 1988. ……188
図 4-17 「労働の美」展のポスター。労働者とギリシア人の同一視 Schuster (Hrsg.), *a. a. O.*, S. 50. ……193
図 4-18 ヨーゼフ・トーラク『戦友』 *Skulptur und Macht*, S. 81. ……194
図 4-19 1937 年のパリ万国博覧会のドイツ館。入口にトーラクの彫刻が設置されている Werner Rittich, *Architektur und Bauplastik der Gegenwart*, Berlin 1938, S. 18. ……194
図 4-20 向かいあわせに建てられたソヴィエト館（手前）とドイツ館（奥） *Berliner Illustrierte Zeitung*, 1937, Nr. 22. ……196
図 4-21 ヨーゼフ・トーラク『労働記念碑』。アウトバーン建設の労働を象徴している *Die Kunst im Dritten Reich*, Jg. 3 (1939), Folge 1, S. 16. ……197
図 4-22 アルノ・ブレカー『覚悟』 *Ebd.*, Jg. 3 (1939), Folge 8, S. 261. ……198
図 4-23 アルノ・ブレカー『戦友』 Speer (Hrsg.), *Neue deutsche Baukunst*, S. 75. ……201
図 4-24 児童向けの絵本。労働するアーリア人と私腹を肥やすユダヤ人の対比 Grunfeld, *a. a. O.*, S. 240. ……202
図 4-25 経営内スポーツ。「労働の喜び」を増大させる体操 *Das Taschenbuch Schönheit der Arbeit*, S. 174. ……204
図 4-26 『民族の祭典』のプロローグ。ギリシア彫刻が円盤投げ選手に変化するシーン Riefenstahl, *Olympia. Fest der Völker*. ……206

図 4-27　古典的な模範。化粧品の広告　*Berliner Illustrierte Zeitung*, 1934, Nr. 39. ……207
図 4-28　「力強い美の表現」。近代性と古典美の同一視。メルツェデス・ベンツの広告　*Die Kunst im Deutschen Reich*, Jg. 4 (1940), Folge 8/9, S. XI. ……207
図 4-29　帝国スポーツ競技場の大衆演出。スタジアム前の広場で体操する無数の若者たち。1936 年　Leni Riefenstahl, *Schönheit im olympischen Kampf*, 1936, S. 185. ……208
図 4-30　模範的な工場。遠近法で強調される美しく清潔な職場　*Berliner Illustrierte Zeitung*, 1935, Nr. 49. ……209
図 4-31　かつての乱雑な職場（左）と緑の多い新しい職場（右）　NS=G „Kraft durch Freude“ (Hrsg.), *Schönheit der Arbeit*, Berlin o. J. ……209
図 4-32　職場を一新して「労働の喜び」を。「労働の美」局のポスター　*Die Form*, Jg. 10 (1934), Heft 7, S. 191. ……210
図 5-1　ヒトラーの肖像。ハインリヒ・ホフマン撮影の写真　*Große Deutsche Kunstausstellung 1937*. ……219
図 5-2　ハインリヒ・クニーア『総統像』。大ドイツ芸術展に出展された肖像画　*Ebd.* ……219
図 5-3　『意志の勝利』の 1 コマ。行進を観閲するヒトラー。下から見上げるアングルで撮影されている　Riefenstahl, *Triumph des Willens*. ……220
図 5-4　『意志の勝利』の 1 コマ。飛行場に降り立ち，迎えに笑顔でこたえるヒトラー　*Ebd*. ……221
図 5-5　『民族の祭典』の 1 コマ。笑顔で競技を観戦するヒトラー　Riefenstahl, *Olympia. Fest der Völker*. ……221
図 5-6　休暇中のヒトラー。ホフマン監修の写真集　*Adolf Hitler*, S. 39. ……223
図 5-7　「総統も笑うことがある」　*Ebd*., S. 14. ……223
図 5-8　山荘の前で訪問者に会釈するヒトラー　*Ebd*., S. 42. ……224
図 5-9　子供たちと記念写真を撮るヒトラー　*Ebd*., S. 107. ……224
図 5-10　「少年が病床の母親の手紙を総統に手わたす」　*Ebd*., S. 39. ……224
図 5-11　ヒトラーとシュペーア。山荘での図面の打ちあわせ　Heinrich Hoffmann (Hrsg.), *Hitler in seinen Bergen. 86 Bilddokumente aus der Umgebung des Führers*, Berlin 1935, S. 37. ……226
図 5-12　ヒトラーに花束をわたす少女　*Deutschland erwacht*, S. 138. ……227
図 5-13　「キッチュ法」の制定を報じる 1933 年の新聞記事。ヒトラーの絵のついたクラッカーや紙コップ，ハーケンクロイツのマーク入りの飴などが紹介されている　*Berliner Illustrierte Zeitung*, 1933, Nr. 21. ……230
図 5-14　ヒトラーのビアジョッキ　*Das III. Reich*, Bd. 2, S. 571. ……231
図 5-15　総統像の掲げかた。良い例（上）と悪い例（下）。「労働の美」局発行のハンドブック　*Das Taschenbuch Schönheit der Arbeit*, S. 210. ……233
図 5-16　パウル・M・パドゥア『総統が語る』。演説に耳を傾ける農家　*Die Kunst im Deutschen Reich*, Jg. 4 (1940), Folge 8/9, S. 238. ……234
図 5-17　総統像に花を捧げる農民。1935 年の収穫祭　*Berliner Illustrierte Zeitung*, 1935, Nr. 40. ……234
図 5-18　小さな子供も彼に近づく。右端にヒトラーの手が写っている　*Adolf Hitler*, S. 21.

……………………………………………………………………………………235
図 5-19 ショーウィンドーの飾りつけ。ライン地方のカフェ。1937年 Hans Mommsen/Susanne Willems (Hrsg.), *Herrschaftsalltag im Dritten Reich. Studien und Texte,* Düsseldorf 1988, S. 52. ……………………………………237
図 5-20 ヒトラーの誕生日を祝う生徒たち Zentner, *a. a. O.*, S. 365. ……………237
図 5-21 少女たちのアイドル。1938年のブレスラウ体操・スポーツ祭 Heinrich Hoffmann (Hrsg.), *Hitler bei dem Deutschen Turn- und Sportfest in Breslau 1938*, München 1938, S. 38. ……………………………………238
図 5-22 「私は独裁者ではなく，わが国民の指導者でありたい！」。1936年の新聞記事 *Berliner Illustrierte Zeitung*, 1936, Nr. 12. ……………………………240
図 5-23 アドルフ・ヴィッセル『カーレンベルクの農家』 Berthold Hinz, *Die Malerei im deutschen Faschismus. Kunst und Konterrevolution*, München 1974, S. 195. ……………………………………………………………………………………241
図 5-24 「品のある室内装飾」。ヒトラーの胸像の広告 *Die Kunst im Dritten Reich*, Jg. 3 (1939), Folge 4, S. V. ……………………………………243
図 5-25 ヒトラーの胸像を制作する業者。総統像も大量生産される商品であった *Unser Jahrhundert im Bild*, Gütersloh 1964, S. 475. ……………………243
図 5-26 スター政治家。サインに応じるヒトラー *Adolf Hitler*, S. 41. ……………248
図 終-1 幻想的な野外劇。1936年の党大会 *Parteitag der Ehre*. ……………………257
図 終-2 退廃芸術展のパンフレット。ジョン・ハートフィールドの弟ヴィーラント・ヘルツフェルデの文章が引用されている *Entartete „Kunst“. Ausstellungsführer*, Berlin 1937, S. 3. ……………………………………………………276
図 終-3 『ヒトラー式敬礼の意味』。ジョン・ハートフィールドのフォトモンタージュ John Heartfield, *Krieg im Frieden. Fotomontagen zur Zeit 1930–1938*, Frankfurt/M. 1981, S. 30. ……………………………………………279
図 終-4 『擬態』。ゲッベルスがヒトラーに髭をつけてマルクスに変装させている。ジョン・ハートフィールドのフォトモンタージュ *Ebd.*, S. 54. ……………………280
図 終-5 「歓喜力行団でカーニヴァルへ」。1938年のミュンヘンのカーニヴァルのポスター Hans Dieter Schäfer, *Das gespaltene Bewußtsein. Deutsche Kultur und Lebenswirklichkeit 1933–1945*, München 1981, S. 177. ……………………285
図 終-6 カーニヴァルの山車。国民車1950年モデルと書かれている。1938年のミュンヘンのカーニヴァル Elisabeth Angermair/Ulrike Haerendel, *Inszenierter Alltag. »Volksgemeinschaft« im nationalsozialistischen München 1933–1945*, München 1993, S. 199. ……………………………………………286
図 終-7 カーニヴァルのパーティ。公認された性的享楽。1937年のミュンヘンのカーニヴァル *Berliner Illustrierte Zeitung*, 1938, Nr. 5. ……………………288
図 終-8 ベルリンっ娘。若い女性が公的な彫像を茶化している。1939年 *Ebd.*, 1939, Nr. 1. ……………………………………………………………………………………289
図 終-9 ファンタジーの帝国。ベルリン・スカラ座の公演。1943年 *Ebd.*, 1943, Nr. 42. ……………………………………………………………………………………291

注

序　章　芸術作品としての国家

(1) Friedrich Nietzsche, „Zur Genealogie der Moral", in : ders., *Sämtliche Werke in 12 Bänden*, Bd. VII, Stuttgart 1964, S. 320-1（フリードリヒ・ニーチェ，信太正三訳『善悪の彼岸 道徳の系譜 ニーチェ全集 11』筑摩書房，1993 年，466 頁）. なお以下の引用は，原典と照らしあわせて訳出しているため，必ずしも既存の邦訳にしたがっていない。

(2) 芸術家を夢見たヒトラーの青年時代については，次の伝記を参照。Joachim C. Fest, *Hitler. Eine Biographie*, Frankfurt/M. 1973（ヨアヒム・C・フェスト，赤羽龍夫・関楠生・永井清彦・佐瀬昌盛訳『ヒトラー』河出書房新社，1975 年）; Werner Maser, *Adolf Hitler. Legende, Mythos, Wirklichkeit*, München u. Eßlingen 1971（ヴェルナー・マーザー，黒川剛訳『〈人間ヒトラー〉アドルフ・ヒトラー伝 上』サイマル出版会，1976 年）.

(3) Henry Picker, *Hitlers Tischgespräche im Führerhauptquartier*, Berlin 1993, S. 392.

(4) *Ebd*., S. 129-30.

(5) ナチ文化政策に関する代表的な研究としては，次を参照。Hildegard Brenner, *Die Kunstpolitik des Nationalsozialismus*, Reinbek bei Hamburg 1963 ; Frankfurter Kunstverein (Hrsg.), *Kunst im 3. Reich. Dokumente der Unterwerfung*, Frankfurt/M. 1974 ; Reinhard Müller-Mehlis, *Die Kunst im Dritten Reich*, München 1976 ; Reinhard Merker, *Die bildenden Künste im Nationalsozialismus. Kulturideologie Kulturpolitik Kulturproduktion*, Köln 1983 ; Klaus Backes, *Hitler und die bildenden Künste. Kulturverständnis und Kunstpolitik im Dritten Reich*, Köln 1988 ; Peter Reichel, *Der schöne Schein des Dritten Reiches. Faszination und Gewalt des Faschismus*, Frankfurt/M. 1991 ; Peter Adam, *Kunst im Dritten Reich*, Hamburg 1992 ; Hans Sarkowicz (Hrsg.), *Hitlers Künstler. Die Kultur im Dienst des Nationalsozialismus*, Frankfurt/M. u. Leipzig 2004. 邦語の研究では，関楠生『ヒトラーと退廃芸術―退廃芸術展と大ドイツ芸術展―』河出書房新社，1992 年が代表的である。

(6) Walter Benjamin, „Das Kunstwerk im Zeitalter seiner technischen Reproduzierbarkeit (Dritte Fassung)", in : ders., *Gesammelte Schriften*, Bd. I-2, Frankfurt/M. 1974（ヴァルター・ベンヤミン，高木久雄・高原宏平訳「複製技術の時代における芸術作品」『複製技術時代の芸術 ベンヤミン著作集 2』晶文社，1970 年）.

(7) Zit. nach : Fest, *a. a. O.*, S. 580-1（邦訳，下，53 頁）.

(8) *Berliner Lokal-Anzeiger*, 11. April 1933.

(9) *Mitteilungsblatt der Reichskammer der bildenden Künste*, Jg. 1 (1936), 7. Dezember, S. 2.

(10) Hans Jürgen Syberberg, „Hitler und die Staatskunst. Die mephistophelische Avantgarde des 20. Jahrhunderts", in : Günter Metken (Hrsg.), *Realismus zwischen Revolution und Reaktion 1919-1939*, München 1981.

(11) Philippe Lacoue-Labarthe, *Die Fiktion des Politischen. Heidegger, die Kunst und die Politik*, Stuttgart 1990（フィリップ・ラクー＝ラバルト，浅利誠・大谷尚文訳『政治という虚構—ハイデガー，芸術そして政治—』藤原書店，1992 年）.
(12) Syberberg, *a. a. O.*, S. 386.
(13) *Ebd.*, S. 385.
(14) *Ebd.*, S. 382.
(15) ヴァーグナーの楽劇がヒトラーの「国家芸術」に影響を与えたことは，つとにフェストが指摘していた点である。Fest, *a. a. O.*, S. 699（邦訳，下，163 頁）. これをヒトラーによるヴァーグナーの悪用と見るのではなく，ヴァーグナーの構想が「弟子」ヒトラーによって実現されたとする「ヴァーグナーのヒトラー」論を展開しているのが，ヨアヒム・ケーラーである。Joachim Köhler, *Wagners Hitler. Der Prophet und sein Vollstrecker*, München 1997（ヨアヒム・ケーラー，橘正樹訳『ワーグナーのヒトラー—「ユダヤ」にとり憑かれた預言者と執行者—』三交社，1999 年）. この点に関していえば，ニーチェはヴァーグナーの楽劇がドイツのナショナリズムと結びつくことを非難していたから，ヒトラーの台頭を目にしたならば，彼をヴァーグナーの不肖の弟子と見なしたにちがいない。
(16) Syberberg, *a. a. O.*, S. 385.
(17) Barbel Dusik/Klaus A. Lankheit (Hrsg.), *Hitler. Reden, Schriften, Anordnungen, Februar 1925 bis Januar 1933*, Bd. 3, München 1994, S. 528.
(18) Köhler, *a. a. O.*, S. 347-56（邦訳，425-36 頁）.
(19) Adolf Hitler, *Die Reden Hitlers am Parteitag der Freiheit 1935*, München 1935, S. 38.
(20) Max Domarus (Hrsg.), *Hitler. Reden und Proklamationen 1932-1945. Kommentiert von einem deutschen Zeitgenossen*, München 1973, S. 226.
(21) Clifford Geertz, *Negara. The Theatre State in Nineteenth-Century Bali*, New Jersey 1980（クリフォード・ギアツ，小泉潤二訳『ヌガラ—19 世紀バリの劇場国家—』みすず書房，1990 年）; Jacob Burckhardt, *Die Kultur der Renaissance in Italien. Ein Versuch*, Stuttgart 1952（ヤーコプ・ブルクハルト，柴田錬三郎訳『イタリア・ルネサンスの文化』中央公論社，1974 年）.
(22) Friedrich Nietzsche, „Die Geburt der Tragödie oder Griechentum und Pessimismus“, in : ders., *Sämtliche Werke in 12 Bänden*, Bd. I, Stuttgart 1964, S. 35（フリードリヒ・ニーチェ，塩屋竹男訳『悲劇の誕生 ニーチェ全集 2』筑摩書房，1993 年，19-20 頁）.
(23) Thomas Mann, *Betrachtungen eines Unpolitischen*, Frankfurt/M. 1956, S. 115（トーマス・マン，小塚敏夫訳「非政治的人間の考察（抄）」『ワーグナーと現代』みすず書房，1971 年，46 頁）.
(24) George L. Mosse, *The Nationalization of the Masses. Political Symbolism and Mass Movements in Germany from the Napoleonic Wars through the Third Reich*, New York 1975, p. 1（ジョージ・L・モッセ，佐藤卓己・佐藤八寿子訳『大衆の国民化—ナチズムに至る政治シンボルと大衆文化—』柏書房，1994 年，13 頁）; Karlheinz Schmeer, *Die Regie des öffentlichen Lebens im Dritten Reich*, München 1956, S. 48-50.
(25) Fest, *a. a. O.*, S. 522（邦訳，上，483 頁）.
(26) Peter Viereck, *Metapolitics. The Roots of the Nazi Mind*, New York 1965（ピータ

ー・ヴィーレック，西城信訳『ロマン派からヒトラーへ—ナチズムの源流—』紀伊國屋書店，1973 年）. ヴィーレックは「超政治」の概念を説明するために，あるヴァーグナー崇拝者の言葉を引用している。「真にドイツたるためには，政治は超政治に高まらなければならない。超政治の政治にたいする関係は，形而上学 Metaphysik の自然科学 Physik にたいする関係に等しい」。*Ebd.*, p. 3（邦訳，4 頁）.

(27) Hans Mommsen, „Nationalsozialismus", in : Claus Dieter Kernig (Hrsg.), *Sowjetsystem und demokratische Gesellschaft*, Bd. 4, Freiburg 1971, S. 713.

(28) クリフォード・ギアツは「劇場国家」についての研究のなかで，こうした文化と政治の関係を「文化的誇大妄想と組織的多元主義のパラドクス」と呼び，分析の焦点としている。Geertz, *a. a. O.*, p. 19（邦訳，20 頁）. その意味では，本書はギアツの方法論をもってナチズムに接近しようとするものともいえる。

(29) ジョージ・L・モッセは，こうした古典主義とロマン主義の総合が 19 世紀のナショナリズムにおいて達成され，ナチズムへと受け継がれたと指摘している。Mosse, *a. a. O.*, p. 35（邦訳，46 頁）.

(30) Zit. nach : Joseph Wulf, *Literatur und Dichtung im Dritten Reich. Eine Dokumentation*, Frankfurt/M. 1982, S. 362.

(31) この点については，Karl-Heinz Ludwig, *Technik und Ingenieure im Dritten Reich*, Düsseldorf 1974 を参照。

(32) *Der deutsche Baumeister*, Jg. 1 (1939), Heft 5.

(33) Wilfrid Bade, *Das Auto erobert die Welt. Biographie des Kraftwagens*, Berlin 1938, S. 317. フリッツ・トットもまた，同様にアウトバーンの芸術的意義を強調している。「ナチ的技術観によれば，道路とは建築物とちょうど同じように芸術作品である。……このような文化意志から，景観にたいするわれわれの関係もきまってくる。すなわち，道路を景観に適合させ，木立や灌木を考慮しなければならない！」。*Die Strasse*, Jg. 3 (1936), Nr. 19.

(34) *Völkischer Beobachter*, 8. April 1938.

(35) 党大会に関する代表的な研究としては，次を参照。Hamilton T. Burden, *Die programmierte Nation. Die Nürnberger Reichsparteitage*, Gütersloh 1967 ; Siegfried Zelnhefer, *Die Reichsparteitage der NSDAP. Geschichte, Struktur und Bedeutung der größten Propagandafeste im nationalsozialistischen Feierjahr*, Nürnberg 1991. 邦語では，芝健介『ヒトラーのニュルンベルク—第三帝国の光と闇—』吉川弘文館，2000 年；平井正『20 世紀の権力とメディア—ナチ・統制・プロパガンダ—』雄山閣，1995 年，第 3 章を参照。

(36) Klaus Behnken (Hrsg.), *Deutschland-Berichte der sozialdemokratischen Partei Deutschlands (SOPADE) 1934-1940*, 7Bde, Frankfurt/M. 1980 ; Heinz Boberach (Hrsg.), *Meldungen aus dem Reich 1938-1945. Die geheimen Lageberichte des Sicherheitsdienstes der SS*, 17Bde, Herrsching 1984. これらの史料の問題点については，Ian Kershaw, *The 'Hitler Myth'. Image and Reality in the Third Reich*, Oxford 1987, pp. 6-8（イアン・カーショー，柴田敬二訳『ヒトラー神話—第三帝国の虚像と実像—』刀水書房，1993 年，8-10 頁）; ders., *Popular Opinion and Political Dissent in the Third Reich. Bavaria 1933-1945*, Oxford 1983, pp. 6-10 ; Detlev J. K. Peukert, *Volksgenossen und Gemeinschaftsfremde. Anpassung, Ausmerze und Aufbegehren unter dem*

Nationalsozialismus, Köln 1982, S. 57-9（デートレフ・ポイカート，木村靖二・山本秀行訳『ナチス・ドイツ—ある近代の社会史—』三元社，1991年，67-8頁）などを参照。一般的にいって，体制側の報告が国民の同意を，反体制側の報告が国民の反抗を強調しすぎるきらいがあるが，この欠点は二種類の史料を併用することによって，ある程度まで補うことができよう。

(37) とりわけ次の研究を参照。Martin Broszat u. a. (Hrsg.), *Bayern in der NS-Zeit*, 6Bde, München 1977-1983；村瀬興雄『ナチス統治下の民衆生活—その建前と現実—』東京大学出版会，1983年。

(38) *Nationalsozialistische Korrespondenz*, Nr. 187, 1938, in : Bundesarchiv Berlin, NS 5/VI/19311.

(39) *Deutschland-Berichte*, Bd. 3, S. 164.

(40) *Nationalsozialistische Korrespondenz*, Nr. 187, 1938.

(41) *Meyers Lexikon*, 8. Aufl., Bd. 6, Leipzig 1939, S. 1136.

(42) キッチュの問題，とくにそのロマン主義との関連については，Matei Calinescu, *Five Faces of Modernity. Modernism, Avant-Garde, Decadence, Kitsch, Postmodernism*, Durham 1987（マテイ・カリネスク，富山英俊・栂正行訳『モダンの五つの顔—モダン・アヴァンギャルド・デカダンス・キッチュ・ポストモダン—』せりか書房，1995年）を参照。

(43) *Preußische Zeitung*, 18. September 1936. なおキッチュの問題を論じた報道については，Bundesarchiv Berlin, NS 5/VI/19127に含まれている新聞記事を参照。

(44) *Unser Wille und Weg*, Nr. 2, 1937. ナチ党の帝国宣伝指導部が発行していたこの機関誌は，2年後の論説で，党の集会の演出にさえキッチュが浸透していることを指摘している。それによれば，「キッチュとは場ちがいなこと」であった。*Ebd.*, Nr. 2, 1939.

(45) Saul Friedländer, *Kitsch und Tod. Der Widerschein des Nazismus*, München 1986（サユル・フリードレンダー，田中正人訳『ナチズムの美学—キッチュと死についての考察—』社会思想社，1990年）.

(46) *Ebd.*, S. 14（邦訳，18頁）.

(47) Theodor W. Adorno, *Ästhetische Theorie*, Frankfurt/M. 1970, S. 355（テオドーア・W・アドルノ，大久保健治訳『美の理論』河出書房新社，1985年，466頁）.

(48) Zit. nach : Klaus Kreimeier, *Die Ufa-Story. Geschichte eines Filmkonzerns*, München 1992, S. 308（クラウス・クライマイヤー，平田達治・宮本春美・山本佳樹・原克・飯田道子・須藤直子・中川慎二訳『ウーファ物語—ある映画コンツェルンの歴史—』鳥影社，2005年，463頁）.

(49) *Meldungen aus dem Reich*, Bd. 9, S. 3476.

(50) ナチズムと近代のかかわりを論じた代表的研究としては，とくにDavid Schoenbaum, *Hitler's Social Revolution. Class and Status in Nazi Germany 1933-1939*, New York 1966（デイヴィッド・シェーンボウム，大島通義・大島かおり訳『ヒットラーの社会革命—1933～39年のナチ・ドイツにおける階級とステイタス—』而立書房，1978年）を参照。1980年代後半以降の新しい研究としては，とりわけMichael Prinz/Rainer Zitelmann (Hrsg.), *Nationalsozialismus und Modernisierung*, Darmstadt 1991が挙げられる。

(51) Gabriele Lange, *Das Kino als moralische Anstalt. Soziale Leitbilder und die Darstell-*

ung gesellschaftlicher Realität im Spielfilm des Dritten Reiches, Frankfurt/M. 1994, S. 10.

(52) Hans Dieter Schäfer, *Das gespaltene Bewußtsein. Deutsche Kultur und Lebenswirklichkeit 1933-1945*, München 1981, S. 135.

(53) Zit. nach : Gerhard Stahr, *Volksgemeinschaft vor der Leinwand? Der nationalsozialistische Film und sein Publikum*, Berlin 2001, S. 62. ゲアハルト・シュターによれば，1930年代はじめの映画の観客動員数の減少は，深刻な経済的危機やヒット作の不足とならんで，ナチ党の大衆運動への関心の高まりによるものでもあった。*Ebd.*, S. 62-5.

(54) 大規模な集会や行進をトレードマークとするナチ党の成功を前にして，共産党ばかりか社会民主党までもが同じような政治様式の採用にふみきるなど，「新しい政治」は党派を超えた大衆政治の支配的な現象形態となった。ナチ党がこうした政治様式をとったのは，他政党にくらべて後発で，組織も未発達だったからである。ゲアハルト・パウルの研究によれば，1933年以前のナチ党の宣伝は，一般に考えられているほど組織化されていなかった。Gerhard Paul, *Aufstand der Bilder. Die NS-Propaganda vor 1933*, Bonn 1992. だが大衆集会や示威行動の展開においては，他政党が遅れをとっていたことも明らかである。その点も含めて，ヴァイマル期の政治的公共性の変質を論じた研究として，佐藤卓己『大衆宣伝の神話―マルクスからヒトラーへのメディア史―』弘文堂，1992年を参照。

第1章　大衆のモニュメント

(1) Walter Benjamin, „Das Kunstwerk im Zeitalter seiner technischen Reproduzierbarkeit (Dritte Fassung)“, in : ders., *Gesammelte Schriften*, Bd. I-2, Frankfurt/M. 1974, S. 506（ヴァルター・ベンヤミン，高木久雄・高原宏平訳「複製技術の時代における芸術作品」『複製技術時代の芸術 ベンヤミン著作集2』晶文社，1970年，44頁）.

(2) Klaus Vondung, *Magie und Manipulation. Ideologischer Kult und politische Religion des Nationalsozialismus*, Göttingen 1971（クラウス・フォンドゥング，池田昭訳『ナチズムと祝祭―国家社会主義のイデオロギー的祭儀と政治的宗教―』未来社，1988年）.

(3) Peter Reichel, *Der schöne Schein des Dritten Reiches. Faszination und Gewalt des Faschismus*, Frankfurt/M. 1991.

(4) ベンヤミンは「ファシズム芸術はプロパガンダ芸術である」と断言しているし，クラカウアーも「あらゆるナチ映画はたしかに多かれ少なかれプロパガンダ映画であった。政治とは一見まったく関係がないように見える純粋な娯楽映画でさえそうである」と述べている。Walter Benjamin, „Pariser Brief I“, in : ders., *Gesammelte Schriften*, Bd. III, Frankfurt/M. 1972, S. 488（ヴァルター・ベンヤミン，針生一郎訳「パリ書簡」『シュルレアリスム ベンヤミン著作集8』晶文社，1981年，157頁）; Siegfried Kracauer, *Von Caligari zu Hitler. Eine psychologische Geschichte des deutschen Films*, Frankfurt/M. 1984, S. 322（ジークフリート・クラカウアー，丸尾定訳『カリガリからヒトラーへ―ドイツ映画1918-33における集団心理の構造分析―』みすず書房，

1970年，285頁). 本章はこうしたナチズム理解を批判し，その再解釈をはかろうとするものである。

(5) Benjamin, „Das Kunstwerk“, S. 508（邦訳，46-7頁).

(6) マーティン・ジェイは，「政治の美学化」概念に含まれる「美的なもの」の意味として，美を絶対化する冷酷な態度をさすもの，イメージのもつ魅惑的な力をさすもの，素材に形態を与える芸術意志をさすものの三つを挙げているが，本章における区別は，「政治＝美学」が前二者に，「政治＝芸術」が後者に対応しているといえる。Martin Jay, "'The Aesthetic Ideology' as Ideology. Or What Does It Mean to Aestheticize Politics?", in : ders., *Force Fields. Between Intellectual History and Cultural Critique*, New York 1992, pp. 72-5（マーティン・ジェイ，吉田徹也訳「イデオロギーとしての『美的イデオロギー』―あるいは政治を美学化するとはどういうことか―」『力の場―思想史と文化批判のあいだ―』法政大学出版局，1996年，110-4頁).

(7) ペーター・スローターダイクがユンガーをベンヤミンの「秘密工作員」と呼んでいるように，ユンガーの仕事はファシズムの内側からベンヤミン的な問題を考察したものと見なすことができる。Peter Sloterdijk, *Kritik der zynischen Vernunft*, Frankfurt/M. 1983, S. 819（ペーター・スローターダイク，高田珠樹訳『シニカル理性批判』ミネルヴァ書房，1996年，453頁). ユンガーの問題提起を真剣に受けとめたからこそ，ベンヤミンもその挑戦に応じたのであった。

(8) Walter Benjamin, „Theorien des deutschen Faschismus. Zu der Sammelschrift »Krieg und Krieger«. Herausgegeben von Ernst Jünger“, in : ders., *Gesammelte Schriften*, Bd. III, Frankfurt/M. 1972, S. 240（ヴァルター・ベンヤミン，野村修訳「ドイツ・ファシズムの理論」『暴力批判論 ベンヤミン著作集1』晶文社，1969年，67頁).

(9) Benjamin, „Das Kunstwerk“, S. 508（邦訳，46頁).

(10) *Ebd.*, S. 507（邦訳，45頁).

(11) *Ebd.*

(12) *Ebd.*, S. 506（邦訳，45頁).

(13) Timothy W. Mason, „Der Primat der Politik. Politik und Wirtschaft im Nationalsozialismus“, in : *Das Argument*, 8, 1966.

(14) Benjamin, „Theorien des deutschen Faschismus“, S. 239（邦訳，65頁).

(15) Zit. nach : Erwin Leiser, *»Deutschland, erwache!«. Propaganda im Film des Dritten Reiches*, Reinbek bei Hamburg 1968, S. 120.

(16) 第三帝国崩壊の直前に封切られた映画『コルベルク』は，軍事的合理性を無視して，18万5000人以上のエキストラと4000人の海兵，6000頭の馬を動員し，850万マルクもの巨費を投じて制作された。この時点ではすでに，美的虚構としての戦争が現実の戦争よりも優位に立っていたのである。Klaus Kreimeier, *Die Ufa-Story. Geschichte eines Filmkonzerns*, München 1992, S. 409-13（クラウス・クライマイヤー，平田達治・宮本春美・山本佳樹・原克・飯田道子・須藤直子・中川慎二訳『ウーファ物語―ある映画コンツェルンの歴史―』鳥影社，2005年，619-24頁).

(17) Zit. nach : Kurt Sontheimer, *Antidemokratisches Denken in der Weimarer Republik. Die politischen Ideen des deutschen Nationalismus zwischen 1918 und 1933*, München 1968, S. 103（クルト・ゾントハイマー，河島幸夫・脇圭平訳『ワイマール共和国の政治思想』ミネルヴァ書房，1976年，99頁).

(18) Ernst Jünger, *In Stahlgewittern*, Stuttgart 1978.
(19) Ernst Jünger, *Der Kampf als inneres Erlebnis*, Berlin 1922.
(20) Benjamin, „Das Kunstwerk", S. 508（邦訳, 46 頁）.
(21) *Ebd.*, S. 482（邦訳, 19 頁）.
(22) *Ebd.*, S. 503（邦訳, 41 頁）.
(23) サユル・フリードレンダーによれば，ナチズムの美学の核心は「キッチュの調和と，死や破壊というテーマのたえざる喚起との対立によってひき起こされる美的魅力」にあったが，これはちょうどベンヤミンのいう展示的価値と礼拝的価値の対立に対応している。Saul Friedländer, *Kitsch und Tod. Der Widerschein des Nazismus*, München 1986, S. 14（サユル・フリードレンダー，田中正人訳『ナチズムの美学―キッチュと死についての考察―』社会思想社，1990 年，18 頁）.
(24) Benjamin, „Das Kunstwerk", S. 506（邦訳, 44 頁）.
(25) *Ebd.*, S. 492（邦訳, 52 頁）.
(26) *Ebd.*, S. 506（邦訳, 44 頁）.
(27) *Ebd.*, S. 492（邦訳, 29 頁）.
(28) Ernst Bloch, *Erbschaft dieser Zeit. Erweiterte Ausgabe*, Frankfurt/M. 1962, S. 162（エルンスト・ブロッホ，池田浩士訳『この時代の遺産』筑摩書房，1994 年，182 頁）.
(29) この点についてディーター・バルテツコは，フリッツ・ラングの映画『ニーベルンゲン』の舞台装置がナチ建築のモデルとなっていたことを例証している。Dieter Bartetzko, *Illusionen in Stein. Stimmungsarchitektur im deutschen Faschismus. Ihre Vorgeschichte in Theater- und Film-Bauten*, Reinbek bei Hamburg 1985, S. 243–72.
(30) リーフェンシュタールによれば，「党大会の準備は映画撮影の準備と協力して進められた」。Leni Riefenstahl, *Hinter den Kulissen des Reichsparteitag=Films*, München 1935, S. 31. もっとも瀬川裕司が批判するように，「党大会じたいが映画のために用意された」というのは明らかにいいすぎだろう。瀬川裕司『美の魔力―レニ・リーフェンシュタールの真実―』パンドラ，2001 年，173 頁。
(31) Benjamin, „Das Kunstwerk", S. 506（邦訳, 55 頁）.
(32) Bartetzko, *a. a. O.*, S. 270.
(33) Benjamin, „Das Kunstwerk", S. 505（邦訳, 44 頁）.
(34) Kracauer, *Von Caligari zu Hitler*, S. 12（邦訳, 8 頁）.
(35) *Ebd.*, S. 287（邦訳, 280–1 頁）.
(36) ただしこれはクラカウアーのように，「あらゆるドイツ映画がナチズムを志向していた」とする「呪われた映画史観」を提示するものではない。この時代の映画に反映された「集合的メンタリティ」がナチズムを生みだしたというよりはむしろ，ナチズムのほうがこのメンタリティを利用したという意味で理解すべきである。映画を題材にしてナチズムの先祖探しをしたり，あらゆる映画を強引にナチズムに結びつけて解釈するような姿勢は，実態の解明にはつながらないだろう。ナチズム期の映画に関しても，そこに悪質なプロパガンダのみを見いだすような姿勢は克服されつつある。瀬川裕司『ナチ娯楽映画の世界』平凡社，2000 年。
(37) こうした「演劇」の理解は，クリフォード・ギアツの「劇場国家」論に依拠している。彼は 19 世紀バリの国家儀礼を「形而上学的演劇」と呼び，次のように説明している。「その演劇は，現実の究極的性質についての一つの見方を表現すると同時に，現存す

る生の状況をそうした現実と調和的にかたちづくるように仕組まれていた。すなわち，一つの存在論を提示し，そしてその提示によってその存在論を生起させる――それを現実のものとする――ような演劇だった」。Clifford Geertz, *Negara. The Theatre State in Nineteenth-Century Bali*, New Jersey 1980, p. 104（クリフォード・ギアツ，小泉潤二訳『ヌガラ―19世紀バリの劇場国家―』みすず書房，1990年，122頁）.

(38) Kracauer, *Von Caligari zu Hitler*, S. 340（邦訳，301頁）.

(39) *Der Kongreß zu Nürnberg vom 5. bis 10. September 1934. Offizieller Bericht über den Verlauf des Reichsparteitages mit sämtlichen Reden*, München 1935, S. 140-1.

(40) とはいえ，ゲッベルスのこの発言を引用したクラカウアーは，そこに「ナチ体制の核心の真空」を見いだしたにすぎない。Kracauer, *Von Caligari zu Hitler*, S. 362（邦訳，322頁）. 彼によれば，プロパガンダの背後にあるこの真空を埋めるために，ナチズムはたえず大衆の熱狂を駆り立てる必要があった。「プロパガンダと民族の密接な関係についてゲッベルスが語ったことは，この空虚と化した世界を彼がいかに巧みに操作したかを示している」というのである。*Ebd.*, S. 351（邦訳，312頁）.

(41) Joseph Goebbels, *Michael. Ein deutsches Schicksal in Tagebuchblättern*, München 1929, S. 31（ヨーゼフ・ゲッベルス，池田浩士訳「ミヒャエル―日記が語るあるドイツ的運命―」『ドイツの運命 ドイツ・ナチズム文学集成1』柏書房，2001年，26-7頁）.

(42) *Berliner Lokal-Anzeiger*, 11. April 1933.

(43) Paul de Man, *Aesthetic Ideology*, Andrzej Warminski (ed.), Minneapolis 1996, p. 155（ポール・ド・マン，上野成利訳『美学イデオロギー』平凡社，2005年，284頁）.

(44) Karl R. Popper, *The Open Society and its Enemies*, 4th ed., London 1962, p. 165（カール・ポパー，内田詔夫・小河原誠訳『開かれた社会とその敵 第一部 プラトンの呪文』未来社，1980年，163-4頁）.

(45) Martin Heidegger, *Einführung in die Metaphysik*, 2. Aufl., Tübingen 1958, S. 122（マルティン・ハイデガー，川原栄峰訳『形而上学入門』平凡社，1994年，262-3頁）, S. 146（邦訳，311頁）; ders., *Der Ursprung des Kunstwerkes*, Stuttgart 1960, S. 68-9（マルティン・ハイデガー，関口浩訳『芸術作品の根源』平凡社，2002年，89頁）.

(46) Martin Heidegger, *Nietzsche*, Bd. I, Pfullingen 1961, S. 102（マルティン・ハイデガー，細谷貞雄監訳・杉田泰一・輪田稔訳『ニーチェ I』平凡社，1997年，123頁）.

(47) Heidegger, *Einführung in die Metaphysik*, S. 152（邦訳，323頁）.

(48) このような解釈をはっきりとうちだしているのは，フィリップ・ラクー＝ラバルトである。彼はナチズムの政治を「総合芸術作品」として把握するが，その理由を次のように説明している。「ナチズムの政治的モデルは，総合芸術作品である。というのも，ゲッベルスが非常によく知っていたように，バイロイトの祝祭劇とドイツとの関係は大ディオニュソス祭とアテネおよびギリシア全体との関係に等しいはずだという意味で，総合芸術作品は政治的プロジェクトだからである」。Philippe Lacoue-Labarthe, *Die Fiktion des Politischen. Heidegger, die Kunst und die Politik*, Stuttgart 1990, S. 102（フィリップ・ラクー＝ラバルト，浅利誠・大谷尚文訳『政治という虚構―ハイデガー，芸術そして政治―』藤原書店，1992年，121-2頁）.

(49) Benjamin, „Pariser Brief I", S. 489（邦訳，159頁）.

(50) Siegfried Kracauer, *Das Ornament der Masse. Essays*, Frankfurt/M. 1963（ジークフ

リート・クラカウアー，船戸満之・野村美紀子訳『大衆の装飾』法政大学出版局，1996 年)．

(51) Kracauer, *Von Caligari zu Hitler*, S. 355 (邦訳，316 頁)．

(52) *Ebd.*, S. 354 (邦訳，314 頁)．

(53) *Ebd.*, S. 103 (邦訳，97 頁)．

(54) この点についてクラウス・テーヴェライトは，ナチズムが儀式において大衆の欲望を象徴的に解放することで，彼らに「社会的なダブルバインド状況からの脱出の願望」の表現を許したと指摘し，その重要性を認めようとしないマルクス主義を批判している。Klaus Theweleit, *Männerphantasien. Band 1. Frauen, Fluten, Körper, Geschichte*, München 1977, S. 450 (クラウス・テーヴェライト，田村和彦訳『男たちの妄想 I 女・流れ・身体・歴史』法政大学出版局，1999 年，639 頁)．

(55) Kracauer, *Das Ornament der Masse*, S. 54 (邦訳，48 頁)．ただし，この定義はナチズムにたいして直接なされたものではない。クラカウアーは，ティラー・ガールズのラインダンスのなかに生産過程におけるテイラー・システムの反映を見いだし，これを「大衆の装飾」と呼んだのだった。これにたいして，「民族」を担い手とするナチズムの「大衆の装飾」は「魔術的拘束としてあらわれ，意味を担う」ものであるという。*Ebd.*, S. 51 (邦訳，45 頁)．だが彼がこの語をナチズムにもちいている以上，ここでの定義はナチズムにもあてはまるものと考えなければならないだろう。

(56) Detlev J. K. Peukert, *Die Weimarer Republik. Kriesenjahre der Klassischen Moderne*, Frankfurt/M. 1987, S. 163-4 (デートレフ・ポイカート，小野清美・田村栄子・原田一美訳『ワイマル共和国—古典的近代の危機—』名古屋大学出版会，1993 年，137 頁)．

(57) Kracauer, *Das Ornament der Masse*, S. 54 (邦訳，49 頁)．この点に関するクラカウアーの説明は，必ずしも首尾一貫したものとはいえない。彼は他方で，ナチズムにおける「大衆の装飾」が「リアリティの完全な変形，党大会の人工的構造に現実が完全に吸収されてしまったことをあらわしている」とも語っているからである。Kracauer, *Von Caligari zu Hitler*, S. 352 (邦訳，313 頁)．

(58) Jünger, *Der Kampf als inneres Erlebnis*, S. 32.

(59) Klaus Theweleit, *Männerphantasien. Band 2. Männerkörper. Zur Psychoanalyse des weißen Terrors*, München 1978, S. 158 (クラウス・テーヴェライト，田村和彦訳『男たちの妄想 II 男たちの身体—白色テロルの精神分析のために—』法政大学出版局，2004 年，219 頁), S. 162 (邦訳，223 頁)．

(60) Ernst Jünger, *Der Arbeiter. Herrschaft und Gestalt*, Stuttgart 1981, S. 219.

(61) Zit. nach : Sontheimer, *a. a. O.*, S. 105 (邦訳，101 頁)．

(62) Jünger, *Der Arbeiter*, S. 220.

(63) *Ebd.*, S. 113.

(64) *Ebd.*, S. 27.

(65) Benjamin, „Theorien des deutschen Faschismus“, S. 239 (邦訳，66 頁)．

(66) Jünger, *Der Arbeiter*, S. 114.

(67) Bloch, *a. a. O.*, S. 70 (邦訳，551 頁)．

(68) Helmut Heiber (Hrsg.), *Goebbels Reden 1932-1945*, Bd. 1, Düsseldorf 1971, S. 132.

(69) Bloch, *a. a. O.*, S. 111 (邦訳，138 頁)．

(70) ヴァーグナーもまた，バイロイトの祝祭劇に古代ギリシアの復活を期待していた。彼によれば，ギリシア人は悲劇の上演にでかけ，そこで「自己の美しい肉体の欲求を……芸術の理想的な表現によって自己の本質の再生に向かわせた」。そして「考えられるかぎりの最高の芸術作品である劇が生みだされた」のだという。Zit. nach : Joachim Köhler, *Wagners Hitler. Der Prophet und sein Vollstrecker*, München 1997, S. 351（ヨアヒム・ケーラー，橘正樹訳『ワーグナーのヒトラー――「ユダヤ」にとり憑かれた預言者と執行者―』三交社，1999年，430頁）.

(71) Jünger, *Der Arbeiter*, S. 247, S. 151.

(72) Friedrich Schmidt, „Der neue Freiheitsbegriff", in : *Odal*, Heft 5, 1939, S. 315-8.

(73) Erich Fromm, *Escape from Freedom*, New York & Toronto 1941（エーリヒ・フロム，日高六郎訳『自由からの逃走』東京創元社，1951年）.

(74) Milton Mayer, *They Thought They Were Free. The Germans 1933-45*, Chicago 1955（ミルトン・マイヤー，田中浩・金井和子訳『彼らは自由だと思っていた―元ナチ党員十人の思想と行動―』未来社，1983年）.

(75) Theweleit, *Männerphantasien. Band 1*, S. 448（邦訳，636頁）.

(76) Benjamin, „Das Kunstwerk", S. 506（邦訳，55頁）.

(77) *Ebd.*, S. 508（邦訳，46頁）.

(78) Kracauer, *Das Ornament der Masse*, S. 62（邦訳，56頁）, S. 61（邦訳，55頁）.

(79) *Ebd.*, S. 52（邦訳，46頁）.

(80) Franz Neumann, *Behemoth. The Structure and Practice of National Socialism 1933-1944*, 2nd ed., Oxford 1944, p. 465（フランツ・ノイマン，岡本友孝・小野英祐・加藤栄一訳『ビヒモス―ナチズムの構造と実際―』みすず書房，1963年，398頁）.

(81) Vondung, *a. a. O.* ; George L. Mosse, *The Nationalization of the Masses. Political Symbolism and Mass Movements in Germany from the Napoleonic Wars through the Third Reich*, New York 1975（ジョージ・L・モッセ，佐藤卓己・佐藤八寿子訳『大衆の国民化―ナチズムに至る政治シンボルと大衆文化―』柏書房，1994年）.

(82) Gottfried Neesse, *Führergewalt. Die Entwicklung und Gestaltung der hoheitlichen Gewalt im Deutschen Reiche*, Tübingen 1940, S. 54.

(83) Mosse, *a. a. O.*, p. 200（邦訳，209-10頁）.

(84) Peter Sloterdijk, *Die Verachtung der Massen. Versuch über Kulturkämpfe in der modernen Gesellschaft*, Frankfurt/M. 2000, S. 23-4（ペーター・スローターダイク，仲正昌樹訳『大衆の侮蔑―現代社会における文化闘争についての試論―』御茶の水書房，2001年，24頁）, S. 21（邦訳，20頁）.

(85) Lacoue-Labarthe, *a. a. O.*, S. 134（邦訳，174頁）.

(86) Zit. nach : Joachim C. Fest, *Hitler. Eine Biographie*, Frankfurt/M. 1973, S. 581（ヨアヒム・C・フェスト，赤羽龍夫・関楠生・永井清彦・佐瀬昌盛訳『ヒトラー』河出書房新社，1975年，下，53頁）.

(87) Kracauer, *Das Ornament der Masse*, S. 63（邦訳，57頁）.

(88) Benjamin, „Das Kunstwerk", S. 494（邦訳，31頁）.

第2章　民族共同体の祭典

(1)　Hamilton T. Burden, *Die programmierte Nation. Die Nürnberger Reichsparteitage*, Gütersloh 1967 ; Klaus Vondung, *Magie und Manipulation. Ideologischer Kult und politische Religion des Nationalsozialismus*, Göttingen 1971 (クラウス・フォンドゥング，池田昭訳『ナチズムと祝祭―国家社会主義のイデオロギー的祭儀と政治的宗教―』未来社，1988年) ; George L. Mosse, *The Nationalization of the Masses. Political Symbolism and Mass Movements in Germany from the Napoleonic Wars through the Third Reich*, New York 1975 (ジョージ・L・モッセ，佐藤卓己・佐藤八寿子訳『大衆の国民化―ナチズムに至る政治シンボルと大衆文化―』柏書房，1994年).

(2)　Siegfried Zelnhefer, *Die Reichsparteitage der NSDAP. Geschichte, Struktur und Bedeutung der größten Propagandafeste im nationalsozialistischen Feierjahr*, Nürnberg 1991.

(3)　Detlev J. K. Peukert, *Volksgenossen und Gemeinschaftsfremde. Anpassung, Ausmerze und Aufbegehren unter dem Nationalsozialismus*, Köln 1982, S. 222 (デートレフ・ポイカート，木村靖二・山本秀行訳『ナチス・ドイツ―ある近代の社会史―』三元社，1991年，293頁).

(4)　Vondung, *a. a. O*.

(5)　Max Domarus (Hrsg.), *Hitler. Reden und Proklamationen 1932-1945. Kommentiert von einem deutschen Zeitgenossen*, München 1973, S. 298.

(6)　*Ebd.*, S. 732.

(7)　Adolf Hitler, *Mein Kampf*, 47. Aufl., München 1939, S. 373 (アドルフ・ヒトラー，平野一郎・将積茂訳『わが闘争』角川書店，1973年，上，483頁).

(8)　*Hitler. Reden und Proklamationen*, S. 192.

(9)　*Völkischer Beobachter*, 25. März 1933.

(10)　*Hitler. Reden und Proklamationen*, S. 448.

(11)　Hans Mommsen, „Nationalsozialismus", in : Claus Dieter Kernig (Hrsg.), *Sowjetsystem und demokratische Gesellschaft*, Bd. 4, Freiburg 1971, S. 713. 第三帝国の支配構造については，これを諸勢力が争いあう修羅場と見るマルティン・ブロシャートやハンス・モムゼンらの「機能主義」的な解釈が支配的となっている。ペーター・ヒュッテンベルガーは，こうした権力構造を「多頭制 Polykratie」と呼び，「特定の条件のもとでたがいに闘争しうる，多数のかなり自律的な支配の担い手」と定義している。Peter Hüttenberger, „Nationalsozialistische Polykratie", in : *Geschichte und Gesellschaft*, 2, 1976, S. 420.

(12)　Peter Hüttenberger, „Interessenvertretung und Lobbyismus im Dritten Reich", in : Gerhard Hirschfeld/Lothar Kettenacker (Hrsg.), *Der „Führerstaat". Mythos und Realität. Studien zur Struktur und Politik des Dritten Reiches*, Stuttgart 1981.

(13)　Klaus Behnken (Hrsg.), *Deutschland-Berichte der sozialdemokratischen Partei Deutschlands (SOPADE) 1934-1940*, 7Bde, Frankfurt/M. 1980.

(14)　Zit. nach : Hildegard von Kotze/Helmut Krausnick (Hrsg.), *»Es spricht der Führer«. 7 exemplarische Hitler-Reden*, Gütersloh 1966, S. 94.

(15) 法務大臣ハンス・フランクが回想録に書いているように,「ナチズムとはすなわち,『何某』が語り,行っていること以外の何ものでもない。その場合,それぞれの代表者が自分のことをいっているのだが,こうした定式が党綱領にとってかわっていた。……この定式に最初は多くの名前が押しこまれた。ヒトラー,ゲーリング,シュトラッサー,レーム,ゲッベルス,ヘス,ローゼンベルク,その他。基本的には指導的人物の数と同じだけのナチズムがあったのである」。Hans Frank, *Im Angesicht des Galgens*, München 1953, S. 184.

(16) Hitler, *Mein Kampf*, S. 370-1 (邦訳,上,480頁).

(17) *Ebd.*, S. 385 (邦訳,上,498頁).

(18) *Ebd.*, S. 493 (邦訳,下,108頁), S. 497 (邦訳,下,113頁).

(19) Timothy W. Mason, "Intention and Explanation. A Current Controversy about the Interpretation of National Socialism", in : Hirschfeld/Kettenacker (Hrsg.), *a. a. O.*, S. 39. またヒトラーの思想における「闘争」概念の位置づけについては,Frank-Lothar Kroll, *Utopie als Ideologie. Geschichtsdenken und politisches Handeln im Dritten Reich*, Paderborn 1998, S. 56-64 (フランク=ロター・クロル,小野清美・原田一美訳『ナチズムの歴史思想―現代政治の理念と実践―』柏書房,2006年,49-54頁) を参照。

(20) Hitler, *Mein Kampf*, S. 673 (邦訳,下,314-5頁).

(21) *Ebd.*, S. 501 (邦訳,下,117頁).

(22) *Ebd.*, S. 497 (邦訳,下,112頁).

(23) *Ebd.*, S. 492 (邦訳,下,107頁).

(24) Carl Schmitt, *Staat, Bewegung, Volk. Die Dreigliederung der politischen Einheit*, Hamburg 1933, S. 42 (カール・シュミット,初宿正典訳「国家・運動・民族―政治的統一体を構成する三要素―」『ナチスとシュミット』木鐸社,1976年,70-1頁).

(25) Hitler, *Mein Kampf*, S. 378 (邦訳,上,489頁).

(26) Reinhard Bollmus, *Das Amt Rosenberg und seine Gegner. Studien zum Machtkampf im nationalsozialistischen Herrschaftssystem*, Stuttgart 1970, S. 245.

(27) Hitler, *Mein Kampf*, S. 384 (邦訳,上,497頁).

(28) Hüttenberger, „Nationalsozialistische Polykratie", S. 431.

(29) 当時の国民世論においても,ヒトラーの人気はきわめて高く,体制内の対立を超越した存在として,批判の対象から除外されていた。『ドイツ通信』は次のように伝えている。「見逃せないのは……多くの者が不平をこぼし,文句をいっていても,あいかわらずアドルフ・ヒトラーの力と誠実な意欲を信じており,彼一人では思いどおりにならないのも仕方がないと考えていることだ」。*Deutschland-Berichte*, Bd. 1, S. 10.

(30) この点についてブロシャートは,「総統の意志」が具体的な命令というよりはむしろ,シンボリックなものにすぎなかったと指摘している。Martin Broszat, „Soziale Motivation und Führer-Bindung des Nationalsozialismus", in : *Vierteljahrshefte für Zeitgeschichte*, 18, 1970, S. 408. 「東方生存圏」の獲得といった目標でさえ,たえざる政治的動員のイデオロギー的メタファーであったという。

(31) Richard Grunberger, *A Social History of the Third Reich*, London 1971, pp. 74-5 (リヒャルト・グルンベルガー,池内光久訳『第三帝国の社会史』彩流社,2000年,68頁). 社会的上昇のモビリティは,1927年から34年まではドイツ全体で12%だった

のにたいし，1934 年から 39 年まではドイツ西部で 29 %，ドイツ東部で 20 %に達した。Karl Martin Boltern, *Sozialer Aufstieg und Abstieg*, Stuttgart 1959, S. 159. また，1933 年から 39 年までの間に，全就業人口に占めるホワイトカラー労働者と官僚の割合は，18 %から 20 %へと上昇したのにたいして，ブルーカラー労働者の割合は，52 %から 51 %へとわずかに減少した。Fritz Croner, *Soziologie der Angestellten*, Köln u. Berlin 1962, S. 196.

(32) *Hitler. Reden und Proklamationen*, S. 702.

(33) Peukert, *Volksgenossen und Gemeinschaftsfremde*, S. 84（邦訳，101 頁）.

(34) Karlheinz Schmeer, *Die Regie des öffentlichen Lebens im Dritten Reich*, München 1956.

(35) *Nürnberg 1933. Eine Sammlung der wichtigen Reden auf dem Parteitag der Nationalsozialistischen Deutschen Arbeiterpartei vom 30. August bis 3. September 1933*, Berlin 1933, S. 13.

(36) *Ebd.*, S. 12.

(37) Reichsorganisationsleiter der NSDAP. (Hrsg.), *Organisationsbuch der NSDAP.*, München 1936, S. 172.

(38) 党大会のプログラムに関しては，1933 年から 38 年までの公式報告を参照。

(39) Zelnhefer, *a. a. O.*, S. 241.

(40) *Nationalsozialistisches Bildungswesen*, Jg. 2（1937）, S. 577.

(41) Peukert, *Volksgenossen und Gemeinschaftsfremde*, S. 41（邦訳，48–9 頁）.

(42) このことは，とくに女性の聴衆にあてはまった。ヘルマン・ラウシュニングは，「演壇から見下ろすと，恍惚として虚ろになり，潤み，かすんだ目をした女性の聴衆に気がつく。彼女たちを見れば，この熱狂の性格についてはもはや疑うべくもなかった」と述べている。Hermann Rauschning, *Gespräche mit Hitler*, Zürich 1940, S. 240（ヘルマン・ラウシュニング，船戸満之訳『ヒトラーとの対話』学芸書林，1972 年，299–300 頁）.

(43) たとえば，芝健介『ヒトラーのニュルンベルク―第三帝国の光と闇―』吉川弘文館，2000 年，140 頁を参照。

(44) Peter Sloterdijk, *Die Verachtung der Massen. Versuch über Kulturkämpfe in der modernen Gesellschaft*, Frankfurt/M. 2000, S. 23（ペーター・スローターダイク，仲正昌樹訳『大衆の侮蔑―現代社会における文化闘争についての試論―』御茶の水書房，2001 年，24 頁）.

(45) もっともシュペーアは，ツェッペリン広場の正面スタンドを設計する際に，貴賓席をあまり重視しなかったと証言している。「なくてはならない貴賓席が邪魔になって，私はこれをできるだけ目立たないように階段施設の中央に配置しようと試みた」。Albert Speer, *Erinnerungen*, Frankfurt/M. u. Berlin 1969, S. 68（アルベルト・シュペーア，品田豊治訳『ナチス狂気の内幕―シュペーアの回想録―』読売新聞社，1970 年，66 頁）.

(46) *Nationalsozialistische Monatshefte*, Heft 51, 1934, S. 510.

(47) *Ebd.*, S. 512.

(48) *Der Kongreß zu Nürnberg vom 5. bis 10. September 1934. Offizieller Bericht über den Verlauf des Reichsparteitages mit sämtlichen Reden*, München 1935, S. 216.

(49) *Der Parteitag der Ehre vom 8. bis 14. September 1936. Offizieller Bericht über den Verlauf des Reichsparteitages mit sämtlichen Kongreßreden*, München 1936, S. 246.
(50) Sloterdijk, *a. a. O.*, S. 22 (邦訳, 22頁).
(51) *Hitler. Reden und Proklamationen*, S. 719.
(52) 党大会の会場には，ツェッペリン広場やルイトポルト競技場のほか，40万人を収容するドイツ・スタジアムや，50万人を収容する三月広場などの施設群が計画されていた。
(53) Zit. nach: Vondung, *a. a. O.*, S. 191 (邦訳, 217頁).
(54) Zit. nach: Speer, *a. a. O.*, S. 72 (邦訳, 70頁).
(55) *Ebd.*, S. 71-2 (邦訳, 70頁).
(56) Detlev J. K. Peukert, *Die Weimarer Republik. Kriesenjahre der Klassischen Moderne*, Frankfurt/M. 1987, S. 163-4 (デートレフ・ポイカート，小野清美・田村栄子・原田一美訳『ワイマル共和国―古典的近代の危機―』名古屋大学出版会，1993年，137頁).
(57) Speer, *a. a. O.*, S. 68 (邦訳, 66頁).
(58) Zit. nach: Vondung, *a. a. O.*, S. 190 (邦訳, 216頁).
(59) *Hitler. Reden und Proklamationen*, S. 453.
(60) Zit. nach : Joseph P. Stern, „„Der teure Kauf". Opferbereitschaft und Erlösungshoffnung. Die Übernahme religiöser Gedanken aus der deutschen Literatur in die nationalsozialistische Propaganda", in : *zeitmitschrift*, Sonderheft 1987, S. 89.
(61) *Nürnberg 1933*, S. 17.
(62) Zit. nach : Vondung, *a. a. O.*, S. 190-1 (邦訳, 217頁).
(63) Klaus Theweleit, *Männerphantasien. Band 1. Frauen, Fluten, Körper, Geschichte*, München 1977, S. 449 (クラウス・テーヴェライト，田村和彦訳『男たちの妄想 I 女・流れ・身体・歴史』法政大学出版局，1999年，638頁). この点に関してテーヴェライトは，「流れは『柱』に，流れる『女性的なもの』はやや硬い『男性的なもの』に変化する」と述べて，ジェンダーの視点から考察を加えているが，ここでは彼の考察のうち，大衆の内的状況と外的形式の関係にかかわる議論に焦点をあてることにする。*Ebd.*, S. 447 (邦訳, 635頁).
(64) *Ebd.*, S. 448 (邦訳, 637頁).
(65) ラウシュニングによれば，ヒトラーは次のように述べて，部下たちの放縦な行動を奨励していた。「われわれの蜂起は市民的道徳とは何の関係もない。われわれの蜂起はわが国民の力の蜂起である。彼らの腰の力の蜂起だといってもいい。私は部下の楽しみを邪魔したりはしない。私は彼らに極度のことを要求する以上，彼らが教会通いの年増女の気に入るようにではなく，好きなように暴れまわる自由も認めてやらねばならない」。Rauschning, *a. a. O.*, S. 94-5 (邦訳, 115頁).
(66) それどころか，大会の演出を担当したシュペーアの目には，党員の多くはその身体的特徴からして規律を望むべくもないものと映っていた。「毎年ツェッペリン広場で，党の中級・下級幹部の団体，いわゆる党務担当者のための催しが行われた。……彼らの大部分は，わずかな役得をくいものに見事な太鼓腹をつきだしていて，彼らに一糸乱れぬ隊列を要求しても，まったく無理であった。党大会の組織本部でこの窮状が問題になったとき，ヒトラーが皮肉るように口をはさんだ。『彼らには暗闇のなかを行

進させよう』。これが私には天の声だった」。Speer, *a. a. O.*, S. 71（邦訳，69 頁）.

(67) Zit. nach : Vondung, *a. a. O.*, S. 190（邦訳，216 頁）.

(68) *Der Parteitag Großdeutschland vom 5. bis 12. September 1938. Offizieller Bericht über den Verlauf des Reichsparteitages mit sämtlichen Kongreßreden*, München 1938, S. 174.

(69) *Der Parteitag der Arbeit vom 6. bis 13. September 1937. Offizieller Bericht über den Verlauf des Reichsparteitages mit sämtlichen Kongreßreden*, München 1938, S. 11.

(70) *Der Parteitag der Ehre,* S. 290.

(71) *Der Parteitag Großdeutschland*, S. 174.

(72) *Ebd*., S. 175-7.

(73) *Nationalsozialistische Monatshefte*, Heft 51, 1934, S. 512.

(74) *Organisationsbuch der NSDAP*., S. 296, S. 300.

(75) *Ebd*., S. 192.

(76) 帝国宣伝指導部，中央教育局，突撃隊指導部，帝国青年指導部，歓喜力行団などの協力により作成された集会の指針として，Gunther H. Dohlhoff/Walter Schneefuß (Hrsg.), *Handbuch der Gemeinschaftspflege*, München 1938 を参照。

(77) *Völkischer Beobachter*, 4. März 1937. もっともこの論説は，党大会を模倣した集会が各地でくり返されることの弊害を説き，いくつかの重要な祝典に精力を注ぐべきだと主張している。

(78) Speer, *a. a. O.*, S. 157（邦訳，159 頁）.

(79) Joachim Petsch, *Kunst im Dritten Reich. Architektur — Plastik — Malerei — Alltagsästhetik*, Köln 1994, S. 23-4.

(80) 第三帝国下の世論動向に関する史料としては，亡命社会民主党の『ドイツ通信』と親衛隊保安部の『帝国からの報告』がある。ただ後者には 1938 年以降の報告しか収録されていないので，ここでは主として前者をもちいることにする。Heinz Boberach (Hrsg.), *Meldungen aus dem Reich 1938-1945. Die geheimen Lageberichte des Sicherheitsdienstes der SS*, 17Bde, Herrsching 1984.

(81) Zit. nach : Joachim C. Fest, *Hitler. Eine Biographie*, Frankfurt/M. 1973, S.1114（ヨアヒム・C・フェスト，赤羽龍夫・関楠生・永井清彦・佐瀬昌盛訳『ヒトラー』河出書房新社，1975 年，下，491 頁）.

(82) Bundesarchiv Berlin, NS 22/193. 同様の報告は，多くの大管区から寄せられている。

(83) Walter Kempowski, *Haben Sie Hitler gesehen? Deutsche Antworten*, München 1973, S. 30（ヴァルター・ケンポウスキ，到津十三男訳『君はヒトラーを見たか』サイマル出版会，1973 年，42 頁）.

(84) 大会組織関係者の報告によれば，「すでに一度党大会に参加したことがある多くの古参の党同志や真の政治指導者，とくに年輩の者たちは，劣悪な宿泊環境で比較的長期にわたって辛労を強要されることに耐えられないと感じて，再び参加しようとしなかった」。Bundesarchiv Berlin, NS 22/159.

(85) Inge Scholl, *Die weiße Rose*, Frankfurt/M. 1953, S. 17-9（インゲ・ショル，内垣啓一訳『白バラは散らず』未来社，1964 年，14-5 頁）. もっともこれは姉の戦後の回想であるため，証言の信憑性には疑問が残る。

(86) *Deutschland-Berichte*, Bd. 3, S. 1109-10.

(87) *Ebd.*, Bd. 4, S. 1224-5.
(88) Zelnhefer, *a. a. O.*, S. 130.
(89) *Deutschland-Berichte*, Bd. 2, S. 1019.
(90) Zit. nach : Zelnhefer, *a. a. O.*, S. 232.
(91) Gerhard Stahr, *Volksgemeinschaft vor der Leinwand? Der nationalsozialistische Film und sein Publikum*, Berlin 2001, S. 106-7.
(92) *Deutschland-Berichte*, Bd. 2, S. 714.
(93) *Ebd.*, Bd. 2, S. 1019.
(94) *Ebd.*, Bd. 3, S. 1110.
(95) *Ebd.*, Bd. 3, S. 1111.
(96) *Ebd.*, Bd. 4, S. 1226.
(97) *Ebd.*, Bd. 4, S. 1225.
(98) ある論説はこの点を次のように説明している。「これらの催し，力強いアピールや行進，集会や実演とならんで，喜びと楽しさにも相応の権利を認めようという考えから，最初の民衆の祭典が生まれた」。*Bauen, Siedeln, Wohnen*, Nr. 19, 1938.
(99) Zelnhefer, *a. a. O.*, S. 203-4.
(100) Reichsamtsleitung Kraft durch Freude (Hrsg.), *Unter dem Sonnenrad. Ein Buch von Kraft durch Freude*, Berlin 1938, S. 41.
(101) Dieter Rossmeissl, *„Ganz Deutschland wird zum Führer halten...“. Zur politischen Erziehung in den Schulen des Dritten Reiches*, Frankfurt/M. 1985, S. 148-9.
(102) 歓喜力行団市は，1936年のオリンピック開催中にベルリンで最初に建設され，翌年の党大会にあわせてニュルンベルクに規模を拡大して移築された。党の機関紙はこれを「生の喜びの世界都市」と呼んでいる。*Der Angriff*, 9. September 1937.
(103) Zelnhefer, *a. a. O.*, S. 205.
(104) *Die KDF-Stadt*, 9. Tag, 12. September 1938, in : Bundesarchiv Berlin, NS 26/460.
(105) Zelnhefer, *a. a. O.*, S. 130.
(106) *Das Kraft durch Freude - Volksfest des Reichsparteitages 1936 im Stadion*, in : Bundesarchiv Berlin, NS 22/1151.
(107) *Die KDF-Stadt*, 9. Tag, 12. September 1938.
(108) Zit. nach : Zelnhefer, *a. a. O.*, S. 204.
(109) *Ebd.*, S. 260-5. 売春宿に殺到する党員や隊員について，警察当局は次のように報告している。「約120人の売春婦が個々の家で集団生活するこの通りは，党大会の期間中，あいかわらず多くの党大会訪問者の目的地である。とくに注目されるのは，党大会で最も大きな自由を享受している政治指導者が……親衛隊の哨兵による明白な封鎖にもかかわらず，昼夜を問わず何度もこの通りに侵入しようとしていることである」。Zit. nach : *Ebd.*, S. 260. また宿営地でも，女性の出入りが問題になっていた。Bundesarchiv Berlin, NS 22/159.
(110) とくに評判が悪かったのは，政治指導者の下品で傍若無人なふるまいであった。「ニュルンベルクの路上で周知の50ペニヒの折り畳み椅子をたずさえた制服姿を目にしたら，それは政治指導者であった。どこかで制服姿が無遠慮に市電にのりこもうとしていたら，それもまた政治指導者であった。どこかのソーセージ屋で制服姿が古ドイツ風のソーセージを食べていたら，これも同じく政治指導者であった。太い葉巻をく

わえてズボンのポケットに手を入れた制服姿を見かけたら，これも残念ながら政治指導者であった」。Bundesarchiv Berlin, NS 22/193. 集会の会場でも，政治指導者が立ち去った後には，大量の瓶や缶，煙草の箱などのゴミが散らかっていたという。*Ebd*.

(111) この矛盾はとくに，ある郷土詩人の著作をめぐる騒動に示されている。パウザーラのペンネームで党大会の顚末を描いたこの著作は，当初『ニュルンベルク党大会のクノール』と題して，ある党務担当者が大会を楽しむ様子をユーモアたっぷりに描いていたが，党の批判を受けて変更が加えられ，主人公が党務担当者でなくなるとともに，題名も『古き良きニュルンベルクの祝祭』にあらためられたのだった。Zelnhefer, *a. a. O.*, S. 257-9.

(112) *Ebd.*, S. 175-8.

(113) Mosse, *a. a. O.*, p. 203（邦訳，213 頁）.

(114) ゲッベルスによれば，ナチズムとは生を肯定し，国民に楽観主義と生きる喜びをもたらすものにほかならなかった。「それゆえわれわれは民衆を劇場に導き，晴れの機会に晴れ着を着る可能性を労働者に与え，歓喜力行団をつくったのである。……実直で健全な民衆は，つねにあらたな意識的な生の肯定を通じて，苛酷な生存競争への力を得る必要があるのだ」。Joseph Goebbels, *Wetterleuchten. Aufsätze aus der Kampfzeit*, München 1939, S. 384-5.

(115) *Organisationsbuch der NSDAP*., S. 192.

(116) 『ドイツ通信』の 1936 年の報告は，次のように指摘している。「歓喜力行団の催しの人気は，非常に大きなものとなっている。……民族同胞の大部分は，歓喜力行団をナチズムの本当にすばらしい成果として評価している」。*Deutschland-Berichte*, Bd. 3, S. 881.

(117) Otto Marrenbach (Hrsg.), *Fundamente des Sieges. Die Gesamtarbeit der Deutschen Arbeitsfront von 1933 bis 1940*, Berlin 1940, S. 335 ; Wolfhard Buchholz, *Die nationalsozialistische Gemeinschaft „Kraft durch Freude". Freizeitgestaltung und Arbeiterschaft im Dritten Reich*, München 1976, S. 273.

(118) *Der Parteitag der Ehre*, S. 258.

(119) *Kulturdienst der N. S. Kulturgemeinde*, Nr. 68, 1938, in : Bundesarchiv Berlin, NS 5/VI/19284.

(120) 祭典の会場を清潔で美しいものとするため，ハーケンクロイツの旗をごてごてと飾りつけるようなことも控えるべきとされた。「民衆の祭典には露店の会場も欠かせない。……露店の会場は従来のものよりも美しく，とりわけ模範的に清潔でなければならない。個々の露店は，プラカートで飾り立てた大きな箱のようなものであってはならない。きわめて原始的な状態であることの多い小さなテントは，われわれの旗を飾っても良くはならない。こういうことは，きっぱりやめなければならない。祭典会場の入口にわれわれの旗を飾っておけば，それで十分である」。*Ebd*.

(121) *Deutschland-Berichte*, Bd. 2, S. 846.

(122) *Ebd.*, Bd. 2, S. 1461. もっとも，歓喜力行団の催しにたいする不満は，その後もくすぶりつづけた。戦時中の宣伝省の報告によれば，「歓喜力行団の催しの入場料は，労働者層の間で批判されている。労働者がいうには，歓喜力行団はわれわれの金で組織されているにもかかわらず，法外な料金を徴収しており，そのことがまた，参加者の等級化を強めている」。Bundesarchiv Berlin, NS 18/948.

(123) *Deutschland-Berichte*, Bd. 2, S. 848.
(124) Buchholz, *a. a. O.*, S. 393.
(125) *Deutschland-Berichte*, Bd. 4, S. 1226.
(126) Zelnhefer, *a. a. O.*, S. 130-1.
(127) *Der Angriff*, 8. September 1938.
(128) *Ebd*.
(129) Michael Voges, „Klassenkampf in der Betriebsgemeinschaft", in: *Archiv für Sozialgeschichte*, 21, 1981, S. 362.
(130) Melita Maschmann, *Fazit. Mein Weg in der Hitler-Jugend*, Stuttgart 1963, S. 35.
(131) Clifford Geertz, *Local Knowledge. Further Essays in Interpretive Anthropology*, New York 1983, p. 143（クリフォード・ギアツ，梶原景昭・小泉潤二・山下晋司・山下淑美訳『ローカル・ノレッジ―解釈人類学論集―』岩波書店，1991年，241頁).
(132) *Ebd.*, pp. 122-3（邦訳，214頁).
(133) Kempowski, *a. a. O.*, S. 34（邦訳，48-9頁).

第3章　近代の古典美

(1) *Die Weltkunst*, 10. Juni 1934.
(2) 文化政策におけるゲッベルスの基本路線を「ナショナルな近代」と呼んでいるのは，ペーター・ライヒェルである。Peter Reichel, *Der schöne Schein des Dritten Reiches. Faszination und Gewalt des Faschismus*, Frankfurt/M. 1991, S. 92. ライヒェル自身はこの概念を明確に定義していないが，ローゼンベルクの基本路線を「フェルキッシュな反近代」と呼び，両者を対概念としてもちいていることから考えれば，「ナショナルな近代」とは次のような意味で理解することができるだろう。すなわち，それはゲルマン的な過去や神話ではなく，技術的進歩や産業的発展を志向する点で「近代的」であると同時に，個人主義や自由主義を否定し，民族や国家への奉仕をもとめる点で「ナショナル」な性格をもつものである。フランク＝ロター・クロルもまた，ゲッベルスがナチズムの本質を革新的な「近代性」に見いだすとともに，民族を基盤とした全体主義的秩序をめざすという意味で，ナチズム＝国民社会主義を「ナショナルな社会主義」として理解していたと指摘している。Frank-Lothar Kroll, *Utopie als Ideologie. Geschichtsdenken und politisches Handeln im Dritten Reich*, Paderborn 1998, S. 292-3（フランク＝ロター・クロル，小野清美・原田一美訳『ナチズムの歴史思想―現代政治の理念と実践―』柏書房，2006年，233頁).
(3) Helmut Heiber (Hrsg.), *Goebbels Reden 1932-1945*, Bd. 1, Düsseldorf 1971, S. 137.
(4) Thomas Mann, „Deutschland und die Deutschen", in: ders., *Essays*, Bd. 2, Frankfurt/M. 1977, S. 294（トーマス・マン，青木順三訳『ドイツとドイツ人』岩波書店，1990年，32頁); Karl Dietrich Bracher, *Die deutsche Diktatur. Entstehung, Struktur, Folgen des Nationalsozialismus*, Köln 1993, S. 708（カール・D・ブラッハー，山口定・高橋進訳『ドイツの独裁』岩波書店，1975年，921頁).
(5) Jeffrey Herf, *Reactionary Modernism. Technology, Culture, and Politics in Weimar and the Third Reich*, Cambridge 1984（ジェフリー・ハーフ，中村幹雄・谷口健治・

姫岡とし子訳『保守革命とモダニズム―ワイマール・第三帝国のテクノロジー・文化・政治―』岩波書店，1991年）.

（6） *Goebbels Reden*, Bd. 1, S. 139.

（7） Ralf Dahrendorf, *Gesellschaft und Demokratie in Deutschland*, München 1965 ; David Schoenbaum, *Hitler's Social Revolution. Class and Status in Nazi Germany 1933-1939*, New York 1966（デイヴィッド・シェーンボウム，大島通義・大島かおり訳『ヒットラーの社会革命―1933～39年のナチ・ドイツにおける階級とステイタス―』而立書房，1978年）.

（8） Michael Prinz/Rainer Zitelmann (Hrsg.), *Nationalsozialismus und Modernisierung*, Darmstadt 1991 ; Rainer Zitelmann, *Hitler. Selbstverständnis eines Revolutionärs*, Stuttgart 1987.

（9） Detlev J. K. Peukert, *Max Webers Diagnose der Moderne*, Göttingen 1989, S. 65（デートレフ・ポイカート，雀部幸隆・小野清美訳『ウェーバー 近代への診断』名古屋大学出版会，1994年，124頁）.

（10） *Ebd.*, S. 82（邦訳，160頁）.

（11） もっとも，ポイカート自身はナチズムを「古典的近代に逆らって危機をのり超えようとする試み」と規定しており，ニューディールに代表される「古典的近代のなかで危機をのり超えようとする試み」とは区別している。*Ebd.*, S. 66（邦訳，125頁）. 本章は，こうした比較的単純な二分法を修正して，ナチズムの近代的性格を解明しようとするものである。

（12） Max Domarus (Hrsg.), *Hitler. Reden und Proklamationen 1932-1945. Kommentiert von einem deutschen Zeitgenossen*, München 1973, S. 232.

（13） 亡命社会民主党の世情報告は，文化領域において「強制的同質化は単なるうわべだけの出来事」にすぎず，そのことは適切な人材や財政的基盤の不足ばかりでなく，「ナチ陣営内の様々な対立にも起因している」と指摘している。Klaus Behnken (Hrsg.), *Deutschland-Berichte der sozialdemokratischen Partei Deutschlands (SOPADE) 1934-1940*, Bd. 2, Frankfurt/M. 1980, S. 710. 親衛隊保安部の報告も，「文化組織のさらなる拡大にもかかわらず，統一的な計画が欠如している」ことを認めている。Heinz Boberach (Hrsg.), *Meldungen aus dem Reich 1938-1945. Die geheimen Lageberichte des Sicherheitsdienstes der SS*, Bd. 2, Herrsching 1984, S. 80.

（14） Norbert Frei, *Der Führerstaat. Nationalsozialistische Herrschaft 1933 bis 1945*, München 1987, S. 109-10（ノルベルト・フライ，芝健介訳『総統国家―ナチスの支配 1933-1945年―』岩波書店，1994年，146-7頁）.

（15） Reichel, *a. a. O.*, S. 92.

（16） Reinhard Bollmus, *Das Amt Rosenberg und seine Gegner. Studien zum Machtkampf im nationalsozialistischen Herrschaftssystem*, Stuttgart 1970 ; Klaus Backes, *Hitler und die bildenden Künste. Kulturverständnis und Kunstpolitik im Dritten Reich*, Köln 1988 ; Reichel, *a. a. O.* このうち，主としてライヒェルの研究を参照した。

（17） フェルキッシュの思想と運動については，ジョージ・L・モッセの研究を参照。George L. Mosse, *The Crisis of German Ideology. Intellectual Origins of the Third Reich*, New York 1981（ジョージ・L・モッセ，植村和秀・大川清丈・城達也・野村耕一訳『フェルキッシュ革命―ドイツ民族主義から反ユダヤ主義へ―』柏書房，1998

年). また最近の研究として，ウーヴェ・プシュナーの研究も参照。Uwe Puschner, *Die völkische Bewegung im wilhelminischen Kaiserreich. Sprache — Rasse — Religion*, Darmstadt 2001. プシュナーによれば，フェルキッシュ運動とナチズムは緊張をはらんだ関係にあり，とくにヒトラーはフェルキッシュ運動と一線を画し，権力掌握後もこれを抑圧したという。*Ebd.*, S. 9–10.

(18) Zit. nach : Backes, *a. a. O.*, S. 60.

(19) ヒトラーは『二〇世紀の神話』を「物事をおそろしく複雑に考える額の狭いバルト人」が書いた「誰にもわからない代物」と呼び，その内容を「中世的観念への後退」であるとこき下ろしている。Albert Speer, *Erinnerungen*, Frankfurt/M. u. Berlin 1969, S. 110（アルベルト・シュペーア，品田豊治訳『ナチス狂気の内幕—シュペーアの回想録—』読売新聞社，1970 年，110 頁). 戦時中の『卓上語録』でも，彼はローゼンベルクのもとめる「神話」ではなく，「科学」を要求している。「ナチ党員として，われわれは 19 世紀の神話に 20 世紀の信念と知識を対置するのだといわねばならない」。Henry Picker, *Hitlers Tischgespräche im Führerhauptquartier*, Berlin 1993, S. 300.

(20) 帝国文化院への入会は，文化生産にたずさわるすべての人々に義務づけられた。1933 年 9 月に設立された帝国文化院は，すでに 1935 年の時点で 10 万人のメンバーを擁し，その一部会である帝国造形芸術院だけで，1937 年に 4 万 5000 人のメンバーを擁した。Backes, *a. a. O.*, S. 58.

(21) ゲッベルスは自宅にノルデの絵を飾るほど表現主義芸術を愛好していたし，ある講演ではエイゼンシュテインの『戦艦ポチョムキン』を絶賛して，前衛芸術への寛容な姿勢をアピールしていた。

(22) *Goebbels Reden*, Bd. 1, S. 139.

(23) *Mitteilungen der Reichs=Rundfunk=G.m.b.H. Berlin*, 29. August 1936, Nr. 501, Bl. 4.

(24) Gerhard Voigt, „Goebbels als Markentechniker“, in : Wolfgang F. Haug (Hrsg.), *Warenästhetik. Beiträge zur Diskussion, Weiterentwicklung und Vermittlung ihrer Kritik*, Frankfurt/M. 1975.

(25) ゲッベルスは，画家のオットー・アンドレアス・シュライバー，宣伝省のハンス・ヴァイデマンらとともに，ローゼンベルクに反対する論陣を張り，ノルデやバルラッハへの迫害を「ドイツ文化にたいする犯罪」として攻撃するとともに，「青年はドイツ文化のために闘う」というスローガンを掲げて，ドイツ学生組合に集会を行わせた。シュライバーらを中心に，ナチ党に近い前衛芸術家たちも「北方人」というグループを結成し，「30 人のドイツ人芸術家」という展覧会を開催したり，機関紙『国民の芸術』を発行したりするなど，1934 年半ばまでは積極的に活動していた。Reichel, *a. a. O.*, S. 90–2.

(26) *Der Kongreß zu Nürnberg vom 5. bis 10. September 1934. Offizieller Bericht über den Verlauf des Reichsparteitages mit sämtlichen Reden*, München 1935, S. 102–3.

(27) 歓喜力行団に関しては，ヴォルフハルト・ブッフホルツの研究を参照。Wolfhard Buchholz, *Die nationalsozialistische Gemeinschaft „Kraft durch Freude“. Freizeitgestaltung und Arbeiterschaft im Dritten Reich*, München 1976. またこの組織をめぐる権力闘争の経緯については，ブッフホルツのほか，ボルムスの叙述も参照。*Ebd.*, S. 255–7 ; Bollmus, *a. a. O.*, S. 61–75.

(28) *Ebd.*, S. 61, S. 65.「工場展覧会」についての詳細は，シュライバーが執筆した次のパ

ンフレットを参照。NS-Gemeinschaft „Kraft durch Freude“ Amt Feierabend, *Der Arbeiter und die bildende Kunst. System und Aufgabe der Kunstausstellung in den Betrieben (Werkausstellungen, Fabrikausstellungen)*, Berlin 1938.

(29) 地位を追われたのは，帝国音楽院総裁リヒャルト・シュトラウスと副総裁ヴィルヘルム・フルトヴェングラー，帝国著作院総裁ハンス・フリードリヒ・ブルンク，帝国映画院総裁フリッツ・ショイヤーマン，帝国造形芸術院総裁オイゲン・ヘーニヒなどであり，とくに芸術院総裁の後釜には，ローゼンベルク周辺の急進グループに属していたアドルフ・ツィーグラーが座った。Reichel, *a. a. O.*, S. 96.

(30) Buchholz, *a. a. O.*, S. 255-7. 1937年6月，ライとローゼンベルクは，歓喜力行団とナチ文化共同体を統合し，「あらゆる民族同胞を掌握して文化財を享受させるとともに，ナチ的世界観にもとづく文化的教育活動を保証する唯一の組織を設立すること」で合意した。Bundesarchiv Berlin, NS 15/155.

(31) 1938年以降，歓喜力行団を帝国文化院に「8番目の部会」として編入する計画がもち上がったが，ローゼンベルクの反対により，計画は実を結ばなかった。Bollmus, *a. a. O.*, S. 108-9. 1941年に盛んに議論されたこの計画の詳細については，Bundesarchiv Berlin, NS 18/530を参照。

(32) Backes, *a. a. O.*, S. 67.

(33) ゲッベルスの政策転換の理由については，Reichel, *a. a. O.*, S. 98-100を参照。

(34) *Die Kunst im Dritten Reich*, Jg. 1 (1937), Folge 7, S. 50.

(35) *Ebd.*, S. 58.

(36) *Ebd.*, S. 50.

(37) *Ebd.*, S. 54.

(38) *Ebd.*, S. 58.

(39) *Ebd.*, S. 60.

(40) Kurt Lothar Tank, *Deutsche Plastik unserer Zeit*, München 1942, S. 5.

(41) Klaus Wolbert, *Die Nackten und die Toten des Dritten Reiches. Folgen einer politischen Geschichte des Körpers in der Plastik des deutschen Faschismus*, Gießen 1982.

(42) *Ebd.*, S. 84.

(43) Alfred Rosenberg, *Der Mythus des 20. Jahrhunderts*, München 1939, S. 278.

(44) *Ebd.*, S. 443.

(45) *Ebd.*, S. 320.

(46) *Ebd.*, S. 293.

(47) Wolbert, *a. a. O.*, S. 98-9.

(48) Zit. nach : *Ebd.*, S. 98.

(49) Arthur Moeller van den Bruck, *Der preußische Stil*, München 1916.

(50) Adolf Hitler, *Mein Kampf*, 47. Aufl., München 1939, S. 453（アドルフ・ヒトラー，平野一郎・将積茂訳『わが闘争』角川書店，1973年，下，62頁）.

(51) Speer, *Erinnerungen*, S. 110（邦訳，110頁）.

(52) ヒトラーの歴史像を分析したクロルの研究も，このことを確認している。彼によれば，ヒトラーは「勇敢さ」や「闘争心」といったゲルマン的な美徳を評価することはあっても，ゲルマンの世界そのものにはほとんど共感を示さず，これを理想化するヒムラー，ダレー，ローゼンベルクらのフェルキッシュ・イデオロギーともはっきり距離を

置いていたという。Kroll, *a. a. O.*, S. 72-5（邦訳，60-3頁）.
(53) Hitler, *Mein Kampf*, S. 318（邦訳，上，413頁）.
(54) Kroll, *a. a. O.*, S. 73（邦訳，61頁）. ただし，ギリシアが人種政策的な観点から評価されたのにたいし，ローマはもっぱら世界帝国の理想像として賛美された。*Ebd.*, S. 76（邦訳，63頁）.
(55) *Die Kunst im Dritten Reich*, Jg. 1 (1937), Folge 7, S. 58.
(56) シュペーアによれば，ゲルマン崇拝を復活させようとするヒムラーの試みを，ヒトラーは次のように批判していた。「そんなことをしても，ギリシアやローマがすでに最高の文化段階にあった頃，われわれはまだ石斧を投げ，露天の炉のまわりでうずくまっていたことを証明するだけだ。そもそもどう考えても，われわれはこうした過去については黙っているほうがいいのだ」。Speer, *Erinnerungen*, S. 108（邦訳，108頁）. まさにこうした理由から，ヒトラーはフェルキッシュ運動にも批判的だった。彼によれば，「二千年の歴史の経験と成果を抹殺し，熊の毛皮のようなものを着てあらたに民族移動をはじめるときにのみ，国民は幸福になれると信じているフェルキッシュ・イデオローグのグループ」は，「新体制の敵」にほかならなかった。*Hitler. Reden und Proklamationen*, S. 354.
(57) Picker, *a. a. O.*, S. 610.
(58) *Ebd.*, S. 159.
(59) *Ebd.*, S. 116.
(60) *Nürnberg 1933. Eine Sammlung der wichtigen Reden auf dem Parteitag der Nationalsozialistischen Deutschen Arbeiterpartei vom 30. August bis 3. September 1933,* Berlin 1933, S. 23.
(61) *Der Kongreß zu Nürnberg 1934*, S. 99.
(62) これはヴィンケルマンによるギリシア美の定義である。George L. Mosse, *The Nationalization of the Masses. Political Symbolism and Mass Movements in Germany from the Napoleonic Wars through the Third Reich*, New York 1975, p. 25（ジョージ・L・モッセ，佐藤卓己・佐藤八寿子訳『大衆の国民化―ナチズムに至る政治シンボルと大衆文化―』柏書房，1994年，34頁）.
(63) *Die Kunst im Deutschen Reich*, Jg. 8 (1944), Folge 3, S. 52.
(64) Mosse, *The Nationalization of the Masses*, p. 184（邦訳，192頁）.
(65) Adelbert Reif (Hrsg.), *Albert Speer. Technik und Macht,* Eßlingen 1979, S. 25.
(66) Hans Weigert, *Die Geschichte der deutschen Kunst von der Vorzeit bis zur Gegenwart*, Berlin 1942, S. 459.
(67) Tank, *a. a. O.*, S. 113.
(68) たとえば，ラインホルト・ベガスによって1890年にベルリンに建てられた皇帝ヴィルヘルム一世の国民的記念碑は，古典主義様式とバロックの要素を結合したものだったが，同時代の人々に酷評されただけでなく，ナチの批評家によっても攻撃された。Wolbert, *a. a. O.*, S. 84-5.
(69) Speer, *Erinnerungen*, S. 55（邦訳，52頁）.
(70) Reif (Hrsg.), *a. a. O.*, S. 24, S. 28.
(71) *Ebd.*, S. 38.
(72) Zitelmann, *a. a. O.*, S. 360.

(73) *Hitler. Reden und Proklamationen*, S. 502.

(74) *Ebd.*, S. 373. クロルによれば，ヒトラーはシュペングラーの歴史観から影響を受けつつも，その没落のヴィジョンにたいしては批判的な立場をとっており，現代を文明の末期と見るペシミズムよりも，新時代を切り拓くという自意識のほうが強かった。さらにまた，ヒムラーやゲッベルスも新時代のはじまりを宣言し，成長や進歩を重んじるポジティブな未来像を抱いており，その点では，ナチズムは文化ペシミズムの伝統と断絶していたという。Kroll, *a. a. O.*, S. 86（邦訳，330 頁）.

(75) *Die Kunst im Dritten Reich*, Jg. 1 (1937), Folge 7, S. 60.

(76) *Ebd.*, Jg. 2 (1938), Folge 8, S. 232.

(77) Kroll, *a. a. O.*, S. 92（邦訳，328 頁）. その意味で，ヒトラーは本質的にヴィルヘルム時代の人間であり，「古き良き 19 世紀の実証主義者」だったといえよう。MacGregor Knox, "Conquest, Foreign and Domestic, in Fascist Italy and Nazi Germany", in: *Journal of Modern History*, 56, p. 11.

(78) *Die Kunst im Dritten Reich*, Jg. 3 (1939), Folge 8, S. 260.

(79) Wolbert, *a. a. O.*, S. 60.

(80) Zit. nach: *Ebd.*, S. 119.

(81) この点について，ヒトラーは次のように述べている。「今世紀になってはじめて，青年はスポーツによって再びヘレニズムの理想に近づいている。これまで何世紀にもわたって，いかに肉体が蔑視されてきたことか。だがこの点で，われわれの時代は古代以降のどの文化時代とも異なる」。Speer, *Erinnerungen*, S. 110（邦訳，110 頁）.

(82) Leni Riefenstahl, *Memoiren. 1902–1945*, Frankfurt/M. u. Berlin 1990, S. 239（レニ・リーフェンシュタール，椛島則子訳『回想―二〇世紀最大のメモワール―』文藝春秋社，1995 年，上，363 頁）.

(83) *Die Kunst im Dritten Reich*, Jg. 1 (1937), Folge 7, S. 60.

(84) ブレカーは，当初自分に浴びせられた批判を回顧して，次のように述べている。「ラジオと新聞は一致して，私が古典古代をコピーしたと酷評した」。Arno Breker, *Im Strahlungsfeld der Ereignisse 1925–1965. Leben und Wirken eines Künstlers. Porträts, Begegnungen, Schicksale*, Preußisch Oldendorf 1972, S. 90.

(85) *Kunst und Volk*, Jg. 5 (1937), Heft 7, S. 192.

(86) *Ebd.*, Jg. 5 (1937), Heft 8, S. 267.

(87) Tank, *a. a. O.*, S. 12.

(88) Hildegard Brenner, *Die Kunstpolitik des Nationalsozialismus*, Reinbek bei Hamburg 1963, S. 112–3.

(89) Berthold Hinz, *Die Malerei im deutschen Faschismus. Kunst und Konterrevolution*, München 1974, S. 118.

(90) シュペーアによれば，ヒトラーはとくにグリュッツナー，マカールト，シュピッツヴェーク，ライブル，トーマの作品を高く評価していたという。Speer, *Erinnerungen*, S. 56–7（邦訳，53–4 頁）.

(91) *Die Kunst im Dritten Reich*, Jg. 3 (1939), Folge 8, S. 260. ブレカーの作品はフランスでも高い評価を受け，ジャン・コクトーらによって絶賛された。

(92) トーラクは 1920 年代にはベルリン分離派に属し，近代的な彫刻理論にしたがった作品を制作していたし，ブレカーは当時パリでアリスティド・マイヨールに師事し，近

代彫刻の継承をめざしていた。

(93) Peter Adam, *Kunst im Dritten Reich*, Hamburg 1992, S. 180.「非ドイツ的」とされたのは，ルドルフ・ベリンク，エルンスト・バルラッハ，ヴィルヘルム・レームブルックなど，比較的少数の彫刻家にとどまった。またフランスの彫刻家でも，ロダンは非難されたが，マイヨールは賞賛された。

(94) Mosse, *The Nationalization of the Masses*, pp. 47-72 (邦訳，57-84頁).

(95) Wolbert, *a. a. O.*, S. 70, S. 71.

(96) *Die Kunst im Deutschen Reich*, Jg. 5 (1941), Folge 4, S. 100. こうした様式の硬直化にともない，木や花崗岩にかえて，大理石やブロンズが素材にもちいられるようになった。Weigert, *a. a. O.*, S. 100-4.

(97) Tank, *a. a. O.*, S. 35. 「官能性なき裸体」という観点を強調しているのは，モッセである。George L. Mosse, *Nationalism and Sexuality. Respectability and Abnormal Sexuality in Modern Europe*, New York 1985, p. 172 (ジョージ・L・モッセ，佐藤卓己・佐藤八寿子訳『ナショナリズムとセクシュアリティ―市民道徳とナチズム―』柏書房，1996年，212頁).

(98) *Die Kunst im Dritten Reich*, Jg. 2 (1938), Folge 10, S. 321.

(99) *Nationalsozialistische Monatshefte*, Heft 114, 1939, S. 831.

(100) Adam, *a. a. O.*, S. 175.

(101) Weigert, *a. a. O.*, S. 506.

(102) *Die Kunst im Deutschen Reich*, Jg. 7 (1943), Folge 7/8, S. 157.

(103) Wolbert, *a. a. O.*, S. 58.

(104) *Die Kunst im Deutschen Reich*, Jg. 7 (1943), Folge 7/8, S. 157.

(105) *Nationalsozialistische Monatshefte*, Heft 114, 1939, S. 831.

(106) *Die Kunst im Dritten Reich*, Jg. 1 (1937), Folge 7, S. 50.

(107) Hitler, *Mein Kampf*, S. 290 (邦訳，上，377頁).

(108) *Hitler. Reden und Proklamationen*, S. 527.

(109) Speer, *Erinnerungen*, S. 69 (邦訳，67頁).

(110) *Die Reden Hitlers am Parteitag der Freiheit 1935*, München 1935, S. 42.

(111) *Der Parteitag der Arbeit vom 6. bis 13. September 1937. Offizieller Bericht über den Verlauf des Reichsparteitages mit sämtlichen Kongreßreden*, München 1938, S. 78.

(112) 1939年の大ドイツ芸術展でも，ヒトラーは「帝国が発展したように，いまやその芸術も発展する。建築の記念碑は今日，文化政策の分野でも示されている新しいドイツの力の巨大な証人である」と述べている。*Die Kunst im Dritten Reich*, Jg. 3 (1939), Folge 8, S. 242. だが建設労働者たちの前では，彼はややちがう説明もしていた。「なぜつねに最大でなければならないのか。それは一人一人のドイツ人に自尊心を取りもどしてやるためである。あらゆる領域にわたって，一人一人にこういうためである。われわれは劣っていない。それどころか，他のどの民族にも絶対に負けていないのだと」。Speer, *Erinnerungen*, S. 82 (邦訳，81頁).

(113) Zit. nach : Wolbert, *a. a. O.*, S. 88.

(114) *Die Kunst im Dritten Reich*, Jg. 1 (1937), Folge 7, S. 50.

(115) *Ebd.*, S. 50, S. 58.

(116) *Ebd.*, S. 52.

(117) *Goebbels Reden*, Bd. 2, S. 261.
(118) *Die Reden Hitlers am Parteitag der Freiheit 1935*, S. 38, S. 40.
(119) *Ebd.*, S. 39.
(120) Speer, *Erinnerungen*, S. 55（邦訳，52 頁）.
(121) *Ebd.*, S. 75（邦訳，74 頁）.
(122) シュペーアによれば，ヒトラーはベーレンスの設計したペテルスブルクの大使館を高く評価しており，彼にいくつかの建築を依頼した。*Ebd.*, S. 159（邦訳，162 頁）. ボナーツは当初，トローストの建築を批判したために仕事を干されていたが，シュペーアの口利きで寵を取りもどし，アウトバーンの橋梁建築などで活躍した。*Ebd.*, S. 94（邦訳，92 頁）. これにたいして，パウル・シュルツェ＝ナウムブルクのようなフェルキッシュな建築家は，まったく評価されなかった。*Ebd.*, S. 77（邦訳，76 頁）.
(123) *Ebd.*, S. 94（邦訳，92-3 頁）.
(124) Barbara Miller Lane, *Architecture and Politics in Germany 1918-1945*, Cambridge 1968, pp. 190-3. ディーター・バルテツコもまた，トローストやシュペーアの建築に「神秘的・即物的モチーフの混合」を見いだし，ヴァイマル期の「新建築」との連続性を強調している。Dieter Bartetzko, *Zwischen Zucht und Ekstase. Zur Theatralik von NS-Architektur*, Berlin 1985, S. 92.
(125) バイヤーはさらに 1935 年の「生命の神秘」展，1936 年の「ドイツ」展でもカタログの作成を担当し，1937 年まで様々な展覧会や広告・雑誌のデザインに従事した。Sabine Weißler, „Bauhaus-Gestaltung in NS-Propaganda-Ausstellungen“, in : Winfried Nerdinger（Hrsg.）, *Bauhaus-Moderne im Nationalsozialismus. Zwischen Anbiederung und Verfolgung*, München 1993, S. 54-6（ヴィンフリート・ネルディンガー編，清水光二訳『ナチス時代のバウハウス・モデルネ』大学教育出版，2002 年，42-3 頁）. ミース・ファン・デア・ローエもまた，1935 年のブリュッセル万博のドイツ館のデザインを選ぶコンペに招待され，ハーケンクロイツの旗をなびかせた建築を設計して，ナチ的な理念に順応しようとしていた。Winfried Nerdinger, „Bauhaus-Architekten im »Dritten Reich«“, in : ders.（Hrsg.）, *a. a. O.*, S. 162（邦訳，150-1 頁）. ヴィンフリート・ネルディンガーが指摘するように，そこには明らかに，モダニズム芸術の少なくとも一部を「ドイツの」あるいは「北方の」芸術として認めてもらおうという願望が働いていた。Winfried Nerdinger, „Modernisierung — Bauhaus — Nationalsozialismus“, in : ders.（Hrsg.）, *a. a. O.*, S. 19（邦訳，9 頁）.
(126) Nerdinger, „Bauhaus-Architekten“, S. 154-6（邦訳，147 頁）, S. 162（邦訳，151 頁）. ナチ体制下のミース・ファン・デア・ローエの活動については，Elaine S. Hochman, *Architects of Fortune. Mies van der Rohe and the Third Reich*, New York 1989 を参照。
(127) Weißler, *a. a. O.*, S. 48（邦訳，38 頁）.
(128) Nerdinger, „Bauhaus-Architekten“, S. 175（邦訳，159 頁）.
(129) Speer, *Erinnerungen*, S. 157（邦訳，159 頁）. シュペーアによれば，ヒトラーはリンツの製鉄所を訪れた際，こう述べたという。「300 メートルを超えるこの正面を見るがいい。この比率の何と美しいことか。ここにはまさに党の広場とは別の前提がある。あそこではわれわれのドーリア様式が新秩序の表現となっているのだが，ここでは反対に技術的な処理こそが最適のものとなっているのだ」。Albert Speer, *Spandauer*

Tagebücher, Frankfurt/M. u. Berlin 1975, S. 261–2.

(130) ゲアハルト・フェールは，そこに「計画的な折衷主義」を見いだしている。Gerhard Fehl, „Die Moderne unterm Hakenkreuz. Ein Versuch, die Rolle funktionalistischer Architektur im Dritten Reich zu klären", in : Hartmut Frank (Hrsg.), *Faschistische Architekturen. Bauen und Planen in Europa 1930–1945*, Hamburg 1985.

(131) *Die Kunst im Dritten Reich*, Jg. 3 (1939), Folge 8, S. 260.

(132) *Die Kunst im Deutschen Reich*, Jg. 4 (1940), Folge 4, S. 102.

(133) *Ebd.*, S. 100.

(134) Fritz Alexander Kauffmann, *Die neue deutsche Malerei*, Berlin 1941, S. 45.

(135) Wolfgang Hartmann, „Der historische Festzug zum „Tag der deutschen Kunst"", in : Berthold Hinz/Hans-Ernst Mittig/Wolfgang Schäche/Angela Schönberger (Hrsg.), *Die Dekoration der Gewalt. Kunst und Medien im Faschismus*, Gießen 1979, S. 95–6.

(136) *Deutschland-Berichte*, Bd. 4, S. 1075.

(137) *Ebd.*, Bd. 4, S. 1076.

(138) *Meldungen aus dem Reich*, Bd. 2, S. 116.

(139) *Ebd.*, Bd. 2, S. 327.

(140) 親衛隊保安部の報告によれば，この数字は主として宣伝によるものであり，詳細な報道が効果を上げ，新聞の特集号が売り切れるほどだったが，他の芸術展では，「報道による指導と啓蒙が少なければ，芸術展の入場者が際立って少なかった」という。*Ebd.*, Bd. 5, S. 1754. なお，親衛隊保安部の文化政策に関する報告については，次を参照。Backes, *a. a. O.*, S. 62–4 ; Otto Thomae, *Die Propaganda-Maschinerie. Bildende Kunst und Öffentlichkeitsarbeit im Dritten Reich*, Berlin 1978, S. 72–6.

(141) *Meldungen aus dem Reich*, Bd. 2, S. 81, Bd. 6, S. 2002.

(142) *Ebd.*, Bd. 5, S. 1486, Bd. 4, S. 1259.

(143) *Ebd.*, Bd. 4, S. 1250.

(144) *Ebd.*, Bd. 5, S. 1486.

(145) *Ebd.*, Bd. 5, S. 1755. なお，ここで「組織時代」とはヴァイマル時代のことをさす。

(146) *Ebd.*, Bd. 5, S. 1340.

(147) *Ebd.*, Bd. 2, S. 115.

(148) *Ebd.*, Bd. 9, S. 3477.

(149) *Ebd.*, Bd. 9, S. 3477–8.

(150) *Ebd.*, Bd. 4, S. 1194, Bd. 9, S. 3476.「キッチュ」の問題をめぐる政府の対応については，Thomae, *a. a. O.*, S. 171–7 を参照。

(151) *Meldungen aus dem Reich*, Bd. 9, S. 3476, Bd. 9, S. 3479.

(152) *Kölner Zeitung*, 20. September 1936.

(153) *Unser Wille und Weg*, Nr. 2, 1937.

(154) *Völkischer Beobachter*, 26. Juli 1936 ; *Berliner Tageblatt*, 18. September 1937.

(155) 「ドイツ芸術の家」についてはまた，ゲーテの詩をパロディ化した次のような嘲詩が口にされたという。「君よ知るや，かの家を。ならぶ柱に屋根安らい，血と土に部屋は満ちあふる。ツィーグラーの裸婦，君を見つむ。あわれ，芸術よ，いかにつらき目にあいしや」。関楠生編訳『ヒトラー・ジョーク―ジョークでつづる第三帝国史―』河出書房新社，1980年，120頁。

(156) *Deutschland-Berichte*, Bd. 4, S. 1536.

(157) *Meyers Lexikon*, 8. Aufl., Bd. 6, Leipzig 1939, S. 1136. 同様の定義はほかにも見られる。「真なるものが美しくなりはじめるところで，芸術がはじまる。他方，美的なものが真なることをやめるところで，キッチュがはじまる」。*Preußische Zeitung, 18.* September 1936.

(158) *Meyers Lexikon*, Bd. 6, S. 1136.

(159) *Meldungen aus dem Reich*, Bd. 4, S. 1250.

(160) Hans Scheerer, „Design-Geschichte. Gestaltung im Dritten Reich. Der Versuch einer Dokumentation zur Sozialutopie des Design im Nationalsozialismus 1933-45", in : *form*, Heft 69-71, S. 24. 帝国宣伝指導部の文書によれば，ヒトラー・ユーゲントの職業教育においては，「清潔で，単純で，明確で，制作技法にかなった」仕事こそ，キッチュの克服に必要であるとされた。*Vorschläge der Reichspropagandaleitung zur Feiergestaltung*, Februar 1936, S. 1.

(161) Zit. nach : Magdalena Droste, „Bauhaus-Designer zwischen Handwerk und Moderne", in : Nerdinger (Hrsg.), *a. a. O.*, S. 86 (邦訳, 74 頁).

(162) Speer, *Erinnerungen*, S. 70 (邦訳, 68 頁).

(163) Werner Jochmann (Hrsg.), *Adolf Hitler. Monologe im Führerhauptquartier 1941-1944*, Hamburg 1980, S. 95.

(164) Erika Gysling-Billeter, „Die angewandte Kunst. Sachlichkeit trotz Diktatur", in : *Die dreißiger Jahre. Schauplatz Deutschland*, München 1977. ナチ体制下のバウハウスに関する編著の序文で，ネルディンガーも次のように述べている。「戦後の最初の数十年間は，アヴァンギャルド・モデルネの抑圧のみが考察されたが，歴史研究がしだいに明らかにしているのは，近代芸術の一部がナチズムのなかに『ニッチ』を見いだしただけでなく，いくつかの領域（広告，デザイン，工業建築）においては，あからさまに体制の利益となるようなかたちで，その目標に組み入れられたということである」。Nerdinger (Hrsg.), *a. a. O.*, S. 7 (邦訳, i 頁).

(165) Jochmann (Hrsg.), *a. a. O.*, S. 255.

(166) Zit. nach : Zitelmann, *a. a. O.*, S. 359.

(167) Zit. nach : Hans Dieter Schäfer, *Das gespaltene Bewußtsein. Deutsche Kultur und Lebenswirklichkeit 1933-1945*, München 1981, S. 119.

(168) Ronald Smelser, *Robert Ley. Hitlers Mann an der ,,Arbeitsfront". Eine Biographie*, Paderborn 1989, S. 164. 労働戦線はまた，31 の支店をもつスーパーマーケットや消費協同組合売店のネットワークも有した。*Ebd.*, S. 170.

(169) 実際にも，ジーメンス社からは電気調理器，コーヒーメーカー，湯沸かし器，冷蔵庫，洗濯機などが発売された。Schäfer, *a. a. O.*, S. 122. ヒトラー自身，「主婦は負担を軽減されるべきだ！」と述べ，将来建設される住宅においては技術の成果を投入しなければならないと考えていた。Jochmann (Hrsg.), *a. a. O.*, S. 306.

(170) Picker, *a. a. O.*, S. 215-6.

(171) この点について，ゲッベルスはきわめて明確な認識を有していた。「アメリカ人は比較的乏しい文化遺産から，近代化された表現を通じてすぐにでも役立つものを生みだす術を心得ている。それにたいして，われわれは敬虔さと伝統に押しつぶされている。文化遺産をモダンな衣装にくるむのにとまどいを覚えるのだ。それゆえ，文化は歴史

的あるいは博物館的なものにとどまっている。せいぜい党やヒトラー・ユーゲントや労働奉仕団の一部が受け入れるくらいのものだ。……アメリカ人にはニグロの歌が少しばかりあるだけだが，彼らはそれらをアクチュアルに表現するので，現代の世界の大半はそれに征服されてしまう。そのようにすれば，当然のなりゆきとして世界は直接語りかけられていると感じるのだ。われわれはずっと豊かな文化を有しながら，それらを近代化する術も力ももっていない」。Zit. nach: Heinrich Fraenkel/Roger Manvell, *Goebbels. Eine Biographie*, Köln 1960, S. 272-3（ロジャー・マンヴェル／ハインリヒ・フレンケル，樽井近義・佐原進訳『第三帝国と宣伝―ゲッベルスの生涯―』東京創元新社，1962年，194頁）.

(172) Hans-Ernst Mittig, „Faschistische Sachlichkeit“, in: Günter Metken (Hrsg.), *Realismus zwischen Revolution und Reaktion 1919-1939*, München 1981, S. 368.

(173) John Heskett, „„Modernismus“ und „Archaismus“ im Design während des Nationalsozialismus“, in: Hinz/Mittig/Schäche/Schönberger (Hrsg.), *a. a. O.*, S. 58.

(174) 1934年にベルリンで開催された自動車展で，ヒトラーは次のように述べている。「ようやく数ヶ月前に，ドイツ産業は新しい国民受信機の生産によって，莫大な数のラジオを市場に供給することができるようになった。いまや，ますます多くの自動車を生産することが，ドイツ自動車産業に課せられた最も重要な課題である。これによって，必然的に百万規模のあらたな購買層が開拓されるだろう」。*Hitler. Reden und Proklamationen*, S. 370.

(175) *Ebd.*, S. 868.

(176) 『ドイツ通信』の報告によれば，かつての社会主義者でさえ，「ここにはアドルフ・ヒトラーの最初の社会主義のはじまりがある」と述べたという。*Deutschland-Berichte*, Bd. 6, S. 489.

(177) *Hitler. Reden und Proklamationen*, S. 867.

(178) *Völkischer Beobachter*, 9. März 1934.

(179) *Deutschland-Berichte*, Bd. 6, S. 482.

(180) *Ebd.*, Bd. 6, S. 488.

(181) Reichsamtsleitung der NS.=Gemeinschaft „Kraft durch Freude“ der Deutschen Arbeitsfront (Hrsg.), *5 Jahre „Kraft durch Freude“*, Berlin 1936, S. 38.

(182) *Deutschland-Berichte*, Bd. 6, S. 485.

(183) ヒトラーは国民車のデザインについて，次のように要求していた。「それは甲虫のような外観をもたねばならない。自然が流線型をどう活用しているかを知るには，自然を観察する……だけでいいのだ」。Zit. nach: Werner Maser, *Adolf Hitler. Legende, Mythos, Wirklichkeit,* München u. Eßlingen 1971, S. 208（ヴェルナー・マーザー，黒川剛訳『〈人間ヒトラー〉アドルフ・ヒトラー伝 上』サイマル出版会，1976年，213頁）.

(184) Zit. nach: Schäfer, *a. a. O.*, S. 119.

(185) Picker, *a. a. O.*, S. 535.

(186) Joachim Petsch, *Kunst im Dritten Reich. Architektur — Plastik — Malerei — Alltagsästhetik*, Köln 1994, S. 75.

(187) *Deutschland-Berichte*, Bd. 4, S. 843.

(188) Jochmann (Hrsg.), *a. a. O.*, S. 275.

(189) ヴァルター・ケンポウスキは，ヒトラーを目撃した人々の証言を集めたが，そのいくつかは，総統ののったメルツェデスが当時の人々に大きな印象を与えたことを示している。Walter Kempowski, *Haben Sie Hitler gesehen? Deutsche Antworten*, München 1973（ヴァルター・ケンポウスキ，到津十三男訳『君はヒトラーを見たか』サイマル出版会，1973 年）.

(190) Zit. nach : Karl Lärmer, *Autobahnbau in Deutschland 1933–1945. Zu den Hintergründen*, Berlin 1975, S. 114. この点については，Zitelmann, *a. a. O.*, S. 363 も参照。

(191) Picker, *a. a. O.*, S. 635.

(192) Karl-Heinz Ludwig, *Technik und Ingenieure im Dritten Reich*, Düsseldorf 1974, S. 328.

(193) 親衛隊保安部の報告は，「戦争や英雄的な生の見解の主題」が注目されたと指摘している。*Meldungen aus dem Reich*, Bd. 9, S. 3398. ゲッベルスもまた，戦争が「刺激」になったと述べている。Backes, *a. a. O.*, S. 64.

(194) 1933 年 9 月の商業広告に関する法令で，あらゆる広告の監督が広告事務官に委託された。この「広告の危機」ゆえに，体制に迎合するような広告が増えたことはいうまでもない。Peter Borscheid, „Autowerbung in Deutschland 1886–1945", in : Hans Pohl (Hrsg.), *Traditionspflege in der Automobilindustrie*, Stuttgart 1991, S. 98.

(195) ハンス・ディーター・シェーファーも同様の分析を行っている。Schäfer, *a. a. O.*, S. 117.

(196) この関連では，ヒトラーの山荘「ベルクホーフ」やゲーリングの別荘「カリンハル」の豪華絢爛な調度品は，民族共同体を特徴づける質素さと好対照をなしていた。

(197) *Nürnberg 1933*, S. 24.

(198) *Goebbels Reden*, Bd. 2, S. 253.

(199) Modris Eksteins, *Rites of Spring. The Great War and the Birth of the Modern Age*, Boston 1989, p. 311（モードリス・エクスタインズ，金利光訳『春の祭典―第一次世界大戦とモダン・エイジの誕生―』TBS ブリタニカ，1991 年，419 頁）.

(200) George L. Mosse, „Faschismus und Avantgarde", in : Reinhold Grimm/Jost Hermand (Hrsg.), *Faschismus und Avantgarde*, Königstein 1980, S. 135.

(201) Hans Jürgen Syberberg, „Hitler und die Staatskunst. Die mephistophelische Avantgarde des 20. Jahrhunderts", in : Metken (Hrsg.), *a. a. O.*

(202) *Goebbels Reden*, Bd. 2, S. 254.

(203) Eksteins, *a. a. O.*, p. 304（邦訳，410 頁）.

(204) Matei Calinescu, *Five Faces of Modernity. Modernism, Avant-Garde, Decadence, Kitsch, Postmodernism*, Durham 1987, p. 254（マテイ・カリネスク，富山英俊・栂正行訳『モダンの五つの顔―モダン・アヴァンギャルド・デカダンス・キッチュ・ポストモダン―』せりか書房，1995 年，346–7 頁）.

(205) Frei, *a. a. O.*, S. 169（邦訳，250–1 頁）.

(206) Mosse, „Faschismus und Avantgarde", S. 134.

(207) Wolbert, *a. a. O.*, S. 86.

(208) *Goebbels Reden*, Bd. 2, S. 253–4.

(209) Peukert, *a. a. O.*, S.82（邦訳，159 頁）.

(210) *Die Kunst im Dritten Reich*, Jg. 2 (1938), Folge 8, S. 232.

(211) Walter Benjamin, „Über den Begriff der Geschichte“, in : ders., *Gesammelte Schriften*, Bd. I-2, Frankfurt/M. 1974, S. 701（ヴァルター・ベンヤミン，野村修訳「歴史哲学テーゼ」『暴力批判論 ベンヤミン著作集 1』晶文社，1969 年，124-5 頁）.
(212) *Ebd*.（邦訳，125 頁）.

第 4 章　労働者の形態

(1) Max Domarus (Hrsg.), *Hitler. Reden und Proklamationen 1932-1945. Kommentiert von einem deutschen Zeitgenossen*, München 1973, S. 449.
(2) Klaus Theweleit, *Männerphantasien. Band 2. Männerkörper. Zur Psychoanalyse des weißen Terrors*, München 1978, S. 158（クラウス・テーヴェライト，田村和彦訳『男たちの妄想 II 男たちの身体—白色テロルの精神分析のために—』法政大学出版局，2004 年，219 頁）.
(3) Adolf Hitler, *Mein Kampf*, 47. Aufl., München 1939, S. 452（アドルフ・ヒトラー，平野一郎・将積茂訳『わが闘争』角川書店，1973 年，下，61 頁）.
(4) Hermann Rauschning, *Gespräche mit Hitler*, Zürich 1940, S. 232（ヘルマン・ラウシュニング，船戸満之訳『ヒトラーとの対話』学芸書林，1972 年，279 頁）.
(5) ナチ体制下の労働者の問題，およびドイツ労働戦線の問題については，とりわけ次の研究を参照。David Schoenbaum, *Hitler's Social Revolution. Class and Status in Nazi Germany 1933-1939*, New York 1966（デイヴィッド・シェーンボウム，大島通義・大島かおり訳『ヒットラーの社会革命—1933～39 年のナチ・ドイツにおける階級とステイタス—』而立書房，1978 年）; Timothy W. Mason, *Sozialpolitik im Dritten Reich. Arbeiterklasse und Volksgemeinschaft*, Opladen 1977 ; 井上茂子「ナチス・ドイツの民衆統轄」『歴史学研究』第 586 号，1988 年；原田一美「第三帝国における労働者」『西洋史学』第 148 号，1987 年。
(6) このような見解を代表するものとしては，ナチズムを下層中産階級の運動ととらえるエーリヒ・フロムの古典的研究が挙げられる。Erich Fromm, *Escape from Freedom*, New York & Toronto 1941（エーリヒ・フロム，日高六郎訳『自由からの逃走』東京創元社，1951 年）. 彼はナチズムの支持基盤を中間層の「権威主義的性格」にもとめるが，こうした見解こそ本章が論駁しようとするものである。
(7) Jürgen W. Falter, *Hitlers Wähler*, München 1991. なおこの問題をめぐる研究動向については，原田昌博『ナチズムと労働者—ワイマル共和国時代のナチス経営細胞組織—』勁草書房，2004 年，第 1 章を参照。
(8) この点についてヒトラーは，「私は当初から全精力を傾けて党派的な国家指導を打破しようとした」と述べ，ナチズムがいかなる階級の利害にも拘束されない運動であることを強調している。*Hitler. Reden und Proklamationen*, S. 350.
(9) Hitler, *Mein Kampf*, S. 370（邦訳，上，480 頁）.
(10) *Ebd.*, S. 557（邦訳，下，182 頁）.
(11) *Ebd.*, S. 373（邦訳，上，483 頁）.
(12) *Hitler. Reden und Proklamationen*, S. 206.
(13) *Ebd.*, S. 245.

(14) 「国民的労働の日」の演出を担当したゲッベルスは，この日が「ナチズムの造形意志の壮大なイメージを提供することになる。5月1日は世界がまだ見たこともないような大衆的事件になる。全国民が一つの意志と一つの覚悟に同一化するのだ。われわれの革命の第一年目において，労働にその名誉が，労働者にその威信が取りもどされるのだ」と述べている。Joseph Goebbels, *Vom Kaiserhof zur Reichskanzlei. Eine historische Darstellung in Tagebuchblättern*, München 1934, S. 304.

(15) Joseph Goebbels, *Die zweite Revolution. Briefe an Zeitgenossen*, Zwickau 1926, S. 57. ナチ党左派の思想については，中村幹雄『ナチ党の思想と運動』名古屋大学出版会，1990年，第3章を参照。

(16) 当時の政治的ジョークでは，俗に「突撃隊とかけてステーキととく，その心は，表面は褐色だが中身は赤」といわれていた。Norbert Frei, *Der Führerstaat. Nationalsozialistische Herrschaft 1933 bis 1945*, München 1987, S. 18（ノルベルト・フライ，芝健介訳『総統国家—ナチスの支配 1933-1945年—』岩波書店，1994年，16頁）.

(17) Hitler, *Mein Kampf*, S. 480（邦訳，下，92-3頁）. ヒトラーの教養市民層批判については，野田宣雄『教養市民層からナチズムへ—比較宗教社会史のこころみ—』名古屋大学出版会，1988年，第2章を参照。

(18) *Völkischer Beobachter*, 31. März 1935.

(19) Helmut Heiber (Hrsg.), *Goebbels Reden 1932-1945*, Bd. 1, Düsseldorf 1971, S. 132.

(20) Eric Hobsbawm, "Man and Woman in Socialist Iconography", in : *History Workshop*, 6, 1978. こうした社会主義イコノグラフィーの問題については，佐藤卓己「現代『視覚メディア史』研究とその方法論的課題—『社会主義イコノグラフィー』論争を例に—」『社会情報と情報環境』東京大学出版会，1994年を参照。また初期ナチズムの運動文化については，池田浩士『虚構のナチズム—「第三帝国」と表現文化—』人文書院，2004年を参照。

(21) *Hitler. Reden und Proklamationen*, S. 286.

(22) *Ebd.*, S. 448.

(23) *Ebd.*, S. 400-2.

(24) レーム粛清にたいする国民世論の動向について，亡命社会民主党の『ドイツ通信』は次のように報告している。「大部分の者はヒトラーが強硬手段に訴えた勇気を強調した。彼は文字どおり英雄と見なされた。殺害された者たちは同性愛にふけり，食事に3万マルクもかけたとヒトラーが中傷したことも，さしあたり英雄的な行為と評価された。……彼の措置は，こうした人々からすれば，彼が秩序と清廉を望んでいる証拠なのである」。Klaus Behnken (Hrsg.), *Deutschland-Berichte der sozialdemokratischen Partei Deutschlands（SOPADE）1934-1940*, Bd. 1, Frankfurt/M. 1980, S. 198.

(25) 芝健介『武装SS—ナチスもう一つの暴力装置—』講談社，1995年，40頁より引用。

(26) ヒトラーによれば，親衛隊員のなかにある程度実現されている「新しい人間」は，「おそれを知らず残忍」であり，彼自身もその姿におびえたほどだという。Rauschning, *a. a. O.*, S. 233（邦訳，280頁）.

(27) Eberhard Jäckel/Axel Kuhn (Hrsg.), *Hitler. Sämtliche Aufzeichnungen 1905-1924*, Stuttgart 1980, S. 178.

(28) *Hitler. Reden und Proklamationen*, S. 350-1.

(29) *Ebd.*

(30) Hitler, *Mein Kampf*, S. 373 (邦訳, 上, 483頁).
(31) Schoenbaum, *a. a. O.*, p. 76 (邦訳, 106頁).
(32) *Ebd.*, p. 74 (邦訳, 91-2頁). こうした「労働者」の概念については, 井上「ナチス・ドイツの民衆統轄」を参照。
(33) Michael Prinz, *Vom neuen Mittelstand zum Volksgenossen. Die Entwicklung des sozialen Status der Angestellten von der Weimarer Republik bis zum Ende der NS-Zeit*, München 1986, S. 10. ヴァイマル期から第三帝国期までの新中間層の社会的ステータスの変遷については, 同書を参照。
(34) *Arbeitertum*, Jg. 1933, Folge 6, S. 5.
(35) *Hitler. Reden und Proklamationen*, S. 350.
(36) *Ebd.*, S. 449.
(37) Schoenbaum, *a. a. O.*, p. 76 (邦訳, 106-7頁).
(38) この点に関して, ヒトラーは『わが闘争』のなかで次のように語っている。「国家……はもし必要なら何世紀かかろうとも, 教育によって肉体労働を軽視する非道を打ち破らなければならない。国家は原則として個々人をその労働の種類によってではなく, 仕事の仕方と成果によって評価しなければならない」。Hitler, *Mein Kampf*, S. 482 (邦訳, 下, 95頁).
(39) *Hitler. Reden und Proklamationen*, S. 664, S. 690, S. 330.
(40) Richard Grunberger, *A Social History of the Third Reich*, London 1971, p. 47 (リヒャルト・グルンベルガー, 池内光久訳『第三帝国の社会史』彩流社, 2000年, 42頁).
(41) Cigaretten-Bilderdienst (Hrsg.), *Adolf Hitler. Bilder aus dem Leben des Führers*, Altona/Bahrenfeld 1936, S. 60.
(42) Robert Ley, *Soldaten der Arbeit*, München 1938, S. 71.
(43) Schoenbaum, *a. a. O.*, pp. 53-7 (邦訳, 83-7頁).
(44) Ley, *Soldaten der Arbeit*, S. 15, S. 83. ライはまた次のようにも述べている。「社会主義とは生の肯定であり, 社会主義とは共同体であり, 社会主義とは闘争であり, 社会主義とは同志愛と忠誠であり, 社会主義とは名誉である」。*Ebd.*, S. 41.
(45) *Ebd.*, S. 18.
(46) *Völkischer Beobachter*, 1. Mai 1933.
(47) Robert Ley, *Arbeiter, Bauern und Soldaten*, Berlin o. J., S. 26.
(48) *Hitler. Reden und Proklamationen*, S. 719.
(49) *Westdeutscher Beobachter*, 11. Juni 1938. すでに1935年の党大会において, ライは次のように述べていた。「ドイツはカール・マルクスの階級闘争思想を組織的に覆い隠したばかりでなく, 実際にそれを克服した最初で唯一の国である」。Robert Ley, *Deutschland ist glücklicher geworden! Zwei Reden Dr. Leys aus dem Reichsparteitag 1935*, Berlin 1935, S. 15.
(50) *Hitler. Reden und Proklamationen*, S. 260.
(51) Zit. nach : Mason, *Sozialpolitik im Dritten Reich*, S. 115-6.
(52) *Völkischer Beobachter*, 26. Oktober 1934.
(53) Zit. nach : Mason, *Sozialpolitik im Dritten Reich*, S. 116.
(54) この点について, ライは後に次のように付言している。「私の考えの基礎は, 党こそ

新しいドイツの唯一の権力の源泉であるという認識であった。それゆえ私は，ドイツ労働戦線を意識的に党の指導のもとに置いたのだ。……こうして私は，ドイツ労働戦線が身分的な考えにしたがって組織されるようなことを防いだのである」。Zit. nach : Schoenbaum, *a. a. O.*, p. 83（邦訳，114 頁）. なおライを中心とする権力闘争については，次の研究を参照。山口定「R・ライとその周辺」『季刊社会思想』第 2 巻第 3 号，1972 年；井上茂子「第三帝国とドイツ労働戦線（DAF）—DAF 法案をめぐる党・国家・DAF の相互関係についての一考察—」『1939—ドイツ第三帝国と第二次世界大戦—』同文館，1989 年。

(55) *Deutschland-Berichte* を参照。労働者の反抗については，Mason, *Sozialpolitik im Dritten Reich* ; ders., „Arbeiteropposition im nationalsozialistischen Deutschland“, in : Detlev J. K. Peukert/Jürgen Reulecke (Hrsg.), *Die Reihen fast geschlossen. Beiträge zur Geschichte des Alltags unterm Nationalsozialismus*, Wuppertal 1981；村瀬興雄『ナチズムと大衆社会—その建前と現実—』有斐閣，1987 年などを参照。これらの研究によれば，1930 年代後半に軍需景気で労働力不足が一般化すると，労働者はそうした状況を利用して個人的な賃上げに走るようになったという。賃金が安ければ，労働者は怠業や職場移動によってこれに対抗したのである。好景気のもとでは労働管理官も賃金の上昇を阻止することはできず，軍備にかかわる部門では賃金は上昇をつづけた。

(56) このことは，労働者階級の下からのつき上げによる結果であっただけでなく，「制度のダーウィニズム」ともいうべき錯綜した権力構造の内部における労働戦線独自の行動原理から導かれたものでもあった。メイスンによれば，労働戦線の権力は，労働者の要求を他の競合する諸要求に対抗して実現させる能力に依存していた。Mason, *Sozialpolitik im Dritten Reich*, S. 257. つまり，労働者の要求をひき受けて他の権力集団と闘争し，熾烈なライバル争いのなかでその社会的圧力を武器とすることによってのみ，労働戦線は地位を確保することができたのである。したがって，階級対立のイデオロギー的克服の名のもとに，労働戦線は実際には労働者の物質的利害をある程度代弁することになった。*Ebd.*, S. 198. グンター・マイの表現を借りれば，労働戦線は「『似非労働組合的』役割」をはたしたのである。Gunther Mai, „Warum steht der deutsche Arbeiter zu Hitler?“, in : *Geschichte und Gesellschaft*, 12, 1986, S. 234.

(57) 労働戦線がどれだけ自己の目的を貫徹できたかは，経営の規模に左右された。中小企業では労働戦線の干渉が大きかったのにたいし，大企業では干渉は小さかった。それは大企業の幹部が必然的に権力の中枢に近かったためである。Grunberger, *a. a. O.*, p. 250（邦訳，235 頁）.

(58) ミヒャエル・プリンツが明らかにしているように，労働戦線はとくに給与格差や有給休暇，社会保険制度の問題で，労働者と職員の格差を縮小し，労働者の平準化をはかっていた。Prinz, *a. a. O.*, S. 112–29, S. 225–34, S. 262–81, S. 328–36. もっとも第三帝国が存続した 12 年という短期間での成果は，部分的なものにとどまったと見なすべきだろう。

(59) そのプログラムには，市民的高級文化から大衆娯楽文化まで，ありとあらゆるものが含まれ，階級的特権意識に揺さぶりをかけていた。詳細は，Wolfhard Buchholz, *Die nationalsozialistische Gemeinschaft „Kraft durch Freude“. Freizeitgestaltung und Arbeiterschaft im Dritten Reich*, München 1976, S. 235–96 を参照。

(60) Otto Marrenbach (Hrsg.), *Fundamente des Sieges. Die Gesamtarbeit der Deutschen Arbeitsfront von 1933 bis 1940*, Berlin 1940, S. 350 ; Buchholz, *a. a. O.*, S. 296.
(61) Schoenbaum, *a. a. O.*, pp. 104-5 (邦訳, 135-7頁).
(62) Robert Ley, *Durchbruch der sozialen Ehre. Reden und Gedanken für das schaffende Deutschland*, Berlin 1935, S. 32.
(63) *Fundamente des Sieges*, S. 355 ; Buchholz, *a. a. O.*, S. 286.
(64) *Hitler. Reden und Proklamationen*, S. 373.
(65) 「労働戦線受信機」の製品番号は「DAF1011」で，労働戦線の略称「DAF」を含んでいた。また製品番号に含まれる数字は，ヒトラーのジーメンス工場訪問の日付(1933年11月10日)であり，この日の演説は全国にラジオ中継された。
(66) ライによれば，歓喜力行団の課題は「国民に栄養として最良のものを与えることによって，国民の疲労を取りのぞき，その神経を鍛え，完全な休養を与えること」であった。Ley, *Durchbruch der sozialen Ehre*, S. 33. また，この組織の設立にあたってヒトラーがライに与えた指示は，「強力な政治を可能にするために，労働者大衆の神経が休暇と保養によって健康かつ強靭に保たれるよう，配慮してくれたまえ」という内容だったという。Robert Ley, *Deutschland ist schöner geworden*, Berlin 1936, S. 91.
(67) Gerhard Starcke, *Die deutsche Arbeitsfront*, Berlin 1940, S. 10-1. ライもまた次のように述べている。「4年か5年ごとにあらゆるドイツ人を保養施設に入れて修理する必要がある。モーターを定期的に修理するのと同様に，人間も定期的に修理し，それによって予防的に健康を保たなければならない」。Zit. nach : Marie-Luise Recker, *Nationalsozialistische Sozialpolitik im Zweiten Weltkrieg*, München 1985, S. 123.
(68) Amt „Schönheit der Arbeit" (Hrsg.), *Das Taschenbuch Schönheit der Arbeit*, Berlin 1938, S. 9, S. 23. ライによれば，「職場は今日，人間の共同体が心と手をもってドイツの生のために働く重要な建物」であり，「われわれの環境のなかで，入念かつ高貴な形成を必要とする威厳ある対象」であった。*Schönheit der Arbeit*, Jg. 1 (1936), Heft 1, S. 1.
(69) *Ein Volk erobert die Freude,* o. O. o. J., S. 8. 1937年11月の歓喜力行団設立4周年記念日の演説。
(70) 「労働の美」局の活動については，次の研究を参照。Anson Rabinbach, „Die Ästhetik der Produktion im Dritten Reich", in : Ralf Schnell (Hrsg.), *Kunst und Kultur im deutschen Faschismus*, Stuttgart 1978 ; Chup Friemert, *Produktionsästhetik im Faschismus. Das Amt ,,Schönheit der Arbeit" von 1933 bis 1939*, München 1980.
(71) *Fundamente des Sieges*, S. 325.
(72) *Völkischer Beobachter*, 5. September 1935.
(73) *Das Taschenbuch Schönheit der Arbeit*, S. 22.
(74) 「労働科学研究所」については，Karl Heinz Roth, *Intelligenz und Sozialpolitik im Dritten Reich. Eine methodisch-historische Studie am Beispiel des Arbeitswissenschaftlichen Instituts der Deutschen Arbeitsfront*, München 1993を参照。また第三帝国におけるテクノクラートの問題を扱った研究として，小野清美『テクノクラートの世界とナチズム—「近代超克」のユートピア—』ミネルヴァ書房，1996年を参照。
(75) Zit. nach : Schoenbaum, *a. a. O.*, p. 95 (邦訳, 126-7頁).
(76) Zit. nach : *Ebd.*, p. 88 (邦訳, 108-9頁).

(77) Zit. nach : Recker, *a. a. O.*, S. 86.
(78) Zit. nach : *Ebd.*, S. 82–3.「戦後の社会的課題」と「ドイツ国民の社会事業」計画については，レッカーの研究のほか，Frei, *a. a. O.*, S. 139–41（邦訳，191–3 頁）も参照。
(79) Recker, *a. a. O.*, S. 101.
(80) Karl Kretschmer, „„Schönheit der Arbeit" — ein Weg zum deutschen Sozialismus!", in: Franz Mende (Hrsg.), *Wege zur neuen Sozialpolitik. Arbeitstagung des Sozialamtes der Deutschen Arbeitsfront vom 16. bis 21. Dezember 1935*, Berlin 1936, S. 180.
(81) *Das Taschenbuch Schönheit der Arbeit*, S. 17, S. 23. 帝国医師指導者のゲアハルト・ヴァーグナーも，こうした試みが労働者の脱プロレタリア化に資すると考えていた。「階級闘争を排除したいなら，ともかく労働と創造的人間から汚いという非難を取りのぞいてやらねばならない」。Zit. nach : Friemert, *a. a. O.*, S. 191.
(82) *Das Taschenbuch Schönheit der Arbeit*, S. 8.
(83) *Ebd.*
(84) *Schönheit der Arbeit*, Jg. 1 (1936), Heft 1, S. 1.
(85) *Die Kunst im Dritten Reich*, Jg. 1 (1937), Folge 7, S. 60.
(86) *Die Kunst im Deutschen Reich*, Jg. 5 (1941), Folge 4, S. 103.
(87) Klaus Wolbert, *Die Nackten und die Toten des Dritten Reiches. Folgen einer politischen Geschichte des Körpers in der Plastik des deutschen Faschismus*, Gießen 1982, S. 58.
(88) *Ebd.*, S. 80.
(89) *Die Kunst im Deutschen Reich*, Jg. 7 (1943), Folge 7/8, S. 157.
(90) *Die Kunst im Dritten Reich*, Jg. 3 (1939), Folge 8, S. 260.
(91) Hobsbawm, *a. a. O.*
(92) Wolbert, *a. a. O.*, S. 71.
(93) Kurt Lothar Tank, *Deutsche Plastik unserer Zeit*, München 1942, S. 83.
(94) Zit. nach : George L. Mosse, *Nationalism and Sexuality. Respectability and Abnormal Sexuality in Modern Europe*, New York 1985, p. 170（ジョージ・L・モッセ，佐藤卓己・佐藤八寿子訳『ナショナリズムとセクシュアリティ―市民道徳とナチズム―』柏書房，1996 年，210 頁).
(95) Wolbert, *a. a. O.*, S. 7.
(96) *Ebd.*, S. 109, S. 241. こうした古典的な絶対性の要求について，ヴォルバートはこれを国家彫刻に威厳を与えるための高貴化の戦略，「ドイツ・ファシズムの貴族化の意図」を示すものと見なしている。*Ebd.*, S. 60. ベルトルト・ヒンツもまた，それがナチズムの「エリート美学」をあらわしているとして，国民をおびえさせると同時に，指導者に必要な優越感を生みだすという二重の機能をもっていたと指摘している。Berthold Hinz, *Die Malerei im deutschen Faschismus. Kunst und Konterrevolution*, München 1974, S. 120. だがこうした解釈は，国民の主体的な同一化の意義を過小評価しているように思われる。
(97)「古代ギリシアの模倣」の問題を思想的に論じた研究として，またその問題のハイデガーおよびナチズムにおける展開を考察した研究として，フィリップ・ラクー＝ラバルトの次の研究を参照。Philippe Lacoue-Labarthe, *Die Fiktion des Politischen.*

Heidegger, die Kunst und die Politik, Stuttgart 1990(フィリップ・ラクー＝ラバルト，浅利誠・大谷尚文訳『政治という虚構―ハイデガー，芸術そして政治―』藤原書店，1992年); ders., *Die Nachahmung der Modernen*, Basel 2003(フィリップ・ラクー＝ラバルト，大西雅一郎訳『近代人の模倣』みすず書房，2003年).

(98) Tank, *a. a. O.*, S. 36.

(99) Wolbert, *a. a. O.*, S. 110.

(100) Mosse, *a. a. O.*, p. 172(邦訳，212頁).

(101) ナチズムが芸術的表現における官能性を全面的に否定していなかったことは，大ドイツ芸術展にポルノまがいの女性裸像が数多く出展された事実によっても例証される。そのなかには，「恥毛の名匠」の異名をとっていたアドルフ・ツィーグラーの『四元素』や，パウル・M・パドゥアの『レダと白鳥』のような露骨なヌード画が含まれていたが，ヒトラーはそうした作品をとくに気に入り，邸宅の居間に飾らせたという。Reinhard Müller-Mehlis, *Die Kunst im Dritten Reich*, München 1976, S. 16–21.

(102) Wolfgang F. Haug, *Die Faschisierung des bürgerlichen Subjekts*, Hamburg 1987, S. 177.

(103) *Ebd.*

(104) Mosse, *a. a. O.*, p. 167(邦訳，207頁).

(105) この点について，モッセは次のように指摘している。「ナショナリズムのシンボルや男らしさの理想のなかにつねに潜在していたホモエロティシズムは，いまや品行方正さと衝突する危険に直面することとなった」。*Ebd.*, p. 163(邦訳，203頁).

(106) 同性愛の問題を論じたヒムラーの1937年の秘密演説を参照。Bradley F. Smith/Agnes F. Peterson (Hrsg.), *Heinrich Himmler. Geheimreden 1933 bis 1945 und andere Ansprachen*, Frankfurt/M. 1974, S. 93–104. ナチズムと同性愛の関係については，星乃治彦『男たちの帝国―ヴィルヘルム2世からナチスへ―』岩波書店，2006年，第3章を参照。

(107) *Das Schwarze Korps*, 4. März 1937.

(108) Thomas Kühne, „„...aus diesem Krieg werden nicht nur harte Männer heimkehren". Kriegskameradschaft und Männlichkeit im 20. Jahrhundert", in: ders. (Hrsg.), *Männergeschichte — Geschlechtergeschichte. Männlichkeit im Wandel der Moderne*, Frankfurt/M. 1996, S. 176(トーマス・キューネ，星乃治彦訳「戦友意識と男らしさ」『男の歴史―市民社会と〈男らしさ〉の神話―』柏書房，1997年，179頁).

(109) ハンス・ブッフハイムは親衛隊に関する研究のなかで，こうした「マイルドな実践の傾向」に注目し，「それによって公式の自己認識の厳しさや厳格主義の神聖化が中和された。他人にたいしてはつねに厳しさがもとめられたが，仲間内では弱さは大目に見られた」と指摘している。Hans Buchheim, „Befehl und Gehorsam", in: Hans Buchheim/Martin Broszat/Hans-Adolf Jacobsen/Helmut Krausnick, *Anatomie des SS-Staates*, München 1967, S. 258.

(110) Theweleit, *a. a. O.*, S. 334(邦訳，473頁).

(111) *Ebd.*, S. 223(邦訳，312頁).

(112) *Ebd.*, S. 162(邦訳，225頁).

(113) *Das Schwarze Korps*, 25. November 1937.

(114) *Hitler. Reden und Proklamationen*, S. 717.

(115) シュルツェ=ナウムブルクにとっては，バンベルクの騎士像こそ「北方的英雄の理想像」を体現しており，芸術のめざすべき目標であった。Paul Schultze-Naumburg, *Die Kunst der Deutschen*, Stuttgart u. Berlin 1934, S. 15.

(116) Wolfgang Willrich, *Säuberung des Kunsttempels. Eine kunstpolitische Kampfschrift zur Gesundung deutscher Kunst im Geiste nordischer Art*, München u. Berlin 1937, S. 145.

(117) Zit. nach: Wolbert, *a. a. O.*, S. 230.

(118) *Ebd.*, S. 232.

(119) Detlev J. K. Peukert, *Max Webers Diagnose der Moderne*, Göttingen 1989, S. 104（デートレフ・ポイカート，雀部幸隆・小野清美訳『ウェーバー 近代への診断』名古屋大学出版会，1994 年，200 頁）.

(120) Frei, *a. a. O.*, S. 147（邦訳，200 頁）.

(121) Zit. nach : Recker, *a. a. O.*, S. 122.

(122) *Das Taschenbuch Schönheit der Arbeit*, S. 170.

(123) Hitler, *Mein Kampf*, S. 453–5（邦訳，下，62–4 頁）.

(124) *Hitler. Reden und Proklamationen*, S. 533.

(125) Albert Speer, *Erinnerungen*, Frankfurt/M. u. Berlin 1969, S. 110（アルベルト・シュペーア，品田豊治訳『ナチス狂気の内幕—シュペーアの回想録—』読売新聞社，1970 年，110 頁）.

(126) *Die Kunst im Deutschen Reich*, Jg. 4 (1940), Folge 4, S. 100.

(127) *Ebd.*, S. 102.

(128) Hans Surén, *Gymnastik der Deutschen. Rassenbewußte Selbsterziehung*, Stuttgart 1935.

(129) Hans Surén, *Deutsche Gymnastik*, Berlin 1925, S. 37–8. ズーレン自身，このような裸体を「血肉からなる生けるブロンズ像」と呼んでいる。*Ebd.*, S. 38.

(130) Zit. nach : Hilmar Hoffmann, *Mythos Olympia. Autonomie und Unterwerfung von Sport und Kultur*, Berlin 1993, S. 143.

(131) ジルケ・ヴェンクによれば，こうした映像は「活人画」の伝統にしたがったものだった。Silke Wenk, „Volkskörper und Medienspiel. Zum Verhältnis von Skulptur und Fotografie im deutschen Faschismus“, in : *Kunstforum international*, Bd. 114, 1991, S. 233.

(132) *Die Kunst im Deutschen Reich*, Jg. 4 (1940), Folge 4, S. 102.

(133) Fritz Alexander Kauffmann, *Die neue deutsche Malerei*, Berlin 1941, S. 45.

(134) Tank, *a. a. O.*, S. 12.

(135) Hans Weigert, *Die Geschichte der deutschen Kunst von der Vorzeit bis zur Gegenwart*, Berlin 1942, S. 506.

(136) 実際にも，労働奉仕団の肉体教育を担当したズーレンは，機能的な運動を通じて労働とスポーツの接合を試みていた。「いずれにしても，肉体に潜んでいる重力や活力を正しい方法で筋力と結合するような，自然にかなった運動の流れを再び呼び覚まさねばならない。正しい労働の運動は，最小の力の消費によって最大の性能を達成するものである」。ズーレンによれば，労働が「肉体の体験」や「肉体の喜び」と化し，「重労働が遊戯や喜びとなる」ときにのみ，正しい労働が可能になるとされた。*Nationalsozialistische Monatshefte*, Heft 56, 1934, S. 991–2.

(137) Walter Benjamin, „Das Kunstwerk im Zeitalter seiner technischen Reproduzierbarkeit (Dritte Fassung)“, in : ders., *Gesammelte Schriften*, Bd. I-2, Frankfurt/M. 1974, S. 508 (ヴァルター・ベンヤミン，高木久雄・高原宏平訳「複製技術の時代における芸術作品」『複製技術時代の芸術 ベンヤミン著作集 2』晶文社，1970年，46頁).

(138) Max Horkheimer/Theodor W. Adorno, *Dialektik der Aufklärung. Philosophische Fragmente*, Frankfurt/M. 1969, S. 5（マックス・ホルクハイマー／テオドーア・W・アドルノ，徳永恂訳『啓蒙の弁証法—哲学的断想—』岩波書店，1990年，xv頁).

(139) *Deutschland-Berichte*, Bd. 5, S. 174.

(140) Ulrich Herbert, „Arbeiterschaft im „Dritten Reich““, in : *Geschichte und Gesellschaft*, 3, 1989, S. 359.

(141) *Schönheit der Arbeit*, Jg. 4 (1939), Heft 1, S. 14-5.

(142) *Das Taschenbuch Schönheit der Arbeit*, S. 74.

(143) „Die sozialen Aufgaben nach dem Kriege. Versuch eines systematischen Überblicks über ein sozialpolitisches Programm“, in : Hamburger Stiftung für Sozialgeschichte des 20. Jahrhunderts (Hrsg.), *Sozialstrategien der Deutschen Arbeitsfront. Teil A. Jahrbuch 1940/41*, Teil 1, S. 64.

第5章　親密さの専制

(1) Martin Broszat, „Soziale Motivation und Führer-Bindung des Nationalsozialismus“, in : *Vierteljahrshefte für Zeitgeschichte*, 18, 1970, S. 401.

(2) Max Weber, *Wirtschaft und Gesellschaft. Grundriß der verstehenden Soziologie*, 5. Aufl, Tübingen 1980, S. 140（マックス・ヴェーバー，世良晃志郎訳『支配の諸類型』創文社，1970年，70頁), S. 124（『支配の諸類型』，11頁).

(3) ヒトラーを「カリスマ的指導者」と見なすことには十分な根拠がある。なかでも「国民投票」の制度は，カリスマ的正当化の原理を適用したものといえるし，国防軍と官僚制が「ドイツ帝国および国民の総統」たるヒトラーにたいして人格的な忠誠の宣誓を行ったことも，彼の支配の正当性がカリスマ的権威にもとづくものだったことを示している。

(4) Ian Kershaw, *The 'Hitler Myth'. Image and Reality in the Third Reich*, Oxford 1987, p. 2（イアン・カーショー，柴田敬二訳『ヒトラー神話—第三帝国の虚像と実像—』刀水書房，1993年，4-5頁).

(5) 1941年末にゲッベルスが部下に語ったところによれば，ナチズムにたいする彼の貢献の一つは「総統神話」を創造したことであり，これによってヒトラーは「不可謬性の光輪」を与えられ，大多数の国民が彼を無条件に信頼するようになったのだという。Rudolf Semmler, *Goebbels. The Man next to Hitler*, London 1947, pp. 56-7.

(6) 管見のかぎり，この事実に言及しているのは，マルティン・ダムスとクラウス・ヴォルバートだけである。その原因を，前者は市民的価値観の連続性に，後者は公的な彫刻の象徴性にもとめている。だが両者とも，この点に関して詳細な考察を行っていない。Martin Damus, *Sozialistischer Realismus und Kunst im Nationalsozialismus*, Frankfurt/M. 1981, S. 58 ; Klaus Wolbert, *Die Nackten und die Toten des Dritten*

Reiches. Folgen einer politischen Geschichte des Körpers in der Plastik des deutschen Faschismus, Gießen 1982, S. 76.

(7) Peter Reichel, *Der schöne Schein des Dritten Reiches. Faszination und Gewalt des Faschismus*, Frankfurt/M. 1991.

(8) Rudolf Herz, *Hoffmann & Hitler. Fotografie als Medium des Führer-Mythos*, München 1994 ; Martin Loiperdinger/Rudolf Herz/Ulrich Pohlmann (Hrsg.), *Führerbilder. Hitler, Mussolini, Roosevelt, Stalin in Fotografie und Film*, München 1995.

(9) Albert Speer, *Erinnerungen*, Frankfurt/M. u. Berlin 1969, S. 491（アルベルト・シュペーア，品田豊治訳『ナチス狂気の内幕―シュペーアの回想録―』読売新聞社，1970年，497頁）.

(10) *Ebd.*, S. 177（邦訳，180頁），S. 184（邦訳，186頁）.

(11) Zit. nach : Herz, *a. a. O.*, S. 44.

(12) 多木浩二『天皇の肖像』岩波書店，1988年，153頁。

(13) 大ドイツ芸術展の出展作品については，同展の公式カタログを参照。*Große Deutsche Kunstausstellung. Offizieller Ausstellungskatalog*, München 1937–1944.

(14) この点についてジークフリート・クラカウアーは，『意志の勝利』の冒頭で山岳映画のような雲の映像が利用されていることに注目し，それは「山岳崇拝とヒトラー崇拝の究極的融合」を示しており，ヒトラーを雲の上の存在として神格化したものだと主張している。Siegfried Kracauer, *Von Caligari zu Hitler. Eine psychologische Geschichte des deutschen Films*, Frankfurt/M. 1984, S. 271（ジークフリート・クラカウアー，丸尾定訳『カリガリからヒトラーへ―ドイツ映画 1918–33 における集団心理の構造分析―』みすず書房，1970年，265頁）.

(15) Cigaretten-Bilderdienst (Hrsg.), *Adolf Hitler. Bilder aus dem Leben des Führers*, Altona/Bahrenfeld 1936. なおこの写真集は，煙草を買うともらえる写真を貼付して完成させるようになっており，当時広く普及したホビーの一つとなっていた。ここにはすでに，総統崇拝と広告の結びつきが見いだされる。

(16) *Ebd.*, S. 14.

(17) Heinrich Hoffmann (Hrsg.), *Hitler wie ihn keiner kennt. 100 Bilddokumente aus dem Leben des Führers*, Berlin 1932 ; ders. (Hrsg.), *Jugend um Hitler. 120 Bilddokumente aus der Umgebung des Führers*, Berlin 1934 ; ders. (Hrsg.), *Hitler in seinen Bergen. 86 Bilddokumente aus der Umgebung des Führers*, Berlin 1935 ; ders. (Hrsg.), *Hitler abseits vom Alltag. 100 Bilddokumente aus der Umgebung des Führers*, Berlin 1937.

(18) *Adolf Hitler*, S. 36. もっとも「山」での生活は，実際にはかなり単調で空虚なものだった。シュペーアの証言によれば，ヒトラーはたいてい昼前に起床し，長々と昼食をとった後，部下たちをひき連れてティーハウスへでかけ，おしゃべりにふけった。夕食後もきまって側近たちと映画を鑑賞し，夜中まではてしなく無駄話をつづけたという。Speer, *a. a. O.*, S. 102–7（邦訳，101–7頁）.

(19) 1933年夏にオーバーザルツベルクでヒトラーと一緒に写真を撮ってもらったベアニーレという名の少女は，その後も「ヒトラーおじさん」と文通をつづけた。彼女の祖母がユダヤ人であることが判明したにもかかわらず，この金髪の少女をかわいがるヒトラーの写真の宣伝効果が大きかったため，写真の流通はとめられず，少女との文通や山荘への招待もつづけられたという。Horst Möller/Volker Dahm/Hartmut Me-

hringer (Hrsg.), *Die tödliche Utopie. Bilder, Texte, Dokumente, Daten zum Dritten Reich*, München 1999, S. 55.

(20) *Adolf Hitler*, S. 39.

(21) これはリチャード・ベッセルの指摘である。Richard Bessel, „Charismatisches Führertum? Hitlers Image in der deutschen Bevölkerung", in : Loiperdinger/Herz/Pohlmann (Hrsg.), *a. a. O.*, S. 34-5.

(22) *Hitler wie ihn keiner kennt*, S. x.

(23) *Ebd.*, S. x-xi.

(24) ベンヤミンは次のように述べている。「写真においては，展示的価値が礼拝的価値を全面的に押しのけはじめている。だが礼拝的価値は無抵抗に消滅するわけではない。それは最後の堡塁のなかに逃げこむ。すなわち，人間の顔である。初期の写真の中心に肖像写真が置かれていたのは，けっして偶然ではない。遠く離れた恋人や，亡くなった恋人の記憶を崇拝することのなかに，写真の礼拝的価値は最後の避難所を見いだしている。初期の写真にとらえられた人間の顔の束の間の表情のなかで，アウラが最後の目くばせをする」。Walter Benjamin, „Das Kunstwerk im Zeitalter seiner technischen Reproduzierbarkeit (Dritte Fassung)", in : ders., *Gesammelte Schriften*, Bd. I-2, Frankfurt/M. 1974, S. 485（ヴァルター・ベンヤミン，高木久雄・高原宏平訳「複製技術の時代における芸術作品」『複製技術時代の芸術 ベンヤミン著作集2』晶文社，1970年，21頁）.

(25) Adelbert Reif (Hrsg.), *Albert Speer. Technik und Macht*, Eßlingen 1979, S. 90.

(26) Speer, *a. a. O.*, S. 15（邦訳，15頁）.

(27) Walter Kempowski, *Haben Sie Hitler gesehen? Deutsche Antworten*, München 1973, S. 10（ヴァルター・ケンポウスキ，到津十三男訳『君はヒトラーを見たか』サイマル出版会，1973年，8頁）.

(28) Hermann Göring, *Reden und Aufsätze*, München 1938, S. 326-7 ; Robert Ley, *Soldaten der Arbeit*, München 1938, S. 115.

(29) *Der Kongreß zu Nürnberg vom 5. bis 10. September 1934. Offizieller Bericht über den Verlauf des Reichsparteitages mit sämtlichen Reden*, München 1935, S. 216.

(30) *Der Parteitag der Ehre vom 8. bis 14. September 1936. Offizieller Bericht über den Verlauf des Reichsparteitages mit sämtlichen Kongreßreden*, München 1936, S. 246.

(31) マルティン・ブロシャートは，「総統の意志」がシンボリックなものにすぎなかったと指摘しているが，これを敷衍すれば，「総統」もまた支持者それぞれがそこに自己を投影する象徴的なイメージにすぎなかったといえよう。Broszat, „Soziale Motivation", S. 408.

(32) とくに「君はヒトラーを見たか」という質問にたいする同時代人の回答を集めたケンポウスキの調査を参照。Kempowski, *a. a. O.*

(33) *Ebd.*, S. 66（邦訳，108-9頁）, S. 62（邦訳，100頁）.

(34) William L. Shirer, *Berlin Diary. The Journal of a Foreign Correspondent 1934-1941*, New York 1941, pp. 16-7（ウィリアム・L・シャイラー，大久保和郎・大島かおり訳『ベルリン日記（1934-40）』筑摩書房，1977年，19頁）.

(35) こうした印象は，一つにはヒトラーの背の低さによるものだった。ある作家は次のように証言している。「当時，私は感激するとともに，彼がとても小さいのには驚きま

した。彼はドイツ人の平均以下でした」。Kempowski, *a. a. O.*, S. 79（邦訳，131 頁）.

(36) *Ebd.*, S. 26（邦訳，35 頁）.

(37) *Frankfurter Zeitung*, 27. November 1933. 党機関紙『攻撃』によれば，「国民的キッチュ」とは「不十分な手段によるナチ的シンボルの形成」を意味した。*Der Angriff*, 20. September 1933. 当時の『マイヤー百科事典』は，これをもう少し具体的に説明している。「革命後にのさばろうとした『国民的キッチュ』は禁止された。それは国民的シンボルや，総統とその同志の肖像を悪用した」。*Meyers Lexikon*, 8. Aufl., Bd. 6, Leipzig 1939, S. 1136.

(38) *Berliner Illustrierte Zeitung*, 1933, Nr. 21.

(39) Hildegard Brenner, *Die Kunstpolitik des Nationalsozialismus*, Reinbek bei Hamburg 1963, S. 255.

(40) Gesetz zum Schutze der nationalen Symbole vom 19. Mai 1933, in : *Reichsgesetzblatt*, 1933 Teil I, S. 285–6.

(41) *Berliner Illustrierte Zeitung*, 1933, Nr. 21. ナチ政権成立直後の国民的キッチュの氾濫と，キッチュ法制定にいたる背景については，この記事のほか，Brenner, *a. a. O.*, S. 40–1 も参照。製造業者の心情は，党が収集した次のざれ歌が雄弁に物語っている。「文化って何？　以前はそんなにちゃんとしていたの？　石膏でできた皇帝の頭像だってたくさんあったじゃないか！……こういう商売で儲けさせてもらえないんなら，『ハイル・ヒトラー』なんて挨拶はもうごめんだね」。*Die neue Gemeinschaft*, 1937, Folge 7.

(42) この点について，党機関紙『攻撃』は次のように説明している。「キッチュが意図的なものであるかどうかは，その際まったく重要ではない。能力不足ゆえに分別が欠如しているのであれば，いかなる場合にも善意を認めることはできない。キッチュはキッチュであって，有害な効果を発揮する。そしてまさにこの効果こそが，決定的な問題なのである。キッチュは人を優柔不断に，無気力に，怠惰にする。ハーケンクロイツのカップでコーヒーを飲むこと……によって新時代に配慮を示そうとするなら，それは退屈な安逸の頂点である」。*Der Angriff*, 20. September 1933.

(43) *Frankfurter Zeitung*, 27. November 1933.「国民的シンボルの保護のための法律」にもとづく宣伝省の決定については，次の文書も参照。Bundesarchiv Berlin, NS 5/VI/19128.

(44) *Frankfurter Volksblatt*, 4. September 1936.

(45) Heinz Boberach (Hrsg.), *Meldungen aus dem Reich 1938–1945. Die geheimen Lageberichte des Sicherheitsdienstes der SS*, Bd. 6, Herrsching 1984, S. 2095. 戦争開始後のキッチュをめぐる問題については，Otto Thomae, *Die Propaganda-Maschinerie. Bildende Kunst und Öffentlichkeitsarbeit im Dritten Reich*, Berlin 1978, S. 172–7 を参照。

(46) *Meldungen aus dem Reich*, Bd. 6, S. 2096.

(47) Zit. nach : Thomae, *a. a. O.*, S. 174.

(48) Amt „Schönheit der Arbeit“ (Hrsg.), *Das Taschenbuch Schönheit der Arbeit*, Berlin 1938, S. 209.

(49) *Ebd.*, S. 210.

(50) Zit. nach: Kershaw, *a. a. O.*, p. 66（邦訳，69 頁）.

(51) Kempowski, *a. a. O.*, S. 8（邦訳，4-5頁）.
(52) Max Domarus (Hrsg.), *Hitler. Reden und Proklamationen 1932-1945. Kommentiert von einem deutschen Zeitgenossen*, München 1973, S. 664, S. 690.
(53) *Münchner Neueste Nachrichten*, 20. April 1936.
(54) *Völkischer Beobachter*, 21./22. April, 1935.
(55) *Münchner Neueste Nachrichten*, 21. April 1933.
(56) Zit. nach : Kershaw, *a. a. O.*, p. 59（邦訳，63頁）.
(57) Kempowski, *a. a. O.*, S. 46（邦訳，73頁）.
(58) *Meldungen aus dem Reich*, Bd. 6, S. 1813.
(59) *Ebd.*, Bd. 13, S. 5145-6.
(60) *Berliner Illustrierte Zeitung*, 1936, Nr. 12. この関連では，ヒトラーが自分のことを「ヨーロッパ最大の俳優」と呼び，「私は独裁者ではないし，けっして独裁者にはならないであろう」と述べて，独裁者としてなら「どんな道化者でも統治することができる」とつけ加えたことが注目される。Zit. nach : Joachim C. Fest, *Hitler. Eine Biographie*, Frankfurt/M. 1973, S. 709（ヨアヒム・C・フェスト，赤羽龍夫・関楠生・永井清彦・佐瀬昌盛訳『ヒトラー』河出書房新社，1975年，下，169頁), S. 572（邦訳，下，44頁）.
(61) Zit. nach : *Ebd.*, S. 715（邦訳，下，175頁）.
(62) Henry Picker, *Hitlers Tischgespräche im Führerhauptquartier*, Berlin 1993, S. 235.
(63) *Ebd.*, S. 236.
(64) Ley, *a. a. O.*, S. 115.
(65) ヒトラーは自分の質素な服装を際立たせるため，公的な場所で周囲の人間が派手な制服を着用することを好んだ。Fest, *a. a. O.*, S. 713（邦訳，下，174頁）. 実際，貪欲で派手好きなゲーリングはつねに特注の制服を着用し，豪華な暮らしぶりで知られていた。ヒトラーは次のように述べている。「私の周囲は立派に見えなければならない。それだけ私の質素さが目立つからだ」。Speer, *a. a. O.*, S. 123（邦訳，124頁）.
(66) David Schoenbaum, *Hitler's Social Revolution. Class and Status in Nazi Germany 1933-1939*, New York 1966, p. 59（デイヴィッド・シェーンボウム，大島通義・大島かおり訳『ヒットラーの社会革命―1933～39年のナチ・ドイツにおける階級とステイタス―』而立書房，1978年，89頁）.
(67) George L. Mosse, *The Nationalization of the Masses. Political Symbolism and Mass Movements in Germany from the Napoleonic Wars through the Third Reich*, New York 1975, p. 190（ジョージ・L・モッセ，佐藤卓己・佐藤八寿子訳『大衆の国民化―ナチズムに至る政治シンボルと大衆文化―』柏書房，1994年，199頁）.
(68) Speer, *a. a. O.*, S. 55（邦訳，52頁), S. 57（邦訳，54頁）.
(69) *Die Kunst im Dritten Reich*, Jg. 1 (1937), Folge 7, S. 52.
(70) ロルフ・シュタインベルクは，ナチ時代の「国民的キッチュ」がヴィルヘルム時代の熱狂的愛国主義に見られる小市民的な雰囲気を継承していたと指摘している。Rolf Steinberg (Hrsg.), *Nazi-Kitsch*, Darmstadt 1975, S. 6.
(71) ナチズムにおける市民的価値観の重要性については，モッセの研究を参照。ただしモッセの指摘によれば，党大会その他の式典ではそうした小市民的な「心地良さ」は排除されていたという。Mosse, *a. a. O.*, p. 203（邦訳，213-4頁）.

(72) ヘンリー・ピッカーによれば，ヒトラーはみずからをモデルとした胸像のうち，フェルディナント・リーバーマン，テオドーア・リンツ，ヘートヴィヒ・マリア・ライ，ハンス・シュヴェゲルレの作品が気に入っていた。肖像画では，フランツ・トリープシュの『総統像』，コンラート・ホンメルの『戦場の総統』が気に入っていたという。Picker, *a. a. O.*, S. 373.

(73) Wolbert, *a. a. O.*, S. 76.

(74) この点について，ヴォルバートは次のように指摘している。「ヒトラーもまた，崇拝され，崇拝されることを好んだにもかかわらず，はかない個人として，公共の広場に個人的な姿で彫像を建てられるのに，『威厳』が十分ではなかった」。*Ebd.*

(75) 帝国官房長ハンス・ハインリヒ・ラマース宛の 1939 年 2 月 15 日の文書。Bundesarchiv Berlin, R 43/II/1260.

(76) Weber, *a. a. O.*, S. 157（『支配の諸類型』，141 頁）.

(77) Martin Broszat, *Der Staat Hitlers. Grundlegung und Entwicklung seiner inneren Verfassung*, München 1969, S. 360-2.

(78) やや文脈は異なるが，映画に関してゲッベルスは，ナチズムの担い手がまだ生きている以上，これを何らかのイメージによって固定化することは慎むべきだと考えていた。「ナチズムはまだ最終的な形態をとっておらず，なおも進行中の過程である。……つまり，ナチズムを芸術的に形態化するのに必要な歴史的な隔たりを，われわれはまだもちえないのである」。*Jahrbuch der Reichsfilmkammer 1937*, Berlin 1937, S. 74.

(79) Adolf Hitler, *Mein Kampf*, 47. Aufl., München 1939, S. 431（アドルフ・ヒトラー，平野一郎・将積茂訳『わが闘争』角川書店，1973 年，下，37 頁）.

(80) こうした「ヒトラー神話」のメカニズムについては，カーショーの研究を参照。Kershaw, *a. a. O.*, pp. 83-104（邦訳，89-110 頁）. 体制にたいする多くの不平・不満のなかでも，ヒトラー個人はその対象からはっきりと除外された。ある党員は「ヒトラーはまともかもしれないが，子分どもはいかさま野郎だ」と述べている。Zit. nach : *Ebd.*, p. 95（邦訳，100 頁）. ヒトラーは体制への国民の合意の焦点だったのである。

(81) *Ebd.*, pp. 83-4（邦訳，89-90 頁）.

(82) *Ebd.*, pp. 253-4（邦訳，273-4 頁）.

(83) Weber, *a. a. O.*, S. 661（マックス・ヴェーバー，世良晃志郎訳『支配の社会学 II』創文社，1962 年，425 頁）, S. 656（『支配の社会学 II』，406 頁）.

(84) ヴェーバーの「カリスマの日常化」の概念も，基本的にカリスマそのものが安定していく傾向を説明するのみである。*Ebd.*, S. 661-81（『支配の社会学 II』，425-502 頁）. ただし「現存秩序のカリスマ的正当化」の議論には，ややこれに近い発想が見られる。*Ebd.*, S. 679-81（『支配の社会学 II』，497-502 頁）. またヴェーバー自身，支配の理念型が歴史上「純粋な」かたちではあらわれないと明記していることにも留意しておく必要があろう。*Ebd.*, S. 124（『支配の諸類型』，11 頁）.

(85) Bessel, *a. a. O.*, S. 24 を参照。

(86) Richard Sennett, *The Fall of Public Man. On The Social Psychology of Capitalism*, New York 1977, p. 272（リチャード・セネット，北川克彦・高階悟訳『公共性の喪失』晶文社，1991 年，378 頁）, p. 270（邦訳，376 頁）.

(87) *Ebd.*, p. 270（邦訳，375 頁）.

(88) *Ebd.*, p. 337（邦訳，467 頁）.

(89) *Ebd.*, p. 340（邦訳，471 頁）.
(90) *Ebd.*, p. 293（邦訳，406 頁）.
(91) Picker, *a. a. O.*, S. 665.
(92) Hitler, *Mein Kampf,* S. 579（邦訳，下，209 頁）.
(93) Saul Friedländer, *Kitsch und Tod. Der Widerschein des Nazismus*, München 1986, S. 57（サユル・フリードレンダー，田中正人訳『ナチズムの美学―キッチュと死についての考察―』社会思想社，1990 年，77 頁）.
(94) *Ebd.*, S. 14（邦訳，18 頁）.
(95) ヒトラーにかぎらず，彼の取り巻きたちの多くも凡庸な俗物であった。その品行の悪さゆえに，彼らは国民の反感を買っていたが，俗物たちが高位を得たことを，一種の民主化として歓迎した国民も少なからずいたと思われる。
(96) Joseph P. Stern, *Hitler. Der Führer und das Volk*, München 1981, S. 23（ジョゼフ・P・スターン，山本尤訳『ヒトラー神話の誕生』社会思想社，1983 年，35 頁）.

終　章　芸術作品の黄昏

(1) Joachim C. Fest, *Hitler. Eine Biographie*, Frankfurt/M. 1973, S. 526（ヨアヒム・C・フェスト，赤羽龍夫・関楠生・永井清彦・佐瀬昌盛訳『ヒトラー』河出書房新社，1975 年，上，487-8 頁）.
(2) *Ebd.*, S. 482（邦訳，上，483 頁）.
(3) Thomas Mann, *Betrachtungen eines Unpolitischen*, Frankfurt/M. 1956, S. 115（トーマス・マン，小塚敏夫訳「非政治的人間の考察（抄）」『ワーグナーと現代』みすず書房，1971 年，48 頁），S. 114（邦訳，46 頁）. この点について，トーマス・マンは次のように述べている。「ヴァーグナーが何らかの意味で彼の国民の表現であったならば，彼が何らかの点でドイツ的で，最も高次の，最も純粋な意味でドイツ的・人間的，ドイツ的・市民的であったとすれば，それは彼の政治にたいする嫌悪においてであった」。*Ebd.*, S. 113（邦訳，45 頁）.
(4) 代表的な研究としては，Peter Viereck, *Metapolitics. The Roots of the Nazi Mind*, New York 1965（ピーター・ヴィーレック，西城信訳『ロマン派からヒトラーへ―ナチズムの源流―』紀伊國屋書店，1973 年）；Helmuth Plessner, *Die verspätete Nation*, Stuttgart 1959（ヘルムート・プレスナー，土屋洋二訳『遅れてきた国民―ドイツ・ナショナリズムの精神史―』名古屋大学出版会，1991 年）などが挙げられる。両者の説明は，基本的にキリスト教の代替物としてのロマン主義にナチズムの起源を見いだすものといえよう。またロマン主義からハイデガーにいたる美的政治の問題を扱った研究として，小野紀明『美と政治―ロマン主義からポストモダニズムへ―』岩波書店，1999 年を参照。
(5) Walter Benjamin, „Das Kunstwerk im Zeitalter seiner technischen Reproduzierbarkeit (Dritte Fassung)“, in : ders., *Gesammelte Schriften*, Bd. I-2, Frankfurt/M. 1974, S. 508（ヴァルター・ベンヤミン，高木久雄・高原宏平訳「複製技術の時代における芸術作品」『複製技術時代の芸術 ベンヤミン著作集 2』晶文社，1970 年，46 頁）.
(6) *Ebd.*, S. 508（邦訳，46-7 頁）.

(7) *Ebd.*, S. 482（邦訳，19 頁）.

(8) William L. Shirer, *Berlin Diary. The Journal of a Foreign Correspondent 1934–1941*, New York 1941, p. 21（ウィリアム・L・シャイラー，大久保和郎・大島かおり訳『ベルリン日記（1934–40）』筑摩書房，1977 年，23 頁）.

(9) *Nationalsozialistische Monatshefte*, Heft 78, 1936, S. 836.

(10) Karl Julius Obenauer, *Die Problematik des ästhetischen Menschen in der deutschen Literatur*, München 1933, S. 404–5.

(11) Helmut Heiber (Hrsg.), *Goebbels Reden 1932–1945*, Bd. 1, Düsseldorf 1971, S. 137.

(12) *Völkischer Beobachter*, 10. Mai 1933.

(13) Alfred Rosenberg, *Der Mythus des 20. Jahrhunderts*, München 1939, S. 40.

(14) ユンガーとロマン主義の関係については，小野紀明「美的形式と政治的秩序化―ユンガーの形態概念をめぐって―」『現象学と政治―二十世紀ドイツ精神史研究―』行人社，1994 年を参照。

(15) Ernst Jünger, *Der Arbeiter. Herrschaft und Gestalt*, Stuttgart 1981, S. 54.

(16) *Ebd.*, S. 57.

(17) シュミットとロマン主義の関係については，とくに竹島博之『カール・シュミットの政治―「近代」への反逆―』風行社，2002 年，第 1 章を参照。

(18) Carl Schmitt, *Politische Romantik*, 6. Aufl., Berlin 1998, S. 16（カール・シュミット，大久保和郎訳『政治的ロマン主義』みすず書房，1970 年，21 頁）.

(19) ここからシュミットは，ロマン主義を「主観化された機会原因論 subjektivierter Occasionalismus」と定義する。*Ebd.*, S. 18（邦訳，24 頁）.

(20) *Ebd.*, S. 16–7（邦訳，21–2 頁）.

(21) *Ebd.*, S. 127（邦訳，157 頁）.

(22) *Ebd.*, S. 153（邦訳，187 頁）.

(23) シュミット，ハイデガー，ユンガーの思想における「決断」のモチーフを論じた古典的研究として，Christian Graf von Krockow, *Die Entscheidung. Eine Untersuchung über Ernst Jünger, Carl Schmitt, Martin Heidegger*, Stuttgart 1958（クリスティアン・グラーフ・フォン・クロコウ，高田珠樹訳『決断―ユンガー，シュミット，ハイデガー―』柏書房，1999 年）を参照。

(24) Schmitt, *a. a. O.*, S. 165（邦訳，202 頁）. ただしシュミットは，ロマン主義的な観念によって動機づけられながらも，そうした観念のために政治的行動を起こす「ロマン主義的政治」には一定の評価を与えている。このことは，彼の批判の矛先がロマン主義そのものというよりはむしろ，その政治的受動主義に向けられていたことを示している。*Ebd.*, S. 151（邦訳，184 頁）.

(25) 19 世紀初頭のロマン主義においては，国民的自覚の追求と市民的・リベラルな精神の拒否が，市民的な個人主義や主観性の強調と対をなし，保守的・復古的な表象とともに，イロニー的・相対的・感性的・浮動的・扇情的な要素が顕著な役割をはたしていたし，19 世紀末以降の新ロマン主義においても，非合理的な力，情熱，原初的な暴力，戦争の賛美が，生への倦怠，死への憧憬と混じりあい，祖国の覚醒をもとめる青年運動の興奮とならんで，ダンディで享楽的な唯美主義の傾向が濃厚であった。Ernst Loewy, *Literatur unterm Hakenkreuz. Das Dritte Reich und seine Dichtung*, Frankfurt/M. 1966, S. 43, S. 47–8.

(26) *Goebbels Reden*, Bd. 2, S. 253-4.
(27) *Zeitschriften-Dienst*, 2. Februar 1940, Nr. 1752.
(28) ある論説は，この点を次のように説明している。「ロマン主義の本質的特徴は，その神話的な射程にも，その純粋に芸術的な様式意志にも内包されえない。……ロマン主義の本質的功績はまさに，精神史を政治的・国民的な意味における歴史と対立するものとしてではなく，その分離不可能な構成要素として理解し，それに応じてまた，精神的・芸術的創造を国民的な存在と関係の機能として把握したことにある。したがって，ロマン主義の文化意志もまた，新しい国民的な美的教育にかぎられるものではなく，……美学を通じた新しい国民的教育を追求するものである」。*Der neue Weg*, 15. November 1934, S. 378.
(29) もちろん，ロマン主義にファシズムの先駆者という嫌疑をかけることが，ここでの目的ではない。エルンスト・レーヴィも強調するように，ナチズムの世界観がロマン主義の伝統を受け継いでいたことはたしかであるとしても，それはロマン主義の典型的な理念やモチーフ，いいまわし，シンボル，イメージの多くを道具化し，それらの意味内容を変化させて利用したことを意味していると考えるべきだろう。Loewy, *a. a. O.*, S. 41, S. 49-50.
(30) ローゼンベルクの思想には，19 世紀ロマン主義以来の「ドイツ運動」との結びつきが明らかに存在しており，それは「民族精神」や「民族の魂」，「有機的」成長といったいいまわしや表現にまで及んでいた。Frank-Lothar Kroll, *Utopie als Ideologie. Geschichtsdenken und politisches Handeln im Dritten Reich*, Paderborn 1998, S. 113（フランク＝ロター・クロル，小野清美・原田一美訳『ナチズムの歴史思想―現代政治の理念と実践―』柏書房，2006 年，94 頁，321 頁）.
(31) Rosenberg, *a. a. O.*, S. 691-2.
(32) Robert Scholz, *Lebensfragen der bildenden Kunst*, München 1937, S. 76-8.
(33) *Meyers Lexikon*, 8. Aufl., Bd. 6, Leipzig 1939, S. 1149.
(34) *Völkischer Beobachter*, 5. August 1934.
(35) この点について，ナチの御用学者アルフレート・ボイムラーは次のように説明している。「ドイツは世界史のなかでは偉大なドイツとしてしか実在しえない。北方ドイツのみが，もはやローマの植民地ならざるヨーロッパの創造者たりうるのである。つまり，ヘルダーリンとニーチェのドイツがあるのである」。Alfred Baeumler, *Nietzsche, der Philosoph und Politiker*, Leipzig 1931, S. 183.
(36) Martin Heidegger, *Nietzsche*, Bd. I, Pfullingen 1961, S. 124（マルティン・ハイデガー，細谷貞雄監訳・杉田泰一・輪田稔訳『ニーチェ Ｉ』平凡社，1997 年，148 頁）.
(37) *Ebd.*, S. 105（邦訳，126 頁）.
(38) *Ebd.*, S. 159（邦訳，189 頁）. ハイデガーはこれを次のように詳説している。「偉大な様式の芸術は，生の最高度の充溢を保持しつつ制圧する働きの簡素な静かさである。これに必要なのは，生の根源的な，だが抑制された解放であり，最も豊かな，だが簡素なものの統一における対立関係であり，充溢した，だが永遠にしてまれなるものの持続における成長である」。*Ebd.*, S. 148-9（邦訳，177 頁）.
(39) *Ebd.*, S. 185（邦訳，220 頁）.
(40) Martin Heidegger, *Der Ursprung des Kunstwerkes*, Stuttgart 1960, S. 68-9（マルティン・ハイデガー，関口浩訳『芸術作品の根源』平凡社，2002 年，89 頁）.

(41) ハイデガーの政治思想の本質を「国家＝作品」の理念に見いだした研究として，とくに次を参照。Alexander Schwan, *Politische Philosophie im Denken Heideggers*, Opladen 1965; Philippe Lacoue-Labarthe, *Die Fiktion des Politischen. Heidegger, die Kunst und die Politik*, Stuttgart 1990（フィリップ・ラクー＝ラバルト，浅利誠・大谷尚文訳『政治という虚構―ハイデガー，芸術そして政治―』藤原書店，1992 年）; Richard Wolin, *The Politics of Being. The Political Thought of Martin Heidegger*, New York 1990（リチャード・ウォーリン，小野紀明・堀田新五郎・小田川大典訳『存在の政治―マルティン・ハイデガーの政治思想―』岩波書店，1999 年）.

(42) ハイデガーとナチズムの関係をめぐっては，長い論争史がある。その総決算というべき研究として，中田光雄『政治と哲学―〈ハイデガーとナチズム〉論争史の一決算―』（上・下）岩波書店，2002 年を参照。

(43) Heidegger, *Der Ursprung des Kunstwerkes*, S. 86（邦訳，111-2 頁）, S. 88（邦訳，114 頁）. そこには「根源的な統一をなす静止と運動が秘められ，開示されて」おり，これが「突然の驚愕，真の不安をひき起こすとともに，冷静な，均斉のとれた沈黙の畏怖をも呼び起こす」のだという。Martin Heidegger, *Einführung in die Metaphysik*, 2. Aufl., Tübingen 1958, S. 47（マルティン・ハイデガー，川原栄峰訳『形而上学入門』平凡社，1994 年，106 頁）, S. 114-5（邦訳，246 頁）.

(44) Heidegger, *Der Ursprung des Kunstwerkes*, S. 122（邦訳，262 頁）.

(45) *Ebd.*, S. 120（邦訳，258-9 頁）.

(46) *Ebd.*, S. 36（邦訳，85 頁）.

(47) *Berliner Lokal-Anzeiger*, 11. April 1933.

(48) たとえば古代ギリシア研究者のヴェルナー・イェーガーは，1944 年の著作のなかでプラトンの哲人政治にナチ国家の模範を見いだしている。「彼はそのとき偉大な画家となって，自己の内なる神的なモデルに目を向けながら，理想的なポリスの像を形成するだろう。……だがここではもはや現実のための模範が問題なのではなく，その像じたいがあらたな現実であって，それは哲学者の魂のなかにある神的な範型にしたがって模造された現実である。画家は国家指導者であり，国家じたいは『ピナックス』，すなわちキャンヴァスであって，きれいに洗浄された後，その上で新しい人間の像が輪郭と色彩を獲得するのである」。Werner Jaeger, *Paideia. Die Formung des Griechischen Menschen*, Bd. II, Berlin 1944, S. 359.

(49) こうした解釈については，中田，前掲書，上，152-3 頁，168 頁，171-2 頁を参照。

(50) Rosenberg, *a. a. O.*, S. 2.

(51) *Ebd.*, S. 433.

(52) Heidegger, *Einführung in die Metaphysik*, S. 152（邦訳，323 頁）.

(53) *Ebd.*, S. 28（邦訳，70 頁）.

(54) Heidegger, *Nietzsche*, Bd. I, S. 103（邦訳，124 頁）.

(55) *Ebd.*, S. 151（邦訳，179 頁）.

(56) *Ebd.*, S. 102（邦訳，123 頁）.

(57) Charles Taylor, *Sources of the Self. The Making of Modern Identity*, Cambridge 1989, p. 456.

(58) Peter Sloterdijk, *Kritik der zynischen Vernunft*, Frankfurt/M. 1983, S. 821（ペーター・スローターダイク，高田珠樹訳『シニカル理性批判』ミネルヴァ書房，1996 年，

454 頁).

(59)　*Ebd.*, S. 819 (邦訳, 453 頁).

(60)　ちなみにナチ時代の『マイヤー百科事典』は,「ロマン主義的イロニー」を「独創的に前進する浮動性, 無限性の充溢, 空想的な夢のあらわれとなりうる」一方で,「しばしば確固とした特色ある思想, 価値, 感情の欠如をあらわすにすぎず, したがって……相対主義や堕落に行きつく」ものと評価している。*Meyers Lexikon*, Bd. 6, S. 407.

(61)　Friedrich Schlegel, „Athenäums-Fragmente", in : Ernst Behler (Hrsg.), *Kritische Friedrich-Schlegel-Ausgabe*, Bd. 2, Paderborn 1967, S. 182-3 (フリードリヒ・シュレーゲル, 山本定祐編訳『ロマン派文学論』冨山房百科文庫, 1978 年, 43-4 頁).

(62)　Walter Benjamin, „Der Begriff der Kunstkritik in der deutschen Romantik", in : ders., *Gesammelte Schriften*, Bd. I-1, Frankfurt/M. 1974, S. 67 (ヴァルター・ベンヤミン, 大峯顕・佐藤康彦・高木久雄訳「ドイツ・ロマン主義における芸術批評の概念」『ドイツ・ロマン主義 ベンヤミン著作集 4』晶文社, 1970 年, 77 頁).

(63)　*Ebd.*, S. 65-6 (邦訳, 75-6 頁).

(64)　シュレーゲルはこれを「自己創造と自己破壊のたえまない交替」と表現している。Schlegel, „Athenäums-Fragmente", S. 172 (邦訳, 38 頁).

(65)　もっとも後期シュレーゲルが民族主義的傾向を強め, 復古主義的国家観を擁護するようになったことにあらわれているように, ロマン主義の内部にもこうした志向性が含まれていたと考えるべきだろう。

(66)　Benjamin, „Der Begriff der Kunstkritik", S. 83-4 (邦訳, 97-8 頁).

(67)　*Ebd.*, S. 103 (邦訳, 120-1 頁).

(68)　Friedrich Schlegel, „Gespräch über die Poesie", in : Behler (Hrsg.), *a. a. O.*, Bd. 2, S. 319 (邦訳, 184 頁).

(69)　Karl Heinz Bohrer, *Die Ästhetik des Schreckens. Die pessimistische Romantik und Ernst Jüngers Frühwerk*, München 1978, S. 19.

(70)　*Ebd.*, S. 56. この点について, ボーラーはさらに次のように説明している。「『冒険的心情』のパトス,『深淵』の反省, 意識を『限界』まで拡大すること, 生起する『驚愕』, これらは『未知のもの』にたいする初期シュールレアリスムの経験の概念的枠組みを構成している。それらは主観的な関与を強調するが, そうした関与はしかしながら――ユンガーの場合と同様に――心理的条件へと還元されうるものである。むしろ『驚愕』――語義的にいってこれにふさわしい言葉は『戦慄』である――において開示されるのは, 事物それじたいである」。*Ebd.*, S. 364.

(71)　*Ebd.*, S. 341.

(72)　Walter Benjamin, „Der Sürrealismus", in : ders., *Gesammelte Schriften*, Bd. II-1, Frankfurt/M. 1977, S. 307 (ヴァルター・ベンヤミン, 針生一郎訳「シュルレアリスム」『シュルレアリスム ベンヤミン著作集 8』晶文社, 1981 年, 33 頁).

(73)　*Ebd.*

(74)　Sloterdijk, *a. a. O.*, S. 712 (邦訳, 385 頁), S. 720 (邦訳, 390 頁).

(75)　Otto Flake, *Das Logbuch*, Gütersloh 1970, S. 295.

(76)　Sloterdijk, *a. a. O.*, S. 715-7 (邦訳, 387-8 頁). スローターダイクはそこに「近代の主観性すべての模範となるような, 近世的な自我と世界の関係の転倒」を見いだしてい

る。それは自足する主観性に終止符を打ち，「むしろ意識的に所与の現実に身を任せる」ものだという。*Ebd.*

(77) Benjamin, „Das Kunstwerk", S. 505（邦訳，43頁), S. 497（邦訳，34-5頁).

(78) *Ebd.*, S. 503（邦訳，40-1頁).

(79) マルクーゼによれば，芸術は人間的な理想を虚構として表現することで，その理想の実現を妨げているが，そこに表現された理想そのものは，現実の社会への抗議と見なしうる。芸術は社会から切り離されているがゆえに，批判性を保持しうる反面，美的仮象において代用満足をもたらすために，社会を変革から解き放ってしまうのであり，そうした欺瞞を解消するために，彼は自律的芸術の止揚を要求するのである。Herbert Marcuse, „Über den affirmativen Charakter der Kultur", in : ders., *Kultur und Gesellschaft I*, Frankfurt/M. 1965, S. 82（ヘルベルト・マルクーゼ，田窪清秀他訳「文化の現状肯定的性格について」『文化と社会　上』せりか書房，1969年，121頁).

(80) Peter Bürger, *Theorie der Avantgarde*, Frankfurt/M. 1974, S. 72-3（ペーター・ビュルガー，浅井健二郎訳『アヴァンギャルドの理論』ありな書房，1987年，77頁).

(81) Theodor W. Adorno, *Ästhetische Theorie*, Frankfurt/M. 1970, S. 86（テオドーア・W・アドルノ，大久保健治訳『美の理論』河出書房新社，1985年，93頁).

(82) Theodor W. Adorno, „Erpreßte Versöhnung. Zu Georg Lukács : ›Wider den mißverstandenen Realismus‹", in : ders., *Noten zur Literatur*, Frankfurt/M. 1974, S. 260（テオドーア・W・アドルノ，片岡啓治訳「強請された和解」『文学ノート』イザラ書房，128頁).

(83) この点について，ユルゲン・ハーバーマスは次のように述べている。「アドルノは越冬戦略をとるが，その弱点は明らかにその防衛的性格にある。……これにたいして集団的に受容される芸術……の発展は顕著であって，それは単なる文化産業を超えており，ましてや普遍化された世俗的な啓示へのベンヤミンの希望を奪うものではない」。Jürgen Habermas, *Philosophisch-politische Profile*, Frankfurt/M. 1981, S. 354（ユルゲン・ハーバーマス，小牧治・村上隆夫訳『哲学的・政治的プロフィール　下』未来社，1986年，155頁).

(84) Adorno, *Ästhetische Theorie*, S. 355（邦訳，406頁).

(85) Schmitt, *a. a. O.*, S. 17（邦訳，22頁).

(86) Heidegger, *Einführung in die Metaphysik*, S. 101（邦訳，216頁).

(87) Heidegger, *Der Ursprung des Kunstwerkes*, S. 77（邦訳，101頁).

(88) Benjamin, „Der Begriff der Kunstkritik", S. 106（邦訳，124-5頁).

(89) Matei Calinescu, *Five Faces of Modernity. Modernism, Avant-Garde, Decadence, Kitsch, Postmodernism*, Durham 1987, p. 239（マテイ・カリネスク，富山英俊・栂正行訳『モダンの五つの顔―モダン・アヴァンギャルド・デカダンス・キッチュ・ポストモダン―』せりか書房，1995年，328-9頁). カリネスクも参照しているように，キッチュとロマン主義の類縁性にはやくから着目していたのは，ヘルマン・ブロッホである。「キッチュが19世紀にどれほど強い影響を与えているにしても，キッチュそのものは大部分，われわれがロマン主義的と見なす精神的態度に由来している」。Hermann Broch, „Einige Bemerkungen zum Problem des Kitsches", in : ders., *Dichten und Erkennen. Essays Band I*, Zürich 1955, S. 299（ヘルマン・ブロッホ，入野田眞右訳『H・ブロッホの文学空間』北宋社，1995年，96頁).

(90) Adorno, *Ästhetische Theorie*, S. 355（邦訳，406頁）.

(91) Ernst Bloch, *Erbschaft dieser Zeit. Erweiterte Ausgabe*, Frankfurt/M. 1962, S. 165（エルンスト・ブロッホ，池田浩士訳『この時代の遺産』筑摩書房，1994年，187頁）.

(92) *Ebd.*, S. 166（邦訳，188-9頁）.

(93) Calinescu, *a. a. O.*, p. 254（邦訳，346-7頁）.

(94) *Der Kongreß zu Nürnberg vom 5. bis 10. September 1934. Offizieller Bericht über den Verlauf des Reichsparteitages mit sämtlichen Reden*, München 1935, S. 102.

(95) 「モンタージュ」の概念は，ベンヤミンがバロック悲劇に見いだした「アレゴリー」の概念や，「蒐集」や「引用」といった彼の中心的な概念とも密接に関連している。晩年の大著『パサージュ論』について，彼は次のように述べている。「この仕事は，引用符なしで引用する術を最高度に発展させねばならない。その理論は，モンタージュの理論と最も密接に関係している」。Walter Benjamin, „Das Passagen-Werk. Aufzeichnungen und Materialien“, in : ders., *Gesammelte Schriften*, Bd. V-1, Frankfurt/M. 1982, S. 572（ヴァルター・ベンヤミン，今村仁司・三島憲一訳『パサージュ論 IV』岩波書店，1993年，8頁）.

(96) Bürger, *a. a. O.*, S. 97-8（邦訳，106頁）.

(97) Adorno, *Ästhetische Theorie*, S. 232（邦訳，264頁）.

(98) Theodor W. Adorno, *Minima Moralia. Reflexionen aus dem beschädigten Leben*, Frankfurt/M. 1964, S. 298（テオドーア・W・アドルノ，三光長治訳『ミニマ・モラリア—傷ついた生活裡の省察—』法政大学出版局，1979年，350頁）.

(99) Walter Benjamin, „Über den Begriff der Geschichte“, in : ders., *Gesammelte Schriften*, Bd. I-2, Frankfurt/M. 1974, S. 696（ヴァルター・ベンヤミン，野村修訳「歴史哲学テーゼ」『暴力批判論 ベンヤミン著作集1』晶文社，1969年，118頁）.

(100) Walter Benjamin, „Der Autor als Produzent“, in : ders., *Gesammelte Schriften*, Bd. II-2, Frankfurt/M. 1977, S. 692-3（ヴァルター・ベンヤミン，石黒英男訳「生産者としての作家」『ブレヒト ベンヤミン著作集9』晶文社，1971年，177頁）.

(101) ハートフィールドについては，次の作品集および研究を参照。John Heartfield, *Krieg im Frieden. Fotomontagen zur Zeit 1930-1938*, Frankfurt/M. 1981 ; Wieland Herzfelde, *John Heartfield. Leben und Werk, dargestellt von seinem Bruder*, Dresden 1962（ヴィーラント・ヘルツフェルデ，針生一郎訳『ジョン・ハートフィールド—フォトモンタージュとその時代—』水声社，2005年）; Roland März, „Über den Verfremdungseffekt in den Fotomontagen John Heartfields“, in : *Staatliche Museen zu Berlin. Forschungen und Berichte*, Bd. 13, Berlin 1971 ; Michael Töteberg, *John Heartfield mit Selbstzeugnissen und Bilddokumenten*, Reinbek bei Hamburg 1978.

(102) März, *a. a. O.*, S. 119.

(103) Benjamin, „Der Autor als Produzent“, S. 693（邦訳，178頁）.

(104) *Ebd.*, S. 693（邦訳，177頁）.

(105) Erwin Schockel, *Das politische Plakat. Eine psychologische Betrachtung*, München 1939, S. 188-9.

(106) Töteberg, *a. a. O.*, S. 78.

(107) *Ebd.*, S. 87.

(108) Bloch, *a. a. O.*, S. 275（邦訳，676頁）.

(109) Benjamin, „Das Kunstwerk", S. 496-7（邦訳，34頁）.
(110) Zit. nach : Töteberg, *a. a. O.*, S. 105.
(111) Zit. nach : *Ebd.*, S. 51.
(112) Zit. nach : *Ebd.*, S. 81.
(113) こうした民衆文化の理解については，ミハイル・バフチンのカーニヴァル論から示唆を受けている。Mikhail Bakhtin, *Rabelais and His World*, Bloomington 1984（ミハイル・バフチン，川端香男里訳『フランソワ・ラブレーの作品と中世ルネッサンスの民衆文化』せりか書房，1973年）. なおベンヤミンとバフチンの類縁性を指摘したものとして，テリー・イーグルトンの研究を参照。Terry Eagleton, *Walter Benjamin or Towards a Revolutionary Criticism*, London 1981（テリー・イーグルトン，有満麻美子・高井宏子・今村仁司訳『ワルター・ベンヤミン―革命的批評に向けて―』勁草書房，1988年）.
(114) ナチ時代のジョークについては，以下のジョーク集を参照。Hans-Jochen Gamm, *Der Flüsterwitz im Dritten Reich*, München 1990 ; Ralph Wiener, *Gefährliches Lachen. Schwarzer Humor im Dritten Reich*, Reinbek bei Hamburg 1994 ; 関楠生編訳『ヒトラー・ジョーク―ジョークでつづる第三帝国史―』河出書房新社，1980年。
(115) Peter Hüttenberger, „Heimtückefälle vor dem Sondergericht München 1933-1939", in : Martin Broszat/Elke Fröhlich/Anton Grossmann (Hrsg.), *Bayern in der NS-Zeit*, Bd. IV, S. 486.
(116) Gamm, *a. a. O.*, S. 103. ゲッベルスは小児麻痺が原因で左足が短かった。「嘘は足が短い」とは，嘘はすぐにばれるという意味の諺である。
(117) *Ebd.*, S. 126.「ハイル・ヒトラー」は「ヒトラーを治してやれ」という意味にもなる。
(118) *Ebd.*, S. 154. ヒトラーが独身で，子供がいなかったのは周知の事実である。
(119) Zit. nach : Detlev J. K. Peukert, *Volksgenossen und Gemeinschaftsfremde. Anpassung, Ausmerze und Aufbegehren unter dem Nationalsozialismus*, Köln 1982, S. 56（デートレフ・ポイカート，木村靖二・山本秀行訳『ナチス・ドイツ―ある近代の社会史―』三元社，1991年，66頁）.
(120) Martin Broszat/Elke Fröhlich/Falk Wiesemann (Hrsg.), *Bayern in der NS-Zeit*, Bd. I, München 1977, S. 223. 同様の報告は，親衛隊保安部の『帝国からの報告』にも数多く見いだされる。Heinz Boberach (Hrsg.), *Meldungen aus dem Reich 1938-1945. Die geheimen Lageberichte des Sicherheitsdienstes der SS*, 17Bde, Herrsching 1984.
(121) Gesetz gegen heimtückische Angriffe auf Staat und Partei und zum Schutz der Parteiuniformen vom 20. Dezember 1934, in : *Reichsgesetzblatt*, 1934 Teil I, S. 1269-71.「不平屋，あら探し屋，反対屋」にたいしては，ゲッベルスの執拗な攻撃が加えられた。ただし「誹謗中傷法」にもとづいて処罰されたのは，ほとんどがヒトラー個人に関する発言で，他の指導者に関するものは処罰をまぬがれることが多かったという。Bernward Dörner, *»Heimtücke«. Das Gesetz als Waffe. Kontrolle, Abschreckung und Verfolgung in Deutschland 1933-1945*, Paderborn 1998, S. 69, S. 75.
(122) Klaus Behnken (Hrsg.), *Deutschland-Berichte der sozialdemokratischen Partei Deutschlands (SOPADE) 1934-1940*, Bd. 5, Frankfurt/M. 1980, S. 138-9.
(123) Peukert, *Volksgenossen und Gemeinschaftsfremde*, S. 90-3（邦訳，108-12頁）.
(124) *Deutschland-Berichte*, Bd. 4, S. 1259.

(125) Hasso Spode, „„Der deutsche Arbeiter reist". Massentourismus im Dritten Reich", in : Gerhard Huck (Hrsg.), *Sozialgeschichte der Freizeit. Untersuchungen zum Wandel der Alltagskultur in Deutschland*, Wuppertal 1980, S. 302.

(126) *Deutschland-Berichte*, Bd. 3, S. 884.

(127) *Ebd.*, Bd. 3, S. 164.

(128) *Ebd.*, Bd. 3, S. 165.

(129) *Der Angriff,* 21. Januar 1937. ヒトラーもまた，カーニヴァルを「美の喜び」を祝う行事と見なしており，少なくとも「カーニヴァルで罪を犯す」ことを許しているカトリック教会のほうが，「ある種のプロテスタントの偽善」よりはましだと語っている。Henry Picker, *Hitlers Tischgespräche im Führerhauptquartier*, Berlin 1993, S. 108.

(130) 歓喜力行団ポンメルン支部の 1938 年の指示によれば，カーニヴァルはナチ党の政治集会ではなく，「笑いと陽気さの祭典」であるから，ハーケンクロイツの旗や党指導者の写真も飾りつけにもちいるべきではないとされていた。Bundesarchiv Berlin, NS 5/VI/19287.

(131) *Deutschland-Berichte*, Bd. 5, S. 142.

(132) はやくからナチ党に取り入り，ヒトラーとも近い関係にあったヴァイス・フェアドゥルは，ナチ政権成立後には「第三帝国の喜劇俳優」と称されるほどにまでなったが，その後も辛辣なユーモアを失わず，政治的ジョークの禁止にしたがわなかったため，ゲッベルスとの間でいざこざが絶えなかったという。Volker Kühn, „Der Kompaß pendelt sich ein. Unterhaltung und Kabarett im »Dritten Reich«", in : Hans Sarkowicz (Hrsg.), *Hitlers Künstler. Die Kultur im Dienst des Nationalsozialismus*, Frankfurt/M. u. Leipzig 2004, S. 369–72.

(133) *Deutschland-Berichte*, Bd. 5, S. 143.

(134) *Ebd.*

(135) *Ebd.*, Bd. 4, S. 462.

(136) Hans Rothfels, *Die deutsche Opposition gegen Hitler. Eine Würdigung*, Frankfurt/M. 1958, S. 33 (ハンス・ロートフェルス，片岡啓治・平井友義訳『第三帝国への抵抗』弘文堂，1963 年，32–3 頁).『酩酊通信 Blaueste Nachrichten』という紙名は，ミュンヘンの『最新通信 Neueste Nachrichten』をもじったものと考えられる。

(137) 歓喜力行団の催しの質の低さを皮肉ったジョークもあった。党が収集した「アベルンデルファー氏と歓喜力行団」というざれ歌は，旅行の参加者を次のようにこき下ろしている。「彼の神経はますますいらだった。この連中ときたら一日中にやにやしているのだ。彼は目に見えてやせ細り，怒りで体が衰えた。こうして彼は帰ってきたが，喜びを通じて力を得てはいなかった」。*Die neue Gemeinschaft*, 1937, Folge 7.

(138) Michael Voges, „Klassenkampf in der Betriebsgemeinschaft", in : *Archiv für Sozialgeschichte*, 21, 1981, S. 361–3.

(139) *Deutschland-Berichte*, Bd. 4, S. 300.

(140) Timothy W. Mason, *Sozialpolitik im Dritten Reich. Arbeiterklasse und Volksgemeinschaft*, Opladen 1977, S. 185. 『ドイツ通信』の報告によれば，「船旅を通じて性愛が真の勝利を祝った」。*Deutschland-Berichte*, Bd. 3, S. 882. ハンス・ディーター・シェーファーが指摘しているように，第三帝国期の人々は性に関して「非常に率直，大胆，非市民的であった。ヌードはタブーではなかった」。Hans Dieter Schäfer, *Das ge-*

spaltene Bewußtsein. Deutsche Kultur und Lebenswirklichkeit 1933–1945, München 1981, S. 123. これに関連していえば，ナチ党大会も夜ごとの乱痴気騒ぎで有名であり，ニュルンベルクの町は大会期間中，泥酔して暴れまわる党員や，売春宿に殺到する隊員であふれ返ったという。

(141) Zit. nach : Reinhard Bollmus, *Das Amt Rosenberg und seine Gegner. Studien zum Machtkampf im nationalsozialistischen Herrschaftssystem*, Stuttgart 1970, S. 108.

(142) Zit. nach : Willi A. Boelcke, *Kriegspropaganda 1939–1941*, Stuttgart 1966, S. 308.

(143) Robert Ley, *Soldaten der Arbeit*, München 1938, S. 71.

(144) *Berliner Illustrierte Zeitung*, 1939, Nr. 1.

(145) ただしヒトラーの肖像や胸像を破壊したり，撤去したり，唾を吐きかけたり，刃物をつき刺したりすることや，そうした身ぶりをすることなど，悪意が認められた場合は処罰された。Dörner, *a. a. O.*, S. 85.

(146) *Der Angriff,* 20. September 1933.

(147) *Meyers Lexikon*, Bd. 6, S. 1136.

(148) *Zeitschriften-Dienst*, 25. April 1941, Nr. 4429. 帝国宣伝指導部の文書によれば，1941年になっても国民的シンボルを不適切に利用した絵葉書が販売されていた。Bundesarchiv Berlin, NS 18/522.

(149) 映画の観客数は，1933 年から 34 年にかけての 1 年間に 2 億 4500 万人だったものが，1942 年には 10 億 6200 万人に達した。これは年間 1 人あたり 14 回以上映画を見た計算になる。Jürgen Spiker, *Film und Kapital. Der Weg der deutschen Filmwirtschaft zum nationalsozialistischen Einheitskonzern*, Berlin 1975, S. 136, S. 197.

(150) 第三帝国期の娯楽映画に関する邦語の研究として，とくに平井正『20 世紀の権力とメディア―ナチ・統制・プロパガンダ―』雄山閣，1995 年，第 4 ～ 5 章；瀬川裕司『ナチ娯楽映画の世界』平凡社，2000 年を参照。

(151) *Dokumente der deutschen Politik*, Bd. 5, Berlin 1938, S. 424.

(152) *Jahrbuch der Reichsfilmkammer 1937*, Berlin 1937, S. 70, S. 65.

(153) *Meldungen aus dem Reich*, Bd. 2, S. 71.

(154) Klaus Kreimeier, *Die Ufa-Story. Geschichte eines Filmkonzerns*, München 1992, S. 269–86（クラウス・クライマイヤー，平田達治・宮本春美・山本佳樹・原克・飯田道子・須藤直子・中川慎二訳『ウーファ物語―ある映画コンツェルンの歴史―』鳥影社，2005 年，406–30 頁），S. 330–7（邦訳，495–506 頁）.

(155) 映画の内容が羞恥心を害しているという批判にたいして，ゲッベルスは「われわれはフランシスコ修道院で暮らしているわけではない。健全な時代はデリケートな問題にたいしても健全な態度をとるものだ」と弁解したという。Zit. nach : Schäfer, *a. a. O.*, S. 123.

(156) *Meldungen aus dem Reich*, Bd. 4, S. 1168.

(157) 亡命社会民主党の世情報告は，「映画館入場者は再び映画の浅薄さと不毛さに不満を表明している。一般的にいって魅力的な映画が不足している。観客はその種のキッチュに飽き飽きしている」と指摘している。*Deutschland-Berichte*, Bd. 2, S. 715. これにたいして親衛隊保安部の世情報告は，『希望音楽会』が「多様性と現実性をもとめる様々な住民たちの望みに幅広くこたえている」と分析している。*Meldungen aus dem Reich*, Bd. 6, S. 2007.

(158) たとえば入手不可能な食品の広告が流れたりすると，観客の間から強い批判の声が上がったという。Gerhard Stahr, *Volksgemeinschaft vor der Leinwand? Der nationalsozialistische Film und sein Publikum*, Berlin 2001, S. 288.

(159) たとえばカメラマンが敵側に背を向けて部隊を前から撮影した週間ニュースの映像にたいしては，実際の戦闘ではありえないことだとして，観客の兵士が大声で笑ったという。*Meldungen aus dem Reich*, Bd. 3, S. 740-1.

(160) *Deutschland-Berichte*, Bd. 2, S. 715.

(161) *Ebd*., Bd. 4, S. 144. ちなみに「バターのかわりに大砲を」というのがナチ政権の有名なスローガンであった。

(162) Melita Maschmann, *Fazit. Mein Weg in der Hitler-Jugend*, Stuttgart 1963, S. 142. ドイツ女子青年団に関しては，しばしば性的放縦が問題になった。1936年の党大会に参加した団員のうち，15歳から18歳までの900名の少女たちが妊娠して帰ってきたという。Richard Grunberger, *A Social History of the Third Reich*, London 1971, p. 356（リヒャルト・グルンベルガー，池内光久訳『第三帝国の社会史』彩流社，2000年，337頁）.

(163) *Meldungen aus dem Reich*, Bd. 4, S. 977.

(164) エーデルヴァイス海賊団やスウィング青年については，とくにデートレフ・ポイカートの研究を参照。Peukert, *Volksgenossen und Gemeinschaftsfremde*, S. 172-207（邦訳，216-72頁）; ders., *Die Edelweißpiraten. Protestbewegungen jugendlicher Arbeiter im „Dritten Reich". Eine Dokumentation*, 3. Aufl., Wuppertal 1988（デートレフ・ポイカート，伊藤富雄訳『エーデルワイス海賊団―ナチスと闘った青少年労働者―』晃洋書房，2004年）. なおエーデルヴァイス海賊団が労働者階級出身の青少年を中心に構成され，プロレタリア的な生活様式を継承していたのにたいし，スウィング青年は大都市の中産階級の子弟が多く，生活様式もマスメディアの影響を強く受けていた。

(165) こうしたスウィング青年の行動は，ポイカートが指摘するように，彼らのアイデンティティの表現であった。英米の音楽や映画に手本をもとめた彼らは，ダンスホールで楽団にスウィングの演奏を要求するなどして，公認のダンス音楽を対抗文化の象徴にかえていったという。Peukert, *Volksgenossen und Gemeinschaftsfremde*, S. 239（邦訳，321頁）.

(166) 帝国宣伝指導部宛の報告。Bundesarchiv Berlin, NS 18/507. マルティン・ボルマン宛の報告も，これらの若者たちの「まったく反国家的な態度」と「道徳的退廃」を指摘し，「この徒党の若者は国家青年の厳格な秩序に逆らっている。彼らの理想は民主主義的自由とアメリカ的怠惰である」と結論づけている。*Ebd.*

(167) こうした理由から，ゲッベルスは当初スウィング青年の取り締まりには慎重な態度をとっていた。親衛隊保安部の報告を読んではじめて，宣伝大臣は首謀者の拘束を指示したが，そのことは，彼一流のプラグマティックな統制政策がこの種の問題には有効でなかったことを示している。*Ebd*.

(168) Ursula von Kardoff, *Berliner Aufzeichnungen 1942-1945*, München 1976, S. 96.

(169) Schäfer, *a. a. O.*, S. 139-40. 親衛隊保安部の1944年4月の報告は，戦争末期のドイツ人女性の「非道徳的なふるまい」を指摘している。それによると，1943年の大晦日の夜には，通りという通りはすべて兵隊を追いかける女たちであふれていたという。

Meldungen aus dem Reich, Bd. 16, S. 6486.

(170) *Ebd.*, Bd. 10, S. 3922.

(171) *Ebd.*, Bd. 14, S. 5445-6.

(172) Ian Kershaw, *The 'Hitler Myth'. Image and Reality in the Third Reich*, Oxford 1987, p. 221（イアン・カーショー，柴田敬二訳『ヒトラー神話―第三帝国の虚像と実像―』刀水書房，1993年，236頁）.

(173) テューリンゲン大管区宣伝部の1943年3月9日の報告。Bundesarchiv Berlin, NS 18/924. ヒトラーは西部戦線では勝利をおさめたが，東部戦線では大敗を喫した。

(174) Zit. nach : Martin Loiperdinger, *Rituale der Mobilmachung. Der Parteitagsfilm ,,Triumph des Willens" von Leni Riefenstahl*, Opladen 1987, S. 112.

(175) Zit. nach : Kershaw, *a. a. O.*, p. 224（邦訳，238-9頁）.

(176) Peukert, *Volksgenossen und Gemeinschaftsfremde*, S. 232（邦訳，310頁）.

(177) Terry Eagleton, *The Ideology of the Aesthetic*, Oxford 1990, p. 3（テリー・イーグルトン，鈴木聡・藤巻明・新井潤美・後藤和彦訳『美のイデオロギー』紀伊國屋書店，1996年，10頁）.

(178) Walter Benjamin, „Paris, die Hauptstadt des XIX. Jahrhunderts", in : ders., *Gesammelte Schriften*, Bd. V-1, Frankfurt/M. 1982, S. 54（ヴァルター・ベンヤミン，川村二郎訳「パリ――九世紀の首都―」『ボードレール ベンヤミン著作集6』晶文社，1975年，23-4頁）.

(179) Walter Benjamin, „Über einige Motive bei Baudelaire", in : ders., *Gesammelte Schriften*, Bd. I-2, Frankfurt/M. 1974, S. 632（ヴァルター・ベンヤミン，円子修平訳「ボードレールのいくつかのモティーフについて」『ボードレール ベンヤミン著作集6』晶文社，1975年，193頁）.

(180) Zit. nach : Sloterdijk, *a. a. O.*, S. 846-8（邦訳，471-2頁）.

(181) *Ebd.*, S. 788（邦訳，432頁）.

(182) Schmitt, *a. a. O.*, S. 82-3（邦訳，90-1頁）.

(183) このことを自覚していたのが，喜劇俳優のヴェルナー・フィンクである。「いったいわれわれにはユーモアがあるのか？」と題する論説で，彼は次のように答えている。「もちろん，われわれにはユーモアがある……。だがこれは，われわれの間にあるというだけだ。残る問題は，われわれにたいしてもユーモアがあるかどうかということだ」。*Berliner Tageblatt*, 25. Dezember 1938.

(184) Benjamin, „Der Begriff der Kunstkritik", S. 67（邦訳，77頁）.

(185) Wolfgang F. Haug, *Die Faschisierung des bürgerlichen Subjekts*, Hamburg 1987, S. 170.

(186) *Ebd.*, S. 171-2.

(187) この点について，テューリンゲン大管区宣伝部は帝国宣伝指導部宛の文書で次のように報告している。「ポジティブなジョークが効果的で，人物の人気を高めることができ，こうした理由から奨励しなければならないのと同様，ネガティブなジョークは有害で，破壊的な効果をもつ」。Bundesarchiv Berlin, NS 18/924.

(188) *Deutschland-Berichte*, Bd. 5, S. 144.

(189) Sloterdijk, *a. a. O.*, S. 788（邦訳，432頁）.